제3판

경제성장의 정치경제학

Political Economy in Economic Growth

황진영 저

도서출판 學林

PREFACE >>>

제3판 머리말

본서의 제2판이 출간된 지 벌써 5년 이상의 시간이 흘렀다. 저자는 세상에 찌든 나태함이 너무 부끄러워서 올 여름에는 기필코 제3판을 준비하려 투지를 불태웠다. 왜냐하면 하루가 다르게 많은 연구논문들이 발표되고 있으며, 제3판이 늦어질수록 연구자로서 낙오되는 두려움과 압박을 가졌기 때문이다. 본서의 제3판은 부족한 제2판을 읽고 격려와 조언을 주신 많은 분들의 도움으로 가능할 수 있었기에 그분들께 지면을 빌려 진심으로 감사의 인사를 드린다.

제3판은 제2판과 마찬가지로 총 4부 12장으로 구성되어 있다. 그러나 제3판에서는 각 장마다 가능한 최근의 자료와 연구결과를 대체 혹은 첨가하였으며, 시의성을 가지는 내용을 담으려 노력하였다. 특히 제3부와 제4부에서는 2000년대 이후 활발하게 논의되고 있는 정부규모의 변동성에 따른 경제성장, 경기변동과 경제성장 간의 관련성, 출산율과 경제성장 간의 내생성 등의 내용을 추가하였다. 이상의 노력으로 인해 제2판에 비해 제3판의 분량은 다소 증가하였지만, 저자는 여전히 부족함을 느낀다. 따라서 저자는 여느 때와 마찬가지로 향후 지속적인 연구를 통해 보완과 수정 작업을 반복해야 한다는 의무감을 다시 되새긴다.

저자가 본서를 완성하는 데에는 많은 분들의 도움이 있었기에 가능할 수 있었다. 저자의 부모님과 가족, 형제, 친지들은 언제나처럼 든든한 버팀목이 되어 주었다. 특히 저자는 지난 여러 해의 어려움을 이겨내고 웃음을 찾고 있는 막내아들 동현과 극심한 스트레스 속에서 고3의 어려운 시간을 보내고 있는 큰아들 준호에게 특별한 고마움을 전한다. 여느 때와 마찬가지로 한남대학교 선후배 및 동료 교수님들의 배려에도 감사드린다. 또한 교정 및 자료 정리를 도와준 한남대학교 대학원생들에게 고마움을 전하며, 본서의 출판을 허락해주신 도서출판 학림의 이원일 사장님께도 감사드린다.

2016년 1월

저자 **황 진 영**

CONTENTS >>>

차 례

Part 01 경제성장과 정치경제학 기초

Chapter 01 정치경세학과 경제성상의 만남

Chapter 02 정치경제학 분석의 경제이론

Chapter
03 경제성장에 대한 이해

Part 02 구성원의 이질성과 갈등

Chapter 04 부패에 대한 세계의 관심

Chapter
05 소득 및 자산 불평등

Chapter
06 교육의 중요성

Chapter 07 문화와 구성원의 이질성

Part 03 정치 및 정부의 역할

Chapter 08 정부의 역할과 국가의 수

Chapter
09 민주주의와 정부의 질

Chapter
10 정치적 활동과 경기변동 이론

Part 04 경제의 기본구성과 이질성

Chapter 11 인구규모, 인구증가율 및 인구구조

Chapter
12 지리적 환경과 천연자원 부존량

PART

01

경제성장과 정치경제학 기초

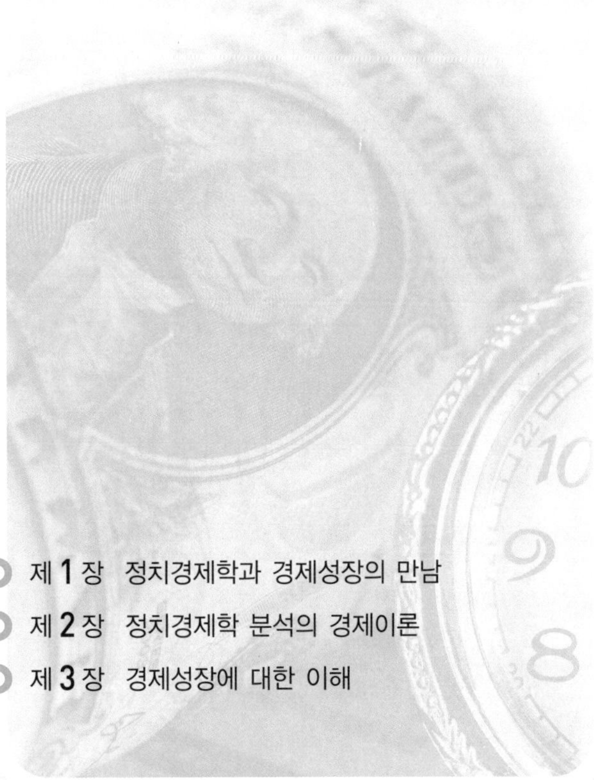

01 CHAPTER

정치경제학과 경제성장의 만남

본서는 정치경제학의 방법론을 사용해 경제성장의 경제적 · 정치적 · 사회적 원인 및 결과를 규명하려는 이론적 · 실증적 연구결과를 소개함을 목적으로 한다. 본 장에서는 본서의 목적을 달성하기 위해 밝혀두어야 할 사항들을 서술한다. 구체적으로 본 장은 새정치경제학이 출현한 배경 및 정치경제학의 방법론과 관련된 기초 개념을 소개하고, 정치경제학과 경제성장이 어떻게 접목될 수 있는지 기술한다. 또한 본 장에서는 본서를 저술하는 목적과 구성에 관해서도 밝혀둔다.

1. 정치경제학이란?

정치경제학이란 학문 분야는 오랜 역사를 지니고 있음에도 불구하고 1990년대 이후 새롭게 조명을 받고 있다. 본 절에서는 1990년대 이후 새로운 정치경제학, 즉 새정치경제학이 출현한 이유를 설명하고, 정치경제학의 방법론과 관련된 기초 개념을 살펴본다.

1.1 새정치경제학의 출현

한 국가의 정책(policy) 혹은 정치(politics)가 다양한 형태의 경제성과에 어떻게 영향을 미치는지에 관한 연구는 오랜 역사를 지니고 있다. 즉 "정치활동 혹은 정책결정이 어떻게 생산물과 같은 경제성과에 영향을 미치는가?"와 같은 물음은 아마도 인류가 경제학에 관심을 가진 이후부터 시작되었다. 그러나 초기의 연구는 철학적 혹은 사회적 관점에서 경제와 정치 간의 관계에 대한 논의에 집중되었다.

이상의 물음에 대한 본격적인 논의는 아담 스미스(Adam Smith, 1723~1790)의 『국부론』(*The Wealth of Nations*, 1776) 혹은 존 스튜어트 밀(John Stuart Mill, 1806~1873)의 『정치경제학 원론』(*Principals of Political Economy*, 1848)이 발표된 이후부터 시작되었다. 왜냐하면 현재의 '경제학'(economics)이라고 불리는 학문이 그들의 시대에서는 '정치경제학'(political economy)이란 이름으로 명명되었기 때문이다. 정치경제학이란 용어에서 알 수 있듯이 경제학은 오랫동안 정치학과 분리되지 않은 상태에서 발전하였다. 20세기에 이르러서 경제학과 정치학은 다소 분화되었으며, 경제학의 연구 분야는 경제주체의 효율성과 형평성에 집중되었다.

그런데 1990년대 중반 이후 정치경제학이란 학문의 영역이 르네상스 시대를 맞으며 새로운 조명을 받고 있다. 신고전학파(neoclassical school) 경제학에만 익숙해져 있는 사람들은 정치경제학의 논의, 즉 정치활동이나 정책결정이 생산물과 같은 경제성과에 미치는 영향을 탐구하는 분야에 대해 신선함을 느낄 수 있다. 왜냐하면 정치경제학의 논의는 1990년대 중반 이전까지 주로 국가정책의 한 분야인 조세 · 공공부채 · 무역 등과 관련된 문제에 한정되었기 때문이다.

그러나 1990년대 중반 이후 다양한 정치적 요인이 생산물과 같은 경제성과에 영향을 미칠 수 있다는 폭넓은 연구결과가 발표되면서 새로운 정치경제학이 각광을 받게 되었다. 이상의 연구결과는 국가 간의 경제 환경이 유사할지라도 정치 혹은 정책에 따라 경제성장이 상이하게 나타날 수 있다는 인식에 기초해 생겨났다. 따라서 정치경제학의 학문분야는 오래되고 케케묵은 분야이기도 하지만, 동시에 상당히 새롭고 신선한 분야로서 자리잡고 있다. 최근의 정치경제학 논의가 예전의(즉 경제학이 본격적으로 논의된 초창기) 정치경제학의 방법론을 단순히 답습하지 않았다는 측면에서, 그리고 최근의 정치경제학을 예전의 정치경제학과 구분하기 위해 최근의 정치경제학을 '새정치경제학'(new political economy)으로 명명하기도 한다.

구체적으로 새정치경제학이 신고전학파 경제학과 구분되는 방법론상의 특징은 다음과 같이 요약할 수 있다. 첫째, 새정치경제학은 정책이 어떤 수단이나 방법을 통해 경제성과에 영향을 미치는지 탐구하려는 문제의식에서 출발하였다. 다시 말해 신고전학파 경제학은 정책이 경제성과에 미치는 직접적인 영향을 파악하는 반면, 새정치경제학의 방법론은 다양한 형태의 정치활동이나 정책결정(즉 다양한 정치적 요인)들이 경제적 전달경로(transitional mechanism)를 통해 경제성과에 미치는 영향을 파악한다.

둘째, 연구방법론상에 있어서 새정치경제학은 기존의 신고전학파 경제학에서 추구하는 수학적 접근 방법을 사용할 뿐만 아니라 최적화(optimization), 유인체계(optimal incentive scheme), 제약조건(constraint) 등의 수단을 사용해 정치적 현상에 대한 관념적인 접근(conceptual approach)을 시도한다. 또한 최근 들어 새정치경제학은 실증적 연구결과를 제시하기 위해 다양한 정치적 현상들을 계량화하거나 대리변수(proxy variable)를 개발하여 사용하고 있다.

셋째, 새정치경제학 연구의 핵심 요소는 한 국가나 사회를 구성하는 경제주체들 간의 '이질성'(heterogeneity) 및 '이해집단 간의 충돌'(conflicts of interests)과 관련된다. 즉 새정치경제학의 연구내용은 (i) 개인, 집단 및 그룹 혹은 계층이 다양하게 생겨나는 경제적 원인이 무엇이며, (ii) 집단적인 정책결정 과정에서 생겨나는 이질적인 집단의 다양한 선호를 어떻게 정책으로 반영할 수 있으며, (iii) 정책결정 과정에서 생겨나는 사회적 갈등이 경제적 결과(성과)에 미치는 영향의 파악 등으로 구성되어 있다.

그러므로 우리는 새정치경제학을 "경제학과 정책학(혹은 정치학) 간의 상호작용에 관한 연구 분야," 즉 "다양한 정치활동이나 정책결정이 생산물, 고용 등과 같은 경제성과에 미치는 영향을 경제학의 방법론을 사용해 분석하는 새로운 경제학의 연구 분야"라고 요약할 수 있다.

1.2 기초적인 정치경제학의 방법론[1)]

정치학에서 정치 혹은 정책에 관한 연구는 (i) 권력(power)과 권위(authority)에 관한 내용과 함께 (ii) 그 권력과 권위의 사용과 관련된 내용으로 이루어진다. 이와 같은 권력과 권위는 경제주체들 간의 이질성이 존재하지 않거나 이해집단 간의 충돌이 발생하지 않을 때에는 중요한 문제를 야기하지 않는다. 그러나 우리가 살아가는 현실세계에서 경제주체들 간의 이질성은 항시 존재하며, 이해집단 간의 충돌은 종종 발생한다. 따라서 권력과 권위가 어떻게 형성되고 사용될 수 있는지에 대한 문제는 경제주체들 간의 이질성과 이해집단 간의 충돌이 어떠한 전달경로, 즉 어떠한 타협과 협상을 통해 '집단적 의사결정'(collective decision)을 만들어 낼 수 있는지에 대한 문제와 동일한 의미로 사용된다. 그러므로 정치학에서의 정치 혹은 정책에 관한 연구는 집단적 의사결정을 수행하는 전달경로를 찾는 연구로 간주된다.

이상의 관점에서 정치경제학의 연구가 어떻게 이루어지는지 살펴보면 다음과 같다. 일반적으로 순수 경제학의 연구는 주어진 희소한 자원을 가지고 최적(optimality) 분배와 사용에 관한 방법을 찾는 데 있다. 즉 순수 경제학의 방법론에 기초하면, 최적의 공공선택은 사회적 후생을 극대화하는 정책이 발견될 때 가능해진다. 따라서 순수 경제학의 방법론에 기초한 최적의 공공선택은 단순히 기술적 혹은 계산적 문제와 관련된다.

그러나 정치경제학의 논점으로 파악하면, 실제로 실행된 정책과 최적정책(optimal policies) 간에는 괴리가 생겨날 수 있다. 왜냐하면 최적정책을 선택할 때 순수 경제학의 연구 방법론은 기술이나 정보 등에 관한 사항들만을 제약조건으로 고려할 뿐 정치적 제약을 제약조건으로 고려하지 않기 때문이다. 여기서 '정치적 제약'(political constraint)이란 "집단적 선택의 요구나 이해집단 간의 충돌 등을 포괄하는 개념"이다. 다시 말해 공공정책을 선택함에 있어서 정치경제학의 방법론은 순수 경제학의 방법

1) 정치경제학의 방법론과 관련된 풍부한 내용은 Drazen(2000)에 잘 나타나 있다.

론에서 고려하는 제약조건들과 함께 현실세계에 만연한 정치적 제약을 동시에 고려한다.

한편 정치경제학의 방법론은 가치판단의 유무에 따라 실증정치경제학과 규범정치경제학으로 구분된다. '실증정치경제학'(positive political economy)은 "정치적 제약들이 어떻게 정책선택에 영향을 미칠 수 있는지에 대한 해답을 찾는 학문체계"이다. 즉 실증정치경제학은 경제적 · 정치적 현상을 있는 그대로 묘사하는 사전적(ex ante) 의미에 초점을 두고 있다. 우리는 이상의 논의에서 한 가지 인식해야 할 사항이 있다. 즉 정책선택은 종국적으로 경제성과에 영향을 미치기 때문에 정치적 제약을 고려한 상황에서의 정책선택이 순수 경제학 관점에서는 최적이 아닐 수 있다.

또한 '규범정치경제학'(normative political economy)은 "주어진 정치적 제약하에서 특정 경제의 구체적 목표를 최고 수준으로 달성 가능하게 만드는 방법을 추구하는 학문체계"이다. 이상의 학문 분야는 주어진 체제(시스템)하에서 어떻게 정치적 제약을 극복하는지에 대한 문제를 포함할 뿐만 아니라 더 나은 경제적 목표를 달성하기 위한 정치적 체제나 제도의 구상 등의 연구를 포괄한다. 따라서 규범정치경제학은 개인의 가치관이 개입되는 규범적인 문제를 포괄하는 사후적(ex post) 의미에 초점을 둔다.

읽을거리

FTA 협정과 이해집단 간의 충돌

현재 우리나라는 칠레 · 싱가포르 · 미국 등의 국가와 함께 유럽연합(EU)과 FTA를 체결하였으며, 현재에도 많은 국가들과 FTA 체결을 준비하고 있다. 여기서 FTA는 '자유무역협정'(free trade agreement, FTA), 즉 "국가 간 상품의 자유로운 이동을 위해 모든 무역장벽을 제거시키는 협정"을 일컫는다. FTA는 '세계무역기구'(world trade organization, WTO)가 출범한 이후 세계경제의 가장 큰 특징으로 자리 잡았다. 현재 WTO 회원국 가운데 거의 모든 국가가 1개 이상의 FTA를 체결하였다.

FTA는 양자주의 및 지역주의적인 특혜무역체제이기 때문에 회원국에 한해 무관세 혹은 낮은 관세를 적용한다. 따라서 국가 간의 FTA 체결은 시장을 크게 확대시켜 비교우위에 있는 상품의 수출과 투자를 촉진시키기 때문에 무역창출효과를 거둘 수 있다는 장점이 있다. 그러나 국가 간 FTA의 체결은 협정대상국에 비해 경쟁력이 낮은 산업은 어려운 상황이 발생할 수 있다는 단점도 지니고 있다. 이상의 특징으로 인해 FTA 협정은 한 국가 내에서 이해집단 간의 갈등, 더 나아가 충돌을 야기하는 사례를 종종 발생시킨다. 즉 FTA 협정을 통해 이익이 기대되는 집단은 FTA를 찬성하지만, 손해가 예상되는 집단은 FTA를 반대하기 마련이다.

우리나라는 2008년 한미 FTA 협상 이후 많은 사람 혹은 집단이 거리로 나와 정부정책을 비판하는 사례를 경험하였다. 이와 같은 현상은 정책결정과 관련된 대표적인 이해집단 간의 이질성 및 충돌을 반영하는 사례이며, 정부가 최적정책을 결정하는 과정에서 반드시 고려해야 하는 정치적 제약이다. 정치적 제약하에서의 정책결정은 순수 경제학 관점의 최적과는 괴리가 생겨날 수 있으며, 정치적 제약이 심할수록 그 괴리는 더욱 크게 나타날 수 있다.

정치경제학자들은 이상과 같은 괴리를 줄이기 위해 정책결정 과정에서 고려해야 할 몇 가지 원칙을 제공한다. 모든 정책결정은 반드시 '정책의 승자'(policy winner, 정책을 통해 이익을 얻는 개인 혹은 집단)와 '정책의 패자'(policy loser, 정책을 통해 손해를 보는 개인 혹은 집단)를 동시에 수반한다. 따라서 정치경제학 관점의 최적정책과 순수 경제학 관점의 최적정책 간의 괴리를 줄이기 위해서는 정책의 승자가 얻는 이익을 줄일 뿐만 아니라 정책의 패자가 지불해야 하는 손해를 보상하는 형태로 정책이 결정되고 집행되어야 한다. 예를 들어 모든 정책의 결정 및 실행은 상기의 이익과 손해가 최소화되도록 충분히 긴 시간, 즉 가능한 장기간에 걸쳐 집행되어야 한다. 또한 정책입안자는 정책결정으로 인해 생겨나는 권리를 정책의 승자에게 부여할 때 의무를 동시에(추가적으로) 부과함으로써 정책에 따른 이익과 손해를 동시에 줄일 수 있다.

2. 정치경제학과 경제성장의 만남

초창기 경제성장 이론은 다음의 두 가지 문제의식에서 출발하였다. 즉 자본주의 경제는 안정적인 성장을 장기적으로 지속할 수 있는가? 만약 그렇게 할 수 있다면, 어떤 조건들이 요구되는가? 이상의 물음에 대한 해답을 제공하려는 근대적 성장이론의 효시는 1930~1940년대 발표된 해로드(Roy F. Harrod, 1900～1978) – 도마(Evsey D. Domar, 1914～1997)가 제시한 이론이다.

이후 솔로우(Robert Solow, 1924～) – 스완(Trevor W. Swan, 1918～1989) 모형, 카스(David Cass, 1937～2008) – 쿠프만스(Tjalling Koopmans, 1910～1985) 모형 등과 같은 신고전학파 성장이론(neoclassical growth theory)이 크게 발전하였다. 신고전학파 성장이론의 특징은 경제 내의 생산량 증가(즉 경제성장)의 요인을 생산요소의 증가와 생산요소들의 결합방법으로 설명하는 데 있다.

신고전학파 성장이론을 간략히 언급하면 다음과 같다.[2] 신고전학파 성장이론은 생산된 것은 모두 판매되며, 생산기술은 생산요소인 노동과 자본에 대해 '규모에 대한 수확불변'(constant return to scale)을 가정한다. 또한 모든 경제는 생산요소 투입에 따른 '한계생산성 체감의 법칙'을 가정하다. 따라서 개발도상국(developing countries)이 산업화된 국가(industrial countries)에 비해 높은 기술진보율과 경제성장률을 기록하게 되므로 시간이 흘러감에 따라 모든 국가 간의 생활수준 격차가 해소되는 정상상태(stationary state)로 나아가게 된다. 왜냐하면 개발도상국의 기술수준 및 자본의 축적은 산업화된 국가의 경우에 비해 상대적으로 낮은 상태에서 출발하기 때문이다.

그러나 현실적으로 개발도상국과 산업화된 국가 간의 생활수준 격차는 시간이 흐름에 따라 오히려 확대되고 있는 실정이다. 다시 말해 오랫

2) 신고전학파 성장이론의 기초적 내용은 제 3 장에서 소개된다.

동안 성장이론은 현실과 상당 부분 동떨어져 있었다. 이와 같이 신고전학파 성장이론은 현실경제를 적절히 반영하고 설명할 수 없다는 한계점으로 말미암아 1960년대 중반 이후 약 20년 동안 성장이론은 동면의 시간을 가졌다.

오랜 동면 이후 성장이론은 로머(Paul Romer, 1955~)와 루카스(Robert E. Lucas Jr., 1937~)를 효시로 1980년대 중반 이후 등장한 내생적 성장이론(endogenous growth theory) 혹은 신성장이론(new growth theory)의 출현으로 부활하였다. 내생적 성장이론은 '규모에 대한 수확불변' 혹은 '규모에 대한 수확체증'(increasing return to scale)을 핵심내용으로 하는 모형을 설정하여 경제성장을 경제체제 외부로부터 들어온 힘의 결과물이 아니라 경제체제의 내생적 결과물이라고 강조한다. 즉 내생적 성장이론의 핵심은 여러 가지 경제적 요인들이 상호간 외부효과(혹은 외부성, externality)를 발생시켜 자본의 한계생산성이 체감하지 않을 수 있음을 보였으며, 이를 통해 성장이론은 현실경제를 다소 설명할 수 있게 되었다.

다시 말해 내생적 성장이론은 외생적으로 주어진 기술진보뿐만 아니라 연구 · 개발이나 정부정책 등과 같은 경제 내의 여러 요소들 간의 상호작용에 의해 1인당 GDP의 성장률(즉 경제성장률)이 결정된다고 주장하였다. 경제 전체에 외부효과를 창출하는 여러 요인들 중에서 아마도 인적자본의 축적과 정부정책과 관련된 내용이 가장 폭넓게 연구되었다. 이상의 연구결과를 바탕으로 오늘날 높은 경제성장률을 추구하려는 많은 국가에서는 교육에 대한 투자와 함께 사회간접자본과 같은 물적자본을 축적하기 위한 경제정책을 시행하고 있다.[3)]

그러나 내생적 성장이론 역시 현실을 온전히 설명하는 데에는 다소의 한계를 지니고 있다. 즉 우리는 동일한 경제정책을 시행할지라도 국가간 경제성장률이 대단히 상이하게 나타나는 현실의 사례를 쉽게 찾을 수 있다. 이와 같은 현상은 동일한 경제정책의 효과가 시대나 국가에 따라 상이하게 나타날 수 있다는 사실을 반영한다. 이상의 한계점은 1990년대

3) 기초적인 내생적 성장이론의 소개는 제3장에 나타나 있다.

후반 이후 내생적 성장이론의 발전을 위축시키는 원인으로 작용하였을 뿐만 아니라 국가 간의 상이한 경제성과의 원인을 찾는 새로운 연구 분야를 생성시키는 단초가 되었다.

새로운 연구 분야의 핵심은 국가마다 상이한 경제 · 정치 · 사회 · 문화 · 환경 등의 요인으로 말미암아 동일한 경제정책을 사용할지라도 국가마다 상이한 경제성과가 나타나는 현실세계를 설명하고, 그 원인을 파악하는 데 있다. 또한 새로운 연구 분야는 정치적 제약조건하에서 경제정책이 어떻게 경제성장에 영향을 미치는지 파악하고자 한다.[4] 우리는 이상의 연구 분야를 「경제성장의 정치경제학」(political economy in economic growth)으로 명명한다.

3. 본서의 목적 및 구성

본서는 새정치경제학의 접근방법에 기초하여 정치경제학과 경제성장을 결합한 연구결과들을 소개하는 데 초점을 둔다. 본 절에서는 본서를 저술하는 목적과 본서의 구성 및 활용방법 등에 관해 간단히 서술한다.

3.1 본서의 목적

안정적이고 지속적인 경제성장은 국가경제의 가장 본질적이고 기본적인 목표라고 할 수 있다. 따라서 국가경제의 성장요인에 대한 분석은 국가란 개념이 생겨난 이후 경제학의 오랜 숙제로 여겨졌다. 1980년대 중반 이전까지의 경제성장 이론은 경제성장을 유도하는 동력으로서 노동이나 자본과 같은 생산요소의 투입증대 혹은 외생적으로 주어지는 기술진보를 제시하였다. 즉 1980년대 중반 이전의 성장이론은 경제성장의 원동력으로서 기술진보를 제시하였지만, 기술진보를 외생변수로 간주한 심각한

4) 즉 여기서 언급하는 새로운 연구 분야는 앞서 설명한 새정치경제학의 일부분이다.

한계성을 지니고 있다.

또한 이미 살펴본 바와 같이 1990년대 동안 급격히 발전한 내생적 성장이론은 국가마다 동일한(적어도 유사한) 경제정책을 사용할지라도 상이한 경제성과로 이어지는 현실세계를 설명하지 못하는 한계점을 지니고 있다. 이상의 문제의식에서 출발하여 1990년대 중반 이후 새로운 학문적 접근방법을 제시하려는 시도가 형성되었으며, 이때 이후로 정치경제학(엄밀한 의미에서 예전의 정치경제학과 구분하기 위해 '새정치경제학')이 본격적으로 발전하였다.

즉 새정치경제학은 정치경제학의 관점에서 경제성장의 원인을 파악하고 새로운 성장요인을 제시하려 시도하고 있다. 이와 같은 정치경제학과 경제성장 간의 관계는 학문적으로 생소한 분야이며, 1990년대 이후 연구가 활발히 진행되고 있는 분야이다. 본서에서는 정치경제학과 경제성장을 연관시켜 현재까지 진행된 연구결과의 일부를 정리함으로써 새로운 학문분야에 대한 문제제기와 그 전달을 목적으로 한다. 경제성장의 원인이 다양한 만큼 경제성장과 관련되는 정치경제학 분야도 상당히 다양하지만, 본서에서는 저자의 오랜 연구과제와 관련된 부분을 중심으로 정리하고 소개하고자 한다.

정치경제학의 분석은 국가마다 경제·정치·사회·문화·환경 등의 요인이 다르기 때문에 경제성장을 추구하는 경제정책의 결과가 국가마다 다르게 나타날 수 있다는 현실 세계의 경험에 기초한다. 또한 정치경제학에서는 한 국가의 지역·계층·연령·학력 등에 의해 형성되는 구성원 간의 이질성(혹은 다양성)으로 말미암아 동일한 경제적 요인이 지역이나 계층에 따라 상이한 결과로 이어질 수 있다고 생각한다. 즉 정치경제학 관점의 핵심은 경제주체의 이질성이나 이해집단 간의 충돌과 경제성과 간의 관계를 다양한 전달경로를 통해 분석하는 데 있다. 그러므로 우리는 정치경제학의 분석을 사용함으로써 보다 폭넓은 성장요인을 찾을 수 있을 뿐만 아니라 현실 세계에 대한 많은 정책적 시사점을 도출할 수 있을 것으로 기대할 수 있다.

이상과 같은 경제성장과 관련된 정치경제학의 분석을 이해하기 위해서는 경제학의 기초 개념에 대한 이해 혹은 기초지식이 필요하다. 또한 경제성장 이론을 정확하게 이해하기 위해서는 상당한 경제학 지식과 함께 통계학 및 수학의 기초적인 지식이 요구된다. 따라서 본서를 이해하기 위해서는 학부 2, 3학년 수준에서 요구되는 미시경제학 · 거시경제학 · 경제수학 등의 기초지식은 필수적이다.

그러므로 본서는 학부 3, 4학년 단계에서 수강 가능한 「경제성장론」의 강의교재로 가능하며, 「경제발전론」, 「경제정책론」 혹은 「경기변동론」 등의 강의에서 보충교재로 활용될 수 있다. 또한 본서는 「경제학세미나」와 같이 특정 주제가 정해져 있지 않은 강의에서 새로운 학문분야를 알리기 위한 교재로도 유용하다. 아울러 본서는 거시경제학 · 정치경제학 · 경제성장론 등과 관련된 연구를 준비하는 대학원생 혹은 연구자들에게 유용한 참고서로 활용될 수 있다.

3.2 본서의 구성

본서에서는 널리 알려진 경제이론과 함께 최근의 연구결과까지 모형의 단순화를 시도하였으며, 경제모형의 설정 및 결과를 가능한 서술적으로 표현하려 노력하였다. 또한 본서는 현실 경제와 상당 부분 부합하는 이론들을 중심으로 구성하였기 때문에 학부 3, 4학년 이상의 경제학 지식을 갖춘 독자들은 큰 어려움 없이 읽을 수 있을 것으로 기대된다. 특히 박스(box)로 나타낸 '보충내용'과 '읽을거리'는 본서의 내용과 직접적인 관련성은 다소 약하지만, 본서의 이해를 증진시키기 위해 구성되었다.

본서는 총 4부 12장으로 구성되어 있다. 제 1 부는 제 1 장, 즉 본서의 서론을 포함한 3개의 장으로 구성되며, 경제성장의 정치경제학 분석을 위한 기본과제와 분석도구를 다룬다. 제 2 장에서는 정치경제학 분석에서 많이 사용되는 몇몇 경제이론이 요약되어 있다. 구체적으로 제 2 장은 시장실패, 정보경제학, 사회적 네트워크와 관련된 기초 이론들로 구성되며, 이는 본서를 이해하기 위한 최소한의 경제이론이다.

제3장에서는 경제성장 이론의 개요를 파악하고, 외생적 성장이론 및 내생적 성장이론의 주요 가정과 결론을 아주 간단히 정리한다. 또한 제3장에서는 경제성장의 원인을 파악하는 실증분석 방법론을 소개하고, 이를 통한 경제성장의 요인들을 제시한다. 제3장은 경제성장 이론 및 실증분석 방법론에 대한 지식이 부족한 독자들에게 좋은 요약이 될 수 있다.

제2부에서는 경제주체들 간의 이질성으로 말미암아 형성되는 이해집단 간의 갈등과 경제성장 간의 관계를 분석한 연구결과들이 소개된다. 즉 제4장~제7장은 각각 부패, 불평등, 교육 및 구성원의 다양성으로 야기되는 이해집단 간의 충돌이 경제성장에 미치는 영향에 대한 연구결과들로 구성된다. 구체적으로 제4장에서는 정치경제학의 대표적 연구 분야인 부패에 대한 기초적인 내용 및 부패가 경제성장에 미치는 영향에 대한 이론적 · 실증적 연구결과를 살펴본다. 즉 제4장에서는 부패의 유형 · 정의 · 원인 · 측정 등과 같이 경제학 관점에서 부패를 이해하기 위한 기초적인 내용과 함께 부패가 투자 및 경제성장에 미치는 영향을 분석한 연구결과들을 요약한다. 또한 부패의 치유에 관해서도 제4장에서 간단히 언급된다.

제5장에서는 한 국가나 사회의 경제주체들(즉 구성원) 간의 이질성을 형성하는 대표적 요인인 소득 및 자산 불평등을 살펴보고, 이와 같은 소득 및 자산 불평등이 경제성장에 긍정적 혹은 부정적 영향을 미칠 수 있다는 사실을 제시한다. 또한 제5장에서는 경제학에서 논의되는 불평등에 대한 이해의 폭을 넓히기 위해 소득 혹은 자산 불평등의 측정방법, 소득 불평등의 원인 및 우리나라의 소득 및 자산 분배의 현황 등을 소개한다.

제6장에서는 교육의 중요성과 관련된 내용으로 구성되는데, 교육투자가 경제성장에 미치는 영향을 포괄적으로 검토한다. 즉 제6장에서는 정치경제학과 관련된 교육의 역할 혹은 효과를 정리한 이후 교육투자와 경제성장 간의 이론적 관계를 제시하고, 교육투자에 영향을 미치는 다양한 요인들을 살펴본다. 한편 우리나라 교육의 현실에 관해서도 제6장에

서 간단히 언급된다.

제7장에서는 국가 간의 상이한 문화를 간단히 소개하고, 이와 같은 문화적 특징과 경제성장 간의 관계를 살펴본다. 또한 제7장에서는 구성원 간의 이질성(혹은 다양성) 정도를 측정하기 위해 사용되는 분할지수와 극성지수를 설명하고, 국가별 분할지수와 극성지수의 측정 및 구성원의 이질성이 경제성과에 미치는 영향에 대한 연구결과의 요약을 제시한다. 마지막으로 문화의 결정요인들과 문화의 변화에 관해서도 제7장에서 기술된다.

제3부는 제8장~제10장으로 구성되며, 정치 및 정부의 역할과 관련된 내용으로 이루어져 있다. 즉 제8장~제10장에서는 각각 정부의 역할, 민주주의 발전 및 정치적 활동과 관련된 연구결과들이 요약되어 있다. 제8장에서는 정부의 역할과 경제정책에 관한 이론들을 소개하고, 복지국가와 정부규모 및 민주주의 발전과 정부규모에 관해 살펴본다. 또한 제8장에서는 정부의 규모와 경제성장 간의 관계에 대한 연구결과를 정리한다. 한편 1990년대 이후 전 세계국가에서는 '정치적 독립'과 '경제적 통합'이라는 새로운 국제질서의 재편이 이루어지고 있는데, 이와 같은 현상에 대한 가능한 설명도 제8장에서 제시된다.

제9장에서는 민주주의 발전 및 정부의 질이 경제성장에 미치는 영향을 기술한다. 구체적으로 제9장에서는 민주주의 발전과 경제성장 간의 이론적 관계를 조명하고, 국가별 민주주의 발전의 측정 및 실증적 연구결과를 살펴본다. 또한 제9장에서는 정부의 질과 경제성장 간의 이론적 관계를 검토하고, 국가별 정부의 질을 측정하는 방법을 논의한다. 마지막으로 공공부문의 효율성이 경제성장에 미치는 영향에 대해서도 제9장에서 제시된다.

제10장에서는 공공선택의 원리 및 정치적 변동과 관련된 폭넓은 논의의 확장이 이루어진다. 즉 제10장에서는 정치적 균형에 대한 간단한 경제이론을 살펴보고, 균형 경기변동 이론(즉 화폐적 경기변동 이론과 실물적 경기변동 이론)과 함께 선거와 경기순환 및 정당이론으로 대별되는 정치적

경기변동 이론을 소개한다. 또한 제10장에서는 1990년대 중반 이후 활발하게 논의되고 있는 경기변동과 경제성장 간의 관련성을 제시한다.

제4부는 제11장과 제12장으로 구성되며, 한 국가 경제의 기본적인 구성요소인 인구, 지리적 환경 및 천연자원과 경제성장 간의 관계를 살펴본다. 제11장에서는 맬서스 모형에서 강조한 인구규모, 솔로우 모형에서 사용한 인구증가율, 그리고 최근의 인구구조 변화가 경제성장과 어떻게 관련되는지 차례로 소개한다. 또한 제11장에서는 세계의 사망률 및 출산율 감소에 따른 고령화 진전 추이를 살펴보고, 국가 간의 고령화 진전을 비교한다. 특히 제11장에서는 출산율, 여성의 경제활동참가(고용) 및 경제성장 간의 내생적 관련성을 살펴본다.

제12장에서는 한 국가의 지리적 환경과 천연자원이 경제성장에 미치는 영향에 관해 살펴본다. 구체적으로 지리적 특성은 한 국가나 사회의 구성원 간의 이질성을 반영하지는 않지만, 집단 간 혹은 국가 간의 이질성과 관련된다. 또한 제12장에서는 한 국가의 풍부한 천연자원 부존량이 이해집단 간의 충돌을 심화시킬 수 있기 때문에 풍부한 천연자원 그 자체가 경제적 번영으로 반드시 연결되지는 않는다는 사실을 검토한다.

마지막으로 본서에서 인용한 일련의 참고문헌 목록이 국내문헌, 외국문헌, 웹사이트의 순서대로 제시된다.

생각해 볼 문제

01 이해집단 간의 이질성으로 인한 집단적 행동의 구체적인 사례는 우리 주변에서 쉽게 찾을 수 있다. 이와 같은 집단적 행동은 우리가 최적의 정책결정 과정에서 반드시 고려해야 하는 정치적 제약이 될 수 있으며, 이는 경제학에서 추구하는 최적의 자원배분을 달성하지 못하게 하는 요인이 된다. 이상의 현상을 반영하는 현실적이며 구체적인 사례를 제시하라. 또한 정치적 제약하에서의 자원배분이 신고전학파 경제학의 입장에서 선택한 최적의 자원배분과는 어떤 차이가 생겨날 수 있는지 설명하라.

02 새정치경제학이 기존의 정치경제학이나 신고전학파 경제학과는 어떤 점에서 유사하고 어떤 점에서 상이한지 설명하라. 또한 새정치경제학이 경제성장 이론과 어떻게 접목될 수 있는지 기술하라.

03 다음의 두 개념을 연관시켜 설명하라.

(1) 정치적 제약과 경제적 제약

(2) 실증정치경제학과 규범정치경제학

(3) 경제주체들 간의 이질성과 이해집단 간의 충돌

02 CHAPTER

정치경제학 분석의 경제이론

본 장에서는 학부 1, 2학년 수준에서 공부하는 시장실패와 정보경제학의 기초 개념을 정리하고 복습한다. 이와 같은 기초 개념은 본서의 전개 과정을 이해하기 위해 요구되는 최소한의 이론들로 구성되어 있다. 또한 본 장에서는 사회적 네트워크와 관련된 몇몇 기초 이론들을 설명하고, 이들 이론들이 경제학에 어떻게 적용되는지 검토한다.

1. 시장실패란?

고전 경제학자 스미스(Adam Smith, 1723~1790)는 경쟁시장에서의 균형은 「보이지 않는 손」(invisible hand)에 의한 수요와 공급의 상호작용을 통해 달성된다고 주장하였다. 또한 이상의 균형에서는 파레토(Vilfredo Pareto, 1848~1923) 최적이 달성된다. 여기서 '파레토 최적'(Pareto optimality)은 "한 사회에서 어떤 사람의 후생을 감소시키지 않고서는 다른 어떤 사람의 후생을 증대시킬 수 없는 실현 가능한(feasible) 배분상태"를 일컫는다.

즉 시장경제에서의 효율적인 자원배분은 '가격'을 지표로 소비자와 생산자 간의 자율적인 배분과 자유로운 경쟁을 통해 이루어진다. 비록 경쟁시장에서는 효율적인 자원배분이 달성되지만, 현실 경제에서는 자유로운 경쟁이 보장되지 않는 불완전 경쟁시장의 존재가 보편적인 현상이다. 즉 현실 경제에서는 시장을 통해 자원이 효율적으로 배분되지 않는 경우가 종종 발생하는데, 우리는 이를 '시장실패'(market failure)라고 부른다. 시장실패의 원인으로는 이하에서 설명하는 여러 요인들이 제시되며, 이는 시장경제 체제에서 나타나는 여러 가지 한계점 혹은 문제점으로 이해된다.

2. 시장실패의 원인

현실경제에서 시장실패의 원인은 다양하게 존재하지만, 본 절에서는 가장 널리 알려진 외부효과, 공공재 및 기타의 요인을 차례로 살펴본다.

2.1 외부효과

'외부효과'(externality)는 "어떤 거래나 활동에 따른 외부 이익 혹은 비용"을 뜻하는 말로써 외부경제와 외부비경제로 구분된다. 이하에서는 외부경제와 외부비경제를 구분하여 살펴본다.

외부경제

'외부경제'는 "어떤 경제활동이 제3자에게 의도하지 않은 이익을 주는 데도 불구하고 대가를 받지 않는 경우"를 의미한다. 이때 "아무런 대가의 지불 없이 다른 사람의 경제활동으로부터 얻을 수 있는 이익"을 '외부편익'(external benefits)이라 하며, 외부경제는 외부편익을 동반한다. 외부경제의 사례는 우리의 생활주변에서 쉽게 찾을 수 있다. 만약 A 지역에 고속도로가 건설된다면, A 지역 주민들은 지역 간의 이동이 용이하게 되므로 근교의 기업에 노동력을 쉽게 공급할 수 있게 된다. 이는 A 지역 주민들의 소득수준을 상승시키는 요인으로 작용하는데, 이와 같은 이익을 외부편익이라 한다.

외부경제가 존재할 때 시장실패가 발생하는 이유는 사회의 관점에서 계산된 편익(즉 '사회편익')이 개인적 관점에서 계산된 편익(즉 '개인편익')

그림 2-1 외부경제의 효과

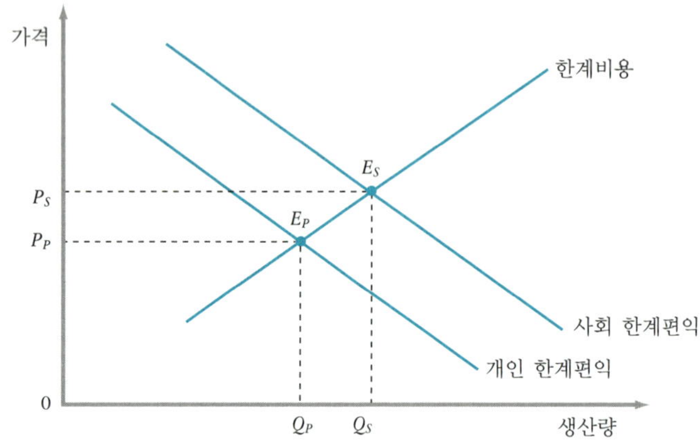

과 다르기 때문이다. 즉 외부경제가 존재할 때 사회편익은 개인편익과 양(+)의 외부편익을 합한 값이기 때문에 사회편익이 개인편익보다 크게 나타난다. 이상의 관계로 인해 〈그림 2-1〉과 같이 사회 한계편익곡선이 개인 한계편익곡선보다 위에 위치한다. 만약 외부경제를 고려하지 않는 경우에는 개인 한계편익곡선과 생산에 따른 한계비용곡선이 만나는 E_P점에서 균형이 결정되고, 이때 생산량은 Q_P가 된다. 그러나 외부편익이 존재하면, 사회 한계편익곡선과 한계비용곡선이 만나는 E_S점에서 경제적 효율성이 달성된다. 이때 생산량 Q_S는 외부경제를 고려하지 않을 경우의 생산량 Q_P에 비해 높은 수준이다.

결론적으로 외부경제가 존재할 때 사회편익은 개인편익보다 크기 때문에 자원배분을 시장기능에 맡긴다면, 자원의 효율적인 배분에 의한 생산수준보다 낮은 수준의 생산, 즉 과소생산이 발생하는 시장실패가 생겨난다. 또한 외부경제를 발생시키는 재화의 시장가격은 효율적인 시장가격에 비해 낮은 수준이다.

외부비경제

'외부비경제'는 "어떤 경제활동이 제3자에게 의도하지 않은 손해를 입히면서도 이에 대한 대가를 지불하지 않는 경우"를 의미한다. 이때 "제3자에게 의도하지 않은 비용을 입힌 주체가 부담하지 않는 비용"을 '외부비용'(external costs)이라 하며, 외부비경제는 외부비용을 수반한다. 외부비경제가 발생하는 대표적인 사례로는 공장의 공해배출로 인해 인근 주민들에게 끼치는 불쾌감이나 각종 매연·폐수 등의 오염물질로 인해 불특정 다수의 생명이나 재산에 피해를 주고도 보상하지 않는 경우를 들 수 있다.

외부비경제가 존재할 때 시장실패가 발생하는 이유는 사회의 관점에서 계산된 비용(즉 '사회비용')이 개인적 관점에서 계산된 비용(즉 '개인비용')과 다르기 때문이다. 왜냐하면 사회비용은 개인비용은 물론 외부비용을 함께 고려하기 때문이다. 즉 외부비경제가 존재할 때 사회비용은 개인비용과 양의 외부비용을 합한 값이기 때문에 사회비용이 개인비용보다 크게 나타난다. 외부비경제의 효과는 〈그림 2-2〉에 나타낸 제철기업의 생

그림 2-2 외부비경제의 효과

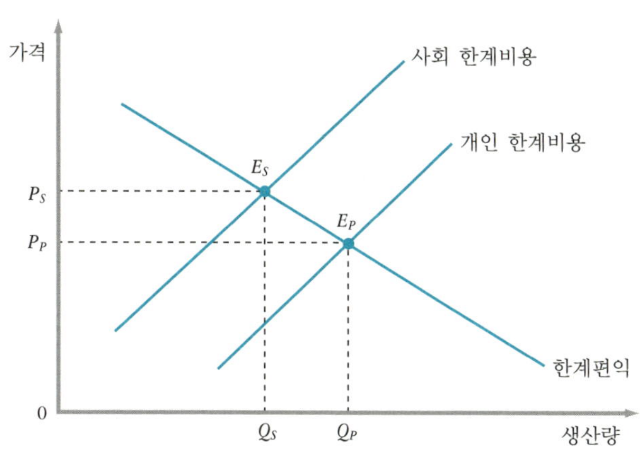

산 활동을 통해 알 수 있다. 만약 외부효과가 전혀 없다고 가정하면, 시장균형은 수요와 공급이 만나는 E_P 점에서 균형생산량 Q_P와 균형가격 P_P가 효율적으로 결정된다. 왜냐하면 시장가격은 개별소비자가 강철을 1단위 더 소비함으로써 얻을 수 있는 한계편익을 반영할 뿐만 아니라 제철기업이 1단위 더 생산하는 데 따른 한계비용을 나타내기 때문이다.

이제 강철을 생산할 때 공기나 수질 오염 등의 외부비경제가 발생한다고 가정하자. 이때 강철 생산의 사회 한계비용은 제철기업의 개인 한계비용과 외부비용을 합한 값이 된다. 즉 외부비경제의 존재로 인해 사회 한계비용이 개인 한계비용보다 크게 되며, 〈그림 2-2〉에서와 같이 강철 생산의 사회 한계비용곡선이 개인 한계비용곡선보다 위에 위치한다. 따라서 사회 한계비용곡선과 사회 한계편익곡선이 만나는 E_S점에서 경제적 효율성이 달성된다. 우리는 강철 생산수준 Q_S가 개인비용만을 고려한 생산수준 Q_P보다 낮은 수준임을 쉽게 확인할 수 있다.

그러므로 외부비경제가 존재할 때 개인비용에 비해 사회비용이 크기 때문에 자원배분을 시장기능에 맡긴다면, 사회적으로 바람직한 수준보다 많은 양의 생산, 즉 과잉생산이 발생하는 시장실패가 생겨난다. 다시 말해 공해를 유발하는 강철의 시장가격은 효율적인 시장가격에 비해 지나치게 낮은 수준이다.

외부효과에 대한 정부정책

외부효과를 해결하기 위한 정부의 활동에 대해 경제학자들 간에는 이견이 존재한다. 구체적으로 정부는 시장이 스스로 해결하도록 돕는 역할만을 수행해야 한다고 주장하는 학자들과 정부가 시장에 적극적으로 개입해야 한다고 주장하는 학자들로 크게 나누어진다. 즉 외부효과로 생겨난 문제해결의 접근 방법으로써 시장의 기능을 신뢰하는 경제학자들은 '시장유인방식'(market-based approach)을 선호하는 반면, 정부의 적극적 시장개입을 주장하는 경제학자들은 '직접통제'(command and control)를 강조한다.

먼저 시장유인을 활용하는 방법은 정부가 시장에 유인만을 제공하고 나머지 부분은 시장이 스스로 처리하는 방식이다. 즉 외부효과에 대한 조정이나 정부정책 가운데 가장 편리한 방법은 외부경제를 제공하는 사람에게 보조금과 같은 장려금을 지급함으로써 생산이 늘어나도록 유인하는 반면, 외부비경제를 발생시키는 사람에게는 벌금이나 과태료 등을 부과하는 방법으로 생산비를 증가시켜 생산을 줄이도록 유도한다. 이와 같은 방식은 정책을 유연하게 운영할 수 있으며, 직접통제보다 적은 양의 정보를 사용해 문제해결이 가능할 수 있다는 장점이 있다. 그러나 현실적으로 외부편익이나 외부비용에 대해 정확히 얼마만큼의 대가를 지불해야 하는지 계산하기란 결코 쉬운 일이 아니다.

직접통제 방식은 금지나 허용기준 등을 제도적으로 설정하여 실시한다. 예를 들어 인체에 치명적인 해를 미치는 독극물의 배출금지, 환경보존을 위한 개발제한구역의 설정 등은 현실적으로 쉽게 접할 수 있는 직접통제 방식이다. 이와 같은 직접통제는 단기간에 원하는 효과를 달성할 수 있다는 장점이 있는 반면, 통제방식이 항상 경직적일 수밖에 없기 때문에 실제의 정책 실행과정에서 어려움을 수반할 가능성이 크다. 만약 수많은 개인이나 기업이 직접규제를 어긴다면, 정부가 일일이 감시하기란 너무 많은 시간과 비용이 소요되기 때문에 당초 기대한 효과가 나타나지 않을 수 있다.

한편 외부효과를 발생시키는 대상과 이익을 얻거나 혹은 손해를 입은 대상을 상호 합병함으로써 외부효과를 내부화(internalize)하는 방법이 있다. 1991년 노벨 경제학상 수상자인 코오즈(Ronald H. Coase, 1910~2013) 교수는 재산권을 재할당(reallocation)하여 외부효과를 내부화할 수 있다는 '코오즈 정리'(Coase theorem)를 제시하였다. 코오즈 정리에 의하면, 민간경제의 주체들이 자원의 배분과정에서 아무런 비용을 치르지 않고도 협상할 수 있을 때 시장에서는 외부효과로 인해 초래되는 비효율성을 스스로 해결할 수 있다.[1)]

---

1) 코오즈 정리와 관련된 논의는 본서를 이해하는 데 영향을 미치지 않기 때문에 그 구체적인 내용은 생략한다.

읽을거리

환경오염의 국가 간 이동

독자들은 이하에서 언급하는 환경오염의 국가 간(간단화를 위해 부유한 국가와 가난한 국가) 이동의 사례를 통해 재산권의 재할당을 이해하는 데 도움을 얻을 수 있을 것으로 기대된다.

국가별 환경오염에 대한 인식은 소득수준에 따라 상이할 수 있으며, 현실적으로 환경오염은 부유한 국가에서 가난한 국가로 이동하는 경우가 발생한다. 일반적으로 부유한 국가일수록 환경오염을 감소시키기 위해서 더 많은 비용을 지불하려는 유인이 생겨난다. 왜냐하면 부유한 국가의 국민들은 환경오염을 예방하는 데 투자할 여력이 있으며, 전쟁 · 내란이 발생할 확률이 낮을 뿐만 아니라 높은 의료기술 등으로 인해 사망위험이 상대적으로 낮게 나타나기 때문이다. 따라서 부유한 국가의 국민들은 환경오염으로 인한 위험과 그에 따르는 건강비용 등을 상대적으로 중요하게 생각한다.

가난한 국가의 관점에서 살펴보면, 가난한 국가에서의 환경오염 정도가 상대적으로 심각하지 않은 이유는 그들 국가의 국민들이 환경의 가치를 높게 평가하여 경제발전을 포기한 데 기인하는 것은 결코 아니다. 오히려 가난한 국가에서는 경제발전을 위해 환경을 희생시킬 기회조차 갖지 못하고 있는 실정이다. 따라서 가난한 국가와 부유한 국가는 환경오염에 대해 상이한 가치를 가지고 있다. 즉 동일한 양의 공해물질을 예방하는 데 있어서 부유한 국가는 가난한 국가에 비해 더 큰 가치를 부여한다.

이상의 관측에 기초해 Summers(1992)는 부유한 국가에서 가난한 국가로의 공해 1단위의 이동에 대해 적절한 보상이 이루어진다면, 양국 모두 교역을 통해 혜택을 얻을 수 있다고 지적하였다. 구체적으로 환경오염이 추가될 때의 유해성은 이미 환경에 존재하는 공해물질의 양에 비례한다고 볼 수 있다. 따라서 모든 국가에서 동일한 양의 공해가 발생할 경우에는 가난한 국가에 비해 이미 환경오염이 진행된 부유한 국가에서 유해성이 더 크게 나타난다. 그러므로 공해가 부유한 국가에서 가난한 국가로 이전된다면, 환경오염으로 인한 전 세계의 평균적인 위험은 줄어들게 된다.

이상과 같은 Summers(1992)의 제안은 많은 사람들로부터 비판을 받았지만, 20세기 말 이후 공해를 배출하는 산업이 부유한 국가에서 가난한 국가로 이전한 것은 사실이다. 이와 같은 현상은 가난한 국가가 어떤 경제발전도 이루지 못할 바에는 차라리 유해산업의 일자리와 공해물질을 더 선호한다는 것을 어느 정도 내포하고 있다는 사실을 반영한다.

2.2 공공재

비록 공공재의 정의에 대한 경제학자들의 견해는 다양하지만, 공공재 생산을 시장기능에 맡기면 과소생산이 발생하여 시장실패로 이어진다는 사실은 모든 경제학자가 인정한다. 이하에서는 공공재의 정의 및 특징과 공공재의 적정생산에 관해 간단히 살펴본다.

공공재의 정의 및 특징

우리는 모든 재화나 서비스를 사유재와 공공재로 구분할 수 있다. '사유재'(private goods)는 "시장경제에서 개별생산자들이 이윤극대화를 목적으로 생산하는 재화나 서비스"를 일컫는다. 즉 사유재란 각 단위를 한 사람만이 소유할 수 있는 재화나 서비스를 의미한다. 예를 들어 내가 경제학 책 1권을 구입하면 다른 사람은 그 책을 소비할 수 없기 때문에 그 책은 나의 사유재가 된다. 그러나 현실적으로 국방·치안·공원 등과 같이 사유재와는 달리 많은 사람들이 동시에 소비할 수 있는 재화 혹은 서비스가 존재하는데, 이를 '공공재'(public goods)라고 부른다.

비록 공공재에 대한 통설적인 정의는 존재하지 않지만, 일반적으로 공공재는 "여러 사람들이 공공의 욕구를 충족하기 위해 공동으로 이용하는 재화나 서비스"로 정의된다. 1970년 역사상 두 번째이자 미국인 최초로 노벨 경제학상을 수상한 샤무엘슨(Paul Samuelson, 1915~2009) 교수는

표 2-1 경합성과 배제성에 기초한 재화와 서비스의 분류

	배제성	비배제성
경합성	사유재: 연필 · 신발 · 영화관람권 · 빵 등	공동소유 자원: 사냥 · 낚시 · 도로 등
비경합성	배제성을 가진 공공재: 인터넷 TV · 골프 회원권 등	배제성이 없는 공공재: 국방 · 방역 · 깨끗한 공기 등

공공재를 "다수인이 동시에 소비할 수 있지만, 소비자가 서로 경합하지 않으며 서로 배제되지 않는 특징을 가지는 재화나 서비스"라고 정의하였다. 따라서 공공재는 국방 · 치안 · 공원 · 도로 등과 같이 '비경합성'(non-rivalry)과 '비배제성'(non-excludability)의 특징을 가진 재화 혹은 서비스를 일컫는다.

여기서 우리는 한 가지 인식해야 할 사항이 있다. 어떤 재화나 서비스는 경합성과 배제성의 두 가지 특징 중에서 한 가지 특징만을 충족시킬 가능성이 있다. 예를 들어 사냥 · 낚시 등은 누구나 수요할 수 있기 때문에 배제성은 없지만 경합성이 생겨날 수 있는 반면, 인터넷 TV나 골프 회원권 등은 최초의 비용을 지불한 사람들만이 수요할 수 있다는 측면에서 배제성은 있지만 초기비용을 지불한 사람들 간의 경합성은 생겨나지 않는다. 〈표 2-1〉은 공공재의 두 가지 특징, 즉 비경합성과 비배제성의 기준으로 재화와 서비스의 예를 분류하여 나타낸다.

이상의 비경합성과 비배제성의 특징으로 인해 공공재에 대해 어떤 가격의 설정은 가능하지 않을 뿐만 아니라 바람직하지도 않다. 비경합성의 특징 때문에 어떤 한 사람이 공공재의 사용을 증가시킨다고 할지라도 비용은 상승하지 않으며, 비배제성의 특징으로 인해 그 사람은 어떤 경우에도 공공재의 사용에서 배제되지 않는다. 즉 어떤 한 사람이 공공재의 사용을 증가시키는 데 따른 한계비용이 영(0)이기 때문에 공공재에 대한 양(+)의 가격을 설정하는 것은 결코 효율적이지 못하다.

따라서 공공재의 수요와 공급을 자유로운 시장기능에 맡긴다면, 모

〉〉〉 공공재의 정의 보충내용

경제학자들 간의 공공재에 대한 정의는 상당히 유사하지만, 그 생각에는 미묘한 차이가 있다. 다양한 공공재의 정의는 〈표 2-2〉에 요약되어 있다.

표 2-2 경제학자들의 공공재에 대한 정의

경제학자	공공재의 정의
사무엘슨 (P. Samuelson)	다수인이 동시에 소비할 수 있지만 소비자가 서로 경합하지 않으며 배제되지 않는 재화나 서비스
뷰캐넌 (J. M. Buchanan)	모든 경제인에 대해 동시에 공급되는 것과 같은 재화나 서비스
도르프만 (R. Dorfman)	대가의 지불과 관계없이 그 재화와 서비스를 통한 이익을 향유하는 데 있어 누구도 배제할 수 없는 재화나 서비스
머스그레이브 (R. A. Musgrave)	'사회재'(social goods)란 개념하에서 모든 개인에게 동량이 소비되는 재화나 서비스
맥캔 (R. McKean)	어떤 재화의 소비자 수가 추가적으로 증가하였다고 할지라도 추가적인 비용이 요구되지 않는 재화나 서비스

든 사람들은 공공재를 공짜로 소비하려는, 즉 '무임승차자'(free-rider)가 되려는 유인이 크게 생겨난다. 다시 말해 시장경제에서는 공공재를 어떤 사람도 생산 혹은 공급하지 않으려는 유인으로 인해 생산이 불가능하거나 과소생산이 불가피하다. 그러므로 공공재의 존재는 시장이 효율적인 재화나 서비스를 제공할 수 없도록 만드는 시장실패의 원인이 된다.

공공재의 적정생산

공공재의 적정 생산수준은 사유재의 경우와 마찬가지로 시장수요곡선과 시장공급곡선이 만나는 점에서 결정된다. 그러나 공공재의 적정 생산수준의 결정은 사유재의 경우와는 뚜렷한 차이가 있다. 〈그림 2-3〉은

그림 2-3 사유재 및 공공재에 대한 균형가격과 균형생산량

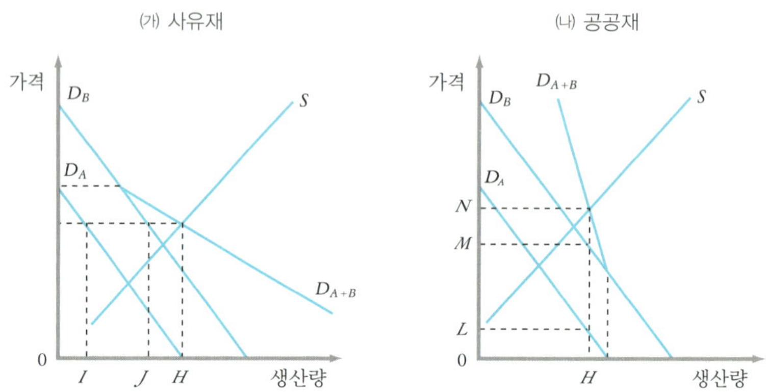

2명의 소비자(A와 B)만이 존재한다고 가정할 때 공공재와 사유재의 시장 수요곡선이 어떻게 형성되는지 보여준다.

〈그림 2-3〉의 (가)는 사유재의 경우를 나타내는데, 소비자 A와 B의 개별수요곡선의 수평적 합산이 시장수요곡선이 된다. 즉 소비자 A와 B의 수요곡선 D_A와 D_B를 수평으로 합한 D_{A+B}가 시장수요곡선이다. 만약 시장공급곡선이 S로 주어진다면, 두 곡선이 교차하는 점에서 시장 전체의 소비량(H)이 결정된다. 이 때 소비자 A는 I만큼, 소비자 B는 J만큼 소비하게 된다(즉 $0I+0J=0H$).

〈그림 2-3〉의 (나)는 공공재에 대한 균형가격과 균형생산량의 결정을 나타낸다. 즉 공급량은 H수준에서 이미 결정되어 있고, 공공재가 갖는 소비의 비경합적 특징으로 인해 두 소비자 A와 B의 수요곡선을 수직적으로 합한 것이 시장수요곡선이 된다(즉 $0L+0M=0N$). 다시 말해 소비자 A와 B의 수요곡선 D_A와 D_B를 수직으로 합한 D_{A+B}가 시장수요곡선이다. 만약 시장공급곡선이 S로 주어져 있다면, 두 곡선이 교차하는 점에서 가격 N이 결정된다. 이때 소비자 A는 L만큼, 소비자 B는 M만큼 지불할 의사가 있는 가격을 나타낸다. 물론 시장수요곡선의 도출은 두 소비자 A와

*B*가 공공재에 대한 자신들의 선호를 자발적으로 시현한다는 비현실적인 가정에 기초한다.

2.3 기타의 요인

기타의 시장실패 요인으로는 자연독점 · 소득분배의 불평등 · 불확실성 등이 제시되는데, 이하에서는 이상의 요인들이 어떻게 시장실패를 유도하는지 간단히 살펴본다.

자연독점

독점기업(혹은 독점시장)은[2] 시장에서의 유일한 공급자이며 '가격설정자' (price maker)이다. 따라서 이윤극대화를 추구하는 독점기업은 가격을 한계비용보다 높게 설정하기 때문에 자원배분은 비효율적이며 독점의 후생손실이 발생한다.[3] 독점이 발생하는 가장 보편적인 이유는 제도나 기술로 생겨난 진입장벽(barrier to entry)으로 인해 새로운 기업의 진입이 억제되기 때문이다. 어떤 산업에서는 규모의 경제 등의 이유로 인해 자연히 독점(즉 자연독점)이 형성되기도 한다. 이와 같은 독점이 지속될 때에는 과잉설비(excess capacity)가 존재하므로 사회적 낭비가 초래되는 시장실패로 이어진다.

소득분배의 불평등

우리가 살아가고 있는 시장경제 체제는 생산과 소비의 효율성을 높이는 데에는 유용하지만 형평성을 보장하지는 못한다. 즉 시장경제 체제가 부유한 사람들을 위해 생산하고 이들에게 더 많은 재화나 서비스가 분배되는 방식으로 작동한다면, 효율성은 달성될 수 있지만 형평성에 따른

---

2) 독점시장은 "아주 밀접한 대체재를 생산하는 경쟁기업으로부터 도전을 받지 않는 시장조직"을 일컫는다. 따라서 독점기업은 독점산업과 동일한 의미로 사용된다(즉 독점기업=독점산업).

3) 즉 독점기업은 정상이윤을 초과하는 독점이윤을 향유한다.

문제점이 발생한다. 다시 말해 형평성을 고려한 분배가 전제되지 않고 효율성만 지나치게 강조한다면, 즉 연령과 신체적 조건에 따라 소득격차가 크게 발생할 뿐만 아니라 최소생계를 유지할 수 없는 빈곤층이 늘어난다면, 안정적인 시장경제 체제는 유지하기 어렵게 된다. 그러므로 우리는 공정한 소득분배를 실현하지 못하는 불평등을 효율성이 크게 강조되는 시장경제에서 나타날 수 있는 시장실패의 원인으로 이해할 수 있다.

불확실성

만약 모든 경제주체들이 완전한 시장정보를 소유하고 있다면, 시장의 효율성은 쉽게 보장된다. 그러나 현실적으로 모든 경제인들이 완전한 정보를 소유한다는 것은 불가능하며, 대가를 치르지 않고서는 정보를 획득할 수도 없다. 따라서 정보는 '경제재'(economic goods)이며, 경제주체들 간의 정보의 차이로 인해 시장의 '불확실성'(uncertainty)이 커지게 된다. 이와 같은 불확실성은 경제주체들이 적절한 시기에 그리고 적절한 대상과 경제행위를 할 수 없게 만드는 제약으로 작용하며 위험을 수반하게끔 한다. 그러므로 경제내의 불확실성의 존재는 시장실패를 유도하는 원인이 된다. 정보의 불확실성으로 인해 생겨날 수 있는 몇 가지 문제점에 대해서는 다음 절에서 구체적으로 살펴본다.

3. 정보경제학

1980년대 이후 경제학에서는 정보의 가치 · 생산 · 유통 · 이용에 관한 다양한 이론들이 급격히 발전하였는데, 이와 같은 학문 분야를 정보경제학이라 부른다. 본 절에서는 정치경제학 분석에서 자주 사용되는 정보경제학의 몇 가지 개념을 살펴본다.

3.1 정보의 비대칭성

많은 경제 분석에서 경제주체들은 시장의 모든 정보를 아무런 대가 없이 소유한다고 가정한다. 그러나 시장에서 완전한 정보가 제공된다는 것 자체가 불가능하기 때문에 경제주체들은 정보를 획득하기 위해 선택을 해야 하며 그 정보에 대한 대가를 지불해야 한다. 이상의 관점에서 '정보경제학'(information economics) 분야에 대한 관심이 증진되었으며, 정보경제학의 핵심은 '정보의 비대칭성'(asymmetry of information)으로 생겨나는 다양한 현상을 이론화하는 데 있다.

경제학에서는 수요자나 공급자 중에서 한쪽은 정보를 가지고 있지만 다른 쪽은 정보를 갖고 있지 않는 상태를 정보의 비대칭성이 존재한다고 말한다. 이때 '대칭'(symmetry)은 "하나의 대상을 기준으로 주체가 되는 눌질 혹은 2명 이상의 경제주체가 똑같은 모양으로 배치되거나 동일한 상황"을 의미한다. 따라서 정보의 비대칭성이 클수록 경제행위의 불확실성이 증폭되며, 이로 인해 경제주체들이 적절한 시기에 그리고 적절한 대상과 경제행위를 할 수 없게 만드는 위험이 생겨난다. 이하에서는 정보의 비대칭성으로 인해 발생하는 역선택과 도덕적 해이 및 주인-대리인 문제에 관해 살펴본다.

3.2 역선택과 도덕적 해이

정보의 비대칭성으로 인해 생겨나는 대표적인 결과가 '역선택'(adverse selection)의 문제이다. 일반적으로 "적은 양의 정보를 가진 사람이 정보를 많이 가진 사람 중에서 가장 바람직하지 않은 상대방과 거래할 경우 적은 양의 정보를 가진 사람의 측면에서 역선택이 발생하였다"고 말한다. 정보의 비대칭성으로 인해 적은 양의 정보를 가지고 있는 사람은 정보를 많이 가진 사람들의 정보를 추측할 수밖에 없다. 예를 들어 보험회사는 수익을 크게 늘리기 위해 젊고 건강한 사람만이 보험에 가입하기를 희망한다. 그러나 보험회사가 피보험자의 건강상태에 관한 정확한 정보를 갖는다는 것은 불가능하기 때문에 막상 보험에 가입하는 사람들은 늙고 허약할 가능성이 존재한다. 만약 보험회사가 늙고 허약한 사람들과 보험계약을 한다면, 보험회사의 입장에서는 피보험자의 건강에 대한 정보의 부족으로 인해 역선택에 직면하게 된다.

정보의 비대칭성이 야기하는 또 다른 중요한 결과는 '도덕적 해이'(moral hazard)이다. 일반적으로 "정보를 가진 사람이 자신의 효용을 극대화하는 행위가 정보를 갖지 못한 사람의 입장에서는 바람직하지 않은 행동으로 이어지는 경향이 있는데, 우리는 이와 같은 행동이 나타났을 때 도덕적 해이가 발생하였다"라고 말한다. 예를 들어 화재보험에 가입한 사람이 화재예방을 위해 얼마만큼 노력할지에 관한 정보는 오직 가입자 자신만이 갖고 있다. 보험 가입자는 정보를 갖지 못한 보험회사의 관점에서 볼 때 화재예방을 게을리하는 등 바람직하지 못한 행동을 할 수 있다. 보험회사의 관점에서 이상의 행동은 보험 가입자의 도덕적 해이이다. 일반적으로 화재보험의 가입자는 화재예방에 최선을 다할 것을 명시적 혹은 암묵적으로 보험회사와 약속하지만, 보험에 가입한 이후의 행동은 그렇지 못하였다는 측면에서 도덕적 해이라는 표현을 사용한다.

그러므로 역선택과 도덕적 해이는 정보의 비대칭성으로 인해 생겨나는 대표적인 결과이다. 구체적으로 역선택은 '숨은 특성'(hidden characteristics)이 비대칭적 정보의 상황을 야기해 발생하는 사전적(ex ante) 의미로 해석할 수 있다. 그러나 도덕적 해이는 '숨은 행동'(hidden action)이 비대칭적 정보의 상황을 야기해 발생하는 사후적(ex post) 의미로 사용된다.

3.3 주인-대리인 문제

'주인-대리인 문제'(principal-agent problem)는 현재 기업이 직면하고 있는 가장 중요한 문제 중 하나이다. 이는 기업의 목적이 무엇인지 연구하는 과정에서 발전된 이론으로서 기업의 소유와 경영이 분리됨에 따라 생겨나는 문제이다. 기업의 규모가 대형화됨에 따라 기업의 소유자인 주주(이후 '주인')가 직접 기업을 경영하는 대신 전문경영자(이하 '대리인')에게 권한을 위임하고, 경영자는 그 하위조직으로 업무와 권한을 위임한다.

일반적으로 권한을 위임받은 대리인(agent)의 목적은 주인(principal)의 목적과 상이하다. 구체적으로 주인은 대체로 이윤극대화를 추구하지만, 대리인은 자신의 명예나 이익을 위해 기업경영을 이용할 수 있다. 현실적으로 주인이 대리인을 완전히 감독할 수 없기 때문에 주인의 이익과 부합하지 않는 대리인 위주의 경영이 빈번히 발생한다. 이로 인해 기업의 생산비용이 증가하게 되며 이윤이 극대화되지 않는 결과가 초래된다.

예를 들어 대리인이 1주일 계획으로 유럽출장을 떠났지만, 계획하였던 일을 이틀 만에 끝냈으며 주인은 이 사실을 모른다고 상정하자. 만약 대리인이 계획하였던 일을 이틀 만에 끝냈다는 사실을 주인이 알 수 있다면, 주인은 대리인이 곧장 귀국하길 희망하며 그러한 조치를 취할 것으로 예상된다. 그러나 대리인은 계획하였던 일을 이틀 만에 끝냈다는 사실을 주인이 모른다는 것을 알고 있을 뿐만 아니라 당초 1주일 계획의 출장이었기 때문에 나머지 며칠 동안 유럽여행을 즐길 수 있다. 이상의 예는 대리인 위주의 경영이 주인의 목적과 부합하지 않을 수 있음을 보여준다.

따라서 주인이 자신의 이익과 부합하는 경영을 희망할 때에는 대리인의 행동이나 경영성과를 감시하기 위한 비용, 즉 '대리인 비용'(agency costs)이 생겨난다. 주인-대리인 문제와 관련된 다양한 이론은 1980년대부터 급격히 발전해 경제학은 물론 사회과학의 많은 분야에서 응용되고 있다.

4. 사회적 네트워크

인간은 사회적 동물이기 때문에 다양한 사회적 네트워크 속에서 살아간다. 본 절에서는 사회적 네트워크와 관련된 몇 가지 이론, 즉 구성원 간의 유대관계, 경제지대와 지대추구 및 용의자의 딜레마를 소개한다.

4.1 사회적 네트워크란?

'사회적 네트워크'(social network)에 대한 연구는 경제인들 간에 형성되는 일련의 경제적 · 정치적 · 사회적 · 문화적 · 환경적 네트워크를 이용해 탐구할 수 있는 모든 사항을 포괄한다. 우리는 흔히 자신의 교육적 혹은 환경적 배경을 얘기하는데, 이는 개개인마다 형성하고 있는 사회적 네트워크가 다르기 때문에 나타나는 현상이다. 이와 같은 사회적 네트워크에 관한 이론은 주로 사회학에서 발전하였다. 그러나 1990년대 이후 경제학자들이 사회적 네트워크와 관련된 많은 이론들을 수학적 혹은 실증적으로 증명함에 따라 사회적 네트워크 이론은 더욱 발전하였으며, 경제학의 여러 분야에 응용되고 있다.

예를 들어 Jackson and Wolinsky(1996)는 사회적 네트워크의 존재와 안정성을 정태적인 관점에서 증명하였다.[4] 이후 Chew(2000)는 사회적 네트워크의 교류(communication) 및 조정(coordination)과 관련된 제 이론을 검토하였다. 즉 Chew(2000)는 최소한의 '의존 네트워크'(dependence network)를 정의하고 경제인의 교류가 최소한의 의존 네트워크로 이루어질 때 조정(혹은 조화, coordination)이 가능하며, 그 반대의 경우도 성립한다고 주장하였다.

사회적 네트워크를 경제학에 응용한 최초의 연구로는 노동시장에서의 취업 및 직장에서의 성취도나 진급이 사회적 네트워크와 어떻게 관련되는지 검토한 Montgomery(1991)를 들 수 있다. 구체적으로 Montgomery(1991)는 미국 보험회사의 노동자를 대상으로 분석하였는데, 공채로 입사한 신입사원에 비해 회사 내의 보증인(추천인)이 있는 신입사원이 향후 직장에서의 성취도가 높을 수 있다고 지적하였다.

---

4) 이후 Jackson and Watt(2002)는 사회적 네트워크의 존재와 안정성을 동태적 관점에서 증명하였다.

이후 사회적 네트워크 이론은 소비자이론, 국제무역 등의 다양한 분야에 응용되었다. 이상의 연구내용을 이해하기 위해서는 폭넓은 분석적 도구에 대한 지식이 요구될 뿐만 아니라 상당한 수학적 지식이 필요하기 때문에 본 절에서는 구체적인 내용을 생략한다. 다만 이하에서는 현실 경제에서 쉽게 찾을 수 있는 구성원 간의 '유대관계'에 관해 살펴보고, 사회적 네트워크 이론의 응용인 지대추구와 용의자의 딜레마에 대해 간단히 설명한다.

4.2 유대관계

사회적 네트워크는 크게 '강한 유대관계'(strong link)와 '약한 유대관계'(weak link)의 두 분류로 나누어진다. 강한 유대관계는 수학적으로 '저차원의 관계'(low dimensional network)로 표현할 수 있으며,[5] 한 지역 내에서의 '공통된 지식'(common knowledge)을 소유하는 데 유용한 관계이다. 또한 약한 유대관계는 수학적으로 '고차원의 관계'(high dimensional network)로 표현되며, 이를 통해 '정보의 확산'(informational diffusion)이 쉽게 이루어진다. 이상의 결과는 사람들 간의 교류가 지식(knowledge)의 전달에 국한되며, 결코 공통된 지식의 전달이 아니라는 가정에 의존한다. 우리는 이상의 내용으로부터 대단위 사회를 형성하기 위해서는 강한 유대(저차원의 관계)에 비해 약한 유대(고차원의 관계)가 더 중요하다는 사실을 알 수 있다.

만약 당신과 내가 약한 유대관계에 의해 연결된다면, 당신의 친구는 나의 친구가 될 가능성이 희박하다. 그렇지만 약한 유대관계는 더 높은 차원의 사회적 네트워크를 갖기 때문에 정보의 전달과 확산에 있어서 강한 유대관계에 비해 훨씬 유리한 입장에 놓이게 된다. 그러나 당신과 내가 강한 유대관계로 연결된다면, 당신의 친구가 아마도 나의 친구일 가능성이 매우 높다. 이와 같은 강한 유대관계는 지식 공유에 있어서 상당히

---

5) 여기서 저차원의 관계는 약한 유대관계에 비해 상대적으로 저차원임을 의미한다.

유리하지만, 저차원의 관계이기 때문에 정보의 전달에는 불리함이 있다. 결론적으로 공통된 지식의 향유는 강한 유대관계에서 쉽게 형성되며, 폭넓은 지식의 확산을 통한 많은 지식의 습득은 약한 유대관계에서 쉽게 이루어진다.[6]

그러므로 경제인에 따라 상이한 유대관계가 다양한 경제 행위의 원인이 되기도 하고, 그 결과로 나타나는 경우도 있다. 왜냐하면 경제인이 어떤 경제 행위를 하고자 할 때 요구되는 정보의 획득이나 지식은 결국 자신의 유대관계에 의해 크게 좌우되기 때문이다. 마찬가지로 한 국가의 구성원 간의 유대관계는 그 국가의 관습 · 문화 · 언어 등에 의해 결정되고, 이는 다시 그 국가의 총합적(aggregate) 경제성과에 영향을 미치게 된다. 예를 들어 구성원의 관습 · 문화 · 언어 등이 유사한 국가에서의 국민들은 강한 유대관계에 의한 공통적 지식을 소유할 가능성이 증대되지만, 새로운 정보의 확산에는 상대적으로 불리하므로 폐쇄성이 강하게 나타난다. 이 점에 대한 상세한 내용은 제7장에서 다룬다.

4.3 경제지대와 지대추구

사회적 네트워크 이론의 응용으로써 정치경제학 분석에서 가장 많이 언급되는 내용은 아마도 경제지대와 지대추구이다. '경제지대'(economic rent)는 "어떤 생산요소의 공급에 필요한 금액을 초과하여 그 생산요소에 대해 실제로 지불한 금액"을 의미한다. 따라서 경제지대는 시장에서 초과이윤이 생겨날 때 발생한다.

완전경쟁시장에서는 기업의 자유로운 진입과 퇴출이 보장되기 때문에 장기에는 기업의 초과이윤이 영(0)이 되며, 자연히 경제지대는 존재하지 않는다. 그러나 장기에도 고정된 생산요소가 존재한다면, 새로운 기업의 진입이 자유롭게 이루어지지 않기 때문에 기존기업은 초과이윤을 향유할 수 있게 된다. 장기적으로 공급이 고정된 생산요소가 존재하는 이유로

---

6) 이 단락은 황진영 · 정군오(2002)를 참고해 구성하였다.

는 (ⅰ) 토지·원유 등과 같이 자연적인 이유로 말미암아 그 공급이 제한되는 경우와 (ⅱ) 의사나 변호사 등과 같이 면허가 있어야 경제행위를 할 수 있는 법률적인 경우를 들 수 있다.

만약 고정된 생산요소로 말미암아 어떤 기업이 그 산업에 진입할 때 '허가증'이 요구된다면, 허가증의 가치는 진입억제에 의해 발생되는 초과이윤의 가치에 의해 결정된다. 따라서 그와 같은 허가증이 필요한 산업에 진입하려는 기업의 입장에서 보면, 이 산업의 장기이윤은 영(0)이 된다. 왜냐하면 진입비용에 허가증의 구입비용이 포함되기 때문이다. 그러나 기존의 기업들은 장기적으로 공급이 고정된 허가증이라는 생산요소를 보유하는 데 따르는 이익을 얻게 되는데, 이를 경제지대라고 한다.

어떤 이유에서든 경제지대가 존재하면, 이미 허가증을 소유한 기득권자들은 경제지대를 계속적으로 유지하려는 속성을 갖는다. 특히 법률적인 원인에 의해 고정된 생산요소를 소유한 사람들은 계속적으로 경제지대를 추구하기 위해 허가증의 수를 제한하려 노력한다. 예를 들어 기득권자들은 정책입안자에게 허가증의 수를 제한해야 하는 타당성을 홍보하거나 로비(lobby) 등을 통해 알리려 시도한다.

심지어 고정된 생산요소를 소유한 기득권자들은 정책입안자에게 뇌물(bribe)을 공여하려 시도한다. 이때 뇌물의 크기는 새로운 기업의 진입을 막음으로써 얻을 수 있는 경제지대보다 조금 적은 금액까지 가능하다. 다시 말해 ϵ이 아주 적은 금액을 나타낸다면, 뇌물로 공여할 수 있는 최대금액은 (경제지대$-\epsilon$)만큼이 된다. 우리는 이상의 행위를 '지대추구'(rent-seeking) 혹은 '지대추구행위'(rent-seeking behavior)라고 부른다. 이상의 지대추구행위에 비용이 발생한다면, 이는 생산량의 증가와 무관하며 경제지대를 보존하기 위한 지출이라는 측면에서 사회적 낭비가 된다.

4.4 용의자의 딜레마

'용의자의 딜레마'(prisoner's dilemma)는 개개인의 최적이 개개인을

표 2-3 용의자의 보수행렬

용의자 1 \ 용의자 2	자 백	묵비권
자 백	(−2, −2)	(−7, −1)
묵비권	(−1, −7)	(−5, −5)

합한 집단의 최적이 아닐 수 있음을 보여준다. 구체적으로 2명의 용의자(용의자 1과 용의자 2)가 격리된 장소에서 심문을 받는데, 그들은 두 가지 전략, 즉 '자백'하는 것과 '묵비권'을 행사하는 것 중에서 하나를 선택해야 한다. 또한 〈표 2-3〉은 두 용의자의 '보수행렬'(payoff matrix)을 나타낸다. 괄호 안의 수는 형량에 따른 효용의 감소를 의미하며, 이를 반영하기 위해 음수로 표기한다. 예를 들어 형량이 2년이면 효용은 −2로 나타난다고 가정한다.

〈표 2-3〉에 제공된 보수행렬에 의하면, 우리는 두 용의자가 묵비권을 선택하는 것이(용의자 1과 용의자 2의 보수는 각각 −5, −5) '우월전략'(dominant strategy)으로 결정된다는 사실을 쉽게 확인할 수 있다. 만약 두 용의자가 대화를 나눌 수 있는 기회가 제공되어 똑같이 자백을 선택한다면(각각의 보수는 −2, −2), 두 사람 모두가 효용을 증가시킬 수 있다. 그러나 자신이 자백을 선택하고 다른 용의자가 묵비권을 선택할 경우에는 더욱 무거운 형량(각각의 보수는 −7, −7)이 주어질 것을 두려워 한 나머지 두 용의자 모두가 묵비권을 선택하는 것이 우월전략이 된다.

만약 두 용의자가 자백을 한다면 두 용의자 모두에게 더 나은 결과를 가져올 수 있음에도 불구하고, 항상 더 열등한 결과가 나타날 수밖에 없다는 측면에서 이상의 예를 '용의자의 딜레마'라고 부른다. 다시 말해 용의자의 딜레마는 이기적인 개인이 자신의 이익을 위해 최선을 다하는 행위가 결코 사회 전체적으로 최선이 되지 않음을 보여주는 좋은 사례이다. 용의자의 딜레마 게임은 '우월전략균형'(dominant strategy equilibrium)의 전형적인 예이며, 경제학·정치학·사회학 등의 사회과학 연구에서 비

〉〉〉 게임이론의 기초개념 보충내용

[1] 게임이론(game theory): 개개인의 행위가 자신의 이해관계뿐 아니라 상대방의 이해관계에도 영향을 미치는 상황에서 서로 간에 어떤 전략을 세워 행동하는지 연구하는 이론적 체계를 일컫는다.

[2] 게임의 3대 구성요소: 경기자(player), 전략(strategy), 보수(payoff)

[3] 게임의 분류: 협조적 게임(cooperative game)과 비협조적 게임(non-cooperative game), 단일게임(one-shot game)과 반복게임(repeated game, super game), 완전정보게임(complete information game)과 불완전정보게임(incomplete information game) 등

[4] 우월전략균형(dominant strategy equilibrium): 상대방이 어떤 전략을 선택하던 상관없이 자신의 보수(payoff)를 더 크게 만드는 전략이 존재할 경우 이를 우월전략이라 하며, 우월전략의 짝을 우월전략균형이라 한다.

[5] 내쉬균형(Nash equilibrium): 각 경기자가 상대방의 전략이 주어진 것으로 간주하고 자신에게 최적인 전략을 선택할 때, 이 최적전략의 짝을 내쉬균형이라 한다.

교적 폭넓게 응용되고 있다. 다시 한 번 강조하지만, 이상의 결과는 '비협조 게임'(non-cooperative game)에서만 발생한다.

생각해 볼 문제

01 다음의 주장을 논평하라.

(1) 어떤 사람은 고속도로 건설이 외부경제를 창출할 뿐만 아니라 근교의 주민들에게 외부비경제를 발생시킨다고 주장한다.

(2) 많은 사람들은 순수과학의 연구와 교육에 대한 정부정책의 지원이 국가 전체의 후생수준을 감소시킨다고 종종 얘기한다. 왜냐하면 순수과학의 생산물은 응용과학에 비해 대단히 제한적이고 예측하기 어렵기 때문이다.

(3) 지대추구행위는 '허가증'의 수를 제한함으로써 새로운 기업의 진입을 억제시키지만, 허가증을 이미 소유한 기업(사람)들은 계속적으로 초과이윤을 향유할 수 있게 된다. 따라서 국가 전체적으로는 지대추구행위로 인해 새로운 사회적 낭비가 생겨나지 않는다.

02 디지털 경제의 발전으로 말미암아 정보의 비대칭성을 줄일 수 있는데, 이를 구체적인 예를 들어 설명하라. 그렇다면 디지털 경제에서는 정보의 비대칭성 때문에 생겨나는 역선택, 도덕적 해이, 주인-대리인 문제 등이 발생하지 않을 수 있는가?

03 현재 50명의 학생들이 A교수의 "경제성장론" 강의를 듣고 있다고 가정하자. 만약 추가적인 1명이 그 과목을 수강신청한다면, 추가적인 1명에 대한 한계비용은 영(0) 혹은 거의 영(0)이 된다(물론 강의실은 50명 이상이 수업을 들을 수 있을 만큼 충분히 크다고 가정함). 그러나 현실적으로 추가적인 1명이 수업을 듣기 위해서는 수업료를 납부해야만 하는데, 그 이유는 무엇인가? 이때 A교수의 "경제성장론" 수업은 어떤 측면에서 공공재의 성격을 지니고 있으며, 어떤 측면에서 사유재의 성격을 지니는가?

04 현재 많은 산업화된 국가의 기업들이 저개발 국가에 공장을 건설해 운영하고 있다. 이상의 현상이 발생한 원인은 다양하지만, 그 일부의 원인으로서 산업화된 국가에서의 환경규제와 관련된다. 이상의 현상은 공장을 이전시킨 산업화된 국가는 물론 공장이 소재한 저개발국에게도 이익이 생겨날 수 있는데, 이를 코

오즈 정리(Coase theorem)와 연관시켜 생각해 보자.

05 직장 선택이나 고용을 결정할 때 약한 유대관계 혹은 강한 유대관계와 관련된 사회적 네트워크 이론이 어떻게 작용하는지 생각해보자. 또한 약한 유대관계와 강한 유대관계가 '공통된 지식'과 '지식의 확산'에 대해 각각 어떤 장점과 단점을 갖는지 설명하라.

03 CHAPTER

경제성장에 대한 이해

본서의 올바른 이해를 위해서는 기초적인 경제성장 이론에 대한 지식이 반드시 요구된다. 본 장에서는 경제성장의 정의 및 역사적 사실을 제시하고, 세계의 주요 국가들이 경험한 경제성장의 특징을 설명하는 경제성장 모형에 관해 살펴본다. 즉 본 장에서는 솔로우 모형으로 대표되는 신고전학파 성장이론(혹은 외생적 성장이론)과 1980년대 중반 이후 대두된 신성장이론(혹은 내생적 성장이론)을 간단히 소개한다. 또한 본 장에서는 최근 들어 활발히 전개되고 있는 경제성장의 동력에 대한 실증적 연구결과에 관해서도 살펴본다.

1. 경제성장의 정의 및 사실

본 절에서는 경제성장과 관련된 기초 개념, 즉 경제성장의 정의와 역사적 경험을 통해 알 수 있는 몇 가지 흥미로운 사실을 기술한다. 또한 본 절에서는 우리나라의 경제규모의 현황과 고도성장의 배경 등을 살펴본다.

1.1 경제성장의 정의

비록 한 국가의 국민소득은 한 시점에서 측정된 값이지만, 경제는 정지되어 있지 않으며 시간의 흐름에 따라 끊임없이 변동한다. 이와 같은 경제의 변동을 측정하기 위해 다양한 개념들이 사용되지만, 가장 보편적이고 자주 언급되는 개념이 '경제성장'(economic growth)이다. 즉 경제성장은 “시간이 흘러감에 따라 경제활동 규모가 커지는 현상”으로 정의된다. 또한 한 국가의 경제활동 규모를 측정하는 대표적인 지표는 실질 국내총생산(GDP) 혹은 실질 1인당 GDP이다. 따라서 실질 1인당 GDP 증가율은 경제성장률과 동의어로 종종 사용되고 있다. 한 국가의 t년 경제성장률(%)은 1인당 GDP(혹은 1인당 국민소득)를 이용해 다음의 식(3-1)과 같이 계산할 수 있다.

$$t\text{년의 경제성장률} = \frac{(t\text{년의 1인당 GDP}) - (t-1\text{년의 1인당 GDP})}{(t-1\text{년의 1인당 GDP})} \times 100 \quad (3-1)$$

우리가 경제성장에 관심을 갖는 이유는 경제성장이 우리의 후생수준과 밀접하게 관련되기 때문이다. 다시 말해 한 국가의 경제가 성장한다는 사실은 국민이 저마다의 희망대로 사용할 수 있는 재화나 서비스의 총량이 증가한다는 의미에서 경제복지의 증진으로 귀결된다. 이로 인해 세계 각국은 1인당 국민소득의 지속적인 증가를 위한 노력을 경주하고 있다.

여기서 한 가지 유의할 사항은 경제성장의 과정이 모든 내생적 경제변수들의 공동변동(co-movement) 현상을 수반한다는 사실이다. 구체적으로 한 국가의 실질 1인당 GDP가 매년 증가하면 소비나 투자 등이 증가해 총수요의 확대로 이어진다. 이는 다시 자본 및 고용량을 증가시켜 실질 1인당 GDP의 증가를 유발한다. 따라서 실질 1인당 GDP는 국민경제의 후생과 복지를 증대시키는 일련의 경제현상들과 같이 움직인다.

1.2 경제성장과 관련된 흥미로운 사실

경제성장과 관련된 역사적 경험을 고찰하면, 다음과 같은 몇 가지 흥미로운 사실들이 발견된다. 첫째, 세계경제의 주도 국가는 시간의 흐름에 따라 변화되어 왔다. 〈표 3-1〉에서와 같이 1700년대 이후 네덜란드 · 영국 · 미국 등이 세계경제를 주도해 왔다. 이와 같은 사실은 현재의 세계경제를 주도하는 미국도 언젠가는 그 자리를 다른 국가에게 물려줄 수 있

표 3-1 세계경제 주도국과 노동생산성 증가율

기 간	세계경제 주도국	노동생산성 증가율(%)
1700~1785년	네덜란드	-0.07
1785~1820년	영 국	0.5
1820~1890년	영 국	1.4
1890~1979년	미 국	2.3

자료: Maddison(1982).

음을 암시한다.[1]

또한 우리는 〈표 3-1〉을 통해 세계경제 주도국의 평균 성장률('노동생산성 증가율'로 측정)이 시간의 흐름에 따라 증가하였다는 사실을 발견할 수 있다. 즉 1890~1979년 동안 미국의 연평균 노동생산성 증가율은 2.3%인데, 이는 1785~1820년 혹은 1820~1890년 동안 세계경제를 주도하였던 영국의 연평균 노동생산성 증가율(각각 0.5%와 1.4%)보다 높은 수준이다. 한편 1700~1785년 동안 경제적으로 최강이었던 네덜란드의 연평균 노동생산성 성장률은 마이너스 0.07%이다. 이 점은 세계의 경제성장이 산업혁명을 거치며 영국이 세계경제의 주도권을 잡은 이후 본격화되었다는 사실을 의미한다.

둘째, 지역(대륙)내의 국가 간 1인당 국민소득수준이 접근하는 '수렴현상'(convergence phenomenon)이 발생하였다. 소득수준의 수렴현상이 성립하기 위해서는 1인당 국민소득이 상대적으로 낮은 국가에서 높은 경제성장률을 달성해야 한다. 2차 세계대전 이후 대부분 유럽, 아시아, 북미, 남미 혹은 아프리카 지역(대륙) 내에서의 1인당 국민소득수준이 상대적으로 낮은 국가가 높은 경제성장률을 기록해 지역(대륙)내의 국가 간 소득수준이 대체로 비슷해지는 경향이 생겨나고 있다.

1) 〈표 3-1〉에서 세계경제 주도국을 1979년까지만 나타낸 이유는 Maddison(1982)이 제공한 자료에 기초할 뿐만 아니라 1980년대 세계경제 주도국에 대해 경제학자들 간에 이견이 존재하기 때문이다. 1990년 이후 세계경제 주도국이 미국이라는 사실은 대부분 경제학자들이 동의하지만, 1980년대에는 독일(서독)과 일본 역시 세계경제 주도국이라고 주장하는 경제학자들이 존재한다.

또한 1인당 국민소득의 수렴현상은 산업화된 국가들(industrial countries) 간에도 성립된다. 그러나 산업화된 국가와 개발도상국(developing countries) 혹은 개발도상국 간에는 수렴현상이 반드시 성립하는 것은 아니다. 오히려 서구의 산업화된 국가와 많은 아시아, 아프리카, 남미의 저개발 국가 간에는 1인당 국민소득수준의 격차가 점점 벌어지는 '이산현상' (divergence phenomenon)이 나타나고 있다.[2)]

셋째, 국가 간의 상이한 경제성장률로 인해 국가 간 소득수준의 우위가 바뀌는 사례를 찾을 수 있다. 즉 빠른 속도로 성장하는 국가가 당초 국민소득이 앞서 나갔던 국가를 앞지르는(over-taking) 현상이 생겨났다. 혹은 반대의 경우로써 아주 늦은 속도로(혹은 마이너스로) 성장하는 국가는 당초 국민소득이 낮았던 국가에게 오히려 추월당하는(lagging behind) 현상도 나타났다.

예를 들어 Barro and Sala-i-Martin(2003)이 제공하는 국가 간의 통계자료를 살펴보면, 1950년 우리나라의 1인당 GDP는 $564(1985년 US$ 기준)로 필리핀의 $898보다 작았지만, 1960년대 이후 우리나라 경제의 급속한 성장으로 인해 1987년 우리나라 1인당 GDP는 $4,143로 크게 증가한 반면, 필리핀은 $1,519로 소폭 상승하는 데 그쳤다. 따라서 우리나라 입장에서는 필리핀을 앞지른 것이며, 필리핀 입장에서는 우리나라에 추월당한 결과가 나타났다.

넷째, 역사적 경험은 가난한 국가(또는 지역)의 숙련 노동자와 비숙련 노동자들이 부유한 국가(또는 지역)로 이주하는 경향이 있었다는 사실을 제시한다. 비숙련 노동자들의 이주 현상은 부유한 국가의 임금수준이 가난한 국가의 임금수준보다 높다는 사실을 반영한다. 이상의 사실을 설명하는 예로는 우리나라의 경제개발 초기에 많은 노동자들이 미국으로 이주하였던 '아메리칸 드림'이나 오늘날 중국 혹은 동남아 국가의 노동자들이

2) 국가 간의 수렴현상 혹은 이산현상을 측정하는 전통적인 방법으로는 β-수렴(β-convergence)과 σ-수렴(σ-convergence)을 들 수 있다. 이 점에 대한 논의는 본서 제12장에 간단히 제시되며, 보다 상세한 내용은 황진영(2008), Barro and Sala-i-Martin(2003) 등을 참고할 수 있다.

우리나라로 이주하려는 '코리언 드림'을 들 수 있다.

그러나 숙련 노동자의 이주 현상은 간단하게 설명되지 않는다. 일반적으로 가난한 국가에서의 숙련 노동자의 수는 부유한 국가에서의 경우에 비해 상대적으로 희소하기 때문에 가난한 국가의 숙련 노동자는 높은 한계생산성에 따른 높은 수준의 임금을 받을 수 있다. 왜냐하면 생산요소가 희소할수록 그 생산요소의 한계생산성이 높게 나타나기 때문이다. 그럼에도 불구하고 가난한 국가의 숙련 노동자가 부유한 국가로 이주하려는 이유는 노동(인적자본 포함)이 물적자본과 보완적 관계를 유지할 뿐만 아니라 소비자의 후생을 증가시킬 수 있는 사회의 기반시설이 부유한 국가에서 잘 정비되어 있기 때문이다. 다시 말해 가난한 국가의 숙련 노동자는 상대적으로 경제적 · 사회적 · 문화적 기반시설이 높은 부유한 국가로 이주하여 생산과 소비의 후생증가를 도모한다.

1.3 한국경제의 성장

우리나라는 20세기 후반기 동안 빠른 속도의 경제성장과 함께 국민의 생활수준이 급격히 향상되었다. 〈표 3-2〉는 우리나라의 명목 GDP와 명목 1인당 GDP의 추이를 나타낸다. 예를 들어 2014년의 명목 1인당 GDP는 약 $27,964인데, 이는 1970년의 $253와 비교해 약 110배 이상 증가하였다. 그렇다면 우리나라 경제의 주요 성장요인은 무엇이며, 앞으로도 지속적인 경제성장이 가능할 수 있을까?

표 3-2 한국경제의 규모와 성장

구 분	1970년	1980년	1990년	2000년	2010년	2014년
명목 GDP(100억 원)	279	3,947	19,771	63,518	126,531	148,508
명목 GDP(1억 $)	82	649	2,793	5,618	10,943	14,100
명목 1인당 GDP($)	253	1,703	6,514	11,951.3	22,147.4	27,963.6

자료: 한국은행(http://ecos.bok.or.kr).

일반적으로 우리나라의 눈부신 경제성장의 원인은 크게 다음과 같은 몇 가지 사항으로 압축된다. 첫째, 인적자원은 높은 교육열로 인해 양적으로 풍부하며 질적으로 우수하였다. 둘째, 대외 지향적인 수출주도형 성장전략을 추구함으로써 무역을 통한 시장의 확대, 경쟁의 강화, 모방의 확대, 기술 및 자본의 이전이 가능하였다. 특히 자본의 부족과 결핍은 외채의 증가를 통해 극복하였다. 셋째, 정부의 강력한 경제성장 촉진 정책과 함께 경제성장에 대한 국민들의 욕구가 강렬하였다. 예를 들어 1960~1970년대 모든 국가정책의 최우선 과제는 가난으로부터의 탈출에 있었으며, 국민들은 엄청난 노동시간을 견뎌내었다.[3]

그러나 우리나라는 지난 몇 십년간 성장 위주의 정책으로 인해 국민경제의 불균등, 자원배분의 왜곡, 소득·자산 분배의 불평등 심화 등과 같은 많은 부작용을 낳았다. 이와 같은 성장의 부작용으로 말미암아 여러 경제학자들은 성장 위주의 경제체제로부터 벗어나 안정과 형평 위주의 경제체제로 바꾸어야 한다는 주장을 꾸준히 제기하고 있다. 결국 우리나라 경제는 성장에 따른 부작용을 최소화하고 효율적인 자원의 사용 및 국제 정세의 변화에 적절히 대응할 때 지속적이고도 안정적인 성장을 유지할 수 있을 것으로 기대된다.

읽을거리

성장의 기적과 성장의 재앙

〈표 3-3〉은 1960~2000년 동안 '성장의 기적'(growth miracle)을 기록한 15개 국가와 '성장의 재앙'(growth disaster)을 경험한 15개 국가의 목록을 나타낸다. 성장의 기적을 이룩한 국가들은 대만, 홍콩, 대한민국, 싱가포르 등의 동아시아 국

3) 이상과 같은 우리나라 경제성장의 일반적인 원인들과 함께 경제학자들 간에는 이견을 보이는 다양한 경제성장의 원인들이 존재한다. 그러나 이견을 보이는 다양한 요인들에 대한 상세한 논의는 본서의 일관성과 간결성을 위해 생략하고자 한다.

가들이 많은 반면, 콩고, 앙골라, 중앙아프리카 공화국 등의 대부분 아프리카 국가들은 성장의 재앙을 경험하였다.

우리나라가 동기간 동안 기록한 연평균 5.41%의 성장률은 세계에서 4번째로 높은 수준이다. 우리나라는 한국동란 이후 황폐한 상황에서 출발하였다는 사실과 국제정세에 능동적으로 대처하려는 경제모형을 추구하였던 점을 고려한다면, 이상의 성장률은 실로 경이로운 성과라고 평가할 수 있다. 즉 우리나라보다 연평균 경제성장률이 높았던 대만이나 홍콩은 도시국가이거나 국제정세에 수동적으로 반응하는 경제모형을 추구하였다는 점에서 우리나라 경제와 직접적으로 비교하는 데에는 한계가 있다.

아프리카의 보츠와나(Botswana)는 1966년에 영국에서 독립한 이후 통치시스템(거버넌스, governance)이 다른 아프리카 국가들과 비교할 수 없을 정도로 발전하였다. 또한 보츠와나는 엄청난 양의 다이아몬드 광산을 소유하고 있으며, 이를 적

표 3-3 성장의 기적과 성장의 재앙의 상위 15개 국가

성장의 기적		성장의 재앙	
국 가	연평균 성장률(%)	국 가	연평균 성장률(%)
대 만	6.25	콩 고	−4.00
보츠와나	6.07	앙 골 라	−2.04
홍 콩	5.67	중앙아프리카 공화국	−1.56
대한민국	5.41	니카라과	−1.30
싱가포르	5.09	나이지리아	−1.21
태 국	4.50	니 제 르	−1.08
키프로스	4.30	베네수엘라	−0.88
일 본	4.13	말 리	−0.77
아일랜드	4.10	잠 비 아	−0.61
중 국	3.99	마다가스카르	−0.60
루마니아	3.91	모잠비크	−0.50
모리셔스	3.88	차 드	−0.43
말레이시아	3.82	세 네 갈	−0.26
포르투갈	3.48	모리타니아	−0.11
인도네시아	3.34	페 루	0.00

자료: Durlauf et al.(2005).

절히 통제함으로써 부의 축적이 가능할 수 있었다. 우리나라와 같이 천연자원이 부족한 국가에서는 부러운 일이 아닐 수 없다.

성장의 재앙을 기록한 국가들을 살펴보면, 페루가 연평균 0% 성장을 그리고 나머지 14개 국가는 연평균 마이너스 성장을 기록하였다. 즉 페루의 2000년 소득수준은 1960년의 경우와 동일하다. 콩고는 연평균 마이너스 4.00%로 성장해 1960~2000년 동안 세계에서 경제가 가장 퇴보한 국가이다. 즉 콩고의 2000년 경제규모는 1960년 경제규모의 20%에 불과하다.

2. 경제성장 이론의 발전

1950년대 이후의 경제성장 이론은 크게 두 분류로 요약할 수 있다. 우리는 1980년대 중반 이전까지의 성장이론을 '신고전학파 성장이론' (neoclassical growth theory) 혹은 '외생적 성장이론' (exogenous growth theory)이라 부르며, 1980년대 중반 이후 새롭게 형성된 성장이론을 '신성장이론' (new growth theory) 혹은 '내생적 성장이론' (endogenous growth theory)으로 명명한다.

본 장 제3절에서 자세히 살펴보겠지만, 신고전학파 성장이론은 경제성장률의 결정요인으로서 인구증가율과 기술진보율 등을 제시하였다. 또한 '균제상태' (steady state)에서 1인당 국민소득의 증가율은 기술진보의 정도와 동일하게 나타난다. 여기서 균제상태란 "경제변수의 크기는 변동하지만 경제변수가 모두 일정한 속도로 성장하는 '균형성장경로' (balanced growth path)를 따라 움직이는 상태"를 의미한다.

신고전학파 성장이론은 소득수준이 낮은 국가가 소득수준이 높은 국가에 비해 상대적으로 높은 인구증가율과 낮은 기술수준 상태에서 출발한다고 가정한다. 이로 인해 소득수준이 낮은 국가에서의 자본의 한계생산성이 소득수준이 높은 국가에서의 경우에 비해 크게 나타나며, 소득수준이 낮은 국가에서 상대적으로 높은 수준의 기술진보율과 경제성장률을 기록하게 된다. 종국적으로 모든 국가는 시간의 흐름에 따라 생활수준의 격차가 해소되는 '정상상태'(stationary state)로 나아가게 된다. 즉 정상상태란 "시간의 경과에 관계없이 경제체제의 모든 경제변수들의 값이 일정하게 되어 변동하지 않는 상태"를 말한다.[4]

따라서 신고전학파 성장이론은 개발 초기의 국가가 높은 경제성장률을 달성할 수 있다는 근거를 제공하였다는 점에서 유용하게 받아들여진다. 그러나 신고전학파 성장이론은 다음과 같은 현실 세계의 경제와는 너무나 큰 괴리가 있다.

첫째, 신고전학파 성장이론에 의하면, 모든 국가의 경제수준이 종국적으로 동일해야 한다. 그러나 현실적으로 어떤 국가는 여전히 부유하며 어떤 국가는 여전히 가난한 상태에 머물러 있다. 국가 간의 소득 및 생활수준 격차가 지속되고 있는 이유는 무엇일까? 심지어 국가 간의 소득 및 생활수준 격차는 시간의 흐름에 따라 오히려 확대되고 있는데, 그 이유는 무엇인가?

둘째, 기술진보는 정태적 과정에서 생겨나지 않으며 동태적 과정 속에서 발생하는데, 과연 기술진보의 원인은 어디에서 유래되는가? 다시 말해 신고전학파 성장이론은 기술진보가 장기적인 경제성장의 유일한 동력으로 설명하면서도 기술진보를 외생변수로 파악하여 그 원인을 제시하지 못하는 한계점이 있다.

셋째, 현실적으로 기술진보에 영향을 미치지 않는 정책들도 경제의 실질변수(real variable)에 영향을 미치는 것으로 알려져 있다. 그렇다면 기술진보에 영향을 미치지 않는 정책들 역시 경제성장에 영향을 미치는 것은 아닌지 의심할 수 있다. 즉 신고전학파 성장이론은 기술진보와 경제성장 간의 관계에 대한 전달경로를 제시하지 못하였다.

이상과 같은 신고전학파 성장이론의 비현실성은 1인당 국민소득의 증가율을 설명하는 유일한 요소인 기술진보율이 어떻게 결정되는지에 대

---

4) 우리는 시간의 흐름 속에서 파악하는 동태체계의 최종적인 균형인 균제상태와 정상상태는 개념상 구분이 있음을 알 수 있다.

한 설명을 전혀 제시하지 못하는 치명적인 약점에 근거한다. 결국 1960년대 중반 이후 경제성장 이론은 약 20년 동안의 동면을 갖게 되었다. 당시 신고전학파 성장이론의 한계점을 극복하려는 연구는 많은 경제학자들에게 숙제로 남겨졌다.

신고전학파 성장이론의 한계점을 극복하면서 성장이론의 오랜 동면을 깨운 신성장이론 혹은 내생적 성장이론은 1980년대 중반에 등장하였다. 새로운 성장이론은 미국의 경제학자 로머(Paul Romer, 1955～)가 그의 시카고대학교(University of Chicago) 박사학위 논문에서 새 이론의 등장을 알리는 신호탄을 터뜨린 이후 1995년 노벨 경제학상 수상자인 루카스(Robert E. Lucas Jr., 1937～) 교수를 비롯해 스토우키(Nancy Stokey, 1950～), 레벨로(Sergio Rebelo, 1959～) 등의 많은 경제학자들에 의해 1990년대 후반까지 급속한 발전을 이루었다.

내생적 성장이론의 핵심은 자본을 '인적자본'(human capital)과 '물적자본'(physical capital)으로 구분하는 데 있다. 즉 내생적 성장이론은 국민소득의 성장이 물적자본의 축적뿐 아니라 인적자본의 형성을 위한 교육·건강에 대한 투자 혹은 연구·개발(R&D) 등에 의해 내생적으로 발생할 수 있다고 설명하였다.[5] 특히 Lucas(1988)는 인적자본에 대한 집중적 투자가 아시아의 네 호랑이(four tigers)[6] 출현의 원동력이라고 주장하였다. Stokey(1991)는 물적자본이 축적될 때 기업들은 '학습효과'(learning-by-doing effect)를 통해 생산과정에서 새로운 지식을 습득할 수 있기 때문에 자본의 한계생산성 체감의 법칙이 성립하지 않을 수 있다고 설명하였다. 또한 Aghion and Howitt(1992)는 연구·개발이 전반적인 생산성을 향상시켜 장기적으로 높은 경제성장률을 유지할 수 있다고 역설하였다.

이상의 내생적 성장이론은 국민소득의 향상이 선형의 형태로 이루어지기 때문에 모든 국가에 대해 동일한 적용이 가능한 것처럼 보인다. 그러나 현실 세계에서 자본축적을 통한 성장에는 한계를 보이는 국가가 존

5) 상세한 설명은 본 장의 제4절과 제6장에 나타나 있다.
6) 이는 대한민국·대만·싱가포르·홍콩의 4개국을 의미한다.

재하기 때문에 현실적으로 경제성장은 비선형(non-linearity)의 형태로 나타난다. 따라서 내생적 성장이론 역시 현실 세계를 완벽하게 설명하지 못하는 한계점이 있다.

구체적으로 지난 수십 년간 개발도상국들은 개발도상국 그룹 내에서만 생활수준의 우위가 변동하였으며, 산업화된 국가들의 경제규모의 변화도 그들 그룹 내에서만 움직여 왔다. 이와 같은 비선형 형태의 성장 패턴은 내생적 성장이론의 한계점으로 지적되고 있다. 2000년대 초반 이후 내생적 경제성장 이론을 정교하게 발전시키는 두드러진 연구결과가 발표되지 않고 있다는 사실에 기초할 때 어쩌면 성장이론은 또 다른 동면을 시작하였는지 모른다.

최근의 경제성장 이론은 순수한 경제학의 기준만을 사용해 접근하지 않으며, 정치경제학의 관점에서 파악하려 노력하고 있다. 다시 말해 최근에는 정부정책이나 정치경제적인 관점의 경제 · 정치 · 사회 · 환경 · 문화 등의 요인이 경제성장에 미치는 영향을 파악하려는 연구들이 진행되고 있다.

3. 외생적 성장이론

외생적 성장이론은 1930~1940년대 해로드(Roy F. Harrod, 1900~1978)와 도마(Evsey D. Domar, 1914~1997)에 의해 최초로 제시되었으며, 솔로우(Robert Solow, 1924~) 등에 의해 발전된 성장모형이다. 본 절에서는 솔로우 모형을 간단히 소개하고, 솔로우 모형에 내재된 문제점과 내생적 성장이론의 등장 배경을 살펴본다.

3.1 솔로우 경제성장 모형[7)]

솔로우(Solow, 1956) 모형은 다른 신고전학파 모형과 마찬가지로 생산된 것은 모두 판매된다고 가정하기 때문에 생산량(혹은 산출량, Y)은 소득과 언제나 동일하다는 기본전제에서 출발한다. 우리는 이상의 전제와 함께 다음과 같은 몇 가지 기본가정들을 이용해 기본방정식을 도출할 수 있다.

첫째, 생산기술은 생산요소 노동(N)과 자본(K)에 대해 '규모에 대한 수확불변' (constant return to scale)인 생산함수로 표현된다. 즉 $Y=F(N, K)$. 따라서 노동과 자본을 특정한 비율로 증가시키면, 생산량도 동일한 비율로 증가하게 된다. 만약 노동과 자본이 $1/N$ 만큼 변한다면, 노동자 1인당 생산량 $y(=Y/N)$는 노동자 1인당 자본의 규모 $k(=K/N)$에 영향을 받는 식(3-2)와 같은 함수로 표시된다.[8)]

$$y=f(k) \qquad (\text{단 } f'(k)=\frac{dy}{dk}>0,\ \ f''(k)=\frac{d^2y}{dk^2}<0) \qquad (3-2)$$

따라서 노동자 1인당 생산함수 $f(k)$는 〈그림 3-1〉과 같은 형태가

그림 3-1 솔로우 경제성장 모형

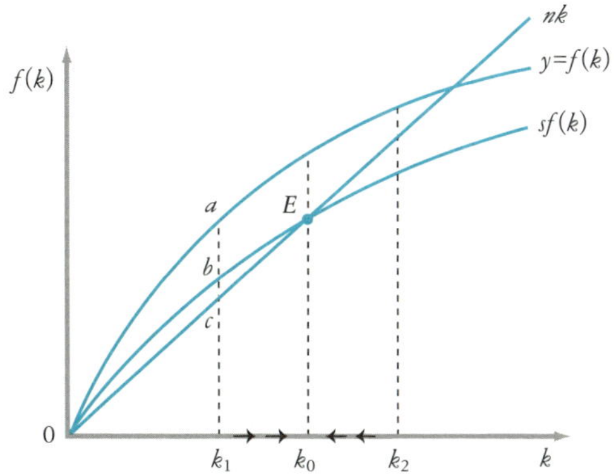

7) 솔로우 교수는 경제성장 이론에 대한 공헌으로 1987년 노벨 경제학상을 수상하였다. 솔로우 경제성장 모형 및 신고전학파 경제성장 모형에 관한 폭넓은 논의는 김신행(1999), 이명재 · 남상우(2003), Barro and Sala-i-Martin(2003) 등을 참고할 수 있다.

8) 규모에 대한 수확불변의 가정하에서 생산함수 $Y=F(N, K)$의 양변에 $(1/N)$을 곱하면(즉 노동자 1인당 형태로 바꾸면), 노동자 1인당 생산함수는 $y=f(k)$가 된다.

된다. 즉 k가 0일 때 생산량은 0이고, k의 한계생산성은 0보다 크며(즉 $f'(k)>0$) k의 한계생산성은 k가 증가할수록 체감한다(즉 $f''(k)<0$).

둘째, 소득의 일정비율(s)만큼을 저축(S)하고 저축된 자원은 전액 투자(I)로 쓰인다. 따라서 저축성향이 s일 때 노동자 1인당 저축량은 sy 혹은 $sf(k)$가 된다. 솔로우 모형에서 저축성향 s는 주어진 상수로 가정하기 때문에 $sf(k)$ 곡선은 〈그림 3-1〉에서와 같이 $f(k)$ 곡선의 일정비율 아래에 표시된다. 왜냐하면 저축성향은 0에서 1 사이의 값으로 정의되기 때문이다. 여기서 유의할 사항은 $sf(k)$가 실질적인 투자량을 나타내기도 한다는 점이다. 왜냐하면 솔로우 모형에서는 저축된 자원이 모두 투자로 사용된다고 가정하기 때문이다.

셋째, 노동력 증가율(혹은 인구증가율)은 외생적으로 주어지며 상수 n으로 나타낸다. 또한 노동자 1인당 자본량($k=K/N$)의 변화는 K와 N의 변화 형태에 따라 달라진다. 즉 1인당 자본량은 노동이 증가함에 따라 nk만큼 감소한다.

따라서 솔로우 모형에서 경제성장, 즉 노동자 1인당 생산량의 증가는 노동자 1인당 자본량의 변화에 의존한다. 시간의 흐름에 따라 변동하는 노동자 1인당 자본량 $\dot{k}$, 즉 솔로우 모형의 기본방정식은 다음의 식(3-3)과 같다.

$$\dot{k}=sf(k)-nk \tag{3-3}$$

식(3-3)에서 $sf(k)$는 노동자 1인당 저축량(실질적인 투자량)을 나타내며, nk는 인구증가를 고려하면서 현 수준 k를 유지하기 위해 요구되는 노동자 1인당 필요투자를 의미한다. 그러므로 노동자 1인당 투자량 $sf(k)$ 중에서 인구증가에 따른 노동자 1인당 자본량의 감소분을 뺀 값이 노동자 1인당 자본의 순증가분 $\dot{k}$이 된다.

솔로우 모형의 균형은 $\dot{k}=0$ 혹은 $sf(k)=nk$일 때 성립하는데, 그 이유는 〈그림 3-1〉을 이용해 간단히 설명된다. 만약 국민경제의 노동자

1인당 자본량이 k_1 수준에 머물러 있다고 가정하자. 이때 노동자 1인당 생산량은 ak_1, 노동자 1인당 저축량(=1인당 투자량)은 bk_1, 인구증가에 따른 노동자 1인당 자본량 감소는 ck_1이 된다. 따라서 노동자 1인당 자본량이 k_1 수준에서는 노동자 1인당 실제투자액이 자본 감소량보다 많기 때문에 $\dot{k}>0$이 되어 노동자 1인당 자본축적량이 증가한다. 또한 노동자 1인당 자본량이 k_2 수준에 머물러 있는 반대의 경우에는 인구 증가에 따른 노동자 1인당 자본량 감소가 노동자 1인당 실제투자량보다 많기 때문에 $\dot{k}<0$이 되어 노동자 1인당 자본축적량이 감소한다.

그러므로 $k<k_0$ 때에는 k가 k_0를 향해 증가하고, $k>k_0$ 때에는 k가 k_0를 향해 감소하게 된다. 이때 k_0를 정상상태의 노동자 1인당 자본 축적량이라 부른다. 이와 같이 솔로우 모형에서는 그 경제의 초기 자본량의 크기에 관계없이 시간이 흐르면 모든 경제는 정상상태의 노동자 1인당 자본축적량 k_0로 수렴한다. 균형점 E에서 $\dot{k}=0$이 되어 더 이상 k는 변동하지 않는다. 이와 같은 균형점 E에서 솔로우 모형의 기본방정식은 식(3-4)와 같이 바꾸어 나타낼 수 있다.

$$sf(k)=nk \tag{3-4}$$

식(3-4)는 $sf(k)$와 nk의 과부족 조정에 의해 자동적으로 달성된다. 만약 생산성 향상에 양(+)의 영향을 미치는 외생적인 충격(예를 들어 저축성향의 상승이나 기술수준의 발전)이 발생하면 $sf(k)$ 곡선이 상방으로 이동하게 되며, 이때 더 높은 수준의 자본축적과 생산량이 가능해진다. 또한 외생적으로 주어진 인구증가율이 증가할 경우에는 nk 직선이 왼쪽 상방으로 이동하여 더 낮은 수준의 자본축적과 생산량으로 나아가게 된다. 그러므로 솔로우 모형에서는 외생적인 충격이 발생할지라도 경제가 완전고용을 유지하면서 균형적인 성장이 가능하게 된다.

이상의 솔로우 모형과 같은 외생적 성장이론은 한 국가가 보유한 자본의 양이 일정하다고 가정하는 특징이 있다. 이로 인해 외생적 성장이론은 '자본의 한계생산성 체감의 법칙'이 적용되는 경제를 상정하였다. 1960년대 이후 외생적 성장이론은 많은 경제학자들에 의해 미시경제학의 기초와 시간의 흐름 속에서 파악하는 동태체계의 개념을 도입하는 형태로 발전하였다.

3.2 솔로우 모형의 평가 및 문제점

솔로우 경제성장 모형이 제시하는 결과를 요약하면, 균형성장경로에서는 노동자 1인당 자본량의 증가가 영(0)이 되기 때문에 종국에는 소득수준의 성장률(혹은 경제성장률)이 영이 된다. 이와 같은 결과는 이미 설명한 바와 같이 자본의 한계생산성 체감의 법칙을 가정하기 때문에 가능하다. 다시 말해 솔로우 모형에서 지속적인 성장을 이룩하기 위해서는 장기적으로 자본의 한계생산성 체감의 법칙이 적용되지 않는 경우에만 가능하다.

따라서 솔로우 모형에서는 자본의 한계생산성 체감의 법칙이 적용되지 않게 하는 지속적인 기술진보를 통해 경제성장을 달성할 수 있다. 이 점은 우리가 잘 알고 있는 콥-더글러스(Cobb-Douglas) 생산함수(즉 $y=Af(k)$)를 사용해 설명할 수 있다. 지속적인 기술진보는 기술수준을 나타내는 A를 상승시켜, $sAf(k)$ 곡선을 상방으로 계속적으로 이동시킨다. 이때 균형에서는 노동자 1인당 자본량 k가 증가하고, 이는 다시 노동자 1인당 생산량 y를 상승시키는 경제성장을 유도한다.

한편 솔로우 모형에서는 저축성향(s)의 증가 혹은 인구증가율(n)의 감소가 경제성장에 도움을 줄 수 있다고 제시한다. 저축성향의 증가는 $sAf(k)$ 곡선을 상방으로 이동시키고, 인구증가율의 감소는 nk 직선을 오른쪽 하방으로 이동시킨다. 이와 같은 이동은 균형에서 노동자 1인당 자본량을 증가시켜 경제성장을 상승시킨다. 그러나 s 혹은 n의 조정에는 현실적인 어려움이 존재한다. 즉 저축성향에는 1의 상한값이 존재하며, 인구증가율의 지속적인 감소는 지속가능한 경제발전(sustainable development)을 유지하기 어렵게 만든다. 따라서 솔로우 모형에서는 기술진보만이 장기적인 경제성장의 엔진 역할을 한다고 볼 수 있다.

솔로우 모형에서 가정한 자본의 한계생산성 체감의 법칙은 노동자 1인당 자본량이 증가함에 따라 노동자 1인당 자본량의 증가 속도가 감소함을 의미한다.[9] 따라서 가난한 국가일수록 노동자 1인당 자본량이 적기 때문에 부유한 국가에 비해 상대적으로 높은 자본의 한계생산성과 이에 따른 높은 경제성장률을 기록하게 된다. 다시 말해 가난한 국가(저개발국과 미개발국)와 부유한 국가(산업화된 국가)가 솔로우 모형의 기본가정의 조건하에(즉 동일한 생산함수 · 인구증가율 · 저축률 등) 놓여 있다면, 가난한 국가의 경제성장률이 부유한 국가의 경우에 비해 높게 나타난다. 그러므로 솔로우 모형은 가난한 국가의 노동자 1인당 소득수준이 부유한 국가의 경우에 비해 더 크게 신장되어 종국에는 전 세계 모든 국가의 노동자 1인당 생산량수준이 동등해진다(즉 수렴가설)고 예측한다.

그러나 현실적으로 가난한 국가와 부유한 국가 간의 소득수준 격차는 좀처럼 좁혀지지 않고 있다. 오히려 국가 간의 소득수준 격차가 커지고 있는 실정이다. 결국 솔로우 모형의 수렴가설은 현실 세계와 부합하지 않는 것으로 판단된다. 신고전학파 성장이론이 제기될 당시만 하더라도 부유한 국가의 경제성장은 아주 느린 속도로 이루어진 반면, 가난한 국가들은 대체로 높은 자본의 한계생산성으로 말미암아 빠른 성장을 기록하였기 때문에 모든 국가의 소득수준이 장기적으로 수렴할 수 있을 것으로 예상했었다.

이상과 같이 솔로우 모형은 오늘날의 현실 세계와 부합하지 않는 비현실성과 함께 치명적인 약점을 내재하고 있다. 즉 솔로우 모형은 지속적인 경제성장의 원동력으로써 기술진보를 제시하였지만, 기술진보를 이룩할 수 있는 방법에 대해서는 어떤 해답도 제공하지 못하였다. 현실적으로 국가들마다 다른 형태의 기술진보로 말미암아 국가 간의 경제성장률에는 차이가 생겨나고 있으며, 이로 인해 국가 간 노동자 1인당 생산량수준의 격차가 점점 커지는 현상이 나타나기도 한다(즉 이산가설).

---

9) 물론 이 경우 인구증가율은 영(0)이라는 가정조건이 필요하다.

따라서 기술진보에 대한 구체적인 방향과 기술진보의 내생성(endogenity)에 대한 연구의 필요성이 제기된다. 구체적으로 기술진보가 경제 내의 여러 요소들과의 상호작용을 통해 어떻게 내생적으로 결정될 수 있는가? 또한 기술진보가 어떤 전달경로를 통해 경제성장에 영향을 미치는가? 이상의 물음에 대한 해답은 다음 절에서 제시하는 내생적 성장이론이 등장하고 나서야 다소 해결되었다. 경제성장 이론은 신고전학파 성장이론이 발전한 이후와 내생적 성장이론이 등장할 때까지 약 20여 년의 동면을 경험하였다.

4. 내생적 성장이론

신성장이론 혹은 내생적 성장이론에 의하면, 경제성장은 정부정책과 같은 경제 내의 여러 요소들의 상호작용에 의해 내생적으로 결정된다. 본 절에서는 내생적 성장이론의 근간이 되는 간단한 AK 모형에 대해 살펴보고, 기술진보의 가능한 방법에 관한 주요 이론을 개괄적으로 소개한다.

4.1 AK 모형

솔로우 경제성장 모형에서는 자본의 한계생산성 체감의 법칙을 가정하기 때문에 모든 국가가 균형(정상상태)에 도달하면 경제성장률이 영으로 수렴한다. 바꾸어 말하면, 자본의 한계생산성이 체감하지 않는 내생적 성장이론에 기초한 경제에서는 지속적인 경제성장이 가능하게 된다.

1980년대 후반 이후 내생적 성장이론은 다양한 형태로 발전하였지만, '규모에 대한 수확불변'에 기초한 모형과 '규모에 대한 수확체증'에 기초한 모형으로 대별된다. 이하에서는 규모에 대한 수확불변에 기초한 내생적 성장이론의 가장 기본적인 형태인 AK 모형을 살펴본다. 대부분 내생적 성장이론은 형태상 AK 모형을 변형한 모형을 사용한다. AK 모형은 식(3−5)와 같은 생산함수를 가정한다.

$$y = f(k) = Ak \quad (\text{단 } A\text{는 양}(+)\text{의 상수}) \tag{3-5}$$

식(3−5)로 표현된 생산함수는 신고전학파 성장이론에서 상정한 생산함수와는 달리 자본의 한계생산성이 체감하지 않는다. 즉 식(3−5)로 표현된 생산함수에서는 $f'(k) = A(>0)$, $f''(k) = 0$으로 나타난다. 또한 AK 모형에서 k는 물적자본은 물론 인적자본, 지식, 공공을 위한 사회간접자본까지 포함하는 광의의 자본 개념이다. 다시 말해 AK 모형에서 k는 재생산되어 축적될 수 있는 모든 생산요소를 일컫는다. 식(3−5)로 표현된 생산함수를 솔로우 모형의 기본방정식에 대입하면 다음과 같은 식(3−6)을 얻을 수 있다.

$$\dot{k} = sAk - nk \tag{3-6}$$

식(3−6)에서 경제의 생산성을 나타내는 지수인 A의 크기가 $sA > n$를 만족할 만큼 충분히 크다면, 노동자 1인당 자본량은 $(sA-n)k$ 만큼씩 지속적으로 증가하게 된다. 따라서 AK 모형에서는 저축률(s)과 생산성 지수(A)가 증가하면 1인당 자본량 및 소득수준은 항구적으로 증가하게 된다.[10)]

만약 한 경제가 저축률 s를 조정하는 데 한계가 존재한다면, 생산성 지수 A를 증가시키는 방법만이 지속적인 경제성장을 유도할 수 있다. AK 모형이 도입된 이후 많은 경제학자들은 A를 증가시킬 수 있는 방법을 찾으려 노력하였다. 결론적으로 솔로우 모형은 자본의 한계생산성 체감을 가정한 반면, AK 모형은 자본의 한계생산성이 일정하다는 가정에서 출발하였다. AK 모형이 소개된 이후 경제성장 이론은 인적자본 혹은 다른 형

10) 솔로우 모형에서의 저축률은 AK 모형의 경우와는 달리 균형상태에서 소득수준(수준효과)에만 영향을 미칠 뿐 성장률(성장효과)에는 영향을 미치지 않는다.

태의 경제정책을 생산함수에 명시적으로 도입해 생산요소의 투입에 대해 한계생산성이 체증할 수 있는 모형으로 발전하게 된다.[11]

4.2 기술진보를 유도하는 요인들

1990년대 초반 이후 많은 경제학자들은 기술진보를 유도할 수 있는 여러 가지 요인들을 제시하였는데, 이들 요인들은 경제 전체에 외부효과 혹은 확산효과(spillover effect)를 창출한다는 특징이 있다.[12] 이하에서는 기술진보를 내생적으로 결정할 수 있는 몇 가지 요인들을 살펴본다.

인적자본

인적자본은 "인간이 교육이나 기능 훈련 등을 통해 습득하고 체화시킨 자본"을 의미한다. Lucas(1988)는 한 국가가 보유한 인적자본의 정도에 의해 그 국가의 경제성장이 결정될 수 있는 모형을 제시하면서, 경제성장에서 인적자본 축적의 중요성을 강조하였다. Lucas(1988)의 인적자본 모형에 대한 구체적인 설명은 제6장을 위해 남겨둔다.

일반적으로 한 경제에서 인적자본의 축적이 증가할수록 기술진보에 의한 생산성 향상과 더불어 생산경험의 축적과 학습효과 등의 확산효과가 증대된다. 이로 인해 개별 노동자의 인적자본 축적에는 수확체감이 발생하지만, 경제 전체로는 수확체증이 발생할 수 있다. 그러므로 한 국가가 지속적인 경제성장을 유지하기 위해서는 인적자본에 대한 투자가 반드시 요구된다.

---

11) 좀 더 깊이 있게 공부하기를 원하는 독자는 앞서 언급한 김신행(1999), 이명재 · 남상우(2003), Barro and Sala-i-Martin(2003) 등의 경제성장론 서적을 참고할 수 있다. 그러나 이상의 서적을 읽기 위해서는 상당한 수학적 지식이 필요하기 때문에 학부 학생들에게는 어려울 수 있다.

12) 예를 들어 한 기업이 자신의 이윤극대화를 위해 자본재 투자를 결정하면, 축적된 자본이 외부효과 혹은 확산효과를 통해 다른 기업의 생산성을 상승시켜 장기적으로 경제 전체의 1인당 소득증가율이 증가하게 된다.

연구 · 개발

개별 경제주체(특히 기업)는 새로운 생산물을 창조하고 이윤을 증대시키기 위해 연구 · 개발(research and development: R&D)을 수행한다. 그러나 연구 · 개발에 의해 만들어지는 새로운 생산물은 인간의 지식에 축적되고, 그 지식이 축적됨에 따라 '혁신비용'(innovation cost)은 감소하게 된다. 다시 말해 연구 · 개발을 통해 이루어진 새로운 생산물에 대한 지식은 비경합적인 속성을 지니기 때문에 일단 누군가에 의해 만들어진 지식은 공공재의 성향을 띠게 된다. 따라서 '지식자본'(knowledge capital)을 늘리는 개별기업의 연구 · 개발은 여타 기업의 생산성을 향상시키는 외부효과를 창출한다. 이로 인해 개별기업의 연구 · 개발에 대한 투자에는 수확체감이 발생하지만, 경제 전체로는 외부효과로 인해 수확체증이 발생한다.

예를 들어 Aghion and Howitt(1992)는 슘페터(Joseph A. Schumpeter, 1883~1950)가 강조한 '창조를 위한 파괴'(creative destruction)라는 개념을 사용해 지속적인 경제성장을 위한 연구 · 개발의 중요성을 역설하였다. 여기서 창조를 위한 파괴란 새로운 제품의 출현으로 기존제품을 피괴하고 대체하는 과정을 일컫는다. 예를 들어 우리는 기존의 개인용 컴퓨터가 매우 빠른 속도로 새로운 성능을 지닌 컴퓨터로 대체되고 있음을 경험한다. 그러므로 정부가 기초과학 연구를 지원하고 개발과 혁신에 대한 적절한 유인체계를 제공하는 정책은 지속적인 경제성장을 위해 반드시 요구된다.

무 역

우리는 여러 국가의 경험을 통해 국제무역에 개방된 국가일수록 더 빠른 기술진보와 함께 높은 수준의 경제성장을 달성하였다는 사실을 알고 있다. 왜냐하면 새로운 기술을 개발하는 비용은 더 많은 고기술(high-technology) 재화를 이용할 수 있을 때 감소하기 때문이다. 예를 들어 개발도상국이 무역을 통해 산업화된 국가로부터 자본재를 수입한다면, 그 자본재를 생산현장에서 가동하는 과정에서 자본재에 체화된 기술의 습득이 가능하다. 따라서 무역은 노동자로 하여금 생산과정에서 학습효과를 통해 새로운 지식을 습득하고 이용하게 함으로써 한 국가의 인적자본 축적을 증가시킨다.

Grossman and Helpman(1991)은 무역개방도가 큰 개발도상국에서 무역을 통한 외부효과를 더 많이 흡수해 인적자본의 축적과 기술의 모방이 가능하다고 주장하였다. 즉 Grossman and Helpman(1991)은 기술진보와 경제성장에 있어 무역개방도의 중요성을 강조하였다. 결론적으로 무역은 다양한 재화와 기술을 이용 가능하게 함으로써 기술진보에 기여하고 경제성장에 도움을 준다. 역사적 경험을 살펴보면, 20세기 마지막 30~40여 년 동안 대한민국 · 대만 · 싱가포르 · 홍콩 등의 동아시아 국가들은 높은 무역 의존도와 고도의 경제성장률을 함께 기록하였다.

정부정책

만약 정부가 공공재의 성격을 지닌 사회간접자본을 확충한다면, 이는 분명히 총생산함수에 외부효과를 창출한다. 그러나 정부가 소득세율을 상승시켜 정부소비지출을 증가시키면, 민간투자 활동에 대한 유인이 감소하기 때문에 경제성장률이 둔화된다. 또한 연구 · 개발에 대한 정부의 보조

그림 3-2 정부의 크기와 경제성장률

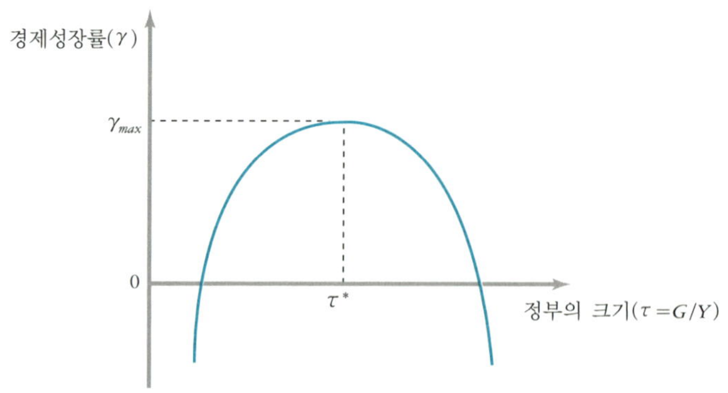

금이나 특허권 등은 기술혁신을 촉진시켜 경제성장에 도움을 줄 수 있다. 따라서 정부의 다양한 활동은 기술진보와 경제성장에 영향을 미치게 된다.

Barro(1990)는 정부의 크기(즉 "국민소득(Y) 대비 정부지출(G)의 비율," 즉 $\tau=G/Y$)와 경제성장률(γ) 간의 관계가 〈그림 3-2〉와 같이 역U자 형태로 나타난다고 제시하였다. 즉 정부의 크기가 아주 작은 상태에서 정부의

읽을거리

성장전략

미국 프린스턴 고등연구소(Institute for Advanced Study in Princeton)의 터키 출신 로드릭(Dani Rodrik, 1957~) 교수는 "성장전략"(Growth Strategies, 2005)이란 제목의 논문에서 지난 20세기 후반기 동안 전 세계 경제성장과 관련된 다양한 경험을 바탕으로 성장 단계별(즉 성장초기 단계, 성장과정 단계 및 성장지속 단계) 성장을 위한 다음의 몇 가지 전략을 제시하였다.

성장초기 단계에서의 경제성장은 아주 작은 범위의 정책개혁과 관련된다. 즉 경제성장의 초기 단계에서는 정책을 결정하는 최고 책임자의 태도가 시장중심 경제를 신뢰하는 형태로 변화하는 것과 같이 아주 작은 범위의 변화가 경제성장을 위해 무엇보다 중요하다. 혹은 경제성장을 추구하려는 강렬한 의지 그 자체가 경제성장을 위한 출발점이 된다.

성장과정 단계(경제성장의 전환기 국가)에서는 정책개혁이 경제적 정설뿐 아니라 제도적 관행의 요소와 결합해서 나타난다. 즉 성장과정에서 경제적 정설(예를 들어 재산권 보호, 시장중심의 경쟁, 적절한 동기부여, 안정적인 통화 관리 등)은 그 지역 혹은 국가의 기회와 제약에 민감한 제도적 요인을 동반할 때 더 빠른 경제성장을 보장한다.

성장지속 단계, 즉 지속적이고 안정적인 성장의 유지는 경제성장의 출발에 비해 훨씬 어려우며, 이를 위해서는 더 많은 제도적 개혁이 요구된다. 예를 들어 성장초기 및 성장과정 단계에서는 제도적 관행에 의한 부패가 경제성장에 단기적으로 도움이 될 수 있지만(이 점은 제4장에서 검토함), 장기적이고 지속적인 경제성장을 위해서는 부패척결을 위한 제도적 개혁이 반드시 요구된다.

크기가 증가하면, 정부의 투자에 따른 자본의 한계생산성이 민간투자 활동의 감소분보다 크게 작용하여 경제성장률이 증가한다. 그러나 정부의 크기가 어떤 정점(τ^*)을 지나고 나면, 정부지출을 증가시키는 데 필요한 조세의 증가로 인해 생겨나는 왜곡(예를 들어 민간투자 활동의 감소)이 자본의 한계생산성보다 크게 작용해 경제성장률이 감소한다.

기타의 요인

지금까지 제시한 순수 경제학적인 요인들과 함께 다양한 정치적 · 문화적 · 제도적 · 환경적 요인들이 기술진보와 함께 경제성장에 영향을 미칠 수 있다. 본서는 경제성장에 대한 정치경제학의 관점, 즉 기술진보와 경제성장에 영향을 미치는 정치경제학 측면의 요인들에 대한 소개를 주요 내용으로 한다. 구체적으로 본서에서는 부패 · 불평등 · 정부 · 교육 · 문화 · 구성원의 이질성 · 정치적 활동 · 인구 · 천연자원 등의 요인들이 기술진보 및 경제성장에 미치는 영향을 분석한 연구결과를 소개한다.

5. 실증분석을 통한 경제성장의 요인

경제성장에 관한 실증연구는 성장회계분석과 성장회귀분석을 중심으로 이루어졌다. 성장회계분석은 경제성장의 원인으로서 노동 · 자본 · 기술 등과 같은 요소투입을 설명한 반면, 성장회귀분석은 각 국가의 성장 경험을 바탕으로 설정한 회귀분석을 통해 성장요인을 설명한다.

5.1 성장회계분석

'성장회계분석' (growth accounting analysis)은 경제성장의 원인으로서 노동 · 자본과 같은 생산요소의 투입량 증가에 의해 설명되는 부분과 요소투입량 증가로는 설명되지 않는 부분인 '잔차항' (residual)의 두 부분으로 구분한다. 여기서 잔차항은 "요소투입 이외에 경제성장에 기여하는 일련의 부분"을 포괄한다. 다시 말해 잔차항은 생산성 향상에 영향을 미치는 제반 요인, 즉 기술진보 · 제도 · 관습 · 문화 등을 포함한다. 잔차항에 포함되는 다양한 항목이 경제성장에 미치는 영향을 개별적으로 파악하기란 사실상 불가능하다. 따라서 잔차항에 해당하는 모든 분야의 성장요인을 총칭해 '총요소생산성'(total factor productivity: TFP)이라 부른다.

그러므로 경제성장은 요소투입의 증가와 TFP의 증가에 의해 이루어지며, 이들 두 부문의 증가율이 커질수록 높은 경제성장률로 이어진다. 많은 문헌에서는 TFP의 증가를 기술진보와 유사한 개념으로 사용한다. 왜냐하면 성장회계에서 솔로우의 잔차항은 기술진보를 나타내기 때문이다.[13] 우리는 요소투입 증가율과 TFP 증가율의 측정방법을 콥-더글러스(Cobb-Douglas) 생산함수를 이용해 쉽게 설명할 수 있다. 만약 Y는 생산량, A는 기술수준, K는 자본, N은 노동 그리고 α와 $(1-\alpha)$는 각각 자본소득분배율과 노동소득분배율을 나타내면, 콥-더글러스 생산함수는 다음의 식(3-7)과 같다.

$$Y = AK^{\alpha} N^{1-\alpha} \tag{3-7}$$

콥-더글러스 생산함수(식(3-7))의 양변에 자연로그를 취한 이후 시간에 대해 미분하면, 다음의 식(3-8)과 같이 변형된다.

$$\ln Y = \ln A + \alpha \ln K + (1-\alpha) \ln N \tag{3-8}$$
$$\frac{\dot{Y}}{Y} = \frac{\dot{A}}{A} + \alpha \frac{\dot{K}}{K} + (1-\alpha) \frac{\dot{N}}{N}$$

13) 통계학의 지식이 부족한 독자는 이 부분을 이해하기 힘들 것으로 여겨진다. 그러나 이 부분을 이해할 수 없다고 할지라도 향후 본서를 읽는 데 큰 문제점은 없을 것으로 예상된다. 따라서 본서의 간결성을 위해 이 부분에 대한 구체적인 설명은 생략한다. 다만 독자들은 TFP의 증가가 기술진보와 거의 동일한 개념으로 사용된다는 사실만 기억하기 바란다.

식(3-8)의 왼쪽 항은 현재의 생산량(Y) 대비 시간의 흐름에 따른 생산량의 변화($\dot{Y}$), 즉 경제성장률을 나타낸다. 또한 오른쪽 항의 $\dot{A}/A$는 기술진보율 혹은 TFP 증가율을 의미한다. 그러므로 식(3-8)에 의하면, (경제성장률) = (TFP 증가율) + (자본소득분배율) × (자본증가율) + (노동소득분배율) × (노동증가율)의 관계가 성립한다.

이상의 성장회계분석을 사용한 몇몇 선행연구 결과를 소개하면 다음과 같다. 먼저 〈표 3-4〉는 Kim and Lau(1996)가 제시한 것으로 동아시아 및 서구의 산업화된 몇몇 국가를 대상으로 경제성장 기간 동안 노동과 자본의 증가 및 기술진보가 경제성장에 어느 정도 기여하였는지 나타낸다. 1950년대 혹은 1960년대에서 1990년까지 동아시아의 신흥공업국에서는 자본이 경제성장에 가장 크게 기여한 반면, 서구의 산업화된 국가에서는 경제성장의 원인으로 기술진보의 기여분이 상대적으로 크게 나타났다. 특히 대한민국과 대만에서는 경제성장에 대한 기술진보의 기여분이 상당히 낮게 나타났다. 이는 1990년까지 동아시아 주요 국가들의 경제성장이 노동·자본과 같은 요소투입의 증가에 의해 이루어졌음을 의미한다.

표 3-4 경제성장의 원인

국 가	기 간	자본의 기여분(%)	노동의 기여분(%)	기술진보 기여분(%)
대 만	1953~1990년	88.9	8.6	2.5
대한민국	1960~1990년	86.3	12.7	1.0
미 국	1948~1990년	32.9	26.2	41.0
서 독	1960~1990년	43.7	-6.3	62.6
싱가포르	1964~1990년	60.0	20.9	20.1
영 국	1957~1990년	46.0	3.7	50.3
일 본	1957~1990년	62.9	4.7	32.4
프랑스	1957~1990년	37.8	-1.3	63.5
홍 콩	1966~1990년	55.8	16.0	28.2

자료: Kim and Lau(1996).

표 3-5 우리나라의 산업별 생산물 및 TFP 증가율(1966~1990년)

구 분	생산물 증가율(%)	TFP 증가율(%)
경제 전체(농업 제외)	10.3	1.7
제 조 업	14.1	3.0
제조업 이외의 산업	11.5	1.9
서비스업	8.8	1.7

자료: Young(1995).

한편 Young(1995)은 1966~1990년 동안 우리나라의 연평균 생산물 증가율 및 TFP 증가율을 몇 개의 산업별로 나누어 분석하였는데, 그 결과는 〈표 3-5〉와 같다. 〈표 3-5〉를 살펴보면, 제조업의 연평균 생산물 증가율(14.1%) 및 TFP 증가율(3%)이 제조업 이외의 산업이나 서비스업의 경우에 비해 상대적으로 크게 나타나 있다. 여기서 제조업 이외의 산업은 광산 · 전기 · 가스 · 수도 · 건설을 포함한다. 이와 같은 연구결과는 동기간 동안 제조업이 우리나라 경제성장을 주도하였음을 의미한다.

표 3-6 세계의 지역별 경제성장의 원인(1960~2000년)

지 역	국가의 수	1인당 생산량 증가율	물적자본 기여분	인적자본 기여분	총요소생산성 기여분
세 계	84	2.3	1.0(43.5)	0.3(13.0)	0.9(39.1)
산업화된 국가	22	2.2	0.9(40.9)	0.3(13.6)	1.0(45.5)
동아시아	7	3.9	2.3(59.0)	0.5(12.8)	1.0(25.6)
남 미	22	1.1	0.6(54.5)	0.4(36.4)	0.2(18.2)
남아시아	9	2.3	1.0(43.5)	0.3(13.0)	1.0(43.5)
아프리카	18	0.6	0.5(83.3)	0.3(50.0)	−0.1(−16.7)
중 동	5	2.1	1.1(52.4)	0.4(19.0)	0.5(23.8)

주: (i) 지역의 평균은 GDP를 가중치로 사용해 구함. (ii) 괄호 안의 수는 "1인당 생산량 증가율 대비 각 기여분의 비율"을 나타냄.

자료: Bosworth and Collins(2003).

지역별 경제성장의 원인은 Bosworth and Collins(2003)가 검토하였다. 즉 Bosworth and Collins(2003)는 세계의 84개 국가를 7개의 지역(〈표 3-6〉의 6개 지역과 함께 중국을 분리해 제시함)으로 구분한 이후, 1960~2000년 동안 10년 단위로 평균 1인당 생산량 증가율을 추계하고 물적자본, 인적자본 및 총요소생산성의 기여분을 파악하였다. 이상의 연구결과는 〈표 3-6〉에 요약되어 있다.

동아시아 7개 국가의[14] 평균 1인당 생산량 증가율은 3.9%로써 다른 지역의 경우와 비교해 가장 높은 수준이지만, 총요소생산성 기여분은 25.6%로써 세계의 평균인 39.1%에 비해 낮은 수준이다. 즉 동아시아 지역에서는 물적자본의 증가가 경제성장을 견인하는 데 크게 기여하였다. 이는 동아시아 국가의 급격한 경제성장이 기술진보에 의한 것이 아니라 생산요소 투입의 증가에 의해 이루어졌다는 Kim and Lau(1996)의 결과와 유사하다.[15] 또한 산업화된 국가의 평균 1인당 생산량 증가율(2.2%)은 세계의 평균인 2.3%보다 다소 낮은 수준이지만, 총요소생산성의 기여분은 45.5%로 매우 크게 관측된다.

5.2 성장회귀분석

'성장회귀분석'(growth regression analysis)은 국가 간 소득수준 격차의 원인을 파악하기 위해 국가 간의 패널자료(panel data)를 이용해 실질 1인당 GDP 증가율(즉 경제성장률)의 결정요인을 분석한다. 이와 같은 성장회귀분석은 1990년대 이후 활발히 진행되고 있다. 경제성장률을 $\dot{Y}/Y$로 나타내면, 성장회귀방정식은 식(3-9)와 같이 설정할 수 있다.

$$\frac{\dot{Y}}{Y} = f(a, b, c, \cdots\cdots) \tag{3-9}$$

14) 동아시아 7개 국가는 대만, 대한민국, 말레이시아, 싱가포르, 인도네시아, 태국 및 필리핀이다.

15) 이와 같이 생산요소 투입의 증가가 경제성장을 견인하는 현상은 아프리카 19개 국가에서 더욱 극명하게 나타난다.

따라서 한 국가에서 a, b, c 등과 같은 요인이 변동하면(혹은 국가 간 a, b, c 등과 같은 요인의 차이에 의해) 경제성장률이 상이하게 나타나게 되는데, 이상의 관계를 파악하려는 노력이 성장회귀분석이다.[16] 현실적으로 모든 국가에 대해 공통적으로 적용되는 성장 동력을 찾는 일은 사실상 불가능하다. 왜냐하면 각 국가마다 경제적 상황이나 성장의 형태가 다를 뿐만 아니라 국가마다 정치적 · 사회적 · 문화적 · 환경적 요인들이 상당히 다양하기 때문이다. 이하에서는 많은 경제학자들이 가장 폭넓게 언급하는 중요한 몇 가지 성장요인들만 간단히 소개한다.

첫째, 자본이 많이 축적된 국가일수록 높은 경제성장률을 기록한다. 자본은 크게 물적자본과 인적자본으로 구분되며, 이미 솔로우 성장모형에서 살펴본 바와 같이 물적자본은 경제성장을 위한 필수적 요인이다. 또한 우리는 내생적 성장이론을 통해 인적자본이 기술진보와 국민소득 향상에 기여한다는 사실을 살펴보았다. 많은 실증적 연구결과에 의하면, 물적자본과 인적자본은 경제성장률에 양(+)의 영향을 미치는 것으로 알려져 있다.

둘째, 초기의 경제규모와 향후 경제성장 간에는 음(−)의 관계가 형성된다. 예를 들어 1990년의 경제규모(즉 실질 1인당 GDP)가 작은 국가일수록 1990년 이후 경제성장률이 높게 나타난다. 이와 같은 현상이 가능한 이유는 경제규모가 크고 투자가 많이 이루어진 국가일수록 새로운 투자에 대한 한계생산성이 감소하기 때문이다(즉 수렴가설). 그러나 이상의 이론적 논의와는 달리 초기의 경제규모가 경제성장에 미치는 영향을 추정한 실증적 연구결과는 일관성 있는 음의 관계를 제시하는 데 실패하였다.

셋째, 정부의 경제활동은 다양한 측면에서 경제성장과 관련된다. 예를 들어 사회간접자본의 확충과 같이 생산에 직접적으로 연결되는 정부지출은 경제성장을 촉진시킨다. 그러나 경제 내의 형평(equity)을 제고하기 위한 소득재분배 정책은 공공투자를 위축시킬 수 있기 때문에 경제성장에

16) 여기서 a, b, c 등과 같은 요인의 변동이 경제성장률에 어느 정도 영향을 미치는지는 계량경제학의 주요 관심사인 추정 및 검정 결과에 의존한다. 본서에서는 일관성을 유지하기 위해 추정과 검정에 대한 논의를 생략한다.

악영향을 미치기도 한다. 특히 비생산적인 정부지출과 이에 따른 세금의 증가는 경제적 왜곡을 창출하며, 경제성장에 음의 영향을 미친다. 정부의 크기가 경제성장에 미치는 영향에 대한 실증분석 결과도 불명확하게 나타났다. 이로 인해 최근의 많은 실증적 연구는 '정부지출의 기능별 구성'(functional composition) 요소들이 경제성장에 미치는 영향을 분석하는 데 초점을 두고 있다. 예를 들어 교육비지출이나 사회보장지출이 경제성장에 미치는 영향을 파악하려는 실증적 선행연구는 폭넓게 진행되었다. 보편적인 연구결과는 교육비지출 및 사회보장지출이 단기적으로는 경제성장에 도움이 되지 않지만, 장기적으로는 경제성장률을 제고시킬 수 있는 방법이 된다고 제시하였다.

넷째, 금융활동과 경제성장 간의 관계를 규명한 이론적 선행연구에서는 활발한 금융기관의 활동이 '효과적인 모니터링'(effective monitoring)을 통해 비생산적인 투자행위를 억제시켜 경제성장을 촉진할 수 있다고 주장하였다. 또한 금융기관의 발전은 투자에 따른 '위험을 분산'하고(risk pooling) 불확실성을 감소시켜 경제성장에 기여할 수 있다. 그러나 금융활동과 경제성장 간의 관계에 대한 실증적 연구결과는 다소 논쟁의 여지가 있다. 즉 일부의 선행연구에서는 '금융발전'(financial development)이 경제성장률에 양의 영향을 미친다는 결과를 제시함으로써 기존의 이론을 입증하였다.[17] 그러나 일부의 선행연구에서는 '금융억압'(financial repression)이[18] 예비적 동기를 자극해 저축률을 증가시킬 수 있기 때문에 금융억압과 생산량 증가가 동시에 존재할 수 있다고 주장하였다.[19]

다섯째, 한 국가가 무역개방도를 확대할수록 비교우위를 통한 특화, 외국과의 교역을 통한 새로운 기술의 습득, 더 큰 시장을 통한 규모의 경제 시현 등을 통해 높은 수준의 경제성장을 달성할 수 있다. 우리는 무역

17) 이상의 내용과 관련된 대표적인 연구결과로는 King and Levine(1993), Rajan and Zingales(1998) 등을 들 수 있다.

18) 금융억압은 금융기관이 본연의 역할을 제대로 수행할 수 없게 만드는 불완전한 금융시장의 전형적인 사례이다.

19) 이와 같은 내용은 Jappelli and Pagano(1994), Liu and Woo(1994) 등을 참고할 수 있다.

개방도가 경제성장에 중요한 역할을 수행할 수 있다는 사실을 최근 활발히 진행되고 있는 지역경제통합을 통해서도 짐작할 수 있다. 그러나 이상의 관계를 검증한 실증분석 결과는 통계적으로 유의한 양의 관계를 항상 제시하지는 못하였다.

여섯째, 이상에서 제시한 요인들 이외에도 여러 가지 정치경제학 요인들을 들 수 있다. 실증적 연구결과에서는 정치적 안정성이 높거나 덜 부패한 국가들이 높은 경제성장률을 기록하는 것으로 제시하였다. 또한 지금까지의 많은 선행연구에서는 인구 및 인구구조의 변화, 국민의 건강 정도, 소득분배, 구성원의 이질성 정도, 정치의 질적 수준, 천연자원 보유량, 다양한 문화 등의 요인도 경제성장에 영향을 미칠 수 있다고 지적하였다. 이상의 여러 요인들과 경제성장 간의 관계에 대한 설명은 본서의 이후 여러 장에서 검토된다

이상의 경제성장 요인들은 많은 선행연구에서 제시한 내용의 일부에 불과하다. 〈표 3-7〉은 총수요, 총공급 및 제도적 측면으로 나누어 포괄적인 경제성장의 요인을 보여준다. 이때 영향의 방향이 (+)는 변수들의 값이 클수록 경제성장에 도움이 되지만(즉 두 변수 간에는 양의 관계), 반대로 (−)는 변수들의 값이 증가할수록 경제성장을 방해(즉 두 변수 간에는 음의 관계)할 수 있음을 나타낸다. 또한 (+/−)는 양과 음의 영향이 동시에 존재할 수 있음을 의미한다. 비록 현실 세계에서 성장요인들을 정확히 측정하기란 사실상 불가능하지만, 지금까지의 선행연구에서 사용한 대표적 대리변수(proxy variable)들에 대한 요약도 〈표 3-7〉에 함께 나타나 있다. 본 장에서 설명하지 않은 변수들은 본서의 이후 여러 장에서 설명된다.

표 3-7 경제성장의 주요 요인과 방향

대분류	중분류	소분류	주요 변수	성장에 영향
총수요 요인	가계	소비지출	가계의 평균소득	+
			소비가격의 왜곡	−
			국민부담률(국세+지방세+사회보장기여금)	대체로 −

대분류	중분류	소분류	주요 변수	성장에 영향
총수요 요인	가계	소득분배	소득지니계수(불평등)	+/-
			정부의 복지지출	+/-
	기업	투자	기업투자(R&D포함), 저축률	+
			해외직접투자	대체로 +
			투자가격의 왜곡	-
		경기변동	생산량 변동성	+/-
	정부	소비지출	정부의 소비지출 크기	-
		투자지출	정부의 투자지출 크기	+
		사회보장지출		+/-
		국방비지출		-
		사회간접자본 확충		+
		공공부문 효율성	정부지출의 효율성	+
		재정적자	재정적자 심화	+/-
	해외	국제시장 개방	교역량, 관세감면	+
			수출, 수입 제품의 구성	+/-
		교역조건	교역조건 개선	+
		실질 환율	환율의 왜곡	-
			지하시장 프리미엄	-
총공급 요인	노동	고용(노동의 양)	고용의 확대	+
		교육(노동의 질)	전체 교육수준의 향상	+
			여성 교육수준의 향상	+
		구성원의 다양성	인종, 문화, 언어의 다양성	대체로 -
		건강	평균 생존나이	+
		인구	인구증가율	-
			인구집중(거대도시)	+/-
			고령화 진전(출산율 감소)	-
	자본	물적자본/인적자본	투자의 양	+
		사회적 자본	신뢰지수	+
		사회적 역량		+

대분류	중분류	소분류	주요 변수	성장에 영향
총공급 요인	자원	위치, 기후, 강수량, 천재지변, 전쟁 등	천연자원의 개발	+/−
제도적 요인	제도/ 거버넌스	자본주의 시장경제	시장경제	+
			자본계정 자유화	+
			재산권 안정	+
			기업지배구조의 개선	+
		부패	지대추구행위	−
			이해집단 간의 충돌	−
			지하경제의 규모	−
		민주주의 발전	국민의 권리, 시민의 자유	+
			정치적 안정	+
	화폐/ 금융	주식시장	주식시장의 활성화	+
			주식시장의 변동성	−
		금융기관(은행)	금융기관의 발전	+
			금융억압	대체로 −
			금융정교함	대체로 +
		통화의 안정	인플레이션	−
	산업구조	기업활동의 자율성	기업의 진입/퇴출 용이	+
			중소기업의 수	대체로 +
		산업구조의 연계성	외부성이 큰 산업 비중	+

주: +(−)는 요인과 경제성장 간에 양(음)의 관계가 존재할 수 있음을 나타내며, +/−는 양과 음의 영향이 동시에 존재할 수 있음을 의미함.

생각해 볼 문제

01 제 1 절에서 제시된 우리나라와 필리핀의 사례와 같이 국민소득이 앞서 나갔던 국가를 앞지르거나 국민소득이 낮았던 국가에게 추월당하는 사례를 찾아보자. 또한 이상의 현상을 설명함에 있어 경제적 요인과 함께 정치적 · 문화적 · 환경적 요인들이 그들 국가의 경제성장률 차이를 형성하는 요인으로 작용하였는지 알아보자.

02 솔로우 경제성장 모형 및 내생적 성장이론과 관련된 다음의 물음을 답하라.

(1) 솔로우 모형은 경제성장에 대해 어떤 정책적 시사점 혹은 결론을 유도하였는가? 또한 솔로우 모형의 결론은 어떤 점에서 현실 세계와 부합하지 않는가?

(2) 솔로우 모형이 (1)에서와 같이 현실 세계를 설명할 수 없는 이유를 모형에 내재된 문제점 혹은 한계점을 이용해 설명하라.

(3) 솔로우 모형의 한계를 극복하기 위해 경제성장 이론은 어떤 방향으로 발전하였는가? 다시 말해 내생적 성장모형은 어떤 가정이나 출발점에서 솔로우 모형과 다른지 설명하라.

(4) 콥-더글러스 생산함수를 가정하는 솔로우 모형에서 저축률이 1% 증가할 때 1인당 국민소득이 $\frac{\alpha}{1-\alpha}$%만큼 증가하게 됨을 보여라. 이상의 해를 구하기 위해서는 균제상태에서의 1인당 자본량을 $y = Ak^{\alpha}$에 대입해 산출하라.

(5) y_t와 k_t를 각각 t기의 노동자 1인당 생산량과 노동자 1인당 자본축적량이라 할 때 t기의 노동자 1인당 생산함수는 $y_t = 3\sqrt{K_t}$와 같다고 하자. 또한 인구증가율이 5%, 저축률이 30%라고 상정한다면, 정상상태의 노동자 1인당 생산량, 노동자 1인당 자본축적량 및 노동자 1인당 소비량은 얼마인가?

(6) 내생적 성장모형의 핵심은 인적자본 축적을 통해 기술진보가 내생적으로 결정될 수 있다는 데 있다. 우리나라는 지난 수십 년 동안 공교육 및 사교육에 엄청난 투자를 기울여 왔지만, 최근 들어 성장잠재력이 급격히 하락하고 있다. 그렇다면 내생적 성장이론은 비현실적이라고 생각할 수 있는가? 주의 깊게 설명하라.

(7) 내생적 성장이론에서 규모에 대한 수익불변을 가정할 경우에도 지속적인 경제성장이 가능할 수 있는가? 만약 가능할 수 있다면, 물적자본과 인적자

본이 어떤 상호작용을 통해 경제성장에 기여할 수 있는지 설명하라(힌트: 본서 제 6 장을 참고하기 바람).

03 기술진보를 고려하지 않는 콥-더글러스 생산함수의 형태에서 노동과 자본에 대한 소득분배 비율이 각각 70%와 30%이고, 노동과 자본은 각각 5%와 8%로 성장한다면 경제성장률은 얼마인가? 만약 기술진보를 고려할 경우 경제성장률이 10%라고 한다면 총요소생산성 증가의 성장기여도는 얼마인가?

04 많은 국가의 정부가 인적자본을 형성하기 위해 시장에 개입한다. 인적자본은 배제가능성이 존재할 뿐만 아니라 경합적인 성격을 가지고 있다. 즉 인적자본은 공공재보다 사유재의 성격이 강하다. 그럼에도 불구하고 정부가 인적자본 축적에 개입하는 것이 효율성을 제고시킬 수 있는데, 그 이유를 설명하라.

05 경제성장에서 기술진보가 중요한 이유를 설명하라. 또한 기술진보의 혜택이 모든 국가에서 동일하게 나타나지 않는 이유는 무엇인가? 즉 기술진보가 중립적, 자본편향적, 노동편향적에 따라 혜택을 받는 국가가 다를 수 있음을 그래프를 이용해 설명하라. 또한 국가 간의 기술이전에 장벽이 존재할 수 있는 가능한 이유를 제시하라.

PART

02 구성원의 이질성과 갈등

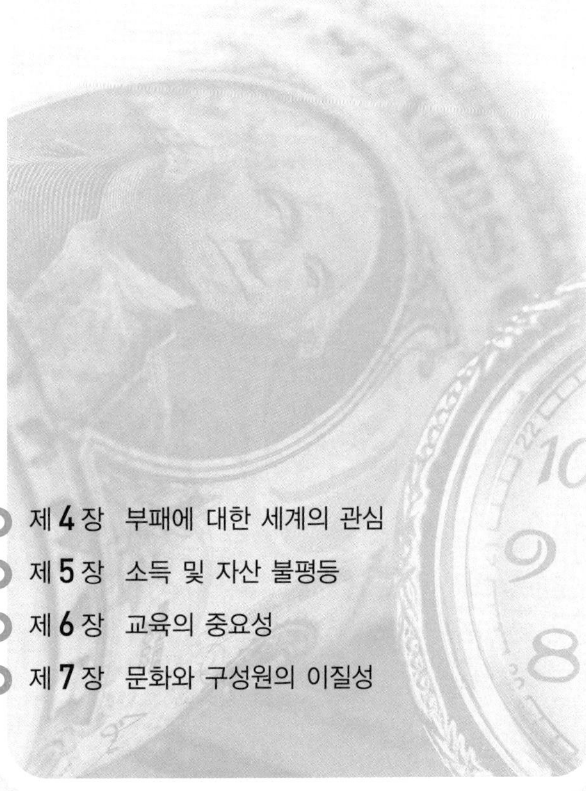

04 CHAPTER

부패에 대한 세계의 관심

오늘날 현실 세계에서 발생하는 다양한 형태의 부패는 이해집단 간의 충돌을 야기하는 전형적인 현상이다. 또한 한 국가의 부패는 다양한 전달경로를 통해 경제성장과 같은 총합적 경제성과에 영향을 미친다. 따라서 부패의 원인과 영향에 대한 분석은 경제성장과 정치경제학에서 다루어야 할 중요한 연구주제이다. 본 장에서는 부패의 일반적인 정의 및 유형을 설명하고, 부패에 대한 국제적 관심이 1990년대 이후 고조된 이유를 제시한다. 또한 본 장에서는 국가별 부패의 측정방법, 부패가 경제성과에 미치는 영향, 부패의 다양한 원인 및 부패의 치유책 등을 살펴본다.

1. 부패의 의의

부패의 기원은 인류의 역사와 같다고 생각할 수 있기 때문에 부패의 전형적인 형태를 찾기란 현실적으로 불가능하다. 본 절에서는 지금까지의 연구결과에 기초해 부패의 정의와 유형을 간단한 소개하고, 1990년대 이후 부패에 대한 논의가 국제적으로 확산된 이유를 살펴본다.

1.1 부패의 정의

'부패' (corruption)는 부조리 · 비리 · 부정 등의 용어와 혼용해서 사용되기 때문에 부패만을 엄밀하게 정의하기란 결코 쉬운 일이 아니다. 또한 부패행위는 항상 전형적인 형태로 발생하지 않기 때문에 정확하게 묘사하는 데에도 어려움이 있다. 따라서 우리가 부패행위에 기초해 부패를 정의한다면, 상당한 오류를 범하게 된다. 왜냐하면 어떤 부패행위가 다른 경제인에 의해 인식될 경우에는 그 부패를 추구함에 있어 실패로 간주되기 때문이다.

성경에서는 부패를 "개인, 사회 및 국가가 윤리(도덕)나 종교적으로 타락한 상태"로 정의한다. 그러나 우리가 부패를 생각할 때 가장 먼저 떠오르는 것은 아마도 공직자들이 범하는 부패이다. 세계은행(World Bank)은 일부 공직자들의 부패한 행동을 바탕으로 부패의 가장 일반적인 정의를 제시하였다. 즉 세계은행은 부패를 "사적 이익을 추구하기 위해 공직과 공권력을 남용하는 것"(The misuse of public office for private gain)으로 정의한다.

부패는 경제학 문헌에서 자주 언급되는 '담합'(collusion)과 종종 혼동되기도 한다. 그러나 부패는 담합과 달리 금전적인 이익, 즉 불법적인 뇌물수수를 수반한다는 점에서 큰 차이가 있다. 그렇지만 뇌물을 수반하지 않는 부패도 현실 세계에서 다양한 형태로 존재한다. 예를 들어 고위 공직자나 국회의원이 자신의 정치적 영향력을 확장하거나 차기 선거에서 이기기 위해 뇌물수수 없이 자신의 고향에 타당성이 낮은 대형 건설사업을 시행하는 경우가 종종 발생한다.

1.2 부패의 유형

부패의 유형은 크게 '생계형 부패'(petty corruption)와 '권력형 부패'(grand corruption, 혹은 공직부패)로 나누어진다. 생계형 부패는 "주로 가족 부양 등을 위해 소규모의 경제지대에 의존하는 형태의 부패"인 반면, 권력형 부패는 "주로 정책결정 과정에서 정치가나 고위 공직자가 관련된 부패"를 일컫는다. 단기적인 관점에서는 권력형 부패가 생계형 부패에 비해 한 국가나 사회에 미치는 부정적 효과가 크다고 볼 수 있다. 왜냐하면 권력형 부패의 규모가 생계형 부패의 경우와는 비교할 수 없을 만큼 크기 때문이다.

그러나 장기적인 관점에서는 생계형 부패의 부정적 효과가 권력형 부패의 경우를 압도한다. 생계형 부패는 '급행료'(speed money) 혹은 '윤활제'(grease payment) 등으로 표현되는 각종 뇌물을 포함하는데, 이는 시간의 흐름에 따라 내부화 과정을 거쳐 한 사회의 특징으로 형성되기 때문에 사회에 큰 해악을 끼치게 된다. 또한 권력형 부패는 쉽게 드러날 수 있으며 일회성으로 끝날 가능성이 생계형 부패에 비해 상대적으로 크다고 볼 수 있다. 따라서 부패는 그 유형에 상관없이 사회적 후생을 감소시키고, 장기적으로 한 국가나 사회에 나쁜 영향을 미친다.[1]

이상의 일반적 유형과는 달리 부패는 경제인들 간의 정보의 비대칭성이 존재하는 상황에서도 생겨날 수 있다. 예를 들어 경영자와 회계감사가 결탁한 회계부정이나 주주와 주식분석가가 담합한 주가조작 등을 들 수 있다. 이와 같은 일반 경제인들 간에 존재하는 정보의 비대칭성으로 인해 생겨나는 부패는 감독기구의 감독 혹은 모니터링이 약하거나 시장을 통한 적절한 견제의 역할이 부족할 때 주로 발생한다.

1.3 부패에 대한 고조된 관심

부패는 최근 들어 생겨난 새로운 문제가 아니며, 권력과 함께 지속되어온 것으로써 오랜 역사를 지니고 있다.[2] 그러나 1990년대 이후 경제적 · 정치적 · 사회적으로 부패에 대한 관심이 고조되면서 부패와 관련된 경제적 관점의 연구가 활발히 진행되고 있다. 그렇다면 부패에 대한 국제적 관심이 1990년대 이후에 고조된 이유는 무엇일까? 몇몇 문헌에서는 그 가능한 이유들을 제시하였는데, 그중에서 몇 가지 사실을 살펴보면 다음과 같다.

---

1) 부패가 경제성장에 단기적으로 긍정적인 영향을 미칠 수 있다는 주장도 존재하는데, 이는 다음 절에서 살펴본다.

2) 송하율(1999)은 성경의 창세기에 뱀이 이브에게 선악과를 준 사실을 언급하면서 고대로부터 부패와 뇌물이 존재하여 왔다고 지적하였다.

첫째, '세계화'(globalization)가 진전됨에 따라 부패에 대한 국제적 관심이 증대되었다. 즉 세계의 경제가 글로벌화 됨에 따라 부패국가의 부패가 비부패국가에 영향을 미치기 시작하였다. 예를 들어 글로벌 경제와 함께 나타난 국제적 계약에 커미션(commission)이라는 국제적 뇌물행위가 급속히 늘어났다. 또한 세계화 진전은 국가 간의 경제활동 규모와 상호의존성을 증대시켰기 때문에 많은 국가에서는 경제적 효율성을 추구하려는 노력이 활발히 진행되고 있다. 이상의 과정에서 각 국가는 부패로 인한 경제적 왜곡에 더 큰 관심을 갖게 되었다.

둘째, 세계경제에서 미국의 역할이 증대됨에 따라 부패에 대한 인식이 고조되고 있다. 즉 냉전시대에는 미국이 자신의 편이 아닌 다른 국가들에서의 정치적 부패를 간과하였지만, 냉전의 종식 이후 세계의 초강대국이 된 미국의 정치가들은 외국에 대한 뇌물공여 금지법안 때문에 자국의 수출이 불리한 입장에 놓이게 되었다고 주장하면서 세계적인 반부패운동을 벌일 것을 제창하였다.

셋째, 지난 몇 십년간 많은 국가의 정치인들이 부패로 인해 구속되고 심지어 정권이 붕괴되는 사례가 생겨났다. 이와 같은 형태의 불확실성은 세계경제에 부정적 영향을 미쳤기 때문에 부패에 대한 국제적 논의가 증대되었다. 즉 국제연합(UN), 국제통화기금(IMF), 세계은행(World Bank), 경제협력개발기구(OECD), 세계무역기구(WTO) 등의 국제기관 혹은 국제기구에서는 부패 방지를 위한 논의를 확산시키고 있다. 특히 IMF는 경제의 자유화·예산의 투명성 등을 항상 강조함으로써 부패를 줄이기 위한 전 세계적인 관심을 촉구하고 있다.

넷째, 1990년대 이후 전 세계적인 민주주의 사조의 확산과 더불어 부패에 대한 토론을 터부시하던 관행이 깨어짐으로써 부패에 대한 관심이 증대되었다. 민주주의 사조의 확산으로 인해 많은 국가의 정부에서는 언론의 자유를 증진시키려 노력하였으며, 이는 부패에 대한 토론의 기회를 확대시키는 계기가 되었다. 또한 국제기구의 반부패 운동이 민주주의 사조의 확산과 더불어 한 국가 내에서의 부패에 대한 관심을 촉발시키는 계기가 되었으며, 반부패 활동을 벌이는 비정부기구(NGO)의 역할을 확대시켰다.

다섯째, 지난 몇 십년간 증대된 정부의 역할도 부패에 대한 관심의 고조와 무관하지 않을 수 있다. 선진 산업화된 국가에서는 세계화 진전으로 인해 경쟁이 심화됨에 따라 나타나는 불평등 · 실업 · 양극화 등의 문제를 해소하기 위해 정부지출을 증가시켰다. 또한 많은 개발도상국은 공공지출을 증가시켜 높은 수준의 경제성장을 추구하려 노력하였다. 이와 같이 대부분 국가들이 경험한 정부의 역할 증대는 경제활동에 대한 규제와 통제를 강화시켰으며, 이는 관료들이 자신들의 권위를 오용해 뇌물을 요구하거나 제공된 뇌물을 받을 수 있는 더 많은 기회를 창출하는 계기가 되었다. 이상의 현상으로 인해 부패가 일반인들에게도 자연히 부각되었으며, 많은 사람들이 부패에 대한 관심을 증대시켰다.

이상의 사항들과 함께 1990년대 이후 사회주의 국가들이 붕괴되면서 생겨난 전환기 국가들과 신생 독립국가들이 새로운 형태의 부패를 경험하면서 부패의 관심이 고조되고 있다. 아울러 이상의 국가들을 비롯한 여러 개발도상국들은 공기업을 민영화하는 과정에서 새로운 부패행위를 경험하였다. 또한 과거에는 정보의 부족으로 인해 알 수 없었던 사항들이 '정보통신기술' (information and communication technology)의 발전으로 인해 많은 사람들이 인식할 수 있게 됨에 따라 부패에 대한 관심이 증대되고 있다.

우리나라에서는 2002년 발족한 「부패방지위원회」가 2005년 「국가청렴위원회」로 새롭게 출범하였으며, 2008년에는 「국민권익위원회」로 확대 개편해 부패방지 및 국가 청렴도 제고를 위한 노력을 경주하고 있다. 이와 같은 기구의 조직 및 개편은 부패국가라는 오명을 벗지 못한다면 국제사회에서 우리나라의 위상이 결코 높아질 수 없다는 시대적 흐름에 대한 인식에서 출발한다.

읽을거리

부패척결을 위한 정부기관의 조직 및 변천

우리나라에서는 부패문제에 대한 국내외 흐름에 능동적으로 대처하고, 이를 획기적으로 개선하기 위해 부패문제를 종합적, 체계적으로 담당한 전담기구를 설치해야 하는 필요성이 대두됨에 따라 부패방지법(2001년 7월 24일 제정)을 제정하였으며, 이에 근거해 2002년 1월 25일 「부패방지위원회」가 발족하였다.

부패방지위원회는 직무상 독립성을 가진 대통령 소속하의 합의제 국가기관으로서 부패방지에 필요한 법령 · 제도 등의 개선과 정책의 수립 시행 등을 담당하였다. 부패방지위원회의 출범의의는 국가차원의 종합적이고 중립적인 부패방지 대책의 중심기구 역할, 고위공직자를 포함한 권력주변 및 권력기관에 대한 견제와 균형의 역할, 우리나라 역사상 내부고발자(whistle-blower) 보호와 보상제도의 최초 도입 시행 등을 들 수 있다.

국가청렴도를 높이고 부패방지 관련 업무를 효과적으로 수행하기 위해서는 '부패방지'라는 소극적인 목표보다는 '국가청렴도 제고'라는 적극적인 목표달성이 요구되었다. 2005년 6월 29일 국회에서는 '부패방지법중개정법률'을 의결하였으며, 2005년 7월 21일 부패방지위원회는 「국가청렴위원회」로 새롭게 출범하였다.

국가청렴위원회 위원은 9명으로 구성되어 있으며, 위원 중 3인(상임위원)은 대통령이 임명하고, 비상임 위원 중 3인은 국회, 3인은 대법원장 추천자를 대통령이 임명 또는 위촉하였으며 임기는 3년이다. 또한 위원회 기능을 보좌하기 위해 사무처를 두었으며, 사무처는 부패방지정책 등을 위원회에 상정하고 위원회의 결정에 따라 이를 처리하는 역할을 수행하였다.

2008년 2월 29일 '부패방지 및 국민권익위원회의 설치와 운영에 관한 법률'(법률 제8878호)에 의해 부패방지와 함께 국민의 권리보호 및 구제를 위해 과거 국민고충처리위원회, 국가청렴위원회 및 국무총리 행정심판위원회의 기능을 합쳐 「국민권익위원회」가 발족하였다.

국민권익위원회는 과거 3개의 위원회를 하나로 통합한 이유를 다음과 같이 밝히고 있다. 즉 국민권익위원회는 국민고충처리위원회의 국민권리 구제업무, 국가청렴위원회의 국가청렴도 향상을 위한 활동, 행정심판위원회의 행정과 관련한 쟁송업무가 모두 국민의 권익보호와 관련된 업무들이기 때문에 한 기관에서 처리하기 위해서 통합이 필요하였다고 밝히고 있다. 다시 말해 이상의 기능들이 여러 기관으로 나누어져 있어 국민에게 혼란과 불편을 초래함에 따라 고충민원처리, 부패방지 및 행정심판 기능을 통합함으로써 국민의 권익 구제창구를 일원화하고, 신속하고 충실한 원스톱(one-stop) 서비스 체제를 마련하기 위해 통합이 이루어졌다.

국민권익위원회는 과거 국민고충처리위원회, 국가청렴위원회 및 국무총리 행정심판위원회가 수행해왔던 기능들을 그대로 수행하고 있다. 따라서 국민권익위원회의 기능은 크게 다음 세 가지로 요약할 수 있다. 첫째, 고충민원의 처리와 이와 관련된 불합리한 행정제도를 개선한다. 둘째, 공직사회의 부패예방 및 부패행위 규제를 통한 청렴한 공직 및 사회풍토를 확립한다. 셋째, 행정쟁송을 통해 행정청의 위법 및 부당한 처분으로부터 국민의 권리를 보호한다. 한편 2010년 1월에는 국무총리 행정심판위원회가 중앙행정심판위원회로 명칭이 변경되었다.

(국민권익위원회, http://www.acrc.go.kr 참고)

2. 국가별 부패의 측정

국가별 부패의 측정이 가능해짐에 따라 국가 간 부패의 정도를 비교하고, 부패가 경제성과에 미치는 영향을 실증적으로 분석할 수 있게 되었다. 본 절에서는 부패의 측정이 어떻게 이루어지는지 검토하고, 부패인식지수의 소개 및 그 문제점을 살펴본다.

2.1 부패의 측정

사회현상은 자연현상과는 달리 측정할 수 있는 방법이나 도구를 개발하는 데 상당한 어려움이 존재한다. 왜냐하면 사회현상에 대해 모든 사람들이 공감할 수 있는 공통된 인식을 규정하기란 불가능하기 때문이다.

따라서 국가별 부패의 측정은 불가능한 것처럼 여겨진다. 그럼에도 불구하고 부패에 대한 국제적 논의의 확산과 더불어 다양한 형태로 국가별 부패의 측정이 진행되었으며, 그 측정방법은 현재에도 개선되고 있다.

최초의 국가별 부패의 측정은 기업들에게 글로벌 경영에 대한 위험 평가를 제공하기 위한 목적으로 이루어졌다. 이와 같은 자료는 정치경제적 위험 컨설팅(Political and Economic Risk Consultancy), 정치적 위험 서비스(Political Risk Service), 이코노미스트 인텔리전스 유닛(Economist Intelligence Unit), 비즈니스 인터내셔널(Business International, 현재에는 이코노미스트 그룹의 한 부분임) 등에서 제공하였으며, 1990년대 중반까지 개별기업은 이상의 자료를 사적으로 사용하였다. 이상의 여러 기관에서 발표하는 국가별 부패의 정도는 동일 국가로 구성된 표본이나 동일 측면의 부패에 국한되지 않았다. 다시 말해 이상의 여러 기관에서는 상이한 표본을 사용하고, 뇌물, 직무상의 부당 취득, 정치적 안정성 혹은 정부의 특정 기능의 불법행위 등과 같이 선별적인 부패행위에 중점을 둔 조사결과를 발표하였다.

최근 들어 국가별 부패의 정도는 세계 각국의 부패에 대한 전문가 및 다국적기업이나 공공기관에 종사하는 사람들을 대상으로 한 설문조사(survey) 자료를 이용해 작성한다. 따라서 이와 같은 자료는 실질적인 부패의 정도를 측정하는 것이 아니라 부패의 인식 정도를 지수로 나타낸 '부패인식지수' (corruption perceptions index)이다. 부패인식지수는 비즈니스 인터내셔널, 국제적 국가 위험 가이드(International Country Risk Guide), 세계은행, 국제투명성기구(Transparency International) 등의 국제기관에서 제공하고 있다. 현재 학술적인 연구에서 가장 많이 사용하는 대표적인 자료는 국제투명성기구가 제공하는 부패인식지수이다. 국제투명성기구는 베를린 소재의 비영리 민간단체로서 부패인식지수의 작성·발표를 통해 공공의 부패에 대한 관심과 논쟁을 촉발하고 각국의 반부패 개혁을 유도함을 목적으로 한다고 밝히고 있다.[3)]

부패인식지수는 부패에 대한 공공의 용인 정도를 반영할 수 없다는

3) 이는 국제투명성기구 홈페이지(http://www.transparency.org/cpi) 참고하였다.

문제점이 있다. 이상의 내용을 보완하기 위해 세계은행이 매년 발표하는 세계거버넌스지표(Worldwide Governance Indicators: WGI)에는 '부패의 통제'(control of corruption)를 포함한다. WGI는 부패의 통제를 인식의 정도에 기반을 두어 −2.5에서 2.5 사이의 값으로 측정하였으며, 이때 높은 값일수록 더 나은 부패의 통제와 상응한다. 구체적으로 WGI는 32개의 다른 조직에 의해 제공된 독립적인 통계자료에 기초해 국가별 부패의 통제에 대한 자료를 구축하였으며, 1996년, 1998년, 2000년, 2002~2013년의 자료를 제공한다.[3)]

한편 국제투명성기구에서는 '뇌물공여지수'(bribe payer's index)를 2000년부터 격년제로 발표하고 있다. 부패인식지수는 뇌물을 받는 쪽(즉 공무원)에 초점을 두는 반면, 뇌물공여지수는 뇌물을 주는 쪽(즉 기업)에 초점을 둔다고 국제투명성기구는 밝히고 있다. 즉 뇌물공여지수는 뇌물을 주는 쪽인 기업을 주요 대상으로 880여 명의 무역 관련 종사자에 대한 직접 설문조사와 심층 인터뷰를 통해 만들어진다.

이상에서 언급한 부패의 측정 이외에도 다양한 문헌에서는 여러 형태의 부패(예를 들어 행정 부패지수 · 정치 부패지수 등)를 측정하려 시도하였다. 이와 같이 국가별 부패를 측정한 다양한 지수가 존재함으로써 어떤 지수가 실질적인 부패를 잘 반영하는지 판단하는 데 어려움이 있을 수 있다. 그러나 다행스러운 사실은 국가 간 부패를 측정한 변수들 간의 상관관계가 매우 높다는 점이다. 이는 부패를 측정하려는 모든 노력에 상당한 제약이 존재하며, 그 측정이 완전하지 않다는 사실을 의미한다. 따라서 국가별 부패의 정도에 대한 검토는 현재 가장 널리 사용되는 부패인식지수를 살펴보는 것만으로 충분하다고 판단된다.

---

4) '부패의 통제' 자료에 대한 설명은 제 9 장에서 다시 언급된다.

2.2 부패인식지수

국제투명성기구는 1995년 이후 매년 세계 각국의 부패인식지수를 발표하고 있다. 발표 초기에는 40~50개 국가를 대상으로 삼았지만, 그 대상 국가를 계속적으로 증가시켜 2014년의 경우에는 175개 국가의 부패인식지수를 발표하였다. 2014년의 부패인식지수는 기업경영자를 대상으로 실시한 부패 관련 인식조사 결과와 애널리스트의 평가 결과를 집계한 11개의 독립된 기관의 12개 지표를 이용해 계산되었다. 이때 사용된 12개의 설문조사와 전문가의 평가 중에서 적어도 3개 이상이 가용한 국가에 한해 국가별 부패인식지수 자료에 포함시켰다. 이와 같은 부패인식지수는 0에서 100 사이의 수치로 환산해 제공하고 있으며, 높은 수치일수록 덜 부패한 국가를 의미한다.[5)]

국제투명성기구는 부패인식지수의 신뢰성을 높이기 위해 국가별 부패인식지수를 작성할 당시 사용한 설문조사 및 전문가 평가의 수를 함께 제공하고 있다. 이와 같이 사용된 설문조사의 수는 국가별 차이는 있지만 통상 3개에서 9개에 달한다. 또한 국제투명성기구는 부패인식지수를 발표하면서 동시에 부패인식지수의 가능한 신뢰도 범위(confidence range)를 제공하고 있다. 〈표 4-1〉는 국제투명성기구가 발표한 주요 국가의 2014년 부패인식지수, 사용된 설문조사의 수 및 신뢰도 범위를 나타내는데, 이를 통해 다음과 같은 몇 가지 특징을 파악할 수 있다.

첫째, 〈표 4-1〉에서 순위는 투명한 국가의 순서를 의미한다. 덴마크와 뉴질랜드는 부패인식지수가 각각 92과 91로써 세계에서 가장 투명한 국가들인 반면, 북한과 소말리아는 부패인식지수가 8로써 세계에서 가장 부패한 국가들이다. 우리나라의 부패인식지수는 55로 43위를 기록하였는데, 이는 다른 아시아 국가인 싱가포르(84, 7위), 일본(76, 15위), 대만(61, 35위)에 비해 낮은 수준이며, 말레이시아(52, 50위)와 유사한 수준이다. 한

5) 국제투명성기구가 발표하는 부패인식지수는 2011년까지 0~10 사이의 숫자(소수점 첫째 짜리까지)로 표시되었지만, 2012년 이후에는 0~100 사이의 숫자로 조정되어 제공된다.

표 4-1 주요 국가의 부패인식지수

순위	국 가	부패인식지수	사용된 설문조사의 수	신뢰도 범위
1	덴 마 크	92	7	89~95
2	뉴질랜드	91	7	87~95
3	핀 란 드	89	7	86~92
7	싱가포르	84	8	81~87
10	캐 나 다	81	7	77~85
14	영 국	78	7	75~81
15	일 본	76	8	71~81
17	미 국	74	8	68~80
21	칠 레	73	8	70~76
31	보스와나	63	6	60~66
35	대 만	61	7	54~68
43	대한민국	55	9	51~59
50	말레이시아	52	8	47~57
69	이탈리아	43	7	39~47
79	튀 니 지	40	6	37~43
85	인 도	38	9	34~42
85	태 국	38	8	35~41
100	중 국	36	8	32~40
107	아르헨티나	34	7	30~38
119	탄자니아	31	8	26~36
133	니카라과	28	7	25~31
136	카 메 룬	27	8	22~32
145	방글라데시	25	7	18~32
145	케 냐	25	8	20~30
166	우즈베키스탄	18	6	14~22
170	이 라 크	16	4	12~20
172	아프가니스탄	12	4	10~14
174	북 한	8	3	2~14
174	소말리아	8	4	4~12

자료: 국제투명성기구(http://www.transparency.org/cpi).

편 175개 대상국의 평균 부패인식지수는 43이며, 아프리카와 중앙아시아 국가들의 부패인식지수가 대체로 낮게 관측되었다.

둘째, 선진 산업화된 국가들의 순위가 거의 상위권에 차지하고 있으며(즉 상대적으로 투명하며), 대부분 개발도상국 및 전환기 국가들의 부패인식지수는 순위가 낮은(즉 부패가 심한) 것으로 나타났다. 이와 같은 사실은 한 국가의 부패수준이 소득수준과 밀접히 관련될 수 있음을 의미한다. 한편 산업화된 국가들 간의 부패인식지수에도 차이가 있는데, 덴마크 · 핀란드 등의 북유럽 국가들의 순위가 대체로 상위를 차지하고 있다. 이는 소득수준과 함께 사회적 · 문화적 전통과 같은 다른 요인들이 부패인식지수의 결정에 영향을 미칠 수 있음을 암시한다.

셋째, 비록 〈표 4-1〉을 통해 명시적으로 알 수 없지만, 국가별 부패인식지수는 시간의 흐름에 따라 크게 변동하지 않았다. 다시 말해 부패인식지수의 시계열 간의 상관계수는 매우 큰 값으로 알려져 있다. 또한 부패인식지수의 작성에 있어 현재 진행 중인 개혁은 고려하지 않았기 때문에 1990년대 이후 민주주의 사조의 확산과 더불어 정치적으로 독립한 신생국들의[6] 부패인식지수는 상대적으로 낮은 수준에 머물러 있다. 구체적으로 19개 동유럽 및 중앙아시아 국가들의 평균 부패인식지수는 33으로 낮게 관측되었다.[7] 즉 동유럽 및 중앙아시아에는 전환기 국가 혹은 신생국가들로 많이 구성되어 있어 현재에도 부패의 개선이 진행 중에 있다.

2.3 부패인식지수의 문제점

부패인식지수는 설문조사에 기초해 부패에 대한 사람들의 인식만을 측정하였기 때문에 이를 이용해 국가별 부패의 정도를 정확히 파악하기에는 상당한 한계가 존재한다. 부패인식지수의 측정과정에서 나타날 수 있

6) Akdede and Hwang(2008)은 1990~1993년 동안 지구상에 무려 27개 국가가 새롭게 생겨났다고 제시하였다.

7) 이는 국제투명성기구(http://www.transparency.org/cpi)에서 제공한 값에 기초한다.

는 문제점과 이 자료에 내재된 한계점을 요약하면 다음과 같다.

첫째, Tanzi(2002)는 국가별 부패인식지수가 시간의 흐름에 따라 대단히 안정적이라는 사실을 지적하면서 부패인식지수의 수량화가 완전하지 않을 뿐만 아니라 다소의 측정오차(measurement error)가 존재할 수 있음을 제기하였다. 또한 부패인식지수가 시계열적으로 안정적이라는 사실은 한 국가가 부패를 척결하기 위해서는 지속적이고 항구적인 노력이 요구된다고 해석할 수 있다.

둘째, 비록 연도별 부패인식지수 간의 상관관계가 매우 높게 나타나 자료의 신뢰성을 인정할 수 있다고 할지라도 부패인식지수가 0에서 100 사이의 숫자로 나타나기 때문에 국가별 부패의 정도를 비교하는 데에는 정확성 문제가 야기된다. 예를 들어 많은 선행연구에서는 종종 부패인식지수를 구간별로 나누어 제시하였는데, 이를 테면 50~60 구간의 국가와 90~100 구간의 국가를 나누어 나타낸다고 하자. 비록 두 구간의 차이는 10으로 동일하지만, 부패의 차이가 일관성 있게 반영된다고는 판단할 수 없다.

셋째, 자료의 정확성에 문제점이 생겨날 수 있음은 사용한 설문조사의 수가 국가마다 상이하다는 점에서도 찾을 수 있다. 비록 국제투명성기구는 1개 혹은 2개의 설문조사를 사용한 결과로써 생겨나는 오류를 극소화하기 위해 적어도 3개 이상의 설문조사가 사용된 국가에 한해 부패인식지수를 발표하지만, 문제점은 이와 같이 3개 이상의 설문조사를 사용하였다는 사실에도 존재한다. 즉 국가별 부패인식지수의 작성을 위해 12개의 독립된 기관에서 유래된 14개 출처의 자료를 사용하는데, 〈표 4-1〉을 살펴보면 대부분 국가의 부패인식지수는 3~9개의 설문조사에 기초하고 있다. 따라서 설문조사에서 빠진 자료가 상당히 임의적으로(randomly) 분포되어 있으며, 제도나 법령 및 거버넌스(governance)가 부족한 국가에서 대체로 작은 수의 설문조사가 사용되었기 때문에 부패인식지수의 정확성은 문제점으로 지적된다.

넷째, 부패인식지수는 다른 경제 환경에 의해 얼마든지 조정이 가능하기 때문에 그 타당성에도 문제점이 있다. 예를 들어 어떤 국가(예컨대 A국)가 소수의 외국 사람들에게 자국의 경제 내에서 비즈니스를 허용하고 그 사람들로부터 뇌물을 받는다고 가정하자. 이때 그 외국 사람들이 A국에서 계속적인 독점적 지위를 유지하려 한다면, A국이 실제보다 덜 부패한 국가라는 왜곡된 결과가 생겨날 수 있다. 이와 같은 문제점은 부패인식지수가 실질적인 부패의 정도를 측정하는 것이 아니라 부패의 인식을 반영한다는 한계점에 기인한다.

다섯째, 많은 국가나 사회에서 부패의 정도는 시간의 흐름에 따라 내부화 과정을 거쳐 그 국가나 사회의 특징으로 형성되는데, 이 경우에는 부패인식지수만을 이용해 부패의 정도를 측정하기에는 상당한 한계가 있다. 다시 말해 부패인식지수는 권력형 부패에 집중될 뿐 생계형 부패를 계측할 수 없다는 문제점이 있다.

여섯째, 국가 간의 설문조사에는 당연히 언어적인 문제를 수반한다. 즉 국가마다 사용하는 언어가 다를 경우에는 언어의 미세한 차이로 인해 부패의 정도가 과소평가 혹은 과대평가되기 마련이다. 국제투명성기구는 설문조사에서 '부패의 정도'를 'degree of corruption'으로 표기하고 있다. 또한 사소한 문제일 수 있지만, 부패인식지수는 정해진 숫자의 범위 내에서 제공되기 때문에 상당히 많은 국가 간의 부패인식지수를 비교할 수 없다는 문제점이 있다. 예를 들어 국제투명성기구에서 제공하는 2014년의 부패인식지수가 38인 국가는 9개국인데(공동 85위), 이들 국가에서 부패의 정도가 동일하다고 인식하기에는 무리가 있다.

이상과 같이 부패인식지수에는 상당히 많은 문제점이 내재되어 있지만, 부패와 관련된 연구에서 유용하게 사용될 뿐만 아니라 부패의 치유를 위한 기준을 제공한다는 측면에서 폭넓게 이용되고 있다. 또한 이상의 문제점들은 향후 국가별 부패의 정도를 좀 더 정확하게 측정할 수 있는 지표의 개발과 관련된 연구가 계속 진행되어야 함을 시사한다.

3. 부패의 경제적 효과

부패의 존재는 모든 경제행위에 일정한 세금을 부과하는 효과와 동일하다. 따라서 부패의 존재는 정책결정을 왜곡시키는 정치적 제약으로 간주할 수 있다. 본 절에서는 부패라는 정치적 제약이 경제성과에 어떤 영향을 미치는지 살펴본다.

3.1 부패의 경제적 부담

이하에서는 제3장에서 살펴본 솔로우 경제성장 모형의 기본방정식을 이용해 부패로 인해 발생할 수 있는 경제적 부담을 제시한다. 먼저 솔로우 경제성장 모형의 기본방정식은 다음의 식(4-1)과 같다.

$$\dot{k} = \frac{dk}{dt} = sf(k) - (n+\delta)k \tag{4-1}$$

식(4-1)에서 $\dot{k} = \frac{dk}{dt}$는 노동자 1인당 자본의 변화량, $k(=K/N)$는 노동자 1인당 자본, s는 한계저축성향, $f(k)$는 생산함수, n은 인구증가율(혹은 노동력 증가율), δ는 감가상각률을 의미한다. 식(4-1)은 감가상각률을 포함하였다는 사실을 제외하고는, 제 3 장에서 소개한 솔로우 경제성장 모형의 기본방정식과 동일하다. 즉 기본방정식은 노동자 1인당 투자량[8] $sf(k)$ 중에서 인구증가 및 감가상각으로 인해 감소하는 노동자 1인당 자본량 $(n+\delta)k$ 만큼 차감한 값이 노동자 1인당 자본의 순증가분 $\dot{k} = dk/dt$가 된다는 사실을 나타낸다.

솔로우 경제성장 모형에 의하면, 경제성장을 위해 가장 중요하고도

8) 독자들은 솔로우 경제성장 모형에서의 저축과 투자는 항상 일치한다고 가정하기 때문에 노동자 1인당 저축은 노동자 1인당 투자와 동일한 의미로 사용된다는 사실을 기억하기 바란다.

기본적인 요소는 자본축적이다. 따라서 기본방정식을 $\dot{k}$이 아닌 k의 형태로 나타내기 위해 '미분방정식'(differential equation)을[9] 풀면, k는 식(4-2)와 같이 나타낼 수 있다.

$$k = \exp[stf(k)/k - (n+\delta)t] \qquad (4-2)$$

자본축적을 나타내는 식(4-2)의 양변에 로그(log)를 취하고 시간(t)에 대해 미분하면 기본방정식 $\dot{k} = dk/dt$으로 전환된다.[10] 우리는 자본축적을 나타내는 식(4-2)를 통해 자본축적이 저축률(s), $f(k)/k$ 및 감가상각률(δ)의 크기와 관련된다는 사실을 알 수 있다. 다시 말해 저축률과 자본의 효율성이 증가하거나 감가상각률이 감소하면 자본축적이 증가한다.

이제 상기의 자본축적을 나타내는 식(4-2)를 이용해 뇌물수수 형태로 이루어지는 부패의 경제적 부담을 직관적으로 설명할 수 있다. 일반적으로 뇌물로 사용되는 자본은 겉으로 드러나지 않으며, 쉽게 소비로 이어지는 경향이 있다. 다시 말해 뇌물로 사용되는 자원은 다른 경제적 활동과 비교해 상대적으로 작은 부분만 저축으로 이어진다. 즉 경제인들은 뇌물에 의한 소득을 '영구소득'(permanent income)이 아닌 '임시소득'(transitory income)으로 간주하는 경향이 더 크기 때문에 뇌물에 의한 소득의 대부분은 자연스럽게 소비의 증가로 이어지고 저축의 증가로 이어지지 않는 경향이 있다. 따라서 뇌물에 사용되는 자원이 증가할수록 저축률이 감소하고, 이는 자본축적에 부정적 역할을 한다.

또한 생산에 사용되는 자본이 줄어들수록 $f(k)/k$ 가 감소하게 된다. 왜냐하면 솔로우 경제성장 모형에서는 자본 k의 한계생산성이 영(0)보다

---

9) 미분방정식에 대한 논의는 학부수준을 초과할 뿐만 아니라 본서의 일관성을 유지하기 위해 생략한다. 관심이 있는 독자는 수리경제학 서적(예를 들어 Chiang and Wainwright(2004)의 *Fundamental Methods of Mathematical Economics*)을 참고할 수 있다.

10) 이상의 내용은 독자들이 쉽게 확인할 수 있으리라 여겨진다. 이상의 풀이를 찾는 데 수학적 제약이 있는 독자라고 할지라도 이하에서 전개되는 내용을 읽는 데에는 전혀 문제가 없음을 밝혀둔다.

크지만, 자본의 한계생산성이 체감적으로 증가한다고 가정하기 때문이다.[11] 일반적으로 뇌물이 존재한다는 사실은 생산적인 자원이 유망한 기업가 혹은 경제인으로부터 부패한 정부 관료 혹은 정치인으로 이전됨을 의미한다. 따라서 한 국가에서 부패의 증가는 자본을 감소시켜 생산이 줄어들기 때문에 경제성장에 부정적 영향을 미치게 된다.

마지막으로 부패는 감가상각률을 증가시키는 원인이 될 수 있다. 왜냐하면 부패한 국가나 사회일수록 과다한 투자 혹은 자원의 잘못된 활용으로 인해 자본의 효율성이 감소하기 때문이다. 따라서 부패는 감가상각을 증가시켜 자본축적을 감소시키는 경제적 부담으로 작용한다. 한편 자본축적을 나타내는 식(4-2)에서 인구증가율(혹은 노동력 증가율)도 자본축적에 영향을 미치지만, 이는 적어도 단기적으로는 부패와 큰 관련성이 없을 것으로 예상된다.

이상과 같이 부패로 인한 뇌물의 증가는 저축률 하락, 더 나아가 자본축적을 감소시킬 뿐 아니라 자원의 잘못된 활용으로 인해 자본의 비효율성 및 감가상각률을 증가시킨다고 요약할 수 있다. 그러므로 뇌물 수수의 형태로 나타나는 부패는 경제성장에 부정적 영향을 미치는 경제적 부담으로 작용한다.

3.2 부패의 긍정적 영향

부패가 경제성장과 같은 총합적 경제성과에 미치는 영향에 대한 논의는 다양하게 전개되고 있다. 다양한 논의는 국가마다 경제상황뿐만 아니라 정치적 · 사회적 · 문화적 · 환경적 요인들이 다르기 때문에 일률적인 영향을 규정하기에는 한계가 존재한다는 사실에 근거한다. 그럼에도 불구하고 최근에는 부패가 경제성과에 절대적으로 악영향을 미친다는 의견으로 집약되고 있다. 왜냐하면 대부분 경제학자들은 부패가 시장기능을 마비시켜 경제주체들이 공정한 게임을 할 수 있는 기반을 약화시킨다고 인

11) 이를 수학적으로 표현하면 $f'(k)>0$, $f''(k)<0$이다.

식하기 때문이다.

그러나 부패가 경제성과에 긍정적인 영향을 미친다고 주장하는 견해가 존재하며, 심지어 일부의 경제학자들은 부패 그 자체에는 부패의 부정적인 영향을 상쇄할 수 있는 가치가 내재되어 있다고 생각한다. 다시 말해 일부의 경제학자들은 부패로 말미암아 높은 경제성장의 달성이 가능하다고 주장하는데, 이상의 견해를 요약하면 다음과 같다.

첫째, Huntington(1968)은 부패가 정부활동의 경직성이나 과잉집중(over-centralization) 등을 감소시키기 때문에 투자의 효율성을 증가시킬 수 있다고 제시하였다. 즉 관료들은 부패로 인한 금전적인 유인이 클수록 투자를 저해하는 정부활동의 경직성과 과잉집중을 줄이려 노력한다. 왜냐하면 관료는 정부활동의 경직성과 과잉집중을 줄임으로써 뇌물을 수수할 수 있는 기회를 더 많이 가질 수 있기 때문이다. 따라서 관료들은 뇌물의 유인이 클수록 투자의 효율성을 증진시키는 정책결정을 하게 되며, 이로 인해 뇌물은 간접적으로 경제성장에 기여하게 된다.

둘째, Lui(1985)에 의하면, 뇌물은 '대기비용'(waiting costs)을 최소화함으로써 시간의 가치를 증가시킬 수 있는 '급행료'(speed money) 혹은 '윤활제'(grease payment) 역할을 수행하기 때문에 부패가 공공행정의 비효율성을 감소시킬 수 있다. 다시 말해 시간의 가치는 개인별 능력이나 소득수준에 따라 상이하며(왜냐하면 개인별 능력이나 소득수준에 따라 기회비용이 상이하기 때문임), 시간의 가치가 큰 사람이 뇌물을 사용해 정책결정이나 공공서비스의 신속화를 유도하려 노력한다. 따라서 뇌물은 시간을 절약함으로써 효율성을 증진시키는 역할을 수행한다.

셋째, 부패는 희소한 자원을 지불 의사가 가장 높은 사람에게 배분하도록 유도함으로써 자원배분의 효율성을 제고시키는 원인이 된다(Beck and Maher, 1986; Lien, 1986). 예를 들어 경쟁 입찰에서 가장 효율적인 기업이 가장 많은 뇌물을 제공할 수 있기 때문에 뇌물은 입찰의 효율성을 높일 수 있다.

이상의 논의와 함께 부패는 낮은 수준의 세금부과를 가능하게 유도함으로써 경제성장을 촉진하는 효과를 수행한다는 견해도 있다. 즉 뇌물은 공직자의 저임금을 보완할 수 있기 때문에 정부가 세금부담을 낮게 유지할 수 있도록 도움을 준다. 이와 같이 낮은 수준의 세금이 부과된다면, 소비자들은 소비를 증가시키고 생산자들은 투자를 증가시킬 수 있는 여분이 증가하기 때문에 부패는 경제성장에 긍정적 역할을 수행할 수 있다.

과거의 경험을 살펴보면, 대한민국 · 대만 · 인도네시아 · 태국 등의 동아시아 국가들은 비교적 부패한 상황에서 높은 경제성장률을 기록하였다. 또한 우리는 최근의 중국 · 인도 등의 국가에서 심화된 부패수준과 높은 경제성장률이 동시에 나타나는 현상을 확인할 수 있다. 따라서 부패가 경제성과에 긍정적 영향을 미칠 수 있다는 이상의 논의는 다소 설득력을 가지는 것처럼 느껴진다.

그러나 이상의 주장은 부패행위가 야기하는 왜곡에 집중되었으며, 부패행위는 주어진 것으로 간주하였다는 문제점이 있다. 대부분 부패와 경제적 왜곡은 동일한 일련의 결정요인들에 의해 동시에 나타나거나 혹은 야기되는 현상이다. 다시 말해 부패가 경제성과에 미치는 긍정적인 영향은 관료적 정치 조직이 잘 정비되지 않은 개발도상국에서 단기적으로 크게 생겨날 수 있다. 즉 정부의 경직성이 강하거나 경제시스템이 제대로 갖추어지지 않은 국가에서는 뇌물이 급행료 혹은 윤활제 역할을 수행하여 단기적으로 시간의 효율성 및 정부의 경직성을 제고시키는 역할을 수행한다.

3.3 부패의 부정적 영향

부패가 경제성과에 부정적 영향을 미친다는 주장은 부패의 긍정적 영향으로 제시된 사항들이 모두 부패에 의해 만들어질 수 있다고 지적하면서 설명할 수 있다. 구체적으로 정부의 경직성이나 각종 규제들은 외생적으로 주어진 것 혹은 불변의 사회 특성이 아니라 뇌물을 받으려는 사람들에 의해 오히려 만들어진다.

예를 들어 급행료 혹은 윤활제가 있을 경우에는 공무원들이 금전적 이익을 위해 의도적으로 일처리를 늦추거나 순서를 바꿀 수 있다. 마찬가지로 뇌물 공여의 능력이 큰 사람은 효율성에서 우월한 것이 아니라 경제지대를 추구하는 과정에서 성공한 사람일 수 있다. 이와 같은 사항들이 사실이라면, 부패는 공공경쟁 질서를 파괴하고 경제적 유인을 왜곡시킨다. 따라서 부패는 시장기능을 마비시켜 경제주체들이 공정한 게임을 할 수 있는 기반을 약화시키기 때문에 시장경제와 민주주의의 적합성을 침해한다.

그러므로 부패는 시장실패를 시정할 정부의 적절한 통제와 감시능력을 약화시키며, 오히려 부패가 동기가 되어 정부가 시장에 개입할 경우에는 시장실패를 더욱 심화시키는 결과를 초래한다. 이상과 같이 부패가 자원배분을 왜곡시켜 시장경제의 효율성, 더 나아가 경제성장에 부정적 영향을 미친다는 논리적 근거를 좀 더 구체적으로 살펴보면 다음과 같다.

첫째, Mauro(1995), Wei(1997) 등에 의하면, 부패의 존재는 경제행위에 일정한 세금을 부과하는 효과 혹은 부패 및 부패행위의 불확실성이 부가적인 세금과 같은 효과를 야기한다. 따라서 부패는 자본의 한계생산성을 감소시킨다. 왜냐하면 생산자는 자신들이 생산한 재화나 서비스의 시장가치를 그대로 갖는 것이 아니라 세금을 공제한 나머지를 갖기 때문이다. 따라서 부패는 투자에 대한 유인을 감소시켜 경제성장에 음(−)의 영향을 미친다.

둘째, 부패는 사회계약과 재산권을 보호하려는 정부의 기본적인 역할을 약화시켜 정부의 신뢰성을 떨어뜨린다. 또한 부패는 뇌물의 공여 대상을 탐색하는 탐색비용이나 뇌물 공여에 따른 협상비용 등을 증가시킨다. 이로 인해 부패한 국가에서는 관료주의와 집단주의가 성행하게 되며, 이는 시장경제와 민주주의의 적합성과는 차이가 있다. 구체적으로 Shleifer and Vishny(1993)에 의하면, 부패는 그 성격상 비밀유지가 중요하기 때문에 부패가 만연한 국가나 사회에서는 은폐비용이 낮은 집단주의가 성행할 수 있다고 지적하였다. 이와 같은 집단주의는 관료주의를 유발할 뿐만 아니라 이들 양자 간의 확대 재생산되는 경향으로 인해 효율성과 경제성장을 저해하는 효과를 나타낸다.

셋째, 부패는 공공수입을 감소시키고 공공지출을 증가시킨다. 부패의 존재로 인해 조세징수에 대한 정부 권위의 잠재적 오용이 생겨날 경우 공공수입은 줄어들게 된다(Hindrinks et al., 1999; Hwang, 2002). 또한 부패는 그 부패를 숨기기 위해 또 다른 부패를 야기할 수 있기 때문에 공공지출을 지속적으로 증가시킬 수 있다(Tanzi and Davoodi, 2002). 이로 인해 재정적자는 심화되고 건실한 정부지출을 유지하기가 어렵게 된다. 최근 황진영 외 2인(2008)은 부패의 통제가 전반적인 정부지출의 효율성에 양(+)의 영향을 미치는 것으로 관측하였다. 따라서 부패는 공공투자의 효율성을 저하시켜 경제성장에 부정적 영향을 미친다.

넷째, 부패는 정부지출을 왜곡시켜 인적자본의 축적에 부정적 영향을 미친다. 즉 뇌물이 부패한 정부 관료에게 주어질 때 부패한 관료는 뇌물을 공여한 사람에게 유리한 쪽으로 정책결정을 꾀하기 때문에 정부정책의 왜곡이 생겨나게 된다. 다시 말해 부패한 정부 관료는 부패한 행위를 숨김으로써 자신이 부패한 정부 관료로 판명되는 일을 방지하려 노력한다. Mauro(1998)는 부도덕한 정부 관료 혹은 정치인에 의한 약탈적 행위가 존재할 때 공교육 · 환경 등과 같이 수혜자가 다수인 부문에 대한 정부지출이 감소하는 형태의 왜곡이 생겨난다고 제시하였다. 왜냐하면 수혜자가 소수이거나 고도로 전문화된 정책결정 과정에서 더 많은 뇌물수수 및 비밀유지가 용이하기 때문이다. 다시 말해 부패한 국가에서는 뇌물수수가 용이한 분야에 대한 정부지출을 확대시키는 경향이 있다. 따라서 부패한 국가일수록 교육에 대한 정부지출이 상대적으로 낮은 수준이므로 교육투자를 통한 인적자본의 축적을 어렵게 만든다.

다섯째, 부패는 노동력 분포를 왜곡시킬 수 있다. 예를 들어 Murphy et al.(1991)에 의하면, 부패한 사회에서는 능력 있고 유능한 사람들이 생산적인 일보다 지대추구가 가능한 직업을 선택해 그들은 부의 분배만을 행할 뿐 경제성장에 크게 기여하지 못한다고 지적하였다. 극단적으로 생산적인 기업가보다 지대추구가 가능한 정부 관료가 훨씬 많은 금전적 혜택을 받게 된다면, 사람들은 생산적인 기업가가 되려 하지 않고 부패한 정부 관료가 되려고 노력한다. 이와 같은 결과는 직업선택을 통한 유능한 사람의 사회적 배분에 대한 개인의 유인이 사회적 유인과 다를 수 있음을 의미한다.

여섯째, 가난한 사람들은 부패로 인해 잠재적 소득창출의 가능성이 줄어들 수 있다. 왜냐하면 부패가 만연해 있다는 사실은 부유한 사람들로 구성된 잘 조직화된 집단이 나머지 가난한 사람들의 희생으로 정부의 행위로부터 이익을 얻을 수 있음을 의미하기 때문이다. 즉 부패는 소득불평등을 심화시키는 원인이 된다. 소득불평등과 경제성장 간의 관계에 대한 오랜 논의는 명확한 해답을 제시하지 못하고 있지만,[12] 1990년대 이후 정치경제학 관점의 경제학자들은 소득불평등이 향후 지속적인 경제성장에

그림 4-1 부패와 투자 간의 관계에 대한 요약

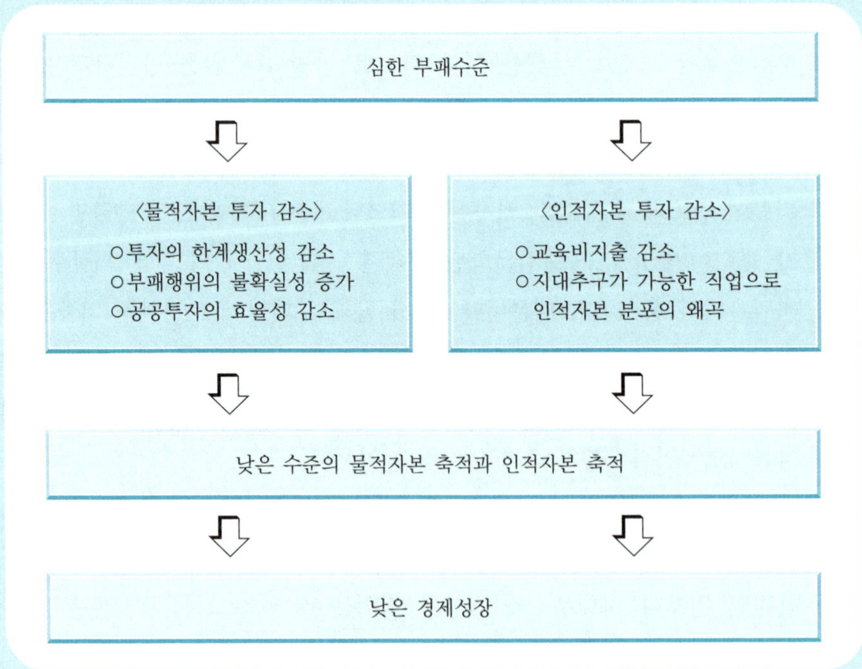

12) 소득불평등과 경제성장 간의 관계는 다음 장에서 구체적으로 검토된다.

걸림돌이 된다고 제시하였다. 왜냐하면 소득불평등이 심화될수록 다수의 가난한 사람들이 선거나 정치적 압력 등의 정치적 과정을 통해 더 많은 소득재분배 정책을 선호하게 되고, 이는 새로운 투자를 억제시켜 미래의 성장 잠재력을 감소시키기 때문이다.[13)]

이상에서와 같이 최근에는 부패가 자본의 한계생산성 감소, 노동력 분포의 왜곡, 관료주의와 집단주의의 성행, 공공지출의 효율성 저하, 소득불평등의 심화 등을 유도하기 때문에 경제성과에 절대적으로 악영향을 미친다는 의견으로 집약되고 있다. 그러므로 많은 국가에서의 민주주의와 시장경제에 대한 비판은 부패의 존재에 기인한다고 볼 수 있다. 지금까지의 논의를 바탕으로 부패가 물적자본과 인적자본의 투자에 미치는 영향을 요약해 나타내면 〈그림 4-1〉과 같다.

3.4 중소기업과 창업에 대한 부패의 영향

최근 들어 중소기업의 역할과 기업가들의 활발한 창업이 자본축적과 더불어 경제성장에 미치는 영향이 증가하고 있는 추세이다. 새로운 아이디어를 가진 수많은 중소기업들(예를 들어 마이크로소프트, 시스코, 오라클 등)에 의한 투자의 증가는 고용의 확대와 경제성장에 중요한 역할을 담당한다. 따라서 많은 국가에서는 중소기업을 육성·발전시키고 있을 뿐만 아니라 기업가의 창업활동을 적극적으로 권장하고 있다. 그런데 부패는 중소기업과 창업에 악영향을 미쳐 자본축적에 음(−)의 영향을 미치는 것으로 알려져 있다.

기업들이 관여하는 부패의 유형으로는 크게 비용감소형(cost-oriented) 부패와 이익추구형(benefit-oriented) 부패로 나누어진다. 기존기업은 부패의 유형에 관계없이 뇌물공여 등의 방법을 이용해 (잠재적인) 진입기업에 비해 불리하지 않은 환경을 조성하려 노력한다. 특히 비용감소형 부패는 기업들에게 높은 판매세를 부과하는 것과 동일한 효과를 발생시킴으로써

13) 이상의 주장은 Alesina and Rodrik(1994), Persson and Tabellini(1994) 등에 나타나 있다.

신생기업들에게는 시장에 대한 진입장벽의 역할을 한다.[14)]

구체적으로 새로운 기업이 시장에 진입하기 위해서는 금전적 비용을 수반하는 법률적 혹은 비법률적 허가와 인가를 필요로 한다. 만약 관료가 신생기업들에게 많은 요구 조건을 부가하고 이상의 요구 조건을 수행하기 위해 신생기업들이 많은 시간과 자원을 사용해야 한다면, 이와 관련된 비용은 고스란히 신생기업들이 부담하게 된다. 왜냐하면 신생기업들은 기존 기업에 비해 이상의 비용을 소비자에게 이전하는 데 어려움이 있기 때문이다. 즉 부패가 심한 국가일수록 신생기업들에 대한 비법률적 허가나 인가의 정도가 심하기 때문에 신생기업들이 시장에 진입하는 비용은 증가하게 된다. 이와 같은 진입비용의 상승은 신생기업의 출현, 즉 창업을 어렵게 만든다. 그러므로 부패가 심한 국가에서는 새로운 창업의 기회가 차단될 가능성이 증폭되며 공정한 게임을 할 수 있는 기반이 약화된다.

또한 대기업은 중소기업에 비해 이상의 두 가지 부패의 유형에 대해 다음과 같은 몇 가지 이유로 말미암아 자신들을 보호할 수 있는 능력을 가지고 있다. 첫째, 대기업들은 공격적인 관료 정치에 대응할 수 있는 전문화된 조직을 갖추고 있다. 즉 대기업들은 중소기업과는 달리 로비에 대응하는 부서, 애매한 법령과 규제를 다룰 수 있는 인력, 부패한 공무원에 대한 면역성 등으로 부패로부터 자신들을 쉽게 보호할 수 있다.

둘째, 대기업들은 그들과 관련된 정책을 결정하고 집행하는 관료들에게 정치적 영향력을 행사하거나 다른 사람들에게는 가용하지 않도록 유도하는 지대추구행위가 가능하다. 예를 들어 대기업들은 경쟁의 감소, 조세의 유인, 신용의 확대 등의 이익을 담보로 정치인들에게 정치적 기부의 형태로 뇌물이나 선거자금 등을 제공함으로써 시장지배력을 확보하려 노력한다. 이로 인해 대기업은 중소기업에 비해 훨씬 큰 시장지배력을 갖게 된다.

셋째, 최근 들어 많은 국가에서는 경제성장의 장애물로 인식되어 왔던 무역장벽의 완화나 외국인 투자의 자유화를 시행하고 있다. 이와 같은

---

14) 이하의 내용은 Tanzi(2002)의 일부분을 발췌하였다.

개혁은 중앙정부의 차원에서 이루어지고 있으며, 다른 국가와의 무역과 투자의 활성화는 중소기업에 비해 주로 대기업에서 이루어지기 때문에 이상의 개혁은 대기업에게 유리하게 작용한다. 그러나 지방정부, 조합, 전문가 그룹 등에 바탕을 둔 규제와 통제는[15] 여전히 많은 국가에서 나타나고 있으며, 이는 대기업에 비해 중소기업에 상대적으로 큰 영향을 미치게 되므로 중소기업의 활동에 큰 제약이 되고 있다.

이상에서와 같이 대기업은 중소기업에 비해 부패에 대한 적응력이나 대처하는 능력이 높다고 판단할 수 있다. 생계형 부패로 인한 관료의 착복에서도 기업의 크기와 그러한 강요에 대한 면역 간에는 양(+)의 관계가 성립한다. 그러므로 한 국가의 부패는 중소기업과 새로운 창업을 방해함으로써 안정적인 경제성장의 제약으로 작용한다. 왜냐하면 많은 국가에서는 성장의 엔진을 중소기업에서 찾고 있기 때문이다. 또한 많은 문헌에서는 슘페터(Joseph A. Schumpeter, 1883~1950)의 혁신과정(innovation process)을 통한 창업활동이 자본축적과 더 나아가 경제성장을 촉진할 수 있다고 제시하였다.[16]

4. 부패의 원인

부패의 부정적 영향으로 말미암아 부패에 대한 치유는 중요한 연구과제이며, 부패의 치유는 그 원인을 정확히 파악할 때 가능해진다. 본 절에서는 부패의 일반적 원인과 부패인식지수의 결정요인을 분석한 연구결과를 간단히 소개한다.

---

15) 이미 살펴보았듯이 규제와 통제가 많을수록 부패의 유인은 증가한다.

16) 많은 선행연구에서는 슘페터의 혁신과정으로 인한 기업가정신(entrepreneurship)이 경제성장에 긍정적 영향을 미친다고 제시하였다(예를 들어 Aghion and Howitt, 1992).

4.1 일반적 원인

반드시 그렇지는 않지만, 부유한 국가의 투명성이 가난한 국가의 경우에 비해 상대적으로 높은 수준이다(〈표 4-1〉 참고). 또한 GDP 대비 세금 및 공공지출 비율이 상대적으로 높은 덴마크 · 핀란드 등의 복지국가에서의 투명성이 상당히 높은 수준으로 나타난다. 우리는 이상의 관측을 통해 한 국가에서의 부패수준은 그 국가의 기능을 수행하기 위한 규모보다는 수행하는 방법에 의해 영향을 받는다는 사실을 알 수 있다.

예를 들어 국가의 역할을 수행하기 위해 필요한 수많은 규제와 인 · 허가는 공직자에게 일종의 독점적 권력을 부여하게 되고, 경쟁이나 투명성이 결여될 때 독점적 권력은 뇌물수수의 원인이 된다. 또한 부패행위에 대한 유인이 강하게 나타나는 경우의 예로는 (i) 법이나 규정에 명료성이 결여되어 공직자가 자의적으로 해석이 가능할 때, (ii) 행정절차의 투명성이 낮을 때, (iii) 내부 모니터링이 부족할 때, (iv) 공직자에게 낮은 급여가 제공될 때, (v) 부패행위에 대한 처벌이 미약할 때 등을 들 수 있다. 그러므로 부패의 기회는 경제지대가 형성되는 과정에서 생겨난다. 경제지대를 형성하는 구체적인 사례로는 무역통제 · 보조금 · 가격통제 등을 들 수 있다.[17)]

실증적 자료를 이용해 이상과 같은 부패의 일반적 원인을 검증한 연구는 거의 이루어지지 않았다. 이는 공무원의 자질이나 지도자의 청렴도 등과 같은 사항을 적절한 통계자료로 나타내는 데 상당한 한계가 존재한다는 사실에 근거한다. 예외적으로 van Rijckeghem and Weder(2001)는 31개 개발도상국 혹은 소득수준이 낮은 OECD 국가의 통계자료를 이용해 실증분석을 시도하였는데, 공무원의 급여수준이 낮은 국가의 공무원이 급여수준이 높은 국가의 공무원에 비해 상대적으로 더 부패에 많이 관련될 수 있음을 관측하였다.[18)]

---

17) 이상의 구체적인 사례에서 경제지대가 어떻게 형성되는지 궁금한 독자는 Mueller(2003), *Public Choice III*를 참고할 수 있다.

한편 Tanzi(2002)는 경제적 · 정치적 · 역사적 관점에서 (i) 관료적 정치 조직의 질, (ii) 공공부문에 대한 급여 수준, (iii) 부패행위의 처벌체계, (iv) 제도화된 통제, (v) 통치의 투명성, (vi) 법과 소송절차, (vii) 지도자의 지도력 등이 부패를 결정하는 간접적 요인으로 작용할 수 있다고 지적하였다. 따라서 우리는 양질의 거버넌스가 투명성의 상당 부분과 관련된다는 사실을 알 수 있다.

4.2 부패인식지수의 결정요인

부유한 국가에 비해 가난한 국가에서의 부패인식지수가 보편적으로 낮게(즉 더 부패하게) 나타나는 이유는 무엇일까? 그 가능한 하나의 이유는 한 국가의 소득수준이 경제적 · 정치적 발전과 밀접하게 관련되기 때문이다. 따라서 우리는 부패인식지수가 경제적 · 정치적 · 사회적 요인에 의해 크게 영향을 받는다고 생각할 수 있다. 이상의 내용을 파악하기 위해 일련의 선행연구에서는 다양한 형태의 실증분석을 사용한 부패인식지수의 결정요인을 분석하였다. 즉 일련의 실증적 선행연구에서는 식(4-3)과 같이 부패인식지수를 종속변수로 설정하고 부패인식지수에 영향을 미칠 수 있는 다양한 변수들을 독립변수(설명변수)로 통제하였으며, 그 실증분석 결과를 토대로 부패인식지수에 영향을 미치는 요인들을 찾는 방식을 채택하였다. 이때 부패인식지수와 독립변수들 간에는 선형관계가 성립한다고 가정한다.

$$\text{부패인식지수} = f(\text{경제적 요인, 정치적 요인, 사회적 요인}) \quad (4\text{-}3)$$

18) 미시경제 혹은 기업의 관점에서 부패에 대해 접근한 선행연구로는 Clarke and Xu(2002), Fisman and Svensson(2007) 등을 들 수 있다. 구체적으로 Clarke and Xu(2002)는 21개 전환기 경제의 자료를 이용해 기업의 관점에서 부패의 공급자와 수요자에 대해 분석하였으며, 다양한 뇌물의 결정요인들을 추정하였다. 또한 Fisman and Svensson(2007)은 뇌물이 조세에 비해 기업의 성장에 3배나 큰 음(−)의 영향을 미치는 것으로 파악하였다.

부패인식지수의 결정요인을 분석한 대표적인 선행연구로는 Treisman(2000)을 들 수 있다. Treisman(2000)은 부패인식지수가 경제적 · 정치적 · 사회적 요인에 의해 영향을 받는 내생적 변수로 인식하고, 다양한 경제적 · 정치적 · 사회적 변수들이 1980년대와 1990년대 작성된 부패인식지수에 어떤 영향을 미치는지에 대한 광범위한 실증분석 결과를 제시하였다.

구체적으로 Treisman(2000)은 경제적 요인으로서 한 국가의 소득수준은 부패인식지수와 밀접한 양(+)의 관계를 나타내며, 수입의존도가 높은 국가가 그렇지 않은 국가에 비해 덜 부패할 수 있다고 관측하였다. 한 국가의 수입의존도가 부패의 결정요인이 될 수 있다는 사실은 Ades and Di Tella(1999)의 결과와 일치한다. 즉 Ades and Di Tella(1999)는 부패한 관료와 보호무역을 통해 이익을 향유할 수 있는 사람 혹은 집단 간의 부패에 대한 유인이 무역개방도가 증가함에 따라 완화될 수 있다고 주장하였다. 또한 Jung and Hwang(2003)은 한 국가의 부패인식지수가 정부의 크기, 인적자본의 축적, 정치적 발전, 무역개방도, 소득분포 등의 거시경제변수와 밀접하게 관련될 수 있다고 주장하였다.

Treisman(2000)의 추정결과에서 정치적 · 사회적 요인으로는 프로테스탄트(protestant) 인구비율(즉 "전체인구 대비 프로테스탄트 신앙을 가진 인구비율")이 높은 국가나 영연방국가(즉 예전에 영국 식민지였거나 혹은 영연방국가에 대한 더미변수[19])에서 대체로 투명성이 높은 것으로 나타났다. Treisman(2000)은 종교적 신앙을 가진 인구비율이 높은 국가 혹은 과거 영국의 식민지였거나 현재 영연방국가들이 효율적인 제도를 발전시키기에 용이한 국가형태를 유지하였기 때문에 이상의 결과가 나타났다고 추측하였다. 또한 Treisman(2000)은 연방정부의 국가가 상대적으로 더 부패하며, 민주주의가 발전한(혹은 민주주의의 역사가 오래된) 국가일수록 투명성이 높을 수 있다고 제시하였다.

---

19) 더미(dummy)변수(또는 가변수)는 통계학이나 계량경제학에서 자주 사용되는 가공의 변수이다. 예를 들어 '영연방국가 더미변수'는 예전에 영국 식민지였거나 혹은 영연방국가는 1로, 나머지 국가는 0으로 정의한 변수이다

읽을거리

부패와 금융위기

1997년 7월 이후 몇몇 동아시아 국가들은 '금융위기'(financial crisis)로 인해 심각한 경기침체를 경험하면서, 이들 국가들이 겪은 경제적 대위기의 원인에 대한 연구가 활발히 진행되었다. 일부의 선행연구에서는 경제위기의 커다란 원인으로서 경제발전과 함께 나타난 부패를 청산하지 못한 사실을 제기하였다.

예를 들어 Hwang et al.(2007)에 의하면, 금융대출 과정에서 부패행위가 존재할 경우에는 능력이 없거나 생산성이 낮은 기업에 대해서도 대출이 가능한, 이른바 '과잉대출'(over-lending)의 조건을 제시하였다. 또한 Hwang et al.(2007)은 정부의 과도한 보호 아래 금융권으로부터 대출을 받는 이른바 '관치금융'이 존재할 경우에는 은행(혹은 금융기관)이 자신들의 수익을 극대화하기 위해 능력이 없거나 생산성이 낮은 기업(이후 '부실기업'으로 표현함)에 대한 대출이 가능할 수 있음을 보였다. 다시 말해 Hwang et al.(2007)은 은행이 이윤극대화의 목표만을 추구한다면 부실대출은 불가피하다고 주장하였다.

이와 같은 부실기업은 경제외적인 환경이 좋아 자본의 한계생산성이 충분히 크게 나타날 때에는 큰 문제를 야기하지 않지만(즉 1970~1980년대 우리나라 기업의 자본의 한계생산성이 높았기 때문에 그 당시는 부실대출이 큰 문제를 야기하지 않았음), 1997년 금융위기 발생 때와 같이 경제외적인 환경이 악화될 때에는 부실대출을 받은 많은 기업은 원금도 상환하지 못하게 된다. 즉 Hwang et al.(2007)이 사용한 모형은 도덕적 해이에 기초하고 있다. 특히 우리나라와 같이 대기업이 수많은 중소기업과 연계된 시스템을 갖고 있으며 부실기업이 대기업이라면 연쇄적인 중소기업의 부도로 이어지게 된다. 결국 금융대출 과정에서의 부패행위가 금융부문뿐 아니라 실물경제까지 붕괴시키는 경제적 대위기의 근저가 되었다.

금융위기 이전에 우리나라의 관치금융이 얼마나 심각하였는지는 몇 가지 자료를 통해 쉽게 확인할 수 있다. 1996년 말 우리나라 30대 재벌의 금융상태(financial condition)를 살펴보면, 이 중 14개 재벌의 (부채/자산) 비율이 500%를 초과하였다. 심지어 4개의 재벌은 (부채/자산) 비율이 1,000%를 훨씬 넘는 수준이었다. 더욱 놀라운 사실은 많은 부채를 안고 있는 재벌의 순이익이 영(0)에 가깝고 심지어 30대 재벌 중에서 13개 재벌은 음(-)의 순이익을 기록하였다는 점이다. 이로 인해 Hwang et al.(2007)에서 밝힌 바와 같이 1999년 말 기준으로 12개 재벌이 이미 파산되었거나 지불불능 상태에 놓이게 되었다(여기서 언급하는 자료는 Hwang et al.(2007)을 참고하였음).

이상과 같이 순이익이 거의 없거나 심지어 음의 순이익을 기록하였음에도 불구하고 높은 (부채/자산) 비율이 나타난 이유는 금융대출을 통해 방만한 기업 경영이 가능하였기 때문이다. 결국 재벌은 결코 망하지 않는다는 '대마불사' (too big to fail)의 (금융권과 일반인들이 갖고 있는) 관념과 금융권에 대한 정부의 암묵적인 보호 및 금융기관이 기업에 행한 모니터링의 부족 등은 많은 재벌기업들로 하여금 과도한 위험을 감수하는 방만한 경영을 가능하게 만들었다.

그러므로 우리는 금융대출 과정에서의 부패행위가 청산되지 않는다면, 경제외적인 환경변화에 따라 언제든지 제2의 혹은 제3의 금융위기가 발생할 수 있음을 인식해야 한다.

5. 부패의 치유

지금까지 부패는 한 국가 내에서 자원의 재분배만을 유도할 뿐 경제성장에는 악영향을 미친다는 사실을 살펴보았다. 또한 부패는 사회적 · 정치적으로 귀속감과 안정감을 결여시켜 구성원 간의 위화감과 위기감을 조성시킨다. 이와 같은 문제점으로 인해 많은 국가에서는 부패의 치유를 위해 노력하고 있다.

5.1 부패 척결의 어려움 및 역사적 현상

부패는 다른 경제인보다 더 유리한 경제적 이익을 얻으려는 이기심

(self-interest)에서 출발하기 때문에 그 자체에서 해결점을 찾기란 상당히 어렵다. 그러나 역사적 경험을 살펴보면, 부패를 유인하는 요소는 개발도상국이나 전환기 국가에서 일반적으로 크게 나타났으며 경제발전과 함께 줄어드는 경향이 있다. 이는 경제발전과 더불어 경제인들이 더욱 도덕적으로 변하였다기보다는 부패를 없애기 위한 제도나 강제력이 형성되기 때문에 나타난 현상이다.

그럼에도 불구하고 부패는 여전히 많은 국가에서 존재하며 부패의 정도가 심한 국가들에서는 부패의 지속성(persistence)이 나타나고 있다. 즉 많은 국가에서는 다음과 같은 이유로 말미암아 부패척결에 실패하였다고 볼 수 있다. 첫째, 국민 대다수는 부패의 제거가 모두에게 이익을 증진시킨다는 사실을 알고 있음에도 불구하고 부패 시스템에 익숙해져 있어 당장의 손해 때문에 부패의 척결이나 변화에 대한 유인을 갖지 못하고 있다. 이로 인해 부패척결을 위한 노력이 단발적으로 나타나고 지속되지 않는 경향이 있다.

둘째, 부패의 요인은 쉽게 드러나지 않을 뿐만 아니라 한 가지 요인으로 설명할 수 없는 복합적인 현상이다. 따라서 한 가지 부패를 치유하기 위해 다른 부패를 창출할 수 있기 때문에 부패의 치유에 어려움이 있다. 즉 개별적인 부패행위를 치유하기 위한 처방으로는 전체적인 부패를 줄이는 데 한계가 존재한다.

셋째, 이상의 지적 사항 이외에도 정치적 사례는 다음과 같은 실패의 요인을 제시한다. 구체적으로 정치적 사례로는 (i) 부패한 관료의 반발, (ii) 권력 상층의 공약 부족, (iii) 과도한 약속, (iv) 단편적이고 조성되지 않는 개혁, (v) 법이나 강제력에 지나치게 의존하는 개혁, (vi) 상층부에 온건하고 약자에 강한 개혁, (vii) 제도적 메커니즘 구축의 실패 등을 들 수 있다.

이상의 이유들로 말미암아 많은 국가에서는 부패의 개선 속도가 상당히 느리거나 부패의 정도가 정체 혹은 악화되고 있는 실정이다. 황진영 · 정군오(2007)는 국제투명성기구에서 제공한 1998~2005년의 부패인식지수를 이용해 부패인식지수의 개선 속도가 상당히 느리게 진행되고 있으며, 심지어 많은 국가에서는 부패인식지수가 정체 혹은 악화되고 있는 실정이라고 지적하였다. 즉 많은 국가에서는 성공적으로 부패를 치유하지 못하고 있는 실정이다. Shah(2006)는 부패의 개선이 미미한 이유로서 많은 반부패정책이 치유하고자 하는 부패의 목표에 맞는 다양한 부패정책을 펼치지 못하고 있다고 지적하였다. 이는 모든 국가가 각국의 특성에 기초해 적합한 반부패정책을 수행할 필요가 있음을 의미한다.

5.2 부패와의 전쟁을 위한 전략

만연한 부패의 척결을 위해 무엇보다 중요한 사항은 부패가 존재한다는 사실의 인정과 부패척결을 위한 전 국민 및 지도자의 확고한 의지이다. 이상의 전제조건하에서 우리는 부패척결을 위해 다음의 구체적 전략을 고려할 수 있다.[20]

첫째, 부패의 정도를 정부의 각 부문별 혹은 경제 · 정치 · 사회 · 환경 등의 여러 부문별로 측정할 필요가 있다. 이상의 노력을 통해 부패 문제를 정치적인 이슈로부터 사회적 이슈로 이동시킬 수 있으며, '증거가 없다'는 등의 불필요한 논쟁에서 벗어날 수 있다. 또한 부패를 부문별로 측정할 경우에는 더 부패한 부문의 사회 구성원이 부패척결을 더 많이 요구할 것이며, 이를 통해 효과적인 부패의 치유가 가능해진다. 이상의 전략이 구체적으로 실현되기 위해서는 부패의 측정이 객관적인 기준에 의해 이루어지고, 측정과정은 물론 모든 결과에 대한 정보가 공공에게 반드시 공개되어야 한다.

둘째, 공공서비스 부문에서 발생하는 부패는 형사적 처벌만으로는 치유하기 어렵기 때문에 정책결정 과정을 보호할 행정 및 경영시스템의 구축이 요구된다. 예를 들어 부패에 대한 형사적 처벌 이전에 대대적인 각종 규제의 철폐, 정부조달 체제의 개혁 등이 선행되어야 한다. 또한 공

20) 이하에서 제시하는 구체적 전략의 일부 내용은 송하율(1999)을 참고하였다.

공부문에서 부패행위가 발각되었을 때에는 엄격한 처벌이 이루어져야 하며, 내부고발자(whistle-blower)는 철저히 보호되어야 한다.

셋째, 부패척결을 위한 반부패 기관 또는 위원회와 같은 감사기관의 설치가 필요하다. 그러나 이상의 기관을 설치하는 것보다 더 중요한 사항은 각 기관이 부패척결을 위해 모니터링을 제대로 할 수 있는 제도적 장치이다. 또한 부패척결을 위해 정치적 이슈, 즉 (i) 공공참여와 민주적 절차, (ii) 사법부문의 책임성, (iii) 시민단체 · 언론 등을 통한 정부 감시 기능, (iv) 공공의 인식과 시민사회의 활동 유도, (v) 국제적 협력을 통한 정보의 공유 등의 사항이 강화되어야 한다.

한편 Huther and Shah(2000)는 국가별 부패의 정도에 따라 부패척결을 위한 최우선 과제를 설정하였는데, 이를 요약하면 〈표 4-2〉와 같다. 즉 Huther and Shah(2000)는 국가별 부패의 정도를 심각한 부패수준, 보통의 부패수준 및 아주 낮은 부패수준으로 구분하였다. 또한 Huther and Shah(2000)는 심각한 부패수준에서는 법치(rule of law)와 제도의 강화, 보통의 부패수준에서는 분권과 경제개혁, 그리고 아주 낮은 부패수준에서는 명시적인 반부패기관의 활동과 프로그램 운영을 최우선 과제로 제시하였다. 또한 〈표 4-2〉에는 이상의 과제를 달성하기 위해 요구되는 주요 내용들도 함께 언급되어 있다.

표 4-2 부패의 정도에 따른 부패척결의 과제 및 내용

부패의 정도	최우선 과제	주요 내용
심각한 부패수준	법치(rule of law)의 형성, 공유와 책임감에 대한 제도의 강화	정부는 기본적인 직무를 수행, 시장 간섭을 제한
보통의 부패수준	분권과 경제개혁	결과 지향적인 경영 및 평가, 공공서비스의 경쟁체계를 위한 유인책 도입
아주 낮은 부패수준	명시적인 반부패기관의 활동과 프로그램 운영	공공과 정부의 인식강화, 뇌물반대 서약 등의 노력

출처: Huther and Shah(2002)를 바탕으로 구성함.

생각해 볼 문제

01 공무원 사회에서 발생하는 내부 모니터링의 부족이 어떻게 부패의 원인이 될 수 있는지 제시하라. 이때 역선택, 도덕적 해이 혹은 주인-대리인 문제 등의 경제이론을 가능한 이용하면서 설명하라.

02 본문에서 제시한 일반적 관점 이외에도 부패가 실물부문이나 정책결정에 영향을 미치는 다양한 방법 혹은 전달경로를 생각해 보자. 또한 국가 간의 통계자료를 살펴보면, 가난한 개발도상국이 부유한 산업화된 국가에 비해 대체로 부패가 심한 것으로 나타난다. 즉 한 국가의 1인당 소득수준과 부패인식지수(수치가 높을수록 투명한 국가) 간의 상관계수는 약 0.7 정도로 알려져 있다. 그렇다면 한 국가의 부패는 가난 때문에 발생한다고 생각할 수 있는가? 주의 깊게 설명하라.

03 부패인식지수란? 부패인식지수가 정확한 부패를 측정하는 데에는 한계가 있는데, 그 가능한 이유를 설명하라. 또한 실질적인 부패행위의 대리변수로서 부패인식지수를 사용할 때에는 어떤 문제점들이 생겨날 수 있다고 생각하는가?

04 우리가 부패를 정의하기 어려운 이유는 무엇일까? 또한 부패의 기원이 인류의 역사와 같다고 생각할 수 있지만, 1990년대 이후 국제사회에서 부패에 대한 관심이 고조된 이유를 설명하라. 마지막으로 부패의 치유가 어렵다는 사실을 제2장에서 살펴본 '용의자의 딜레마' 원리를 이용해 제시하라.

05 제 3 장에서 제시한 솔로우 경제성장 모형의 기본방정식, 즉 $\dot{k}=sf(k)-(n+\delta)k$를 이용해 부패가 경제성장에 부정적 영향을 미칠 수 있음을 수식의 사용 없이 직관적으로 설명하라.

05 CHAPTER

소득 및 자산 불평등

한 국가나 사회의 소득 및 자산 불평등은 이해집단을 형성하며 정책결정에 영향을 미치는 원인이 된다. 만약 정책의 수혜자가 부유한 사람 혹은 가난한 사람들에게 국한된다면, 소득 및 자산 불평등으로 인해 형성된 이해집단(즉 정치적 조직)의 활동은 최적정책을 결정할 때 고려해야 하는 정치적 제약이기 때문에 소득 및 자산 불평등은 경제성과에도 영향을 미치게 된다. 본 장에서는 한 국가나 사회의 소득 및 자산 불평등의 측정방법과 주요 국가의 현황을 살펴본다. 또한 본 장에서는 소득 및 자산 불평등과 경제성장 간의 직접적 관련성과 전달경로를 통한 간접적 관련성에 대한 이론적 · 실증적 연구결과를 소개하고, 소득불평등의 원인에 대해서도 간단히 제시한다.

1. 불평등의 측정방법 및 주요 국가의 현황

소득 및 자산 불평등 상태를 구체적으로 평가하고, 국가 간 · 지역 간 비교를 위해 다양한 불평등의 측정방법이 개발되어 사용되고 있다. 그러나 바람직한 속성을 모두 갖춘 불평등의 측정방법은 아직까지 발견되지 않았다. 본 절에서는 몇 가지 불평등의 측정방법과 주요 국가의 불평등 현황을 소개한다.

1.1 불평등의 측정방법

한 국가나 사회의 소득 및 자산 불평등을 측정하는 방법으로는 10분위 분배율, 로렌츠 곡선, 지니계수, 앳킨슨 지수 등이 가장 폭넓게 활용되고 있으며, 이하에서는 그 주요 내용을 간단히 설명한다.

10분위 분배율

'10분위 분배율'(deciles distribution ratio)은 '계층별 소득분배'(size distribution of income)를 측정하는 가장 기초적인 방법이다. 즉 10분위 분배율은 식(5-1)과 같이 "소득계층을 10%씩 10등분한 후, 최상위 20% 소득계층의 소득 대비 최하위 40% 소득계층의 소득 비율"로 계산한다.

$$\text{10분위 분배율} = \frac{\text{최하위 40\% 소득계층의 소득}}{\text{최상위 20\% 소득계층의 소득}} \tag{5-1}$$

식(5-1)에서 알 수 있듯이 10분위 분배율은 0과 2 사이의 값으로 나타난다. 즉 완전평등(완전불평등) 국가나 사회에서의 10분위 분배율은 2(0)가 된다. 다시 말해 최하위 40% 소득계층의 소득이 분자에 위치하기 때문에 10분위 분배율의 값이 클수록 소득분배가 평등하게 나아간다. 이상

〉〉〉 **기능별 소득분배와 계층별 소득분배** — 보충내용

한 국가나 사회의 소득분배(혹은 소득불평등의 정도)를 측정하는 기준은 크게 기능별 소득분배와 계층별 소득분배로 나누어진다. '기능별 소득분배'(functional distribution of income)는 "국민소득이 자본에 대한 이자, 노동에 대한 임금, 토지에 대한 지대, 기업가의 경영능력에 대한 이윤 등으로 나누어지는 몫이 얼마인지 보여주는 소득분배"이다. 따라서 기능별 소득분배는 생산요소 시장에서의 '가격결정 이론'으로 불리기도 한다.

'계층별 소득분배'(size distribution of income)는 "소득의 원천이나 형태를 따지지 않고 소득의 크기만을 중시하는 소득분배"이다. 이와 같은 계층별 소득분배는 통상적으로 사람들의 기본생활 단위가 되는 가계단위로 파악한다. 본 장에서 소개하는 불평등의 측정방법은 계층별 소득분배의 접근방법이다.

의 방법은 불평등을 간편하게 측정하고 하위계층과 상위계층의 소득분배 상태를 직접 비교할 수 있다는 장점이 있다. 그러나 10분위 분배율은 사회 구성원 전체의 소득분배 상태를 나타내지 못한다는 한계점을 지닌다. 통상적인 기준은 없지만, 10분위 분배율이 0.45 이상은 고평등분배, 0.45~0.35은 저평등분배, 그리고 0.35 이하는 불평등분배로 분류한다.

로렌츠 곡선

'로렌츠 곡선'(Lorenz curve)은 "계층별 소득분배 자료에서 인구누적비율과 소득누적비율 간의 대응관계를 표시한 곡선"이다. 만약 한 경제의 인구누적비율과 소득누적비율이 〈그림 5-1〉에서와 같이 *OO′*을 잇는 대각선 형태로 나타난다면, 그 경제는 인구누적비율과 소득누적비율이 동일한 완전평등한 소득분배 상태이다. 이상과는 반대로 경제의 전 소득을 오로지 1명이 차지할 경우에는 로렌츠 곡선이 *OTO′*의 형태가 되며, 이는 완전불평등한 소득분배 상태를 의미한다. 그러므로 로렌츠 곡선은 아래로 늘어지게 그려질수록 소득불평등이 심하다는 사실을 나타낸다.

그림 5-1 로렌츠 곡선

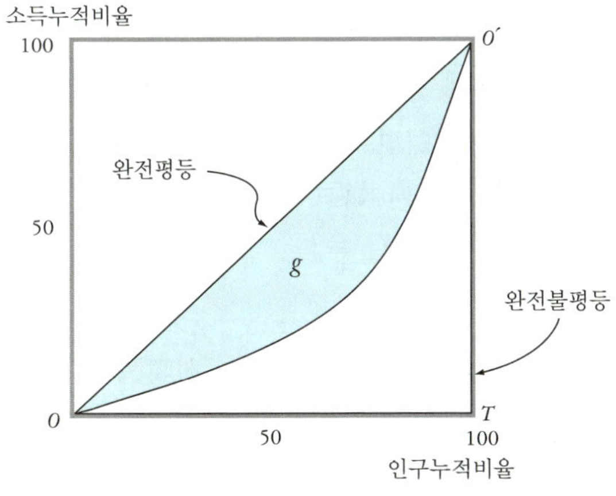

로렌츠 곡선은 불평등 정도를 한눈에 알아볼 수 있다는 장점이 있다. 그러나 많은 국가 간 · 지역 간 비교를 수행할 때에는 많은 곡선들이 서로 교차하게 되므로 비교하기 힘들다는 단점도 있다(예를 들어 한 그래프 위에 몇십 개의 곡선을 그린다고 생각해 보라!). 또한 로렌츠 곡선은 어떤 국가나 사회가 다른 국가나 사회에 비해 상대적으로 평등한지 혹은 불평등한지만을 제시할 뿐 어느 정도 더 평등한지 말할 수 없다는 단점을 지닌다.

지니계수

'지니계수' (Gini coefficient)는[1] 로렌츠 곡선의 단점을 보완하기 위해 "로렌츠 곡선이 나타내는 바를 하나의 구체적인 숫자로 표시한 값"이다. 지니계수는 〈그림 5-1〉을 이용해 식(5-2)와 같이 구할 수 있다.

$$\text{지니계수} = \frac{\text{불평등 면적}(g)}{\Delta OTO' \text{의 면적}} \qquad (5-2)$$

그러므로 지니계수는 0과 1 사이의 숫자로 표시되며, 불평등이 심할수록 1에 가까워진다. 비록 지니계수가 로렌츠 곡선의 단점을 보완하였지만, 전 소득계층의 소득분배 상태를 하나의 숫자로 표시하기 때문에 특정 소득계층 간의 소득분배 상태를 반영하지 못한다는 단점이 있다. 하지만 지니계수는 다른 측정방법에 비해 국가 간 · 지역 간의 비교가 용이하기 때문에 비교적 폭넓게 사용되고 있다. 일반적 기준은 없지만, 대체로 소득지니계수가 0.5 이상이면 고불평등 분배, 0.5~0.4이면 중불평등 분배, 0.4 미만이면 저불평등 분배라고 평가한다.

앳킨슨 지수

'앳킨슨 지수' (Atkinson measure)는 "사회후생함수를 명시적으로 고려해 불평등 정도를 측정하는 방법"이다. 앳킨슨 지수는 '균등분배대응소

---

1) 지니계수는 이탈리아의 통계학자 · 사회학자 · 경제학자인 지니(Corrado Gini, 1884~1965)가 고안한 '지니의 법칙' (소득분포에 관한 통계적 법칙)에서 유래된 개념이다.

득'(equally distributed equivalent level of income: Y_e)의 개념에 의존하고 있는데, 균등분배대응소득이란 "현재와 동일한 사회후생을 얻을 수 있는 완전평등한 소득분배 상태에서의 평균소득"을 의미한다. 균등분배대응소득은 현재 불평등이 존재하며 사회후생이 저하되는 상황에서는 현실의 평균소득보다 작게 나타난다. 따라서 균등분배대응소득은 불평등의 정도가 심하면 심할수록 현실의 평균소득과의 격차는 더욱 커지게 된다. 구체적으로 앳킨슨 지수(A)는 식(5-3)을 이용해 계산된다.

$$A = 1 - \frac{Y_e}{\mu_Y} \tag{5-3}$$

만약 소득분배가 완전히 평등하게 이루어지면, 균등분배대응소득(Y_e)과 현실의 평균수득(μ_Y) 간에는 아무런 차이가 없게 되므로 앳킨슨 지수는 0으로 나타난다. 이상과는 반대로 소득분배가 극단적으로 불평등한 경우, 즉 모든 사람에게 균등하게 분배된 거의 0에 가까운 소득이 현재와 동일한 사회후생을 가져다준다면, 균등분배대응소득은 0에 가깝게 되고 앳킨슨 지수는 1이 된다. 그러므로 앳킨슨 지수는 0에서 1 사이의 숫자로 나타나며 불평등 정도가 심할수록 1에 가까워진다.

앳킨슨 지수는 균등분배대응소득을 어떻게 구할 수 있느냐에 의존하는데, 이를 위해서는 사회후생함수가 필요하다. 다시 말해 주어진 상황에서 사회후생함수가 어떻게 형성되느냐에 따라 Y_e가 달라진다. 이상의 점이 앳킨슨 지수가 안고 있는 가장 큰 문제점으로 지적된다.[2)]

1.2 주요 국가의 소득 및 자산 불평등

경제학자들이 현실 경제를 분석하기 위해 사용하는 많은 통계자료

---

2) 앳킨슨 지수의 값은 균등분배대응소득을 어떻게 구할 수 있느냐에 의존한다. 다시 말해 앳킨슨 지수를 계산하기 위해서는 사회후생함수가 필요한데, 이 점에 관한 논의는 생략한다. 이 분야에 관심이 있는 독자는 Atkinson(1970) 혹은 황진영(2008)의 요약을 참고할 수 있다.

중에서 크게 신뢰하지 않는 대표적인 자료가 불평등과 관련된 지수(혹은 지표)이다. 그러나 불평등의 중요성으로 인해 다양한 기관 혹은 연구에서는 소득 및 자산 불평등을 끊임없이 측정하였으며, 현재에도 그 측정을 진행하고 있다. 지금까지 발표된 소득불평등 자료 중에서 경제학자들이 가장 신뢰하는 국가 간의 자료는 아마도 Deininger and Squire(1996)가 제공한 일련의 소득분포 관련 지수들이다. Deininger and Squire(1996)는 1947~1994년의 108개 국가에 대한 소득분포의 시계열 자료를 제공하였는데, 이상의 통계자료가 발간된 이후 소득분포와 관련된 많은 문헌에서는 그들이 제공한 자료를 이용하였다.

Deininger and Squire(1996)가 제공한 지역별(혹은 대륙별) 소득지니계수의 중위수(median)는 〈표 5-1〉과 같다. 〈표 5-1〉에서 1960년대~1990년대의 중위수는 Deininger and Squire(1996)가 제공한 값이며, 2000년대의 값은 저자가 세계은행(2014)이 제공한 자료에 기초해 작성하였다. 우리는 〈표 5-1〉을 통해 남미국가들의 소득불평등이 평균적으로 가장 심하고, 동유럽 국가들이 평균적으로 가장 평등하다는 사실을 알 수 있다. 동유럽 국가들은 1990년대 이전까지는 효율성보다 형평성을 국가경제의 제1의 목표로 삼았던 공산국가이었기 때문에 낮은 수준의 소득불평등을 유지할 수 있었다. 그러나 1980년대 후반 이후 자유화와 개방화 물결과 함께 동

표 5-1 지역별 소득지니계수의 중위수

지 역	1960년대	1970년대	1980년대	1990년대	2000년대
동 유 럽	0.2276	0.2177	0.2493	0.2860	0.3120
남부아시아	0.3167	0.3232	0.3222	0.3159	0.3280
OECD 및 고소득	0.3286	0.3304	0.3220	0.3320	0.3335
동아시아 및 태평양연안	0.3457	0.3440	0.3442	0.3480	0.3700
중동 및 북아프리카	0.4188	0.4663	0.4080	0.3972	0.3685
사하라사막 이남 아프리카	0.4990	0.4850	0.3963	0.4230	0.4345
남 미	0.5300	0.4986	0.5100	0.5000	0.4570

자료: Deininger and Squire(1996), 세계은행(2014).

유럽 국가들에서의 소득불평등은 심화되고 있다. 예를 들어 1970년대 동유럽 국가들의 소득지니계수 중위수는 0.2177에 불과하였는데, 1990년대에는 0.2860으로 크게 증가하였다.[3)]

한편 중동 및 북아프리카와 사하라사막 이남 아프리카 국가들의 소득지니계수 중위수는 다소 감소하는 추세이다. 예를 들어 사하라사막 이남 아프리카 국가들의 1960년대 소득지니계수의 중위수는 0.4990이었는데, 1990년대 0.4230, 그리고 2000년대 0.4345로 다소 감소하였다. 이와 같은 사실은 이 지역의 많은 국가들이 내란·미개발 등의 이유로 대부분 구성원이 가난한 형태로 분류됨으로써 소득분배의 불평등 정도가 개선된 것으로 추측된다. 그러나 남부아시아, OECD 및 고소득, 동아시아 및 태평양 연안 국가들에서의 소득지니계수 중위수는 시계열적으로 대단히 안정적인 값을 나타낸다.[4)]

주요 국가의 2010년경의 소득지니계수와 1990년경의 토지지니계수는 〈표 5-2〉에 나타나 있다. 〈표 5-2〉에서 2007년 우리나라의 소득지니계수는 0.313으로 2007년 헝가리의 0.312와 유사한 수준이다. 또한 태국(0.400), 칠레(0.508) 및 아르헨티나(0.436) 등은 상대적으로 소득불평등이 심한 국가들이다. 중국은 개혁개방 이후 소득불평등이 상당히 심화되어 2010년 소득지니계수가 0.421에 달한다.[5)] 또한 우리는 복지국가로 잘 알려진 스웨덴(0.250)이 상대적으로 평등한 국가라는 사실을 확인할 수 있다.

세계은행(World Bank), 국제연합의 식량농업기구(Food and Agriculture Organization of the United Nations: FAO) 등은 소득지니계수와 함께 여러 형태의 자산지니계수의 국가별·시계열별 통계자료를 구축하고 있다. 그러나 대부분 자료는 그 신뢰성에 있어 상당한 의심을 받고 있으며, 일반에게 공개되지도 않고 있다. 신뢰성 문제에도 불구하고, 〈표 5-2〉에 나

---

3) 비록 표본은 다소 상이할 수 있지만, 2000년대 동유럽 국가의 소득지니계수 중위수는 0.3120까지 증가해 소득분포의 불평등이 더욱 심화되고 있다.

4) 2000년대 동아시아 및 태평양연안 국가들의 소득지니계수 중위수는 조금 상승하였다.

5) Deininger and Squire(1996)가 제공한 자료에 의하면, 중국의 1984년과 1992년의 소득지니계수는 각각 0.2570과 0.3780이었다.

표 5-2 주요 국가의 소득지니계수와 토지지니계수

국 가	소득지니계수	측정연도	토지지니계수	측정연도
대한민국	0.313	2007	0.3512	1980
미 국	0.411	2010	0.7616	1987
스 웨 덴	0.250	2000	0.5092	1980
아르헨티나	0.436	2011	0.8498	1988
영 국	0.380	2010	0.6214	1990
일 본	0.381	2002	0.3821	1990
중 국	0.421	2010	–	–
칠 레	0.508	2011	0.9391	1965
태 국	0.400	2009	0.4092	1988
헝 가 리	0.312	2007	–	–

자료: 소득지니계수는 세계은행(2014); 토지지니지수는 세계은행(원자료).

타난 주요국의 토지지니계수는 전체적인 흐름을 파악하는 데에 도움이 되리라 여겨진다. 토지는 자산을 구성하는 중요한 항목이며, 〈표 5-2〉의 토지지니계수는 Deininger and Squire(1998)가 "토지의 시장가치"를 기준으로 작성한 값이다.[6)]

〈표 5-2〉에서 알 수 있듯이 토지지니계수의 국가 간 분포의 분산(흩어짐의 정도)은 소득지니계수의 경우에 비해 크게 나타난다. 즉 대부분 국가의 소득지니계수는 0.2~0.6 사이에 분포되지만, 토지지니계수의 분포는 0.3~0.9 사이에서 형성된다. 또한 〈표 5-2〉는 한국 · 일본 · 태국 등의 동아시아 국가들이 서구의 산업화된 미국 · 영국 · 스웨덴 등의 국가들에 비해 상대적으로 평등한 토지분배를 가지고 있음을 보여준다. 한편 남미

6) 1998년 당시 Klaus Deininger와 Lyn Squire는 세계은행에서 연구하였으며, 저자는 그들이 작성한 토지지니계수의 자료를 세계은행 담당자를 통해 획득할 수 있었다. 세계은행의 친절한 자료 제공에 지면을 통해 고마움을 전한다. 한편 FAO의 웹사이트(http://www.fao.org)에서 제공하는 최근의 토지지니계수는 상당히 적은 수의 국가만 가용하였는데, 〈표 5-2〉의 토지지니계수와 큰 차이가 발견되지 않았다. 예를 들어 FAO가 제공하는 1991년 칠레의 토지지니계수는 0.92이며, 이는 〈표 5-2〉의 0.9391(1965년)과 유사하다.

국가들의 토지지니계수는 소득지니계수의 경우와 마찬가지로 상대적으로 높게 나타난다.

따라서 국가 간의 토지지니계수로 나타난 불평등은 소득지니계수의 경우와는 상이한 것으로 파악된다. 이는 토지의 분배문제는 소득수준과 함께 한 국가의 면적이나 경제규모 혹은 전통적 관습 등의 복합적인 요소에 의해 영향을 받기 때문에 일률적으로 설명하기 어렵다는 사실을 시사한다. 토지의 소유 이외에도 채권이나 주식 등과 같은 금융자산도 소득을 창출하기 때문에 자산불평등을 초래하는 대상으로 고려할 수 있지만, 소수의 산업화된 국가들만이 금융자산의 분배와 관련된 통계자료를 제공하기 때문에 다양한 국가의 자료를 확보하는 데 어려움이 있다.

룩셈부르크 소득연구(Luxembourg Income Study: LIS)는 OECD 국가를 대상으로 앳킨슨 지수를 제공하는데, 〈표 5-3〉은 몇몇 국가의 가용한 최근 연도의 앳킨슨 지수를 나타낸다. 〈표 5-3〉에서 네덜란드와 스웨덴의 앳킨슨 지수에 비해 미국, 영국 및 이탈리아의 경우가 높게 나타났는데, 이는 후자의 국가들의 소득불평등이 전자의 국가들의 경우에 비해 상대적으로 심하다는 사실을 의미한다. 또한 ϵ의 값이 0.5에서 1.0으로 증가함에 따라 자연적으로 앳킨슨 지수는 상승하였다(즉 소득불평등이 심화됨).[7)]

표 5-3 주요 국가의 앳킨슨 지수

국 가	연 도	앳킨슨 지수(ϵ=0.5)	앳킨슨 지수(ϵ=1.0)
네덜란드	2010	0.057	0.117
대한민국	2006	0.083	0.173
미 국	2010	0.119	0.241
스 웨 덴	2005	0.049	0.097
영 국	2010	0.109	0.216
이탈리아	2010	0.092	0.189

자료: 룩셈부르크 소득연구(LIS, http://www.lisproject.org).

7) 여기서 ϵ은 매개변수이며 불평등을 얼마나 싫어하느냐의 정도를 나타내는 지표이다.

앳킨슨 지수로 나타낸 2006년의 우리나라 소득불평등의 정도는 2005년의 스웨덴이나 2010년의 네덜란드에 비해 다소 높은 수준이지만, 2010년의 미국이나 영국에 비해서는 다소 낮은 수준이다.

1.3 우리나라의 소득 및 자산 불평등

우리나라에서는 20세기 마지막 30~40여 년 동안 성장우선 정책으로 말미암아 소득 및 자산 불평등에는 큰 관심을 기울이지 않았다. 그러나 최근 들어 생활수준이 향상됨에 따라 그 관심이 증대되고 있다. 불평등과 관련된 우리나라 통계자료의 신뢰성은 다른 국가의 경우와 마찬가지로 상당히 낮은 수준이지만, 여러 학자들과 연구기관에 의해 그 자료를 보다 정확히 수집하고 측정방법을 개선하려는 노력이 지속되고 있다.

〈표 5-4〉는 남상호(2015)가 제시한 2014년 우리나라의 소득분배와 자산분배의 불평등을 나타낸다. 구체적으로 남상호(2015)는 2014년 「가계

표 5-4 우리나라의 소득분배와 자산분배의 불평등

	상위 10%의 몫	상위 1~5%의 몫	상위 1%의 몫	지니계수
경상소득	29.4	11.8	6.6	0.4281
가처분소득	29.1	11.7	6.6	0.4259
금융자산	45.3	19.0	11.8	0.6186
부동산자산	47.9	19.7	14.0	0.6608
총 자 산	42.8	17.8	11.7	0.5839
총 부 채	59.7	24.8	17.4	0.7714
순 자 산	43.7	18.0	12.4	0.6014

자료: 남상호(2015)를 참고해 구성함.

따라서 ϵ의 값에 따라 사회후생함수의 성격이 달라진다. 일반적으로 ϵ이 영(0)에 가까울수록 불평등에 대한 관심이 줄어들며, 무한대(∞)에 가까울수록 가난한 사람의 소득에 대한 관심이 증가함을 나타낸다. 그러므로 앳킨슨 지수는 ϵ의 값에 따라 상반된 결과가 도출될 수 있다는 문제점이 있다.

금융·복지조사」, 즉 통계청이 금융감독원 및 한국은행과 공동으로 전국의 2만 표본가구를 대상으로 조사한 자료에 기초해 다양한 불평등 지수를 제시하였다. 이때 총자산은 금융자산과 부동산자산의 합으로 이루어지며, 순자산(net worth)은 총자산에서 총부채를 뺀 액수이다.

〈표 5-4〉에서와 같이 우리나라의 소득불평등과 자산불평등 간에는 다소 차이가 있다. 즉 경상소득의 지니계수는 0.4281인데, 이는 다른 형태의 자산지니계수가 거의 0.6 이상(총자산의 지니계수는 0.5839)이라는 사실을 감안할 때 다소 낮은 수준이다. 또한 우리는 〈표 5-4〉를 통해 우리나라 전체 금융자산과 부동산자산의 45.3%와 47.9%를 상위 10%가 보유하고 있으며, 상위 1%의 계층이 각각 11.8%와 14.0%를 보유하고 있음을 알 수 있다. 이와 같이 자산소유의 불평등이 심각하다는 사실은 향후 자산불평등과 관련된 다양한 형태의 연구가 이루어져야 함을 시사한다. 비록 〈표 5-4〉에는 나타나 있지 않지만, 2014년 가계당 평균 부동산자산은 2억 4,433만원, 중위수는 1억 3,000만원이었으며, 총부채의 평균값과 중위수는 각각 5,994만원과 1,000만원이다.

최근의 많은 연구에서는 1997~1998년 경제위기 이후 소득분배가 악화되었는지, 그리고 악화되었다면 그 원인이 경제위기에 기인하였는지 파악하려는 노력이 진행되었다. 예를 들어 유경준·김대일(2003)은 경제위기 이후 소득불평등이 악화되고 빈곤이 증가하였으며, 이는 경제구조적인 요인에 의해 생겨났다고 주장하였다. 즉 유경준·김대일(2003)은 소득불평등이 심화된 원인으로서 1990년대 이후 개방화와 기술진보에 따른 학력별·기능별 임금격차, 경제위기 이후의 실직 및 무직자의 증가, 인구고령화에 따른 노인 단독가구의 증가 등과 같은 구조적인 요인을 제시하였다.

또한 조성원(2005)은 1997년 이후 소득 5분위배율로 측정한 빈부격차의 확대는 경기순환적인 요인뿐만 아니라 경제내의 구조적인 요인에 상당부분 기인한다고 설명하였다. 최근 들어 김낙년(2013)은 1990년대 중반 이후 우리나라 경제가 고도성장에서 저성장 단계로 접어들면서 임금격차가 확대되고 소득불평등이 심화되었다고 주장하였다. 즉 김낙년(2013)은 세계화 진전으로 인해 저임금 국가와의 교역이 확대되고 숙련 노동자 편향적인 기술진보로 인해 고용증가가 둔화됨으로써 숙련 노동자와 비숙련 노동자 간의 임금격차가 심화된 것으로 파악하였다.

마지막으로 〈그림 5-2〉는 통계청에서 발표한 2006~2014년의 우리나라 전체가구의 시장소득 지니계수와 가처분소득 지니계수의 시계열 추이를 보여준다. 전체가구를 대상으로 측정한 소득지니계수는 2006년 이후부터 가용하기 때문에 〈그림 5-2〉는 2006년 이후의 자료만을 나타내었다. 〈그림 5-2〉에서 2006년 이후 소득지니계수는 조금씩 상승하다가 2010년 이후부터는 조금씩 감소하거나 혹은 일정한 수준을 유지하고 있다. 또한 2012~2013년 이후에는 시장소득 지니계수와 가처분소득 지니계수 간의 차이가 조금씩 벌어지고 있다. 이상의 현상은 최근 들어 정부가 소득재분배 정책을 통해 가처분소득에 근거한 소득불평등을 완화하려는 노력이 진행되고 있음을 반영한다.

그림 5-2 우리나라 소득지니계수의 추이(2006~2014년)

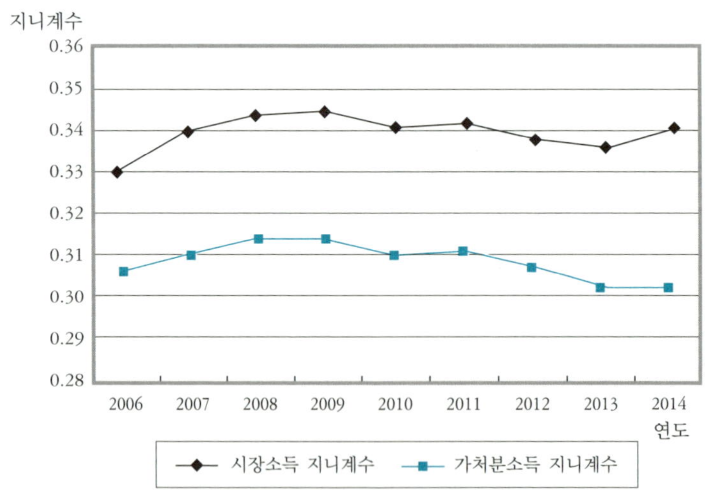

자료: 통계청 국가통계포털(http://kosis.kr).

2. 소득 및 자산 불평등과 경제성장

소득 및 자산 불평등과 경제성장 간의 관계에 대한 규명은 거시경제학 · 정치경제학 등의 분야에서 오랫동안 활발하게 연구된 주제이다. 본 절에서는 불평등과 경제성장 간의 관계에 대한 전통적 이론과 정치경제학 견해를 요약한다.

2.1 전통적 이론

일반적으로 효율적인 자원배분은 경제성장을 촉진하지만 경제주체들 간의 분배와 관련된 형평성을 보장하지는 못한다. 또한 분배의 형평성에 치우친 자원배분은 효율적인 자원배분을 달성하는 데 실패할 수 있다. 따라서 불평등의 개선과 높은 경제성장의 두 가지 목표를 동시에 달성하기란 결코 쉽지 않은 과제이다. 현재까지 진행된 이론적 · 실증적 연구는 불평등과 경제성장 간의 직접적인 관련성을 규명하려 노력할 뿐만 아니라 이상의 두 변수를 연결하는 다양한 전달경로를 파악하려는 분석에 집중되었다.

불평등과 경제성장 간의 이론적 논의는 신고전학파(neoclassical school) 및 신케인즈학파(neo-Keynesian) 성장모형에서 쉽게 찾을 수 있다. 즉 신고전학파 및 신케인즈학파 성장모형과 같은 전통적인 이론에서는 불평등과 경제성장을 연결하는 전달경로로서 저축률을 사용하고 있다. 만약 폐쇄경제(closed economy)를 가정한다면, 높은 수준의 불평등은 저축률을 증가시켜 투자와 경제성장을 촉진하는 역할을 수행한다. 왜냐하면 부유한 사람의 한계저축성향이 가난한 사람의 한계저축성향보다 크기 때문에 불평등이 증가할수록 저축을 통한 자본축적이 증가할 수 있기 때문이다. 그러므로 전통적인 이론에서는 개발 초기에 높은 경제성장을 달성하기 위해 불평등은 일시적일 뿐만 아니라 반드시 요구되는 비용으로 인식하고 있다.

높은 수준의 불평등이 경제성장에 양(+)에 영향을 미친다는 사실은 투자하는 데 있어 다소의 '설정비용'(setup costs)이[8] 필요하거나 혹은 이하에서 살펴볼 금융시장의 불완전성이 심하게 존재할 때 크게 나타난다. 만약 투자의 설정비용이 매우 많이 요구되고 불완전한 금융시장으로 인해 대출하는 데 제약이 존재한다면, 모든 사람들이 평등한 사회에서는 활발한 투자가 이루어지지 않는다. 오히려 부유한 계층이 어느 정도 형성된 불평등한 국가나 사회에서는 부유한 사람들이 자신의 소득이나 자산을 이용해 생산적인 투자를 수행할 가능성이 생겨난다.

그러므로 투자에 따른 설정비용과 금융시장의 불완전성이 존재하는 경제에서는 높은 수준의 불평등이 투자나 경제성장에 양의 영향을 미칠 가능성이 증가한다. 또한 경제 내에서 부유한 사람들로부터 가난한 사람들로의 자원재분배는 저축률이 증가함에 따라 감소할 것으로 예상된다. 즉 저축률 상승에 따른 자원재분배의 감소는 불평등을 심화시켜 투자의 증대를 초래한다. 이와 같은 분석은 이하에서 살펴볼 금융시장의 불완전성 논의에서 중요하게 작용하는 설정비용에 대한 보완적(complementary) 이론이며, 높은 수준의 초기 불평등이 높은 경제성장을 유도할 가능성이 있음을 제시한다.

신케인즈학파 성장모형인 Lewis(1954)는 대부분의 저축은 현대적인 산업(modern and industrial) 부문의 기업가 이윤으로 형성되며, 경제의 다른 부문은 상대적으로 적은 양을 저축한다고 주장하였다. 또한 Kaldor (1957) 모형에서는 노동자의 저축성향은 영(0)이며, 국민소득에서 이윤의 비율은 (투자/산출량)의 비율이 증가하거나 자본가의 저축성향이 감소할수록 증가한다. 따라서 이상의 모형에서는 불평등의 존재가 투자를 증가시킬 수 있다고 상정하고 있다.

한편 신고전학파 소비이론은 부존량(endowment)이나 제도적인 제약과 관련된 소비자의 이질성을 이용해 소득분배와 총저축 간의 관계를 설

---

8) 설정비용은 "초기 투자에 필요한 고정비용 · 매몰비용 등을 포괄하는 비용"으로 정의할 수 있다.

명하고 있다. 예를 들어 Kotlikoff and Summers(1981)는 '생애주기가설'(life-cycle hypothesis)에 유산(bequests)을 포함시켰으며, 유산은 사치재의 성격을 지니기 때문에 부유한 소비자(혹은 더 나아가 부유한 국가)가 높은 저축률을 기록할 수 있다고 생각하였다. 그러므로 전통적인 이론은 불평등이 저축률에 양(+)의 영향을 미칠 뿐만 아니라 저축률이 투자나 경제성장을 결정하는 가장 중요한 요인이라는 가정에 기초하고 있다.

2.2 정치경제학의 접근

1990년대 이후 정치경제학 문헌에서는 소득 혹은 자산 불평등과 경제성장을 연결하는 다양한 전달경로를 파악하려는 노력을 진행하였다. 본 절에서는 이상의 전날경로를 디음의 네 가지 범주로 나누어 살펴본다.

금융시장의 불완전성

불평등과 경제성장을 연결하는 전달경로로서 가장 폭넓게 논의된 내용은 '금융시장의 불완전성'(credit market imperfection 혹은 자본시장의 불완전성)이다. 일반적으로 금융시장의 불완전성은 신용거래에서 나타나는 모든 불완전성을 포괄한다. 즉 금융시장의 불완전성은 정보의 비대칭성과 법률기관(legal institutions)의 한계성 등을 반영하지만, 본 절에서는 이상의 사항들에 대한 구체적인 언급은 생략한다. 다만 본 절에서는 불완전한 금융시장의 존재로 말미암아 불평등이 투자나 경제성장에 미치는 영향에 대한 다음의 상반된 두 가지 이론을 소개하고자 한다.

현실 경제에서는 모든 경제인이 동일한 조건으로 금융시장에 접근할 수 있는 것은 아니다. 왜냐하면 개개인마다 소득이나 보유한 자산의 정도가 다르기 때문이다. 예를 들어 가난한(소득이나 자산이 없거나 적은) 사람들이 은행에서 대출받고자 할 때 부유한(소득이나 자산이 많은) 사람들에 비해 훨씬 많은 제약조건을 갖게 된다.[9] 설령 가난한 사람들이 금융기관으로부터

9) 이는 정보의 비대칭성에 기인한다.

대출을 받을 수 있다고 할지라도 높은 이자율의 부담을 감수해야만 한다.

따라서 금융시장의 불완전성이 존재하는 한 가난한 사람들이 은행 대출을 통한 투자의 기회(교육에 투자하는 기회도 포함)를 획득하기란 부유한 사람들에 비해 상대적으로 어렵게 된다. 이와 같은 상황에서 부유한 사람들로부터 가난한 사람들에게로 소득이나 자산이 재분배될 때 왜곡이 생겨나지 않는다고 가정하면, 불평등을 완화하는 형태의 소득재분배는 투자에 따른 평균생산성(average productivity)을 증가시킨다. 그러므로 금융시장의 불완전성이 심한 국가나 사회에서 불평등을 완화시키는 정책은 경제성장을 촉진하는 역할을 동시에 수행한다.

이상의 논리와는 반대로, 불완전한 금융시장의 존재로 인해 생겨나는 불평등의 심화가 투자나 경제성장을 촉진할 가능성도 존재한다. 만약 투자에 다소의 설정비용이 필요하다면(바꾸어 말하면, 투자에 불가분성(indivisibility)이 크게 존재한다면), 어느 정도의 범위를 넘어선 투자에 대해서만 보수 증가(increasing returns)가 발생한다. 예를 들어 어떤 직무를 수행함에 있어 지식이 요구된다면 교육을 받은 사람들만이 수확체증을 기대할 수 있다. 이때 교육투자에 소요되는 회계비용과 기회비용이 설정비용의 역할을 한다.

마찬가지로 기업의 활동은 어떤 임계규모(threshold size)를 초과할 때 훨씬 생산적일 수 있다. 즉 불완전한 금융시장의 존재와 함께 모든 사람들이 가난한(소득분배가 평등한) 국가나 사회에서는 활발한 투자가 이루어지지 않는다. 그러나 부유한 계층이 어느 정도 형성된 국가나 사회에서는 금융시장이 불완전할지라도 부유한 사람들이 자신들의 소득이나 자산을 이용해 생산적인 투자를 수행할 수 있게 된다. 또한 부유한 사람들은 자신들의 소득이나 보유한 자산을 이용해 금융기관으로부터 투자를 위한 담보대출도 가능하다. 따라서 금융시장의 불완전성이 존재할 경우에는 소득이나 자산의 집중과 같은 불평등의 존재가 투자나 경제성장에 양의 효과를 창출할 가능성이 증가한다.

여기서 한 가지 유의할 사항은 경제가 발전함에 따라 일반적으로 금융시장의 불완전성이 완화되고 법률기관의 한계성은 감소한다는 사실이다. 그러므로 불완전한 금융시장의 존재로 인해 불평등이 경제성장에 미치는 효과는 부유한 국가에 비해 가난한 국가에서 더 중요하게 작용한다.

소득재분배 정책

한 국가나 사회의 모든 구성원에 대한 소득수준의 (산술)평균이 중위수를 초과한다고 가정하자. 다시 말해 과반수를 초과하는 구성원들의 소득수준이 전체 구성원의 (산술)평균 소득수준보다 작은 경제를 상정한다. 이는 현실 세계에서 보편적으로 관측되는 현상이다. 또한 일련의 정부정책이 구성원들에 의한 '다수투표'(majority voting)로 결정된다면, 소득이 부유한 사람들로부터 가난한 사람들에게로 이전되는 소득재분배 정책이 선호된다. 여기서 소득재분배 정책은 일반적인 이전지출과 함께 공공지출(예를 들어 교육 · 의료 등에 대한 지출) 및 규제정책(regulatory policy) 등을 포괄한다.

Alesina and Rodrik(1994), Persson and Tabellini(1994) 등의 정치경제학 모형에서는 불평등이 심할수록 정치적 과정을 통해 더 많은 소득재분배 정책이 유도될 수 있다고 제시하였다. 이때 한 국가나 사회의 불평등 정도를 나타내기 위해 모든 구성원을 대상으로 산출한 소득수준의 평균과 중위수 비율(즉 평균/중위수)을 사용하였다.[10)]

또한 Alesina and Rodrik(1994)과 Persson and Tabellini(1994)는 소득재분배 정책이 자원배분을 왜곡시킬 수 있다고 주장하였다. 예를 들어 조세수입과 연계된 이전지출을 증가시키기 위해서는 국민의 조세부담을 증대시켜야 하는데, 이는 노동 의욕을 저하시키는 원인이 된다. 또한 더 많은 자원이 소득재분배를 위해 사용될수록 투자로 전환될 수 있는 자원이 소득재분배를 위해 사용되기 때문에 투자는 상대적으로 줄어들게 된다.

---

10) Alesina and Rodrik(1994)과 Persson and Tabellini(1994)의 실증분석에서는 국가별 초기의 불평등수준을 나타내기 위해 1960년경의 소득지니계수 혹은 토지지니계수를 사용하였다.

그러므로 불평등이 심한 국가나 사회에서는 정치적 과정을 통해 더 많은 소득재분배 정책을 실시하게 되고, 이는 투자나 경제성장을 방해하는 역할을 수행한다.

지대추구

높은 수준의 불평등은 지대추구를 유인하기 때문에 재산권의 안정성을 감소시켜 장기적인 경제성장에 음(−)의 영향을 미친다. Rodriguez(2004)는 불평등과 지대추구 간의 관계를[11] 설정해 소득재분배 정책이 불평등에 대해 감소함수로 나타날 수 있는 모형을 제시하였다. 구체적으로 Rodriguez (2004) 모형에서는 가난한 사람들과 부유한 사람들 간에는 정치적 조직(political organization)을 형성하는 데 차이가 생겨나도록 고정비용을 가정함으로써 정치적 활동에 있어서 보수 증가의 가능성을 제시하였다.

다시 말해 고정비용을 충당할 수 있는 부유한 사람들만이 정치적 조직을 형성해 정책결정에 영향력을 행사할 수 있기 때문에 불평등이 심화될수록 부유한 사람들로 구성된 정치적 조직의 활동이 증가하게 된다. 따라서 불평등이 심화될수록 부유한 사람들에게 더 많은 공공자원의 몫이 할당될 수 있다. 예를 들어 Hwang(2005)은 고등교육을 수요하는 데 요구되는 비용(회계비용+기회비용)이 상당히 높은 국가에서는 소수의 부유한 사람들만이 고등교육을 수요할 수 있으며, 부유한 사람들은 그들이 희망하는 고등교육 정책수립을 위해 영향력을 행사할 수 있다고 주장하였다.[12]

이상의 논의에는 한 가지 유의할 사항이 있다. 즉 부유한 사람들은 가난한 사람들로부터 부유한 사람들에게로의 소득재분배 정책이 시행되도록 정책입안자들에게 홍보나 선전 혹은 로비나 뇌물공여를 시도하는데, 이와 같은 행동은 자원배분과 관련해 부패(제 4 장 참고)를 야기할 수 있기 때문에 경제성장을 방해한다. 설령 이상의 소득재분배가 발생하지 않았다

---

11) Rodriguez(2004)의 모형에서는 불평등이 지대추구의 원인으로 작용하는데, 이는 이하의 설명을 통해 명확해진다.

12) 교육투자와 관련된 상세한 논의는 제 6 장을 위해 남겨둔다.

고 할지라도 소득 및 자산 불평등이 정치적 과정을 유도한다면 경제성장에 도움이 되지 않는다. 왜냐하면 지대추구와 관련된 비용은 생산량수준과 무관한 사회적 낭비이며, 뇌물수수 등의 부패는 일반적으로 경제성장에 음(−)의 영향을 미친다고 알려져 있기 때문이다.

사회–정치적 불안정성

한 국가나 사회에서 소득이나 자산의 심한 편중은 가난한 사람들에게 범죄 · 폭동 등과 같은 물리적이고 파괴적인 행위에 대한 원인을 제공한다. 이상의 행위는 법이나 정책 등에 불확실성을 내재시키며, 이를 제거하기 위해서는 생산에 사용해야 할 많은 시간과 자원이 배분되어야 한다. 그러므로 불평등의 심화는 다양한 형태의 '사회–정치적 불안정성'(socio-political unrest)을 유도해 경제내의 생산성을 저하시키며, 더 나아가 경제성장에 부정적 영향을 미친다.

이상의 불안정성을 줄이기 위한 소득재분배 정책이 경제성장에 미치는 영향은 간단하지 않다. 즉 일련의 사회보장제도와 같은 소득재분배 정책은 (i) 범죄나 폭동이 생겨날 가능성을 줄일 수 있는 반면, (ii) 가난한 사람들로 하여금 근로의욕을 저하시키는 원인이 될 수 있다. 만약 첫 번째의 가능성이 두 번째의 가능성보다 크게 나타날 경우(즉 (i)>(ii))에는 소득재분배 정책이 경제성장에 양의 영향을 미칠 것으로 예상되지만, 그 반대의 경우(즉 (i)<(ii))에는 소득재분배 정책이 경제성장에 음의 영향을 미치게 된다.

2.3 통합한 견해

Galor(2000)는 불평등이 경제성장에 미치는 영향에 대한 상반된 결과를 통합하였다. 즉 Galor(2000)는 경제발전의 초기단계와 후기단계와 같이 시간을 분리해 이상의 상반된 이론을 통합하는 견해를 제시하였다. 전통적인 이론은 낮은 소득수준과 발전의 초기단계에 적용된다. 발전의 초기단계에서는 물적자본이 희소하기 때문에 이를 축적하기 위해 높은 수준의 저축률이 요구된다. 또한 초기단계에서는 금융시장의 불완전성에 따른 제약이 상당히 크기 때문에 높은 수준의 불평등은 저축률을 증가시켜 급속한 성장을 유도한다.

경제발전의 후기단계에서는 자본과 기술의 보완성으로 말미암아 인적자본에 대한 보수가 증가할 뿐만 아니라 인적자본의 축적이 경제성장의 주요한 엔진 역할을 수행한다. 또한 후기단계에서는 임금수준이 상승함에 따라 금융시장의 불완전성에 따른 투자의 제약이 약하게 작용하며, 높은 수준의 불평등이 인적자본 축적에 음(-)의 역할을 수행하게 된다. 이로 인해 불평등과 경제성장 간의 양의 관련성은 점차 감소한다. 만약 높은 수준의 불평등이 인적자본 투자에 미치는 음의 영향이 저축률에 미치는 양의 영향을 능가하면, 높은 수준의 불평등은 경제성장을 방해한다.

3. 쿠즈네츠의 「역U자 가설」

쿠즈네츠의 「역U자 가설」은 소득수준(혹은 경제성장)과 불평등 간의 관계를 실증적으로 규명한 전통적인 연구결과이다. 본 절에서는 쿠즈네츠의 「역U자 가설」의 의미와 함께 이를 검증한 실증분석 결과를 살펴본다.

3.1 쿠즈네츠의 「역U자 가설」이란?

1971년 노벨 경제학상 수상자인 러시아 출신 경제학자 쿠즈네츠(Simon S. Kuznetz, 1901~1985)는 국가별 · 시계열별 통계자료를 이용해 소득수준과 불평등 간의 관계에 대한 최초의 실증적 연구결과를 발표하였다. 이와 같은 분석은 쿠즈네츠의 「역U자 가설」로 널리 알려져 있는데, 이는 소득불평등이 경제개발이 진행되는 초기단계(혹은 농경사회)에서는 점점 심화되다가 경제발전이 성숙단계(혹은 산업화된 사회)에 접어들면 소득

그림 5-3 쿠즈네츠 곡선

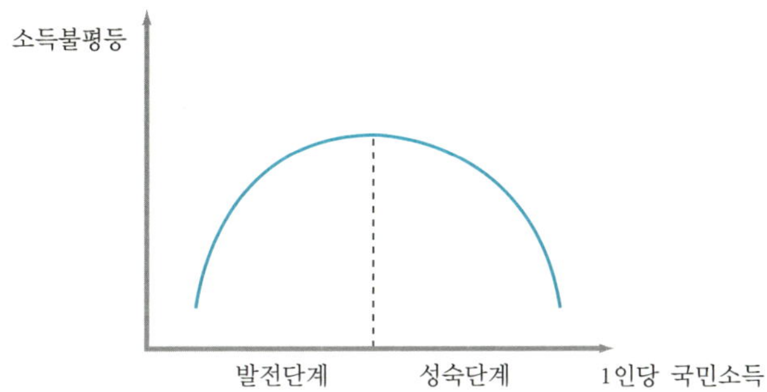

불평등이 완화된다는 관측을 나타낸다. 즉 쿠즈네츠의 「역U자 가설」은 현재의 많은 산업화된 국가들이 19세기 산업화가 진행됨에 따라 소득불평등이 심화되다가 20세기 중반 이후 소득불평등이 완화된 통계자료의 관측에 기초한다. 따라서 쿠즈네츠의 가설은 〈그림 5-3〉과 같이 역U자 형태로 나타나는데, 이를 '쿠즈네츠 곡선'이라고 부른다.

이와 같이 경제가 발전함에 따라 소득불평등이 심화되는 이유는 대부분의 개발도상국은 자본축적의 부족 때문에 불균형성장 전략에[13] 따라 경제개발을 추진하기 때문이다. 그러나 경제가 성숙단계에 접어들게 되면 최저임금제도 · 실업수당 · 의료보험 등과 같은 사회보장제도에 관심을 기울이게 되며, 사회보장제도는 소득불평등을 완화하는 기능을 수행한다. 따라서 소득불평등이 가장 심한 국가는 미개발 혹은 저개발 국가가 아니라 개발이 진행되고 있는 국가들이다. 현재의 동일 시점에서 국가별로 구분하면, 남미 국가들의 소득불평등이 대체로 가장 심한 수준이다.[14]

13) 불균형성장(unbalanced growth) 전략은 "특정 산업의 발전이 다른 산업의 발전을 유발하는 연관효과가 클 뿐만 아니라 국내 자원을 많이 이용할 수 있는 선도 산업을 선정해 집중 투자함으로써 경제성장을 유도하자는 개발전략"을 의미한다.

14) 우리는 이상의 사실을 이미 〈표 5-1〉과 〈표 5-2〉를 통해 확인하였다.

쿠즈네츠의 「역U자 가설」은 국가 간의 통계자료뿐 아니라 한 국가의 시계열 자료에도 적용된다. 즉 한 국가의 경제가 발전함에 따라 불평등은 심화되다가 경제가 성숙단계에 접어들면 불평등은 점차 완화되어 진다. 또한 쿠즈네츠의 「역U자 가설」이 성립하기 위해서는 농경사회(혹은 전통부문)의 경제가 산업화된 사회(혹은 현대부문)의 경제로 전환될 때 '이중경제'(dual economy)의 형태로 두 사회(혹은 두 부문)가 동시에 존재해야 한다.[15)]

3.2 쿠즈네츠 곡선의 실증분석 결과

전통적 이론에 의하면, 개발도상국에서의 소득불평등은 높은 수준의 저축률과 함께 경제성장을 유도한다. 즉 불평등이 심한 국가나 사회에서는 소수의 사람들만이 많은 소득이나 자산을 소유하며, 그들에 의해 높은 수준의 저축이 가능해진다. 그러나 소득이 구성원에게 고르게 분배되어 평등하지만 모든 사람들의 소득이 그들의 생계를 위해 사용될 정도라면, 그 국가나 사회의 저축은 낮은 수준에 머물게 된다. 이상의 주장은 쿠즈네츠 곡선의 발전단계를 설명하는 이론적 배경이다.

국가 간의 통계자료를 이용해 높은 수준의 불평등이 저축률 증가를 통해 경제성장을 자극할 수 있다는 실증적 연구결과는 Cook(1995), Forbes(2000), Smith(2001) 등에 나타나 있다. 구체적으로 Cook(1995)과 Forbes(2000)는 높은 수준의 불평등이 경제성장에 양(+)의 영향을 미친다는 추정결과를 제시하였다. 다만 Cook(1995)은 개발도상국으로 구성된 작은 수의 표본을 사용한 반면, Forbes(2000)는 개발도상국과 산업화된 국가를 합한 전체국가로 구성된 표본을 사용하였다. 한편 Smith(2001)는 높은 수준의 불평등이 민간 저축률에 양의 영향을 미치는 것으로 추정하였으며, 이상의 두 변수 간의 전달경로로서 불완전한 금융시장을 사용하였다.

이상의 분석 결과와는 달리 Edwards(1996), Schmidt-Hebbel and

15) 쿠즈네츠의 「역U자 가설」과 관련된 보다 상세한 이론적 배경과 실증적 결과는 황진영(2014)을 참고할 수 있다.

Servén(2000) 등은 불평등과 저축률 간에는 뚜렷한 양의 관계가 성립하지 않는다고 주장하였다. 따라서 국가 간의 자료를 이용한 실증분석 결과는 표본의 선택, 추정방법의 차이 및 저축률과 불평등을 나타내는 변수의 선택 등에 따라 상이하게 관측되었다. 특히 한 국가의 불평등을 나타내기 위해 가장 많이 사용되는 소득지니계수는 이미 언급한 바와 같이 자료의 신뢰성에 상당한 문제점이 있다.

이상의 논의와는 달리 1990년대 이후 정치경제학에 대한 관심이 고조되면서, 이미 소개한 Alesina and Rodrik(1994), Persson and Tabellini (1994) 등은 높은 수준의 초기 불평등은 향후 장기적인 경제성장에 음(–)의 영향을 미친다고 제시하였다. 다시 말해 불평등이 심한 국가에서는 다수를 형성하고 있는 가난한 사람들이 보다 많은 혜택을 얻기 위해 선거나 정치적 압력 등의 정치적 과정을 통해 소득재분배 정책을 선호하는 현상이 나타난다. 또한 소득재분배 정책은 소비성 지출(예를 들어 최종소비지출 · 이전지출 등)의 증가를 유도하고 새로운 투자를 억제시켜 미래의 성장잠재력을 축소시기는 요인이 된다. 이와 같은 정치경제학의 관점은 산업화된 국가, 즉 쿠즈네츠 곡선의 성숙단계에 대한 설명으로 더욱 설득력이 있다.

Deininger and Squire(1998)는 초기의 자산불평등(1960년경의 '토지지니계수'를 사용)과 장기적인 경제성장 간에는 음의 관계가 존재할 수 있다고 관측하였다. 따라서 Deininger and Squire(1998)는 총투자를 증가시키고 가난한 사람들로 하여금 자산 획득을 용이하게 할 경우에는 빈곤의 해소와 함께 장기적이고 지속적인 경제성장을 동시에 달성할 수 있다고 주장하였다. 한편 Barro(2000)는 Deininger and Squire(1996)가 제공한 소득지니계수를 이용해 한 국가의 소득불평등이 경제성장에 미치는 분명한(혹은 일률적인) 형태의 영향은 존재하지 않는다는 결론을 내렸다.

최근에도 쿠즈네츠 곡선을 검증하려는 다양한 연구가 시도되었지만, 일관된 결과를 제시하는 데에는 실패하였다. 예를 들어 Desbordes and Verardi(2012)는 국가별 소득수준의 내생성을 고려한다면, 1인당 소득수준의 증가에 따라 불평등은 단조적으로(monotonically) 감소할 수 있다고 지적하였다. 또한 Huang et al.(2007)은 1인당 GDP와 소득불평등 간의 역U자 관계가 소득불평등이 중간 그룹에 속하는 국가에서는 성립하지만, 소득불평등이 아주 심하거나 혹은 양호한 국가에서는 이상의 결과가 나타나지 않는다고 주장하였다.

결론적으로 한 국가의 불평등수준과 경제성장 간의 실증적 관계에 대한 보편적인 답을 찾기란 결코 쉬운 일이 아니다. 현재의 경제학자들은 소득불평등과 경제성장 간의 직접적인 관련성보다는 다양한 전달경로를 통한 간접적인 관련성을 규명하려 노력하고 있다. 또한 많은 산업화된 국가의 불평등수준은 시간이 흘러도 크게 변동하지 않는데, 경제학자들은 이상의 현상에 대한 가능한 설명을 찾으려 노력하고 있다. 마지막으로 한

〉〉〉 유량과 저량: 소득지니계수와 토지지니계수 보충내용

'유량'(flow)은 "특정기간을 밝혀서 표시하는 수량"이고, '저량'(stock)은 "특정시점을 밝혀서 표시하는 수량"이다. 따라서 소득은 유량의 개념으로서 일정 기간 동안의 임금 · 이자 · 배당 · 임대료 등으로 이루어진 반면, 자산은 한 가구 혹은 개인이 소유하는 재산의 총액으로 파악하는 저량의 개념이다. 따라서 초기 불평등수준을 반영하는 변수로는 소득불평등에 비해 자산불평등이 우월할 수 있다. 왜냐하면 자산의 보유는 저량인 반면, 소득은 유량이라는 사실로 인해 외생변수로서 자산의 보유가 소득보다 더 적합하다고 생각할 수 있기 때문이다.

또한 국가 간의 자료를 살펴보면, 자산지니계수의 흩어짐(분산)이 소득지니계수의 경우에 비해 크게 나타난다. 이는 불평등을 나타내는 변수로서 자산지니계수를 사용할 때 국가 간의 차이를 더욱 명확히 파악할 수 있음을 의미한다. 그러나 이미 밝힌 바와 같이 국가별 자산지니계수를 측정하는 데에는 상당한 자료 계측상의 한계가 존재한다. 지금까지의 연구에서는 국가별 자산불평등을 나타내는 대리변수로서 Deininger and Squire(1998), 국제연합의 식량농업기구(FAO), Taylor and Hudson(1972) 등이 제공한 '토지지니계수'를 상당히 제한적으로 사용하였다.

국가나 사회의 불평등은 물론 국가 간의 불평등의 원인 및 추이에 대한 파악과 이를 개선하기 위한 방안을 찾으려는 노력도 경제학자들에게 주어진 숙제이다.

3.3 새로운 전달경로

이미 제2절에서 소득 및 자산 불평등과 경제성장을 연결하는 네 가지 전달경로에 대해 검토하였지만, 이하에서는 무역을 통해 이상의 두 변수를 연결할 수 있다는 Mani and Hwang(2004)이 제시한 전달경로를 소개한다. 무역이 불평등과 경제성장 간의 전달경로로서 사용될 수 있다는 논의는 부유한 사람들과 가난한 사람들 간의 정치적 영향력이 상이하다는 가성에서 출발한다. 이와 같은 가정의 유효성은 이미 지대추구를 가정한 Rodriguez(2004)에서 검토되었다.[16]

일반적으로 소수의 부유한 사람들은 대체로 생산자들이고, 다수의 가난한 사람들은 소비자들이다. 따라서 잠재적으로 큰 이익을 향유할 수 있는 소수의 부유한 사람들이 잠재적으로 조금씩 손실을 입게 되는 다수의 가난한 사람들에 비해 높은 관세를 설정하도록 정치적 압력이나 로비를 수행할 동기가 훨씬 크게 생겨난다.[17] 왜냐하면 소수의 부유한 생산자들은 외국으로부터 수입을 통제함으로써 자신들의 생산품이 자국 시장에서 경쟁력을 계속적으로 유지할 수 있기 때문이다. 그러므로 불평등이 심한 국가에서는 소수의 부유한 사람(생산자)들에 의한 정치적 영향력으로 말미암아 국가 간의 무역에 따른 관세를 높게 설정할 가능성이 증가한다.

구체적으로 Hwang and Jung(2002)은 초기의 자산불평등(1960년경의 토지지니계수)이 심한 국가일수록 이후 1990년대 초반까지 평균 관세율을 높게 설정하였다는 실증분석 결과를 제시하였다. 일반적으로 높은 평균

16) 따라서 불평등과 경제성장 간의 전달경로로서 무역이 사용될 수 있다는 사실을 좀 더 포괄적인 범위로 파악하면, 이는 지대추구와 관련된 논의의 범주에 포함된다.

17) 이상의 논의는 Grossman and Helpman(1994), Hwang(2002), Mayer(1984) 등에 나타나 있다.

관세율은 자유무역을 제약하기 때문에 경제성장에 음(-)의 영향을 미친다. 왜냐하면 자유무역은 비교우위를 통한 특화, 외국과의 교역을 통한 새로운 기술의 습득, 시장의 확대를 통한 규모의 경제 시현 등을 통해 경제성장을 촉진하기 때문이다.

한편 한 국가의 소득 및 자산 불평등은 시장수요에도 영향을 미칠 수 있다. 즉 한 국가가 수입하는 품목은 자국의 소득 및 자산 불평등에 의해 영향을 받을 수 있다. 초기의 경제발전 단계에서 불평등이 심한, 즉 대부분 경제인이 가난한 상태로 머물러 있고 소수의 사람들만이 부유한 국가에서는 대부분 수입품이 천연자원이나 식료품일 가능성이 크다. 왜냐하면 소수의 부유한 사람들만이 공산품을 수요할 수 있기 때문에 공산품에 대한 시장 수요량이 극히 미미하게 나타나기 때문이다. 그러나 초기의 경제발전의 단계에서 상대적으로 평등한, 즉 다수의 사람이 중간소득 계층을 형성하는 국가에서는 천연자원이나 식료품은 물론 불평등한 국가에 비해 공산품을 상대적으로 많이 수입하게 된다. 왜냐하면 평등한 국가에서는 공산품을 수요할 수 있는 계층이 상대적으로 많이 확보되기 때문이다.

초기의 경제발전 단계에서 무역을 통한 새로운 지식의 학습효과는 천연자원이나 식료품에 비해 공산품에서 크게 생겨나기 때문에 평등한 국가일수록 무역을 통한 학습효과가 크게 형성된다. 따라서 공산품을 수입하는 국가는 장기적으로 공산품을 생산할 수 있는 기술 및 산업의 발전을 유도해 높은 경제성장으로 이어진다.[18] 그러므로 소득수준이나 경제구조가 유사한 국가일지라도 초기의 불평등수준이 심한 국가에서는 시장수요의 제약과 낮은 수준의 무역개방도로 인해 세련된 공산품 생산의 학습과정이 약하게 나타나고, 이는 미래의 경제성장을 방해한다.

---

18) 황진영(2008)에는 이상의 가설을 뒷받침하는 자료와 함께 이상의 내용과 관련된 Mani and Hwang(2004)의 실증분석 결과가 제시되어 있다.

4. 소득불평등의 원인

한 국가나 사회의 소득불평등은 언제나 고정된 값이 아니라 시간의 흐름에 따라 변동하게 된다. 이는 소득불평등이 외생적으로 주어진 값이 아니라 다른 변수에 의해 영향을 받는 내생변수라는 사실을 의미한다. 본 절에서는 소득불평등의 몇 가지 원인을 간단히 소개한다.

4.1 개인 능력의 차이

개인마다 타고난 능력이나 성격 등이 다르기 때문에 소득격차가 발생한다. 즉 운동에 적합한 신체적 조건을 타고난 사람, 성격적으로 긍정적이고 부지런한 사람, 성취욕이 높은 사람, 건강하게 태어난 사람 등이 그렇지 않는 사람들에 비해 많은 소득을 창출할 가능성이 높게 나타난다. 개인 능력의 차이는 소득격차를 통해 소득불평등을 결정하는 가장 근본적인 원인이다.

4.2 교육 정도의 차이

교육과 훈련은 인간의 능력을 증진시키기 때문에 교육과 훈련을 받은 사람들이 그렇지 못한 사람들에 비해 높은 소득을 획득할 가능성이 증가한다. Saint-Paul and Verdier(1993), Zhang(1996) 등은 공교육에 대한 지속적인 투자가 소득불평등을 완화시킬 수 있다고 제시하였다.[19] 따라서 많은 산업화된 국가에서는 소득불평등을 완화하기 위한 장기적인 방법으로써 초등교육은 물론 중등교육 혹은 그 이상의 수준까지 의무교육을 실

19) 한편 Glomm and Ravikumar(1992)는 경제인이 공교육과 사교육의 교육체계를 선택할 수 있는 모형을 사용해 사교육체계가 소득불평등에 미치는 효과는 다른 모수(parameter)들의 크기에 의존하지만, 공교육체계는 반드시 소득불평등을 완화시킬 수 있다고 주장하였다.

시하고 있다. 여기서 한 가지 유의할 사항은 이상의 논리와는 반대로 한 국가나 사회의 소득불평등이 교육투자나 공교육비지출 등에 영향을 미칠 수 있다는 점이다.[20] 이 점에 대한 상세한 논의는 다음 장에서 다룬다.

4.3 사회제도나 경제정책

한 국가나 사회의 사회제도나 관습이 소득불평등에 영향을 미칠 수 있다. 예를 들어 신분제도나 남녀성차별 같은 제도나 관습이 존재한다면, 어떤 사람은 능력에 관계없이 소득을 창출할 기회가 차단된다. 또한 지역 · 인종 · 학벌 등에 대한 차별도 소득창출에 영향을 미쳐 소득불평등의 원인이 된다. 한편 경제정책이 어떤 계층에 유리하게 결정되느냐에 따라 기업가와 노동자, 도시와 농촌, 생산자와 소비자, 대기업과 중소기업 간에 불평등이 생겨날 수 있다. 그러므로 사회제도나 경제정책이 어떻게 결정되느냐에 따라 소득이 증가하는 계층과 감소하는 계층이 생겨난다.

4.4 정부의 역할

보편적인 공공지출은 공공의 욕구를 충족하기 위한 재화나 서비스를 공급하기 때문에 재분배의 성향을 지닌다. Meltzer and Richard(1981)는 공공의 욕구에 대한 정부의 역할이 증진될수록 소득불평등이 완화된다고 지적하였다. 그러나 특정 계층 혹은 지역의 사람들에 의한 지대추구나 부패가 존재할 경우에는 정부지출의 혜택이 소수의 사람들에게 편중되기 때문에 정부지출의 증대가 소득불평등을 심화시키는 원인이 되기도 한다.[21] 따라서 정부지출이 소득불평등에 미치는 영향에 대해서는 상반된 이론이 존재하지만, 정부지출이 소득불평등을 변동시키는 원인이 될 수 있다는

---

20) 이와 같이 변수들이 서로서로 영향을 주고받을 때 '인과관계'(causality)의 문제가 생겨난다. 인과관계의 문제는 우리가 흔히 얘기하는 "달걀이 먼저인지 혹은 닭이 먼저인지"와 같이 어려운 문제이다.

21) 이상의 내용은 Alesina and Angeletos(2005)가 명시적인 모형을 사용해 제시하였다.

사실에는 논란의 여지가 없다.

4.5 기술진보

기술진보는 숙련 노동자와 비숙련 노동자 간의 임금격차를 심화시켜 소득불평등을 심화시키는 원인이 된다. 왜냐하면 보다 많은 교육과 훈련을 받은 숙련 노동자가 비숙련 노동자에 비해 새로운 기술진보를 습득하고 이용하는 데 있어 상대적으로 유리하기 때문이다. Rodriguez(1999)는 최근의 기술진보, 즉 정보통신기술이 발전함에 따라 교육과 훈련을 받은 사람들(즉 숙련 노동자)이 교육과 훈련을 받지 못한 사람들(즉 비숙련 노동자)에 비해 새로운 기술을 습득하고 이용하는 데 있어 유리하기 때문에 임금격차가 심화될 수 있다고 주장하였다.

4.6 금융시장의 불완전성

제 2 절에서 살펴본 바와 같이 금융시장의 불완전성은 소득불평등의 원인이 된다. 왜냐하면 모든 사람들이 동일한 조건으로 금융기관을 이용할 수 없기 때문이다. 금융기관에 접근할 때 가난한 사람들이 부유한 사람들보다 상대적으로 더 많은 제약을 갖게 되며, 이를 가난한 사람들이 가지는 금융제약이라 한다. 따라서 가난한 사람들은 새로운 투자계획에 제약을 가지는 반면, 부유한 사람들은 상대적으로 쉽게 투자의 기회를 가지게 된다. 결국 금융시장의 불완전성이 심하게 존재할 때에는 소득불평등이 지속되거나 심화될 수 있다.

4.7 인플레이션

인플레이션은 소득이나 부를 재분배함으로써 불평등을 초래하는 원인이 된다. 먼저 높은 수준의 인플레이션은 화폐가치가 고정된 자산을 가진 사람들에게 불리하도록, 그리고 실물자산을 가진 사람들에게 유리하도록 부를 재분배한다. 예를 들어 현금이나 은행저축의 형태로 자산을 가진 사람이나 채권자는 불리하고, 부동산이나 귀금속과 같은 실물자산을 가진 사람이나 채무자는 그들에게 유리하도록 부를 재분배 받게 된다. 또한 인플레이션은 정액 소득자에게 불리하도록 소득을 재분배한다. 일반적으로 임금은 물가에 비해 느리게 상승하기 때문에 인플레이션으로 인해 화폐임금이 다소 상승할지라도 실질임금이 낮아지게 되므로 인플레이션은 노동자(정액 소득자)로부터 기업가로 소득을 재분배하는 효과가 있다.

4.8 무역개방도

무역개방도가 증가할수록 무역을 통해 이익을 많이 향유할 수 있는 산업에 종사하는 사람들의 소득과 그렇지 않는 사람들이 벌어들이는 소득 간의 격차는 증가하게 된다. 예를 들어 부유한(높은 임금수준의) 국가와 가난한(낮은 임금수준의) 국가 간에 무역이 이루어진다면, 낮은 기술수준으로 생산가능한 상품의 상대적 가격이 부유한 국가에서는 하락하게 된다. 왜냐하면 부유한 국가에서 낮은 기술수준으로 생산가능한 상품은 가난한 국가에서 생산하는 수입품으로 대체가 가능하기 때문이다.[22] 따라서 무역은 수출입 가격으로 생겨나는 임금격차를 통해 소득불평등의 가능한 원인이 된다.

4.9 기회의 장벽

현실 경제에서 경험할 수 있는 다양한 형태의 유리한 기회의 장벽은 소득불평등의 중요한 원인이다. 예를 들어 재벌의 자손은 회사의 사장이 되어 유능한 기업가가 될 가능성이 크지만, 선천적으로 타고난 능력을 소유하고도 자신의 능력을 발휘할 기회가 주어지지 않는다면 선천적인 능력

22) 이는 유명한 스톨퍼-사뮤엘슨 정리(Stolper-Samuelson theorem, 1941)로 알려져 있다.

을 발휘할 수 없게 된다. 따라서 유리한 기회의 장벽이 줄어들수록 소득 불평등이 완화될 가능성이 증가한다.

읽을거리

세계의 소득분배

경제학자들은 한 국가의 소득불평등의 원인과 변화를 파악하려는 노력과 마찬가지로 세계의 소득분배에 대한 다양한 연구를 진행하고 있다. 국가 간 소득수준의 수렴(즉 세계의 불평등수준 개선) 여부는 전통적으로 두 가지 방법, 즉 (i) 국가 간 소득수준의 분산(혹은 표준편차)으로 측정하는 σ-수렴과 (ii) 초기의 1인당 GDP가 경제성장률에 미치는 영향을 추정하는 β-수렴을 사용해 측정한다. 국가 간 소득수준의 수렴 여부를 파악한 선행연구는 사용한 기간이나 표본 등의 선택에 따라 나소 상이한 결과를 제시하였다(몇 가지 사례는 황진영(2014)을 참고할 수 있다).

Sala-i-Martin(2006)은 1970~2000년의 138개 국가를 대상으로 다양한 미시적 · 거시적 통계자료를 이용해 인구수를 가중치로 부여한 세계의 소득분배를 분석하였다. 구체적으로 Sala-i-Martin(2006)은 세계의 소득불평등이 1970년 이후 크게 변동하지 않았다고 제시하였다. 1979년의 소득지니계수는 0.662로 가장 높은 수준인 이후 조금씩 감소하는 경향을 보이다가 2000년의 소득지니계수는 0.637을 기록하였다. 이는 1979년과 2000년의 두 시점을 기준으로 약 4% 정도 소득지니계수가 감소하였음을 의미한다. 이와 같은 결과는 1990년대 인구수가 많고 가난한 국가들(예를 들어 인도 · 중국 등)의 급속한 소득수준 향상에 기인한 것으로 추측할 수 있다. 그러나 우리는 이상의 결과를 통해 세계의 불평등은 한 국가의 불평등보다 심각한 수준이라는 사실을 알 수 있다.

OECD(2008)는 OECD 회원국을 대상으로 소득불평등의 변동을 제시하였는데, 1980년대 이후 많은 OECD 국가의 소득불평등은 크게 변동하지 않았거나 약간 심화된 것으로 제시하였다. 특히 OECD 국가의 소득지니계수는 1980년대 중반에서 1990년대 중반까지의 약 10년이 이후의 약 10년에 비해 더 크게 증가하였다. 또한 1980년대 중반~2000년대 중반까지의 약 20년 동안 뉴질랜드와 핀란드의 소득지니계수는 상대적으로 크게 증가(2.5%포인트 이상)한 반면, 스페인, 아일랜드 및 프랑스의 소득지니계수는 약간 감소(1~1.5%포인트)한 것으로 나타났다. 그러므로 많은 산업화된 국가에서는 기술의 발전, 세계경제의 글로벌화, 가족구조의 변화 등과 같이 (소득에 근거한) 소득불평등을 심화시키는 유인이 생겨날수록 대체로 소득재분배적 정부지출을 증가시켜 안정적인 수준의 (지출에 근거한) 소득불평등을 유지하려 노력하고 있다.

생각해 볼 문제

01 한 국가의 경제정책이 그 구성원의 소득불평등에 어떤 영향을 미치는지 구체적인 사례를 조사해 보자. 또한 여러분이 제시한 정책을 통해 어떤 사람 혹은 계층이 이익을 얻었으며, 어떤 사람 혹은 계층이 손해를 입었는지 제시하라. 마지막으로 국가정책으로 말미암아 생겨나는 이익과 손해와 같은 형태의 소득재분배 현상을 줄이기 위해서는 국가의 경제정책이 어떤 방향 혹은 형태로 나아가야 하는지 생각해 보자.

02 한 국가의 소득 및 자산 불평등을 측정하기 위해 어떤 방법들이 사용되며, 이들 방법들의 장 · 단점을 설명하라. 또한 소득지니계수와 자산지니계수 간에는 어떤 개념적인 차이가 존재하는가?

03 고전학파 경제학은 실물부문과 금융부문 간의 상호연관성에 대해 "화폐는 베일"(Money is veil.)을 사용해 축약적으로 표현하였다. 그런데 1997년 말 우리나라가 경험한 경제위기는 금융부문에서 유래된 문제가 실물부문 전체를 붕괴시키는 경제적 대혼란이었다. 그렇다면 고전학파 경제학은 전혀 현실을 설명하지 못하는 것인가? 과연 금융부문이 실물부문에 어느 정도 영향을 미친다고 생각하는가?

04 쿠즈네츠의 「역U자 가설」이란? 쿠즈네츠의 「역U자 가설」에서는 발전단계에서 성숙단계로 나아가는 이유를 비교적 다양하게 제시하였는데, 소득재분배적 정부정책과 관련된 내용을 정리해 보자.

05 소득분배가 완전히 평등한 국가나 사회에서는 열심히 일한 사람과 게으른 사람 모두에게 동일한 소득이 주어진다. 이와 같은 완전평등 사회나 국가가 경제적으로 혹은 사회적으로 바람직하다고 생각하는가? 일반적으로 생산성이 높은 사람에게 높은 소득이 보장될 때 효율성이 제고된다. 만약 우리가 효율성만을 지나치게 강조한다면, 비자발적 실업자 · 노약자 · 신체장애자 등에 대해서는 소득이 아주 낮게 주어지거나 혹은 주어지지 않을 수 있다. 이와 같은 국가나 사회가 바람직하다고 볼 수 있는가? 기회균등의 개념과 연관시켜 주의 깊게 설명하라.

06 CHAPTER

교육의 중요성

한 국가나 사회를 구성하는 사람들의 교육수준에 대한 분포는 정치적 제약으로 작용할 수 있다. 왜냐하면 구성원들의 교육수준이 비슷한 국가나 사회에서는 구성원 간의 이질성이 크지 않으며, 다른 모든 조건이 동일할 때 그들은 유사한 정책을 선호하기 때문이다. 또한 교육은 인적자본 축적을 통해 경제성장을 결정하는 중요한 요인이다. 따라서 교육과 관련된 내용은 경제성장의 정치경제학에서 다루어야 할 중요한 주제이다. 본 장에서는 정치경제학 분석에서 사용하는 교육과 관련된 주요 개념을 정리하고, 교육과 경제성장 간의 관계, 국가 간 교육투자의 지표와 우리나라의 현황, 교육투자의 결정요인 및 최근의 연구동향을 차례로 살펴본다.

1. 교육과 정치경제학

교육의 중요성은 아무리 강조해도 지나침이 없다. 따라서 교육은 경제학에서 다루어야 할 중요한 연구주제이다. 본 절에서는 교육과 정치경제학을 연결시킬 수 있는 주제, 즉 교육투자와 시장실패, 신호로서 교육의 역할 및 지대추구와 고등교육의 왜곡과 관련된 내용을 간단히 소개한다.

1.1 교육투자와 시장실패

교육투자는 외부효과를 유발하기 때문에 시장기능에 맡기면 최적수준이 달성되지 않은 시장실패로 이어진다. 즉 교육에 투자한 사람은 제3

자에게 의도하지 않은 외부경제를 창출하기 때문에 시장기능에 맡길 때 교육투자의 규모는 최적수준에 미달하는 과소투자가 생겨난다. 예를 들어 인류의 생활을 윤택하게 만드는 발명 · 발견 등은 대체로 교육투자를 행한(혹은 교육을 받은) 사람들에 의해 이루어졌지만, 교육에 투자하지 않은(혹은 교육을 받지 않은) 사람들도 그 혜택에서 배제되지 않았다. 다시 말해 교육투자의 여부 혹은 정도에 관계없이 모든 사람들이 생활을 윤택하게 만드는 발명 · 발견 등의 혜택을 받게 된다.

따라서 교육투자를 통해 생산된 생산물은 공공재의 성격을 지니게 된다. 즉 교육에 투자하지 않은 사람들도 교육투자를 통해 생산된 생산물을 수요하는 데 배제되지 않으며 경합의 측면도 상당히 미미하다. 따라서 교육투자를 시장기능에 맡긴다면, 교육은 최적수준에 비해 과소생산이 발생하는 시장실패가 생겨난다. 이와 같은 시장실패를 보완하기 위해서는 정부의 조정역할이 요구된다. 예를 들어 선진 산업화된 국가의 정부에서는 시장에 맡길 때 생겨나는 교육의 과소생산 문제를 줄이기 위해 중등교육 혹은 그 이상의 수준까지 의무교육으로 지정하고, 국공립대학은 물론 심지어 사립대학까지 지원한다.

여기서 혼란을 방지하기 위해 다음의 두 가지 사항을 언급하고자 한다. 첫째, 본 절에서 언급하는 교육은 단순히 학교교육만을 지칭하는 것이 아니라 가정교육이나 사회교육을 망라하는 개념이다. 둘째, 우리는 교육의 중요성을 논의하는 과정에서 교육투자는 물론 교육생산성을 함께 고려해야 한다. 따라서 경제학에서 논의하는 교육은 일반적 관점의 학교교육 혹은 교육투자에 비해 다소 포괄적인 개념으로 사용된다.

1.2 신호로서 교육

완전경쟁시장은 경제주체들이 완벽한 정보를 소유해야 한다고 가정한다. 따라서 완전경쟁 노동시장을 가정하면 기업은 아무런 어려움 없이 노동자의 능력을 선별할 수 있으며, 모든 노동자들의 임금은 그들의 '한계생산물가치'(value of marginal product, VMP)와 동일하게 결정된다. 그러나 완전경쟁 노동시장은 현실적으로 존재하지 않을 뿐만 아니라 노동자의 능력을 정확히 판단하기란 사실상 불가능하다. 그러므로 노동시장에서 노동자의 능력에 대한 노동수요자와 노동공급자 간의 정보의 비대칭성은 일반적인 현상이다.

이와 같은 정보의 비대칭성하에서 노동공급자(노동자)는 자신의 능력 혹은 특성을 노동수요자(기업)에게 적극적으로 알리기 위해 '신호'(signaling), 즉 "감추어진 특성(hidden characteristics)에 대한 관찰 가능한 지표"를 발송한다. 왜냐하면 정보의 비대칭성으로 인해 정보를 가진 측(노동공급자)이 정보를 갖지 못한 상대방(노동수요자)에게 자신을 능력 혹은 특성을 적극적으로 전달해야 정보를 가진 측(노동공급자)의 능력 혹은 특성이 정보를 갖지 못한 상대방(노동수요자)의 선택에 반영될 수 있기 때문이다.

또한 노동수요자(기업)는 가능한 적은 비용으로 노동공급자의 능력 혹은 특성을 '선별'(screening)하려 노력한다. 여기서 선별이란 "정보를 갖지 못한 측이 정보를 가진 상대방의 능력 혹은 특성을 판단하고자 하는 노력"을 일컫는다. 이와 같은 선별 과정에서 정보를 갖지 못한 측(노동수요자)은 상대방(노동공급자)의 감추어진 능력 혹은 특성에 대해 간접적인 수단을 사용해서라도 알아내려 노력한다. 즉 노동수요자는 선별 과정에서 역선택을 줄이기 위해 가능한 모든 방법을 사용한다.

이상의 신호와 선별 과정에서 노동공급자는 자신의 능력에 관한 신호로서 교육이수의 정도를 사용하며, 노동수요자는 선별의 기준으로 노동공급자의 교육이수의 정도를 이용한다. 이는 높은 수준의 교육을 받은 사람이 높은 능력을 발휘할 가능성이 증가한다는 일반적인 관측에 기초한다. 만약 교육이수의 정도가 능력에 대한 신호로만 사용된다면, 대학진학을 희망하는 학생들 역시 신호로서의 역할만을 고려해 대학진학을 결정할 수 있다. 예를 들어 합리적인 경제인은 대학진학에 따른 비용이 향후 높은 능력으로 판별될 때 얻는 이익보다[1] 작을 때 대학진학을 결정한다.[2]

1) 이익의 예로는 높은 능력으로 판별될 때의 임금과 낮은 능력으로 판별될 때의 임금 간

1.3 지대추구와 고등교육의 왜곡

고등교육은 초등교육 혹은 중등교육과 달리 지대추구와 관련될 수 있다는 특징이 있다. 고등교육을 수요하기 위해서는 초등교육과 중등교육과는 달리 수요자가 비싼 비용을 지불해야 하므로 고등교육은 소수의 부유한 사람들만이 수요할 수 있는 재화라고 생각할 수 있다. 여기서 비용은 등록금 · 주거비 등과 같은 회계비용과 함께 교육을 수요함으로써 잃게 되는 기회비용을 합한 금액이다.

이미 소개한 Rodriguez(2004)의 모형에서와 같이 정치적 조직을 형성하는 데 가난한 사람들과 부유한 사람들 간에 차이가 생겨나도록 고정비용을 가정할 경우에는 부유한 사람들이 정치적 활동을 통해 보수 증가를 실현할 수 있다. 만약 비싼 등록금이나 주거비 등의 회계비용과 고등교육을 수요함으로써 잃게 되는 기회비용을 합한 금액이 Rodriguez(2004)의 모형에서 가정한 고정비용의 역할을 수행한다면, 고등교육은 소수의 부유한 사람들만이 수요하게 된다. 또한 고등교육을 수요하는 소수의 부유한 사람들은 정치적 조직을 통해 더 많은 공공재원이 고등교육에 사용될 수 있도록 유도하거나 고등교육의 공급을 인위적으로 제한하는 형태로 그 혜택을 계속적으로 향유하려는 지대추구를 수행할 수 있다.[3)]

많은 선행연구에서는 이상과 같은 지대추구를 암묵적으로 가정함으로써 지대추구가 심한 국가일수록 고등교육에 대한 공공지출의 왜곡과 낮은 취학률이 생겨날 수 있다고 주장하였다. 예를 들어 Dabla-Norris and Gradstein(2004), Gradstein(2003) 등은 지대추구로 인해 정부의 공공지출이 부유한 사람들에게 유리한 쪽으로 편중될 수 있다고 제시하였다. 구체

의 격차를 들 수 있다.

2) 신호와 선별과 관련된 모형은 미시경제학 서적을 참고할 수 있다.

3) 교육투자가 소득불평등의 중요한 원인이라는 사실을 고려할 때 이상의 지대추구는 제5장에서 살펴본 소득불평등과도 관련된다. 왜냐하면 소수의 부유한 사람들이 지대추구를 통해 더 많은 공공재원의 혜택을 받거나 혹은 혜택받는 수를 계속적으로 제한한다면, 현재의 불평등이 미래의 불평등으로 세습되거나 혹은 더욱 심화될 수 있기 때문이다.

적으로 Dabla-Norris and Gradstein(2004)은 거버넌스(governance)와 관련된 제도적 인프라수준이 부족한 국가에서는 공교육이 부유한 사람들에게 편중될 수 있다는 간단한 이론적 모형과 함께 36개 개발도상국 및 전환기 국가로 구성된 표본을 이용한 실증분석 결과를 제공하였다.

또한 부유한 사람들의 지대추구로 인해 초등교육이나 중등교육에 비해 고등교육에 더 많은 공공재원이 배분될 수 있다는 사실은 Birdsall(1997), Hwang(2005) 등에서 검토되었다. Birdsall(1997)은 개발도상국(특히 소득불평등이 극심한 남미와 아프리카 국가)을 대상으로 초등교육에 대한 공공지출에 비해 고등교육에 대한 공공지출이 상대적으로 클 수 있다고 지적하였다. Hwang(2005)은 49개 개발도상국으로 구성된 표본을 사용해 초기의 자산불평등(1960년경의 '토지지니계수'로 측정)이 심한 국가에서는 초등 및 중등 교육기관에 비해 고등교육기관에 대한 정부의 교육비지출 비율이 상대적으로 높게 나타난다고 추정하였다.

공공지출의 경우와 마찬가지로 부유한 사람들이 지대추구를 통해 고등교육을 수요하는 데 필요한 고정비용을 높게 설정함으로써 그 수요를 제한하거나 혹은 인위적으로 그 공급을 제한하는 방법을 통해 진입장벽을 형성한다면, 사회 전체적인 취학률은 줄어들게 된다. Hwang and Jung(2006)은 소득불평등이 심한 국가일수록 부유한 사람들의 지대추구로 인해 고등교육기관의 취학률이 상대적으로 낮게 나타날 수 있다고 관측하였다. 따라서 다른 모든 조건이 동일하다면, 고등교육기관의 취학률이 상대적으로 낮은 수준에 머물러 있는 국가는 지대추구가 만연한 상태이다.

이상의 논의에서 고등교육에 대한 재원배분이 소득불평등 혹은 자산불평등이 심한 국가에게 크게 나타나는 이유는 한 국가나 사회에서의 불평등수준과 지대추구는 상호 영향을 주고받을 수 있다는 가정에 근거하기(제5장 제2절 참고) 때문이다. 즉 불평등이 심한 국가에서는 소수의 부유한 사람들에 의해 더 많은 공공재원이 고등교육에 사용되도록 유도하는 지대추구가 생겨난다.[4] 그러므로 고등교육에 대한 공공재원의 증가는 가난한

4) 구체적으로 소수의 부유한 사람들은 정치적 조직을 형성해 직접적으로 더 많은 공공재

사람으로부터 부유한 사람에게로 소득을 재분배하는 역할을 수행한다.

읽을거리

초 · 중등교육과 고등교육 간의 차이점

고등교육의 특징은 다양한 측면에서 초등 · 중등교육의 특징과는 차이가 있다. 즉 초등 · 중등교육은 개인이익이 약하고 매우 강한 양(+)의 외부효과로 말미암아 의무교육 형태의 '일반적' (general) 인적자본의 양성을 목적으로 한다. 그러나 고등교육은 개인이익이 강하고 양의 외부효과가 약하기 때문에 선택적 수요가 이루어져 '특정한' (specific) 인적자본을 양성한다.

따라서 정부의 교육비지출 증가가 취학률 및 교육의 질(quality)에 미치는 영향은 교육기관별로 상이하게 나타난다. 즉 초등 · 중등교육에 대한 정부의 교육비지출 증가는 취학률에는 크게 영향을 미치지 않으면서 교육의 질 개선에는 도움이 되지만, 고등교육에 대한 교육비지출의 증가는 취학률과 교육의 질 모두를 개선하는 데 도움이 된다(Hidalgo-Hidalgo and Iturbe-Ormaetxe, 2012). 따라서 고등교육의 특징은 외부효과 · 개인이익 등의 다양한 측면에서 초등 · 중등교육의 경우와는 상이한데, 이를 요약하면 다음의 〈표 6-1〉과 같다.

표 6-1 초등 · 중등교육의 특징과 고등교육의 특징 간의 차이점

구 분	초등 · 중등교육	고등교육
외부효과	매우 강한 양의 외부효과	약한 양의 외부효과
개인이익	약함	강함
의무교육	강함	아님
인적자본의 형태	'일반적' 인적자본	'특정한' 인적자본
정부의 교육비지출 증가	교육의 질에 크게 영향	취학률과 교육의 질에 영향

출처: 황진영 · 정상은(2011).

원이 고등교육에 사용되도록 유도하거나 인위적으로 고등교육의 공급을 제한할 수 있다. 또한 소수의 부유한 사람들은 고등교육을 수요하는 데 요구되는 고정비용을 높게 설정함으로써 그들만이 고등교육의 수요를 독점하려 시도한다.

2. 교육투자와 경제성장

교육은 정보나 기술을 가진 노동력을 창출할 뿐만 아니라 생산력을 향상시키기 때문에 명백히 경제성장에 도움을 준다. 본 절에서는 교육과 경제성장 간의 관계를 규명한 내생적 성장이론의 개요와 루카스의 인적자본 모형에 대해 알아보고, 교육과 경제성장 간의 가능한 전달경로와 실증적 연구결과를 정리한다.

2.1 교육을 통한 인적자본 축적과 경제성장

교육투자가 경제성장에 긍정적 영향을 미치는 이유는 교육을 통해 인적자본을 축적할 수 있기 때문이다. 또한 우리는 제3장에서 한 국가의 인적자본 축적은 경제성장을 결정하는 가장 중요한 요인이라는 사실을 공부하였다. 비록 신고전학파 경제학에서는 물적자본 축적과 함께 교육을 통한 인적자본 축적이 기술진보 더 나아가 경제성장에 긍정적 영향을 미친다는 사실을 제시하였지만, 그들의 경제학에서는 자본의 축적이 지속적(항구적) 경제성장의 원인이 될 수 있다는 근거를 제공하는 데 실패하였다. 예를 들어 제3장에서 논의한 솔로우 모형과 같은 신고전학파 성장모형에서는 자본의 축적이 경제성장을 유도하지만 지속적인 경제성장의 원동력이 되지는 않는다. 왜냐하면 신고전학파 경제학에서는 자본이 증가할수록 그 한계생산성이 감소하는 자본의 한계생산성 체감의 법칙을 가정하기 때문이다.

그러나 내생적 성장이론이 등장하면서 자본의 축적이 지속적인 경제성장의 원인이 될 수 있다는 이론적 배경이 형성되었다. 즉 내생적 성장이론에서는 자본을 물적자본과 인적자본으로 구분하고 생산과정에서 두 자본을 모두 사용한다고 가정할 경우에는 두 자본의 상대적 희소성으로 말미암아 한계생산성이 체감하지 않을 수 있음을 제시하였다. 비록 생산과정에서 물적자본 혹은 인적자본이 독립적으로 사용될 경우에는 자본의 한계생산성이 체감할 수 있지만, 두 자본이 모두 사용될 경우에는 자본 간의 외부효과(혹은 확산효과)로 인해 자본의 한계생산성이 체감하지 않을 수 있다.

구체적으로 어떤 재화를 생산하기 위해서는 생산요소로서 기계와 같은 물적자본과 교육을 통해 형성된 인적자본을 동시에 사용해야 한다고 가정하자. 만약 인적자본의 양은 변하지 않은 상태에서 물적자본이 증가하면 물적자본의 한계생산성은 체감하게 된다. 그러나 이때 상대적으로 희소해진 인적자본의 한계생산성은 물적자본의 경우에 비해 높게 나타난

〉〉〉 인적자본의 축적 　　보충내용

인적자본(human capital)은 노동의 다양한 질적인 측면을 일컫는다. 인적자본은 물적자본(physical capital)과 같이 외생적으로 주어진 것이 아니라 생산된 것이며, 생산성 향상에 기여하고 임금상승의 형태로 수익을 발생시킨다.

그렇다면 한 국가의 인적자본은 어떻게 생산하고 축적할 수 있을까? 한 국가의 인적자본은 크게 '건강'과 '교육'을 통해 형성된다. 즉 건강과 교육의 수준이 높은 국가가 인적자본이 많이 축적된 국가이다. 건강상태의 개선은 소득수준 향상에 크게 영향을 미친다. 왜냐하면 노동자의 건강상태가 개선될수록 건강문제로 인해 노동능력이 없는 사람의 수가 줄어들고, 노동자는 더 열심히 일할 수 있기 때문이다. 물론 소득수준의 향상이 영양상태를 개선시켜 건강증진에 영향을 미칠 수 있다. 따라서 건강과 소득수준 간에는 상호작용을 통한 승수효과(multiplier effect)를 발생시킨다.

또한 교육은 인적자본을 축적하기 위한 투자이다. 사람들이 생산성 향상을 위해 기계 구입을 통해 물적자본에 투자하듯이 교육에 대한 비용의 지출이 인적자본에 대한 투자이다. 건강의 경우와 마찬가지로 한 국가의 교육투자와 소득수준 간에도 밀접한 양(+)의 관계가 성립한다. 일반적으로 건강의 개선에는 한계가 있을 수 있지만, 교육은 생산성 향상을 통해 끊임없이 증가시킬 수 있기 때문에 소득수준이 높아질수록 교육을 통한 인적자본 축적의 중요성이 점증하게 된다.

다. 따라서 한계생산성이 상대적으로 높은 인적자본에 대한 투자를 증가시키면, 이는 다시 인적자본의 한계생산성이 체감하는 결과를 초래한다. 이제 인적자본의 증가로 인해 인적자본이 물적자본에 비해 상대적으로 풍부해지면, 상대적으로 희소해진 물적자본의 한계생산성이 인적자본의 경우에 비해 높게 나타나기 때문에 물적자본에 대한 투자를 다시 증가시킨다.

이와 같이 물적자본과 인적자본의 상대적 희소성이 계속된다면, 두 자본을 지속적으로 증가시킬 수 있다. 따라서 내생적 성장이론에 의하면, 물적자본과 인적자본을 동시에 축적한 경제에서는 자본의 한계생산성이 감소하지 않으면서 지속적이고 항구적인 경제성장을 달성할 수 있게 된다. 그러나 우리는 이상의 과정에서 한 가지 유의할 사항이 있다. 현실적으로 우리는 물적자본을 지속적으로 증가시킬 수 있지만, 인적자본을 지속적으로 증가시키는 데에는 많은 어려움에 직면한다. 왜냐하면 건강과 교육을 통해 인적자본이 축적되는데, 건강과 교육이 도달할 수 있는 상한(upper limit) 값에는 한계가 존재하기 때문이다. 결론적으로 지속적인 경제성장을 위해서는 교육의 중요성을 아무리 강조해도 지나침이 없다.

2.2 루카스의 인적자본 모형

인적자본 축적과 경제성장 간의 심층적 관계는 1995년 노벨 경제학상 수상자인 루카스(Robert E. Lucas Jr., 1937~) 교수의 인적자본 모형을 이용해 살펴볼 수 있다.[5] 루카스 교수는 경제성장 이론의 발전에 중대한 전환점이 된 그의 논문 "On the Mechanics of Economic Development"(1988)에서 지속적인 경제성장을 달성하기 위해서는 인적자본의 축적이 무엇보다 중요하다고 역설하였다. 즉 루카스 교수는 한 국가의 경제성장은 그 국가가 보유한 인적자본의 정도에 의해 결정될 수 있다고 주장하였다.

구체적으로 루카스(Lucas, 1988) 모형에서는 콥-더글러스 생산함수를

5) 수학에 익숙하지 않은 독자는 "2.2 루카스의 인적자본 모형"을 생략해도 본서의 전반적인 내용을 이해하는 데에는 어려움이 없다.

변형시킨 다음의 식(6-1)과 같은 생산함수를 상정하였다.

$$Y = AK^{\alpha}(uhN)^{1-\alpha} \tag{6-1}$$

식(6-1)에서 u는 개별 경제주체들의 총시간 중에서 노동에 활용되는 시간의 비율을 의미하며, h는 사회의 평균적인 교육 및 기술습득 수준을 반영하는 보유 인적자본량을 나타낸다. 따라서 uh는 효율성 단위(efficiency unit)로 나타낸 '유효 노동공급 시간'을 나타내며, uhN은 '총유효노동'(total effective labor)을 의미한다. 따라서 식(6-1)에 의하면, 한 국가의 생산량수준(Y)은 생산성지수(A), 물적자본(K) 및 총유효노동(uhN)에 의해 결정된다. 루카스 모형에서 사용한 이상의 생산함수는 제3장 제4절의 내생적 성장이론에서 살펴본 AK 모형의 변형이다. 즉 식(6-1)을 노동자 1인당 생산량수준으로 나타내면 $y = Ak^{\alpha}(uh)^{1-\alpha}$가 되며, 이는 AK 모형과 동일한 형태이다.

또한 현재의 인적자본 h를 보유한 경제주체가 교육·기술습득 등에 투입하는 시간은 $1-u$이기 때문에 미래의 인적자본 축적 과정($\dot{h}$)은 다음의 식(6-2)와 같이 나타난다.

$$\dot{h} = \theta(1-u)h \text{ 혹은 } \frac{\dot{h}}{h} = \theta(1-u) \tag{6-2}$$

루카스 모형에서는 식(6-2)를 '지식생산함수'(production function of knowledge)라고 정의하였다. 식(6-2)에서 θ는 인적자본 축적의 효율성을 나타내는 계수이며, 이는 한 국가의 교육제도나 정책 등과 같은 교육시스템의 효율성 혹은 생산성으로 해석된다. 내생적 성장이론에서는 인적자본의 한계생산성이 체감하지 않을 수 있기 때문에 교육부문의 효율성 혹은 생산성 θ가 충분히 커서 $\theta(1-u) > 1$이면, 균제상태에서 인적자본 축적은 $\theta(1-u)$ 비율로 영원히 성장한다.

또한 루카스 모형에서는 경제주체의 목적함수를 대표 소비자의 효용함수 형태로 설정하였다. 이때 경제주체의 효용함수는 '시점 간 고정대체 탄력성' (constant intertemporal elasticity of substitution)을 가정하고, 계획기간은 무한대로 설정해 미래소비를 할인하는 것으로 가정하였다. 결국 루카스 모형의 해는 이미 설명한 생산함수(식(6-1))와 인적자본 축적 과정의 식(6-2)를 제약조건으로 설정한 상태에서 경제주체의 목적함수를 최적화하면 구할 수 있다.[6)]

결론적으로 이상의 최적화 문제의 해는 식(6-3)과 같이 나타난다. 즉 균제성장경로에서 1인당 소비(c), 1인당 자본(k) 및 1인당 인적자본량(h)은 식(6-3)과 같이 일정한 비율로 증가한다.

$$\frac{\dot{c}}{c} = \frac{\dot{k}}{k} = \frac{\dot{h}}{h} = \frac{\theta - \rho}{\sigma} \tag{6-3}$$

식(6-3)에서 ρ는 시간선호율, σ는 음이 아닌 모수를 나타낸다. 따라서 우리는 식(6-3)을 통해 한 국가의 인적자본 축적의 효율성 θ와 경제성장 간에는 양(+)의 관계가 성립한다는 사실을 알 수 있다. 즉 한 국가의 교육부문의 효율성 혹은 생산성이 충분히 클 경우에는 지속적인 경제성장이 가능해진다. 이는 경제성장을 위해 교육투자는 물론 교육시스템의 효율성 혹은 생산성이 중요하다는 시사점을 제공한다. 여기서 유의할 사항은 루카스 모형에서의 교육은 단순히 학교교육만을 지칭하지 않으며, 한 사회의 인적자본량을 향상시킬 수 있는 학교교육 · 직장교육 · 현장교육 · 숙련교육 등을 망라하는 개념이라는 점이다.

---

6) 본 장에서는 Lucas(1988)가 제시한 경제주체의 목적함수 도출에 관한 상세한 논의 및 최적화 문제의 풀이 과정은 생략한다. 왜냐하면 이상의 내용을 이해하기 위해서는 다소 어려운 수학적 개념은 물론 상당한 도출과정이 요구되므로 학부수준의 지식을 가진 독자가 이해하기 어려울 뿐만 아니라 이상의 설명은 본서의 일관성과도 부합하지 않기 때문이다. 이상의 내용에 관심이 있는 독자는 김신행(1999), 이명재 · 남상호(2003), Barro and Sala-i-Martin(2003) 등의 서적을 참고할 수 있다.

2.3 사카로풀로스의 교육과 경제성장 간의 연결

인적자본의 중요성을 강조한 대표적 학자로는 1992년 노벨 경제학상 수상자인 베커(Gary S. Becker, 1930～2014), 민서(Jacob Mincer, 1922～2006), 사카로퓰로스(George Psacharopoulos, 1937～) 등을 들 수 있다. 이들은 경험적인 연구를 통해 교육이나 훈련을 통해 형성된 인적자본이 생산성과 임금수준을 향상시킨다는 결과를 도출하였다. 그러나 그들이 제시한 대부분 이론은 다분히 미시적 측면에서 사회적 · 교육적 · 역사적 관점을 중요시 여겼기 때문에 본서에서는 그 구체적인 내용을 생략한다. 다만 이하에서는 Psacharopoulos(1984)가 제시한 교육과 경제성장 간의 다양한 전달경로를 간단히 소개한다.

첫째, 교육은 인적자본 형성을 전제로 이루어지기 때문에 교육은 물적자본과의 보완적 역할을 통해 경제성장에 공헌한다. 이는 교육을 통해 인적자본이 형성되며, 내생적 성장이론에서 강조한 물적자본과 인적자본 상호간의 외부효과를 의미하는 것으로 이해할 수 있다.

둘째, 많은 국가에서 교육은 직접적으로 농업생산성을 향상시켜 생산량을 증가시킨다.[7] 경제발전의 초기단계에서 농업생산성 향상은 경제발전을 위해 가장 중요한 수단이다. 또한 역사적 경험을 살펴보면, 교육에 대한 투자가 본격적으로 이루어질 때 대부분 농업생산성의 향상이 함께 생겨난다.

셋째, 교육은 새로운 생산요소의 채택과 그 생산요소를 효율적으로 사용할 수 있게 하는 능력을 향상시켜 경제성장에 기여한다. 즉 노동자는 교육을 통해 직접적으로 생산성 향상에 기여할 뿐만 아니라 새로운 생산요소의 채택과 그 생산요소를 효율적으로 사용하는 방법의 개발 등의 간접적 경로를 통해 생산량을 증가시킨다.

넷째, 교육은 우수한 여성들이 노동시장에 참여하는 비율을 증가시

7) 제12장에서 언급하겠지만, 현재에도 농업은 지구상에서 가장 많은 사람들이 종사하는 산업이다.

켜 경제성장에 간접적으로 도움을 준다. 즉 교육은 양성평등의 사고를 증진시키고 여성의 고용증대에 기여한다. 또한 이상의 주장은 한 국가나 사회에서 여성의 교육수준과 노동시장에 참여하는 여성 노동자의 비율 간에는 밀접한 양(+)의 관계가 형성된다는 역사적 경험에 기초한다.

다섯째, 높은 수준의 교육을 받은 사람은 직장에서 상대적으로 높은 수준의 성취를 추구하기 때문에 기업은 물론 한 국가 전체적으로 교육수준이 높은 사람들이 많을수록 생산성 향상이 쉽게 이루어진다. 다시 말해 교육수준이 높은 사람들은 자신들의 한계생산물가치(VMP)가 높다는 사실을 보이기 위해서라도 높은 수준의 성취를 달성하기 위해 노력한다. 왜냐하면 모든 노동자들의 임금은 그들의 VMP에 의해 결정되며, 교육수준이 높은 사람은 그들의 지식이나 경험을 이용해 상대적으로 VMP를 높이기 쉽기 때문이다.

여섯째, 국가 간의 통계자료를 살펴보면, 한 국가의 평균적인 교육수준과 출생시 기대수명 간에는 아주 밀접한 양(+)의 관계가 성립한다. 또한 출생시 기대수명과 소득수준 간에도 양의 관계가 나타난다. 따라서 기대수명이 증가할수록 교육투자를 통한 수익이 증가하기 때문에 높은 교육수준과 기대수명은 경제성장을 증진시키는 데 기여한다.

일곱째, 교육은 이주를 결정할 때 합리적인 행동을 유도함으로써 생산성 향상에 기여한다. 일반적으로 우리는 교육을 통해 다양한 지식을 수월하게 습득하고 활용할 수 있기 때문에 교육수준이 높은 경제인의 선택이 그렇지 않은 사람들의 선택에 비해 합리적일 가능성이 높게 나타난다. 또한 역사적 경험을 살펴보면, 경제발전의 초기단계에서는 노동자의 합리적 이주가 경제의 생산성 향상에 크게 기여하는 것으로 알려져 있다.

마지막으로, 교육과 건강 간의 양의 관계가 경제성장에 긍정적 영향을 미친다. 많은 미시적 · 사회적 · 교육적 관점에 기초한 선행연구에서는 어머니의 교육수준이 유아나 아동의 사망률에 큰 영향을 미치는 것으로 밝히고 있다. 다시 말해 어머니의 교육수준이 높을수록 건강에 대한 지식이 증가하여 유아와 아동의 사망률을 크게 떨어뜨리고, 이와 같은 건강의 증진이 경제성장에 양의 영향을 미치게 된다.

이상에서와 같이 교육은 다양한 전달경로를 통해 경제성장에 긍정적 영향을 미친다. 거시적 관점에서 교육의 가장 중요한 효과는 경제전체의 인적자본 축적에 기여한다는 사실이다. 즉 한 국가를 구성하는 사람들의 평균적인 교육수준이 인적자본 축적의 정도를 결정하고, 이는 다시 생산성 향상 및 경제성장을 결정한다.

2.4 실증적 연구결과

안정적인 경제성장을 추구하는 과정에서 교육의 중요성을 강조하지 않는 경제학자는 아마도 존재하지 않는다. 그러나 교육과 경제성장 간의 직접적인 관계를 실증적으로 검토하는 데에는 여러 가지 어려움이 있다. 왜냐하면 한 국가의 교육투자 혹은 인적자본 축적을 반영하는 변수의 선택에 어려움이 존재할 뿐만 아니라 교육투자가 다양한 전달경로를 통해 간접적으로 생산량 증가에 기여할 수 있기 때문이다.

만약 우리가 교육투자를 양적인 측면에서 파악한다고 할지라도 국가 간의 초등 · 중등 · 고등 교육기관 취학률의 분포가 상이하게 나타나기 때문에 과연 어떤 변수를 사용해야 하는지에 대한 어려움이 있다. Barro (1997), Deininger and Squire(1998) 등의 실증적 연구결과에서는 중등교육기관 취학률이 초등교육기관 혹은 고등교육기관 취학률에 비해 경제성장에 큰 영향을 미치는 것으로 추정하였다. 이상의 결과에 대한 가능한 이유는 다음과 같다. 초등교육은 중등교육을 이수하기 위한 전 단계이기 때문에 초등교육은 중등교육에 상당 부분 포함된다. 또한 고등교육은 교육의 목적을 달성함에 있어 위험성이 상대적으로 클 뿐만 아니라 앞서 설명한 지대추구와도 관련될 수 있기 때문에 우리는 고등교육의 경제성장에 대한 기여도가 상대적으로 떨어진다고 판단할 수 있다.

국가 간의 중등교육기관 취학률 자료는 세계은행 · 유네스코 등의 여러 국제기관 혹은 국제기구에서 제공한다. 또한 Barro and Lee(2001)는 국가별 인적자본 축적의 정도를 "한 국가의 25세 이상의 전체인구 대비 중등교육기관에 취학한 비율"로 측정하였다.[8] 이상의 국가 간 자료를 살펴보면, 인적자본 축적과 경제성장률 간에는 양(+)의 관계가 성립한다. 특히 20세기 후반기 30~40년 동안 대한민국 · 일본 등의 몇몇 동아시아 국가에서는 높은 수준의 중등교육기관 취학률의 증가율과 경제성장률을 동시에 기록하였다.

한편 많은 선행연구에서는 교육투자에 대한 정부정책을 반영하기 위해 "총 정부지출 대비 교육비지출 비율" 혹은 "GDP 혹은 국민총생산(GNP) 대비 교육비지출 비율"을 사용하였다. 이상의 변수를 사용한 대표적인 연구인 Easterly and Rebelo(1993)에서는 교육비지출 비율이 높은 국가일수록 대체로 경제성장률이 높게 나타난 것으로 추정하였다. 따라서 지금까지의 연구에서는 한 국가의 교육투자 혹은 인적자본 투자를 반영하기 위해 다양한 변수들을 사용하였다. 또한 적절한 교육투자 혹은 인적자본 축적의 변수를 선택한 실증분석 결과는 교육투자가 경제성장에 대체로 양의 영향을 미치는 것으로 관측하였다.

현실적으로 교육투자는 경제성장에 직접적으로 영향을 미치기보다는 다양한 전달경로를 통해 간접적으로 영향을 미치기 때문에 대부분 실증적 선행연구는 전달경로의 유효성을 검증하는 데 집중되었다. 다음 절에서는 국가 간 교육투자의 다양한 지표를 좀 더 구체적으로 살펴본다. 이를 통해 우리는 교육투자와 경제성장 간의 실증적 관계를 쉽게 이해할 수 있을 것으로 기대된다.

3. 교육투자의 지표 및 우리나라의 현황

일반적으로 교육에 대한 평가는 양적 확대, 질적 개선 및 기회균등

---

8) 국가별 교육성취의 자료는 Barro-Lee 교육성취 데이터세트(Education Attainment Dataset, http://www.barrolee.com)에서 제공한다.

의 세 가지 기준을 바탕으로 이루어진다. 본 절에서는 이상의 기준에 입각해 국가 간 교육투자의 정도를 살펴보고, 우리나라 교육투자의 현황에 대해서도 논의한다.

3.1 국가 간 교육투자의 지표

교육투자 지표는 다양하게 존재하지만, 〈표 6-2〉에는 주요 국가의 양적 확대, 질적 개선 및 기회균등을 반영하는 대표적인 지표가 나타나 있다. 먼저 양적 확대를 나타내는 지표는 세계은행(2014)에서 제공한 2010년의 "중등교육기관 순취학률(%)"이다.[9)][10)] 우리는 〈표 6-2〉의 자료를 통해 양적 확대를 반영하는 순취학률은 소득수준과 밀접하게 관련될 수 있다는 사실을 쉽게 짐작할 수 있다. 즉 대부분 산업화된 국가의 순취학률이 80% 이상이지만, 개발도상국의 순취학률은 훨씬 낮은 수준에 머물러 있다.

또한 〈표 6-2〉는 국가 간의 질적 개선을 반영하기 위한 교육투자 지표로서 세계은행(2014)에서 제공한 2010년의 "중등교육기관의 교사 1인당 학생 수(명)"를 나타낸다.[11)] 일부 개발도상국을 제외하면, 대부분 국가에서의 교사 1인당 학생 수는 10~20명 수준이다. 마지막으로 기회균등을 반영하는 지표인 "의무교육연수(년)"도 〈표 6-2〉에 제시되어 있다. 이와 같은 의무교육연수는 유네스코(UNESCO)에서 제공한 자료이며, 국가별로 7년에서 13년까지 다양하게 분포되어 있다.

이상의 주요 국가의 교육투자 지표를 살펴보면, 몇 가지 흥미로운 사실을 발견할 수 있다. 첫째, 교육투자 지표에 가장 큰 영향을 미치는

---

9) 이하에서도 정의하겠지만, 순취학률은 "취학 적령 인구 대비 해당 연령에 해당하는 재적 학생 비율"을 의미한다.

10) 양적 확대를 반영하는 지표로서 "1인당 GDP 대비 중등교육기관의 학생 1인당 교육비 지출 비율(%)"도 종종 사용된다. 왜냐하면 정부의 교육비지출이 증가할수록 학생들이 부담해야 할 비용이 줄어들어 교육받을 기회가 증진될 수 있기 때문이다.

11) 질적 개선을 반영하는 지표로는 "수학, 과학 및 읽기 등의 국제시험 결과"도 폭넓게 사용된다.

표 6-2 주요 국가의 교육투자 지표

구분 / 국가	양적 확대: 중등교육기관 취학률(%)	질적 개선: 교사당 학생 수(명)	기회균등: 의무교육연수(년)
노르웨이	95.70	–	11
대한민국	96.03	17.60	9
독 일	–	12.91	13
말 리	33.13	24.72*	9
멕 시 코	67.34	17.91	10
미 국	86.47	13.76	12
브 라 질	–	16.66	8
일 본	98.98	11.89	10
칠 레	83.97	21.87	9
케 냐	49.98**	33.44**	8
태 국	78.09	19.91*	9
프 랑 스	95.64	12.68	11
핀 란 드	93.57	9.91	10
필 리 핀	61.40**	34.81**	7
호 주	85.18	–	11

주: *는 2011년, **는 2009년 자료임.
자료: 세계은행(2014), 유네스코(http://portal.unesco.org).

변수는 소득수준이다. 이는 미시적 관점의 경우와 마찬가지로 교육투자는 소득수준이 증대됨에 따라 증가하는 정상재 혹은 사치재라는 사실이 국가 간의 자료에도 적용될 수 있음을 보여준다. 따라서 우리는 〈표 6-1〉을 통해 한 국가의 소득수준 향상이 교육투자 지표의 개선과 동시에 이루어지며, 교육투자가 인적자본 축적을 통해 경제성장을 결정하는 가장 중요한 요인임을 확인할 수 있다.

둘째, 비록 〈표 6-2〉에서는 교육투자 지표를 3개의 기준으로 나누었지만, 이들 교육투자 지표들 간의 상관계수는 상당히 높을 것으로 예상된다. 즉 대부분 국가에서는 교육의 양적 확대, 질적 개선 및 기회균등이 거의 동시에 형성되었다. 설령 양적 확대 혹은 기회균등이 먼저 이루어졌다고 할지라도, 교육의 양적 확대나 기회균등이 달성된 이후에는 자연히 질적 개선에 대한 요구가 증대되므로 이상의 3개 기준의 지표 간에는 밀접한 관련성이 형성된다.

셋째, 이상의 교육투자 지표는 경제인 개개인에 의한 사교육과 같은 광범위한 교육투자를 반영할 수 없다는 점에서 향후 보다 엄밀한 교육투자 지표의 개발이 요구된다. 또한 교육의 효율성을 측정할 수 있는 지표가 개발될 때 최적의 교육투자를 결정할 근거를 마련할 수 있다. 최근 들어 방인성 외 2인(2010)은 "교육의 투입 대비 성과의 비율"로 계산한 국가별 '교육의 상대적 효율성지수'를 개발하였다. 이때 교육의 투입 자료는 "GDP 대비 정부의 교육비지출 비율(%)"을 사용하였으며, 교육의 성과 자료는 〈표 6-2〉에서 제시한 교육투자 지표와 함께 세 가지 다른 교육지표를[12] 추가적으로 활용하였다.

3.2 우리나라 교육투자의 현황

많은 경제학자들은 우리나라가 양적으로 풍부하고 질적으로 우수한 인적자원을 보유하였기 때문에 20세기 후반부 약 40년 동안 눈부신 경제성장을 이룰 수 있었다고 주장한다. 본 절에서는 우리나라 교육이 어떻게 변모되어 왔으며, 어떤 문제점을 내포하고 있는지 살펴본다.

취학률의 확대

취학률은 전반적인 양적 확대와 교육기회를 반영하는 대표적인 통계자료이다. 우리나라의 취학률은 빠르게 증가해 20세기 후반부 약 40년 동

12) 추가적인 세 가지 다른 교육지표는 "1인당 GDP 대비 중등교육기관의 학생 1인당 교육비지출 비율(%)," "국제시험결과를 바탕으로 설정한 수학, 과학 및 읽기 점수의 (산술)평균값(점)," "15세 이상의 전체인구 대비 비문맹자 비율(%)"이다.

안 고등학교까지 거의 완전 취학상태에 도달하는 성취를 이루었다. 일반적으로 취학률은 “취학 적정인구 대비 학교에 재학 중인 학생의 비율(%)”로 정의된다. 그러나 취학 적령인구에서 벗어난 재학생이 많을 경우에는 취학률이 과대 추정된다는 단점이 생겨난다. 따라서 최근에는 “취학 적령인구 대비 해당 연령에 해당하는 재적 학생 수의 비율(%)”로 정의되는 '순취학률'을 고려하는 것이 일반적인 현상이다. 각급 학교별 보편적인 취학 적령은 유치원이 4~5세, 초등학교가 6~11세, 중학교가 12~14세, 고등학교가 15~17세, 고등교육기관이 18~21세이다. 이상의 기준을 바탕으로 우리나라의 연도별 순취학률은 〈표 6-3〉과 같다.

표 6-3 우리나라의 연도별 순취학률(단위: %)

연도	유치원	초등학교	중학교	고등학교	고등교육기관
1953	–	60.0	21.0	12.0	–
1970	0.6	92.0	36.6	20.3	5.3
1975	0.9	97.8	56.2	31.3	6.4
1980	2.2	97.7	73.3	48.8	11.1
1985	15.7	–	82.0	64.2	22.4
1990	28.9	100.5	91.6	79.4	22.6
1995	34.8	98.2	93.5	82.9	35.6
2000	34.2	97.2	95.0	89.4	50.2
2002	36.2	97.3	95.0	88.6	53.9
2005	30.9	98.8	94.6	91.0	65.2
2010	40.2	99.2	97.0	91.5	70.1
2014	47.3	96.4	97.7	93.7	68.2

주: (i) 1953년 자료는 순취학률이 아닌 취학률의 자료로서 다소 과대평가 됨. (ii) 1995년 이후 유치원 원아 수에 6세 아동이 포함됨. (iii) 1970년, 1990년, 1995년 초등학교 학생 수에는 5세 이하 아동이 포함됨. (iv) 1985년 초등학교는 자료의 미비로 누락시킴. (v) 고등학교에는 일반계와 실업계 고등학교가 포함됨. (vi) 고등교육기관에는 전문대학, 교육대학, 대학교가 포함됨. (vii) 1985년 이후 고등교육기관의 재적 학생 수에는 17세 이하 학생이 포함됨.

자료: 교육연구정보서비스(http://eris.knue.ac.kr), 한국교육개발원(http://www.kedi.re.kr).

〈표 6-3〉에서 1970년 중학교와 고등학교의 순취학률이 각각 36.6%와 20.3%이었으나, 이후 급격히 팽창하여 2014년에는 각각 97.7%와 93.7%에 달한다. 중·고등학교 순취학률의 증대는 고등교육기관이 급격히 팽창하는 기반이 되었다. 고등교육기관의 순취학률은 특히 1990년대 이후 빠른 성장을 기록해 2010년에는 70.1%까지 증가하였다. 이상의 통계자료에 근거할 때 우리나라에서는 학교교육의 양적 확대는 물론 교육기회가 상당히 제고된 것으로 파악할 수 있다.

질적 수준의 저하

학교교육의 질적 수준은 통상적으로 학생들의 시험성적이나 노동시장에서 졸업자들의 성과 등으로 파악한다. 우리나라의 초·중·고등학생들은 여러 형태의 국제적인 시험에서 종종 상위에 입상하는 것으로 미루어 학업성취도 측면에서 질적 수준이 높다고 생각할 수 있다. 그러나 이주호·우천식(1998)은 우리나라 학생들의 높은 시험성적은 시험 위주의 입시교육에 의한 것이기 때문에 오히려 창의력이나 사회적 능력 등을 배양하지 못하는 교육의 질적 저하의 결과이며 균형 감각을 상실한 왜곡을 반증하는 것이라고 지적하였다. 사실상 우리나라의 학교교육이 지난 20세기 후반부 약 40년 동안 질적 수준의 개선보다 양적 팽창에 더 많은 노력을 기울여 왔다는 사실은 부인하기 어렵다.[13)]

노동시장에서의 성과를 이용해 국가별 교육의 질을 파악한 연구로는 Bratsberg and Terrell(2002)을 들 수 있다. Bratsberg and Terrell(2002)은 1980년과 1990년의 미국 센서스 자료를 이용해 미국으로 이주한 이주민들의 수입을 바탕으로 이주민들의 이주 전 국가의 교육의 질을 파악하였다. 구체적으로 국가별 교육의 질은 교육, 경험 및 다른 잠재적 결정요인

---

13) Lee(2001)는 다양한 선행연구와 자료를 종합해 우리나라 교육의 질에 관해 평가하였는데, 특히 국제시험점수의 자료를 이용해 우리나라 교육의 질은 교육기관별로 상반된 양상을 보이고 있음을 제시하였다. 구체적으로 Lee(2001)는 우리나라의 초등학생과 중학생의 국제시험결과는 최상위권에 속하는 반면, 고등학생의 국제시험결과는 가장 낮은 그룹에 속한다고 평가하였다.

들을 통제하고, 해당 국가에서 1년을 더 교육받을 때 미국 노동시장에서 발생하는 수입의 변화분을 추정한 값으로 측정하였다. Bratsberg and Terrell(2002)이 제공한 자료에 의하면, 1980년과 1990년의 우리나라 교육의 질은 다른 OECD 국가에 비해 상당히 낮은 수준이었다.

일반적으로 교육투자의 결정을 포함한 모든 경제선택의 기준은 효율성과 형평성에 기초한다. 또한 이상의 두 가지 기준을 동시에 만족하기란 사실상 불가능하다. 따라서 20세기 후반부 동안 우리나라의 교육은 형평성을 강조한 양적 팽창에 집중한 나머지 교육의 질적 수준이 떨어지는 효율성 저하를 간과하였다. 또한 최근에는 과외와 같은 사교육의 확대로 말미암아 형평성마저도 심각하게 손상되고 있는 실정이다.

따라서 우리나라 교육의 질적 개선을 위해서는 심각한 제도개혁이 요구된다. 특히 초·중·고등학생의 심각한 수준의 사교육비, 대학진학의 지역별 불균형, 대학교육의 양적 팽창으로 인한 질의 저하, 서울과 지방 소재 대학의 다양한 격차, 전공별 수급 불균형 등의 문제점들은 우리 사회가 반드시 풀어야 할 숙제들이다. 왜냐하면 교육투자가 인적자본 축적으로 연결되지 않는다면, 교육투자를 위해 사용한 사회비용이 교육투자로 얻는 사회편익을 초과하게 되어 교육투자가 장기적인 경제성장에 부정적 역할을 할 수 있기 때문이다.

과외의 팽창과 형평성의 악화

〈표 6-4〉는 이주호·홍성창(2001)이 제시한 1977~1998년 동안 대학교육을 제외한 학교교육비와 과외교육비의 연도별 추이를 나타낸다. 학교교육을 위한 정부의 투자인 공부담 학교교육비는 1980년대에서 1990년대 중반까지 GDP의 약 2.5~2.7%에서 크게 변동하지 않다가 1995년 교육개혁 이후인 1998년 3.4%로 증가하였다. 학생납입금과 같은 사부담 학교교육비는 1977년과 1982년에 각각 1.6%와 1.7%이었으나, 이후 지속적으로 감소해 1990년 중반 이후 0.7~0.8% 수준에 머물러 있다. 이상의 통계자료는 교육의 평준화 정책을 통해 학부모의 부담을 줄이고 교육 형평성을

표 6-4 우리나라 교육비의 구조와 추이(단위: %, 억원)

연도	GDP 대비 비율(총교육비 대비 비율)			총교육비	
	공부담 학교교육비	사부담 학교교육비	과외	GDP 대비 비율	총액 (기준연도 환산)
1977	2.3(50.5)	1.6(34.4)	0.7(15.1)	4.6	8,166(41,643)
1982	2.7(56.5)	1.7(34.7)	0.4 (8.8)	4.8	26,137(58,647)
1985	2.6(53.2)	1.4(28.5)	0.9(18.3)	4.9	39,618(82,166)
1990	2.5(52.9)	1.0(20.9)	1.2(26.2)	4.7	83,275(132,564)
1994	2.7(52.1)	0.7(14.4)	1.8(33.5)	5.2	168,651(207,600)
1998	3.4(47.3)	0.8(11.8)	2.9(40.9)	7.1	316,684(316,684)

주: 이상은 대학교육을 제외한 학교교육비와 과외교육비에 대한 통계자료임.
자료: 이주호 · 홍성창(2001).

제고시키려는 정부의 노력을 반영한다고 볼 수 있다.[14)]

그러나 정부의 평준화 정책은 우리나라 교육의 가장 큰 특징 중 하나인 과외의 급격한 팽창으로 말미암아 결과적으로 실패하였다고 판단할 수 있다. 〈표 6-4〉에서와 같이 과외에 대한 교육비지출은 1977년 GDP 대비 0.7%에서 1998년 2.9%로 크게 증가하였다.[15)] 더욱 놀라운 사실은 1998년 과외로 지출한 교육비 규모가 공부담 학교교육비수준에 근접하였다는 점이다.

최근의 우리나라 사교육비(명목값) 규모가 어느 정도인지는 〈표 6-5〉에 제시되어 있다. 2013년 우리나라의 총사교육비는 약 185,960억원으로 추계되며 2010년 이후 다소 감소하는 추세이다.[16)] 그러나 1인당 사교육비는 월 평균 약 24만원으로 시계열적으로 크게 변동하지 않았다. 따라서 우리는 총사교육비 감소가 학생 수의 감소에 따라 나타난 결과로 이해할 수 있다. 통계청의 자료에 의하면, 우리나라의 전체 초등학교, 중학교 및

14) 즉 사부담 학교교육비의 감소는 의무교육연수의 증대와 무관하지 않다.
15) 1982년 과외의 규모가 감소한 이유는 1981년 과외금지 조치가 반영된 것으로 추측된다.
16) 〈표 6-5〉는 명목값이기 때문에 실질값으로 계산하면 총사교육비는 더욱 크게 감소하는 추세이다.

표 6-5 교육기관별 총사교육비(단위: 억원, 만원)

구 분	2007년	2008년	2009년	2010년	2011년	2012년	2013년
초등학교	102,098	104,307	102,309	97,080	90,461	77,554	77,375
중 학 교	56,120	58,135	62,656	60,396	60,006	61,162	57,831
고등학교	42,181	46,652	51,294	51,242	50,799	51,679	50,754
총 계	200,400	209,095	216,259	208,718	201,266	190,395	185,960
1 인 당	22.2	23.3	24.2	24.0	24.0	23.6	23.9

주: 1인당은 "1인당 월평균 사교육비 금액"(단위: 만원)을 나타냄.
자료: 교육부 보도자료(2014년 2월 28일, http://www.moe.go.kr).

고등학교의 학생 수는 2007년 7,734,531명에서 2013년 6,481,492명으로 동기간 동안 약 16% 감소하였다. 또한 고액 과외가 사회문제로 대두되면서 많은 수의 과외가 음성적으로 이루어지기 때문에 실질적인 1인당 평균 사교육비는 〈표 6-5〉의 경우보다 높을 것으로 예상된다.

과외는 좋은 환경의 상급학교에 진학을 목적으로 암기식 위주의 교육에 치우쳐 있기 때문에 교육의 효율성 증진에는 부정적 영향을 미친다. 또한 과외는 교육을 수요함에 있어 학부모의 부담을 증가시켜 교육기회의 균등을 저해한다. 현재 우리나라 사회에서 회자되는 족집게 과외수업과 같은 고액의 사교육은 교육기회의 형평성을 더욱 훼손한다. 이주호 · 홍성창(2001)은 학교교육의 평준화 정책이 형평성을 강조한 정책임에도 불구하고 과외의 급팽창으로 인해 형평성이 훼손될 가능성을 실증적으로 제시하였다.

4. 교육투자의 결정요인

제2절에서와 같이 한 국가의 교육투자는 장기적 경제성장을 결정하는 중요한 요인이다. 그럼에도 불구하고 제3절에서와 같이 국가 간의 교육투자가 대단히 상이한 이유는 무엇일까? 본 절에서는 현재까지 거시경

제 관점에서 연구된 교육투자의 결정요인들을 살펴본다.

4.1 금융시장의 불완전성

불평등과 경제성장 간의 전달경로로서 논의되었던 금융시장의 불완전성이 교육투자에 영향을 미친다는 사실은 비교적 널리 알려져 있다. 이미 언급한 바와 같이 교육투자는 다양한 비용, 즉 회계비용과 기회비용을 발생시킬 뿐만 아니라 투자에 따른 위험부담을 내재시킨다.

만약 모든 사람들이 교육투자에 소요되는 비용이나 위험부담을 감수할 만큼 충분한 소득이나 부를 소유한다면, 금융시장의 불완전성은 교육투자의 결정에 전혀 영향을 미치지 않을 수 있다. 그러나 많은 경제인이 교육투자를 위해 금융기관으로부터 대출을 받아야 가능하다면, 금융시장의 불완전성은 교육투자를 결정하는 데 큰 영향을 미친다. 또한 완전한 금융시장이 존재함으로써 금융기관이 모든 경제인의 능력을 정확히 판단할 수 있다면, 가난하지만 능력 있는 사람들이 교육투자에 필요한 금액을 쉽게 대출받을 수 있게 된다. 그러나 현실적으로 금융시장은 불완전하며, 이는 가난한 사람들에게 금융제약으로 작용하기 때문에 그들은 상대적으로 교육투자를 수행하기 어렵게 된다. 결론적으로 우리는 금융시장의 불완전성이 심한 국가일수록 교육투자의 수준이 낮게 나타날 것으로 예상할 수 있다.

금융시장의 불완전성이 교육투자에 영향을 미치고, 이는 다시 경제성장을 결정한다는 사실은 선행연구에서 비교적 폭넓게 논의되었다. 예를 들어 Chen et al.(2008)은 불완전한 금융시장이 경제성장을 둔화시킬 수 있다는 전달경로로서 교육투자를 이용해 설명하였다. 즉 Chen et al.(2008)은 '신용할당'(credit rationing)이 존재할 때 도덕적 해이가 '순금융마크업'(net financial mark-up)을 증가시키기[17] 때문에 교육투자가 감소하고,

17) 다시 말해 다른 모든 조건이 동일할 때 신용할당에 따른 도덕적 해이가 대출이자를 증가시켜 교육투자의 비용을 상승시킨다.

종국적으로 경제성장이 둔화된다는 결론을 도출하였다.[18]

또한 Galor and Zeira(1993)는 부의 축적이 교육투자를 통해 거시경제 변수에 어떤 영향을 미치는지 분석하였다. 즉 Galor and Zeira(1993)는 현실적으로 금융시장의 불완전성과 교육투자의 '불가분성'(교육투자를 위해서는 일정한 투자액 이상이 요구되는 현상)이 존재하기 때문에 장 · 단기의 구분 없이 초기의 부의 분포가 교육투자에 영향을 미쳐 종국적으로 생산량수준을 변경시킬 수 있다고 주장하였다.[19] Galor and Zeira(1993)는 이

>>> **용어 해설** 보충내용

- 신용할당(credit rationing): "이자율이 통화공급과 통화수요를 일치시키는 균형수준보다 낮게 결정되어 통화공급이 통화수요에 미치지 못하는 경우에 금융기관 또는 정책당국이 통화 수요자에게 한정된 통화를 나누어주는 것"을 의미한다.
- 순금융마크업(net financial mark-up): "대출이자에서 단위당 은행의 운영비용을 차감한 값을 예금이자로 나눈 값"이다.
- 금융마크업률(financial mark-up ratio): 국가별 단위당 은행의 운영비용의 구체적 자료를 구할 수 없다는 현실적인 한계점으로 인해 순금융마크업을 이용한 실증분석은 불가능하다. 이상의 한계점을 극복하기 위해 Hwang(2001)은 금융마크업률의 개념을 도입하였다. 즉 금융마크업률은 단위당 은행의 운영비용을 예금이자율로 대체해 "예대이자율 차이(즉 '금융 스프레드', financial spread)를 예금이자율로 나눈 값"이다.

---

18) 황진영 · 조주현(2004)은 '금융억압'(financial repression: "금융기관이 제 역할을 제대로 수행할 수 없게 만드는 불완전한 금융시장의 전형적인 예")이 경제성장에 미치는 영향에 관한 이론적 선행연구의 요약을 제시하였다. 또한 황진영 · 조주현(2004)은 순금융마크업을 변형시킨 '금융마크업률'이 경제성장률과 투자증가율에 음(−)의 영향을 미친다는 실증분석 결과를 관측하였다.

19) 금융시장의 불완전성, 교육투자 및 경제성과 간의 관계에 대한 논의는 상당히 다양하다. 황진영(2008)의 제9장에서는 본 장에서 언급한 연구결과들에 대한 좀 더 상세한 내용과 함께 Aghion and Bolton(1997), Banerjee and Newman(1993), Lee and Roemer (1998), Tsiddon(1992) 등의 연구결과를 소개한다.

상의 결과로 인해 국가 간의 1인당 생산량수준의 차이가 지속적으로 생겨난다고 설명하였다.

4.2 민주주의 발전

한 국가의 민주주의 발전은 교육투자를 결정하는 데 영향을 미칠 수 있다. 일반적으로 독재국가에서 민주주의 국가로 발전함에 따라 집단적 의사결정 과정에서는 다수의 가난한 집단(혹은 계층)의 선호에 더 큰 가중치를 부과한다. 왜냐하면 민주주의 국가에서의 정책결정은 민주주의의 가장 큰 특징인 다수결의 원리에 의해 결정되기 때문이다. 따라서 민주적인 국가일수록 정책결정에 따른 수혜자가 다수인 국가정책이 보편적으로 선택된다. 즉 민주주의가 발전한 국가에서는 교육·환경 등과 같이 수혜자가 다수이고 재분배의 성향이 강한 정책이 상대적으로 쉽게 형성된다.

그러나 비민주적 성향이 강한 국가일수록 소수의 영향력이 큰 집단(혹은 계층)에 의해 국가정책이 결정되는 경향이 크게 나타난다. 왜냐하면 독재자 혹은 권위주의 정부가 자신의 영향력을 확보하기 위해 소수의 영향력이 있는 사람들과 쉽게 결탁하기 때문이다. 따라서 민주주의가 발달하지 못한 국가에서는 정책결정에 따른 수혜자가 소수이거나 지나치게 전문화된 분야 혹은 지대추구나 부패 등과의 관련성이 높은 정책이 상대적으로 쉽게 설정된다.

따라서 정부의 교육투자는 다수가 혜택을 받을 뿐만 아니라 그 수혜의 정도를 구분할 수 없다는 측면에서 민주주의가 발전한 국가에서 크게 나타난다. 구체적으로 Tavares and Wacziarg(2001)는 민주주의가 발전한 국가가 비민주적인 국가에 비해 대다수 국민이 희망하는 교육투자를 통한 인적자본 축적에 보다 능동적일 수 있다고 제시하였다. 우리는 국가 간의 통계자료를 통해서도 부유하고 민주주의가 발전한 국가에서 대체로 교육투자에 보다 능동적이라는 사실을 쉽게 확인할 수 있다.

그러므로 민주적인 국가의 정부는 공교육을 발전시키거나 교육비지출을 증가시킴으로써 교육을 수요하는 경제인이 부담하는 교육비용을 낮추기 때문에 그 국가의 경제인들은 쉽게 교육에 투자할 수 있게 된다. 우리는 이상의 논의에서 민주주의 발전이 교육투자의 원인이 될 뿐만 아니라 결과로 나타날 수 있다는 사실을 인식해야 한다. 왜냐하면 구성원의 교육수준이 높을수록 더 많은 사람들이 민주주의 발전을 갈망하기 때문이다. 즉 한 국가의 민주주의 발전과 교육투자 간에는 심각한 인과관계의 문제점이 존재한다.

4.3 소득 및 자산 불평등

한 국가나 사회의 소득 혹은 자산의 불평등은 교육투자를 결정하는 요인이 된다. Easterly and Rebelo(1993), Sylwester(2000) 등은 실증분석을 통해 소득불평등이나 자산불평등이 심한 국가일수록 GDP 대비 정부의 교육비지출 비율이 높게 나타날 수 있다고 주장하였다. 왜냐하면 소득불평등이나 자산불평등이 심한 국가에서는 엘리트(elite) 및 일반 교육 간의 이중체계(dual system)가 심화되어 더 많은 자원이 교육비지출에 사용되어야 하기 때문이다.

사교육비지출의 규모 역시 소득 혹은 자산의 불평등이 심한 국가일수록 크게 나타날 수 있다. 극단적으로 한 국가나 사회의 구성원이 완전히 평등한 소득이나 자산을 소유한다면, 모든 구성원은 공교육에 전적으로 의존하게 되며 사교육에 투자할 유인이 크게 형성되지 않는다. 오늘날 우리나라에서 많은 사회적 부작용을 낳고 있는 족집게 과외수업과 같은 고액의 사교육비지출은 소득이나 자산의 불평등이 심화될수록 그 정도가 더욱 심각해질 전망이다.

그러나 이미 제5장에서 논의하였듯이 한 국가의 교육비지출은 소득불평등의 원인이 되기도 한다. 예를 들어 Saint-Paul and Verdier(1993), Sylwester(2002), Zhang(1996) 등은 공교육에 대한 지속적인 투자가 소득불평등을 완화시킬 수 있다고 제시하였다. 따라서 한 국가의 소득불평등과 교육비지출 간에는 심각한 인과관계의 문제점이 존재한다.

4.4 기타의 요인

순수 교육경제학에서는 대체로 비용-편익 분석(cost-benefit analysis)을 이용한 미시적 접근을 통해 교육투자의 결정요인을 찾으려 노력한다.[20] 따라서 지금까지 살펴본 거시적 측면의 경제적 요인만이 교육투자에 영향을 미치는 것은 결코 아니다.

한편 개인의 타고난 능력이나 부모의 교육수준 등과 같은 환경적 요인이 교육투자의 결정에 영향을 미칠 수 있다. 또한 한 국가의 사회제도 및 경제정책 등도 교육투자를 결정하는 중요한 요인으로 작용한다. 예를 들어 한 국가의 출산율은 문화적 배경이나 정부정책 등에 크게 의존하며,[21] 출산율은 교육투자에 영향을 미치게 된다. 출산율과 교육투자 간의 관계는 Becker and Lewis(1973)가 제시한 자녀교육의 양과 질 간의 상충관계를 통해 유추할 수 있다. 즉 출산율이 감소(증가)할수록 자녀교육의 질(양)적인 측면을 강조하기 때문에 1인당 교육투자의 규모가 증가(감소)하게 된다. 따라서 출산율 결정에 영향을 미치는 정부정책 혹은 사회문화적 특징은 간접적으로 교육투자에도 영향을 미치게 된다.

한 국가의 사회문화적 특징으로는 다음 장에서 살펴볼 사회적 자본이나 사회적 역량 등과 같은 사회적 자산을 들 수 있으며, 이는 교육투자의 중요한 결정요인이 된다. 예를 들어 인구밀도(사회적 역량을 반영하는 대리변수)가 높은 국가나 사회에서는 교육투자에 대한 규모의 경제를 시현함으로써 그 비용을 줄일 수 있기 때문에 다른 모든 조건이 동일할 때 교육

20) 본 장에서는 비용-편익 분석과 관련된 논의를 생략한다. 왜냐하면 본 장의 목적은 거시경제적 관점, 즉 국가 간 교육투자의 차이를 파악한 연구결과를 제시하는 데 있기 때문이다. 순수 교육경제학의 접근에 관심이 있는 독자는 교육경제학과 관련된 다양한 주제를 폭넓게 논의한 Cohn and Geske(2006)의 *The Economics of Education*을 참고할 수 있다.

21) 물론 한 국가의 출산율 결정은 경제적 요인에 의해 크게 영향을 받는다. 이 점은 제12장에서 상세히 다룬다.

투자의 정도가 높게 나타난다. 그러므로 한 국가나 사회의 다양한 경제적·사회적·문화적·환경적 요인들이 복합적으로 교육투자를 결정하는 원인이 된다.

5. 최근의 연구동향

지금까지 교육투자는 장기적인 경제성장을 결정하는 중요한 원인이며, 구성원 간의 교육수준 차이가 정치적 제약이 될 수 있다는 사실을 살펴보았다. 교육과 관련된 선행연구가 다양하게 진행되었다는 사실은 교육의 중요성을 고려할 때 너무나 당연하게 받아들여진다. 본 절에서는 교육과 관련된 최근의 몇 가지 연구동향을 간단히 언급하고자 한다.

첫째, 이미 소득불평등과 교육투자 간에는 심각한 인과관계의 문제점이 존재한다는 사실을 지적하였다. 이는 현재의 소득불평등이 교육투자에 영향을 미치고, 이는 다시 미래의 소득불평등으로 이어지는, 이른바 '소득의 세대 간 이동성'(intergenerational mobility)의 가능성을 시사한다. Hwang and Jung(2006)은 소득불평등이 심한 국가일수록 중등 및 고등 교육기관의 취학률이 상대적으로 낮은 수준에 머물러 있다는 실증분석 결과를 제시하였는데, 이는 소득의 세대 간 세습 가능성을 암시한다.

즉 부유한 사람들은 그들 자녀에게 더 좋은 교육환경을 조성하려 노력하고, 이로 인해 교육성과가 세대 간에 이동함으로써 소득이나 부가 세습될 수 있다. 예를 들어 Kremer(1997)는 미국의 자료를 이용해 부모와 자녀의 교육성과 간의 상관계수가 약 0.39라고 파악하였다. 우리나라의 통계자료를 사용해 교육성과의 세대 간 이동성을 분석한 선행연구는 미미한 수준에 머물러 있다. 다만 김홍균·문용호(2006)는 가구 구성원들의 교육수준이 자신의 교육투자 수익률에 미치는 효과를 분석하였는데, 부모의 교육수준에 비해 배우자의 교육수준이 더 중요한 역할을 하는 것으로 추정하였다.[22] 그러나 김홍균·문용호(2006)는 교육투자 수익률을 임금으로 측정함으로써 측정오차(measurement error)가 생겨날 수 있으며, 가구의 미시자료를 이용하였음에도 불구하고 표본의 수가 735개에 불과하다는 한계점이 있다.

그러므로 교육성과의 세대 간 이동성에 관한 폭넓은 연구는 소득불평등의 변천 및 경제성장에 미치는 영향을 분석함에 있어 중요한 연구과제이다. 또한 한 국가 내에서 교육성과의 세대 간 이동성에 관한 연구는 그 국가의 교육투자가 형평성 기준을 어느 정도 달성하였는지 판단할 수 있는 근거를 제공할 수 있다. 예를 들어 우리나라의 교육제도는 공교육과 평준화를 통해 형평성 제고를 중요시 여겼는데, 과연 그 목적을 달성하였는지 여부는 교육성과의 세대 간 이동성과 관련된 우리나라의 통계자료를 확보할 때 판단이 가능해진다.

둘째, 20세기 중반 이후 많은 국가에서는 예전에 경험하지 못한 출산율의 저하와 고령인구의 증가에 따른 인구의 고령화 현상으로 말미암아 인구정책 설정에 큰 어려움을 겪고 있다. 인구의 고령화 진전은 한 국가의 총합적 경제성과는 물론 교육투자의 결정에도 영향을 미칠 수 있는데, 그 이론적 근거는 '정부지출의 세대 간 경쟁'으로 요약된다. 즉 인구구성(즉 청소년층 · 근로 인구층 · 노년층)에 따라 각 인구층이 선호하는 정책이 상이하기 때문에 정부지출을 결정함에 있어 세대 간의 경쟁이 생겨날 수 있다.

예를 들어 김의섭 · 황진영(2006), 황진영(2007d), Poterba(1997) 등에서와 같이 청소년층은 정부지출의 많은 부분을 교육과 같은 부문에 사용하기를 희망하는 반면, 노년층은 건강 · 사회보장 등에 대한 정부지출을 선호한다. 따라서 인구의 고령화가 진전될수록 교육에 대한 정부지출이 건강 · 사회보장에 대한 정부지출에 비해 상대적으로 감소할 수 있다. 한편 Zhang et al.(2003)은 고령화 진전이 공교육비지출에 역U자 형태의 영향을 미칠 수 있다고 제시하였다. 구체적으로 초기에 사망률이 높은 국가에서 사망률이 감소함으로써 인구의 고령화 현상이 진행되면, 중위투표자는[23]

22) 이상의 결과는 우리나라의 부부간 교육수준의 상관관계가 높다는 사실을 반영한다.
23) '중위투표자 이론'에 대한 설명은 제10장에서 다룬다.

공교육지출을 증가시키기 위해 조세의 증가를 선호한다. 그러나 구성원 전체의 평균 나이가 일정한 수준을 넘어서게 되면 중위투표자는 교육혜택을 받을 나이가 넘어서게 되고, 이로 인해 조세의 감소와 공교육비지출 감소를 유도하려 노력한다.

이상의 분석과는 달리 인구의 고령화 진전이 교육투자 및 인적자본 축적에 양(+)의 영향을 미칠 수 있다는 주장도 제기되었다. 이와 같은 주장은 고령인구비율이 증가할수록 젊은 사람들에게 교육투자를 증가시켜 더 많은 자원을 창출해야 한다는 사실을 강조한다. 즉 Börsch-Supan(2001), Richman and Stagner(1986) 등은 인구의 고령화가 진행될수록 생산성 향상을 위해 인적자본에 대한 투자를 증가시켜야 한다고 역설하였다. 또한 이미 제2절에서 살펴보았듯이 Psacharopoulos(1984)는 기대수명이 늘어날수록 교육투자를 통한 수익이 증가하기 때문에 경제인들 스스로 인적자본 축적에 더 능동적일 수 있다고 주장하였다.

그러므로 인구구조의 변화가 교육투자에 미치는 영향을 파악하기 위해서는 보다 일반적이고 종합적인 접근방법이 요구된다. 즉 우리는 정부지출의 세대 간 경쟁과 관련된 논의와 함께 생산성 제고를 위한 사회 혹은 개개인의 교육투자를 동시에 고려해야 한다. 또한 인구구조의 변화와 교육투자가 결합해 장기적인 경제성장 및 이해집단의 형성에 어떻게 그리고 어느 정도 영향을 미치는지에 대한 파악은 향후의 연구과제이다.

셋째, 앞서 설명하였듯이 인구의 고령화 진전의 가장 큰 원인은 아마도 출산율 저하와 관련된다. 부유한 국가에서의 출산율이 저하되는 이유는 다음과 같이 설명할 수 있다. 즉 사람들이 소비의 대상인 재화에 가치를 부여하듯이 자녀에 가치를 부여한다면, 소득이 상승함에 따라 자녀를 더 많이 소유하려는 소득효과(income effect)가 발생한다. 또한 소득상승에 따라 자녀의 가격이 점차 상승하고 자녀 양육에 소요되는 비용도 함께 증가하기 때문에 자녀를 덜 가지려는 성향이 생겨난다(즉 대체효과, substitution effect). 일반적으로 부유한 사람일수록 소득효과에 비해 대체효과가 크기 마련이다. 따라서 소득수준의 상승은 출산율을 감소시키기

때문에 부유한 국가에서의 출산율이 평균적으로 낮게 나타난다.[24)]

출산율 감소가 교육투자 및 인적자본 축적의 양적인 측면에 대해서는 부정적인 영향을 미치지만, 질적인 측면에서 대해서는 긍정적 역할을 수행한다. 이 점은 Becker and Lewis(1973)가 제시한 교육투자의 양과 질의 상충관계를 통해 짐작할 수 있다. 즉 덜 교육받은 가난한 여성은 자녀를 양육하는 기회비용이 상대적으로 낮기 때문에 더 많은 자녀를 갖게 되고, 이들 자녀에 대한 교육에 덜 관심을 갖게 된다(de la Croix and Doepke, 2004). 그러나 교육을 많이 받고 부유한 여성일수록 자녀를 양육하는 기회비용이 상대적으로 크기 때문에 자녀를 적게 갖게 되고, 이들 자녀에 대한 교육에 더 큰 관심을 기울이기 마련이다.

그러므로 출산율 감소와 교육투자 간의 관계에 대해서는 뚜렷한 결론을 내릴 수 없으며, 이는 향후 보완적인 연구가 필요하다는 사실을 시사한다. 특히 거시적 관점에서 소득수준은 물론 여성의 경제활동참가 비율, 이혼율과 혼인율, 산업구조의 변화, 노동시장의 유연성 등이 출산율에 직·간접적으로 영향을 미치기 때문에 이들 요인들과 교육투자를 연결시키는 이론적·실증적 연구는 상당히 흥미로운 주제일 수 있다.

---

24) 한 국가의 구성원이 동일한 경제인(representative agent)으로 구성되어 있다고 가정하면, 우리는 이상의 미시적 논의를 국가 간의 분석에도 쉽게 적용할 수 있다.

생각해 볼 문제

01 교육투자를 통한 인적자본 축적은 장기적인 경제성장의 원동력으로 알려져 있다. 그러나 교육투자를 시장경제에 맡겨둘 경우에는 외부효과로 인해 파레토 최적이 달성되지 않는 시장실패가 발생한다. 즉 교육투자는 제 3 자에게 의도하지 않는 외부효과를 창출하기 때문에 그 규모의 결정을 시장기능에 맡긴다면 과소생산으로 이어진다. 이와 같은 교육투자의 과소생산 문제를 해결하기 위한 정책적 대안을 제시하라. 또한 어떤 형태의 교육기관(즉 초등 · 중등 · 고등 교육기관)이 장기적인 경제성장에 가장 크게 기여할 수 있는지 생각해 보자. 이때 국가에서 설정하는 의무교육과 관련해 설명하라.

02 교육투자가 기술진보를 어떻게 유도할 수 있는지 생각해 보자. 교육을 통한 인적자본 축적은 한계생산성 체감의 법칙으로 인해 인적자본이 축적될수록 인적자본 투입에 대한 생산량은 감소하게 된다. 그럼에도 불구하고 현실적으로 인적자본 축적이 많이 된 국가에서는 기술진보가 체증적으로 발생하는데, 이와 같은 현상에 대한 이론적 근거를 제시하라.

03 부패와 소득불평등이 개별적으로 그리고 결합해서 교육투자를 어떻게 왜곡시킬 수 있는지 그 가능성을 제시하라. 본문에서 살펴본 '신호'와 '선별'의 과정, 지대추구와 고등교육의 왜곡, 다양한 교육투자의 결정요인 등과 관련된 구체적 사례를 언급하면서 설명하라.

04 우리나라 교육의 현황을 양적 확대, 질적 개선 및 기회균등의 세 가지 기준에서 평가하라. 또한 우리나라 교육의 문제점을 제시하고, 향후 지속적이고 안정적인 경제성장을 위해 우리나라 교육은 어떤 부분에서 어떤 방식으로 개선되어야 하는지 토의해 보자.

05 한 국가의 교육투자를 통한 인적자본 축적은 지속적인 경제성장을 유도해 장래에 풍요롭게 살 수 있는 기회를 제공한다고 알려져 있지만, 국가 간의 교육투자 규모는 대단히 상이하다. 그렇다면 국가 간의 교육투자 규모가 상이한 이유는 무엇인가? 다시 말해 국가 간의 교육투자 결정요인들을 제시하라.

07 CHAPTER

문화와 구성원의 이질성

한 국가나 사회의 문화와 구성원의 이질성은 그 국가나 사회의 특징을 나타낼 뿐만 아니라 내부적으로 이해집단을 형성하고 경제성과에 영향을 미치는 원인이 된다. 즉 문화와 구성원의 이질성은 집단 간의 갈등과 정치적 제약의 원인이 되며, 직·간접적으로 경제성장에 영향을 미칠 수 있다. 본 장에서는 한 국가와 사회를 특징짓는 다양한 문화를 소개하고, 이들 문화가 경제성장에 미치는 영향을 살펴본다. 또한 본 장에서는 구성원의 이질성을 측정하기 위해 사용되는 대표적인 방법인 분할지수와 극성지수를 소개하고, 이들 지수와 경제성과 및 소득불평등 간의 관계를 검토한다. 마지막으로 문화의 변화에 관해서도 본 장에서 간단히 언급한다.

1. 문화와 경제성장

국가별 다양한 문화가 각국의 경제성장에 영향을 미치는 이유는 문화가 다양한 경제활동과 관련되기 때문이다. 본 절에서는 경제성장과 관련된 국가 간의 상이한 문화를 소개하고, 이들 문화와 경제성장 간의 관계를 살펴본다.

1.1 근면성

이론적 관점에서 근면성이 경제성장에 양(+)의 영향을 미칠 수 있다는 사실은 비교적 명확하다. 즉 근로가 바람직하다고 여기는 사람들이 그렇지 않은 사람들에 비해 부지런히 일하기 때문에 보다 많은 생산량을 창출할 수 있다. 그렇다면 어떤 국가(혹은 시대)의 사람들이 근로를 바람직하다고 생각할까? 우리는 이상의 물음에 대한 명확한 해답을 제공할 수는 없지만, 역사적 사실과 지리적 특징을 통해 개략적으로 살펴볼 수 있다.

먼저 인류의 역사를 살펴보면, 근로에 대한 시각은 문화권에 따라 차이가 있었다. 즉 근로가 바람직하다고 여겼던 문화권이 있었던 반면, 근로가 필요악이라고 생각하였던 문화권도 존재하였었다. 예를 들어 16세기 프로테스탄트(protestant) 개혁시기의 많은 철학자들은 인간의 근로에 대한 태도의 중요성을 강조하였다. 또한 오늘날 초강대국인 미국의 탄생에는 '프로테스탄티즘'(protestantism)으로 불리는 생활에서의 근면성이 분명 긍정적으로 작용하였다고 생각할 수 있다. 그러나 고대 그리스인들은 근로에 대해 긍정적으로 생각하지 않았으며, 일을 노예에게 강제시켰고 철학, 예술 및 정치에만 전념하였다.

지리적 특징을 살펴보면, 적도지역에 위치한 국가들의 사람들이 한·냉대 기후 국가들의 사람들에 비해 대체로 근면성이 부족한 것으로 파악된다. 왜냐하면 지역에 따른 기후와 천연자원 부존량 등이 근로에 영향을 미칠 수 있기 때문이다. 특히 기후는 농업생산성에 큰 영향을 미칠 뿐만 아니라 질병의 전파 정도와도 연계될 수 있기 때문에 근면성에 크게 영향을 미치게 된다.[1)]

따라서 한 국가를 구성하는 사람들의 근면성은 그 국가의 문화적 전통이나 지리적 특성에 의해 영향을 받게 된다. 현재 대부분의 산업화된, 즉 경제발전을 이룩한 국가들은 역사적으로 근로의 중요성을 강조하였으며, 지리적으로 한·냉대 지역에 주로 위치한다.

1.2 사회적 지위

인간은 사회적 동물(social animal)이기 때문에 '사회적 지위'(social

1) 기후와 질병 및 기후와 농업생산성 간의 관계는 제12장에서 검토된다.

status)나 '명성'(prestige) 등은 한 국가나 사회의 문화를 형성하는 데 중요한 역할을 담당한다. "직업에는 귀천이 없다"란 오래된 격언에도 불구하고, 많은 사람들은 사회적으로 인정받는 직장이나 직업을 선택하려 노력한다. "직업에는 귀천이 없다"는 말이 회자된다는 사실이 역설적으로 직장이나 직업에 따른 사회적 지위나 명성이 다를 수 있음을 의미한다. 이와 같은 사회적 지위나 명성은 시간적으로 혹은 공간적으로 불변의 사항이 아니며, 동일한 시대와 공간의 사회를 특징짓는 하나의 요소로 간주할 수 있다.

Fershtman et al.(1996)은 사회적 지위나 명성이 경제성장에 양(+)과 음(−)의 영향을 미칠 수 있다는 이론적 근거를 제시하였다. 먼저 사회적 지위나 명성이 경제성장에 도움을 줄 수 있다는 근거는 어떤 직업에 대한 사회적 지위나 명성이 높을수록 많은 사람들이 교육투자를 통해 그 직업을 선택하려 노력한다는 사실에 바탕을 둔다. 이와 같은 교육투자를 통한 인적자본의 축적은 이미 잘 알려진 바와 같이 경제성장을 위한 중요한 동력이 된다.

그러나 제3장에서 살펴본 내생적 성장이론에 의하면, 인적자본을 형성하기 위한 교육투자는 외부효과로 인해 시장실패가 발생하기 때문에 파레토 최적이 달성되지 않는다. 이상의 최적 달성의 실패(즉 과소생산)를 교정하기 위한 대표적 방안으로는 그러한 인적자본 형성을 위한 교육투자에 대해 사회적 지위나 명성을 이용해 보상하는 방법을 들 수 있다. 많은 국가나 사회에서는 교육을 많이 받은 사람이 그렇지 않은 사람들에 비해 통상적으로 더 높은 사회적 지위나 명성을 가진다. 그러므로 교육투자에 대해 사회적 지위가 긍정적으로 보장되는 경제일수록 더 많은 교육투자와 함께 높은 경제성장을 달성할 수 있게 된다.

사회적 지위나 명성이 경제성장에 음의 영향을 미칠 가능성도 존재한다. 즉 사회적 지위나 명성을 지나치게 강조하는 경제에서는 능력은 부족하지만 부유한 사람들이 능력은 있지만 가난한 사람들에 비해 교육에 더 많이 투자하게 되므로 국가 전체의 관점에서 교육투자의 효율성이 상대적으로 떨어진다. 우리는 이상의 현상을 부유하지만 능력이 없는 사람들이 능력은 있지만 가난한 사람들을 구축하는, 이른바 '구축효과'(crowding-out effect)라고 부른다. 다시 말해 현재의 소득이나 부의 수준과는 상관없이 능력 있는 사람들이 교육에 더 많이 투자하는 국가나 사회일수록 교육투자의 효율성이 높게 나타난다.

이상의 구축효과가 크게 생겨나는 국가나 사회에서는 경제성장을 촉진하기 위해 소득이나 부의 분배가 평등하게 이루어지도록 유도해야 한다. 왜냐하면 소득이나 부의 평등한 분배는 사회적 지위에 대한 요구를 줄일 수 있기 때문이다. 여기서 한 가지 유의할 사항은 사회적 지위를 보장할 때 생겨나는 교육투자가 현재의 경제성장을 유도하는 경제행위와 반드시 연결되지는 않는다는 사실이다. 예를 들어 다양한 시대와 국가에서 성직자 · 변호사 등은 높은 사회적 지위를 유지해 왔지만, 이상의 직업상의 활동이 현재의 경제성장에 직접적이고 분명한 영향을 미치지는 않은 것으로 알려져 있다.

1.3 신 뢰

모든 경제행위는 경제행위 당사자들 간의 신뢰를 바탕으로 이루어진다. 예를 들어 고용계약을 할 때 노동자는 고용자가 정해진 날짜에 월급을 지불할 것이라고 믿으며, 고용자는 노동자가 정해진 시간 동안 열심히 일할 것으로 상정한다. 또한 기업에 대한 투자자는 투자를 통한 이익 중에서 자신의 몫을 받을 것이라고 생각한다. 따라서 신뢰가 없는 시장경제에서는 아주 기초적이고 초보적인 경제활동만이 가능하며, 상호간의 불신으로 인해 엄청난 자원이 약속을 지키도록 하는 데 사용되어야 한다.

신뢰의 유형은 그 기준에 따라 다양하게 분류할 수 있지만, Leland et al.(2004)은 신뢰를 '능력기반(competence-based) 신뢰'와 '호의기반(benevolence-based) 신뢰'로 분류하였다. 능력기반 신뢰는 "사람, 조직 혹은 사물의 기술이나 안정성에 대해 신뢰를 갖는 것"을 말하며, 다른 사람들의 기술 혹은 능력에 대한 기대와 관련된다. 예를 들어 우리는 질병을 치료하는 과정에서 의사의 말을 다른 어떤 사람의 말보다 신뢰하는데, 이는 의사가 질병치료에 유능하다는 믿음에 기초한다. 호의기반 신뢰는 "다른 사람들은 호의적이고 정직하기 때문에 나에게 해를 끼치거나 속이지 않을 것이라는 믿음"이며, 다른 사람들이 정직하고 호의적으로 행동할 것이라는 기대와 관련된다. 또한 다른 사람들도 자신들의 행동이 보답받을 것이라는 기대하에서 정직하고 호의적으로 행동한다.

어떤 유형의 신뢰일지라도 한 국가나 사회의 높은 신뢰수준은 '거래비용' (transaction costs)을 감소시켜 경제성장을 촉진하는 역할을 수행한다. 만약 신뢰수준이 낮으면 모든 경제인, 특히 기업가의 행동이 변동하는 경제상황에 적응하는 데 초점을 두기보다는 거래의무의 이행과 감시에 집중하게 되므로 상당한 비용이 생겨난다. 그러나 높은 신뢰수준은 계약의 보장이나 안정장치, 소송 및 재산권의 보호를 위해 소요되는 비용을 감소시켜 생산적인 활동에 사용함으로써 경제성장을 촉진시킨다.

따라서 Zak and Knack(2001)은 국가별 혹은 사회별 신뢰수준의 차이가 존재하는 상황에서 신뢰수준의 차이가 경제성과에 반영될 수 있다고 생각하였다. 그러나 어떤 국가 혹은 사회의 신뢰가 다른 국가나 사회의 경우에 비해 높은 수준을 유지하게 만드는 유인이 무엇인지는 명확하게 밝혀지지 않았다. 신뢰수준 제고에 가장 큰 영향을 미칠 수 있는 요인은 아마도 제9장에서 살펴볼 정부의 질 혹은 거버넌스(governance)와 관련된다. 이 부분에 대한 자세한 설명은 제9장을 위해 생략한다.

그렇다면 우리는 한 국가나 사회의 신뢰수준을 어떻게 측정할 수 있을까? 지금까지의 연구에서는 다양한 방법론을 사용해 신뢰수준의 측정을 진행하고 있다. 국가 간 신뢰수준의 대표적인 측정은 '세계가치관조사' (world values survey)가 작성한 통계자료이며, 이는 사람들에게 직접 물어보는 방법론에 기초한다. 즉 세계가치관조사가 세계 각국의 사람들을 대상으로 설정한 질문내용은 다음과 같다. "일반적으로 당신은 대부분의 사람들을 신뢰할 수 있다고 생각하십니까? 혹은 당신은 사람들을 대할 때

조심할수록 좋다고 생각하십니까?[2] 이상의 물음에 대한 답변에는 국가별로 상당한 차이를 보였다. 예를 들어 노르웨이에서는 61.2%의 사람들이 대부분의 사람들을 신뢰한다고 답한 반면, 브라질에서는 단지 6.7%의 사람들이 다른 사람들을 신뢰한다고 답하였다.

이상과 같은 설문조사는 일정한 정보를 제공할 수 있다는 측면에서 유용할 수 있지만, 사람들의 신뢰의 태도와 신뢰의 행동에는 차이가 생겨날 수 있기 때문에 신뢰수준을 완벽하게 측정할 수 없다는 단점이 있다. 즉 측정상의 문제점을 보완하기 위해 최근에는 직접적인 실험을 활용하는 방식으로 신뢰의 행동을 관찰하기도 한다. 예를 들어 5만원의 현금이 들어 있는 지갑에 주인의 이름과 주소를 넣어 공공장소에 의도적으로 버린 다음 그 내용물이 온전한 상태로 돌아오는 지갑의 수를 기록한다. 일반적으로 이상의 두 방법론을 사용해 얻은 신뢰수준의 측정값들 간의 상관관계는 상당히 큰 것으로 관측된다.[3]

읽을거리

소비행위와 경제성장

사람들의 소비행위(혹은 소비형태)는 그들 국가나 사회의 문화적 전통이나 특징을 반영한다. 비록 일률적이지는 않지만, 부유한 국가의 국민들이 가난한 국가의 국민들에 비해 상대적으로 근검절약이 습관화되어 있다. 이는 소비행위가 경제성과와 관련될 수 있음을 시사한다.

이상의 내용과 관련된 구체적인 연구로서 Waldkirch et al.(2004)은 부모에 의한 특별한 효과가 자녀의 소비행위에 나타날 수 있다는 실증분석 결과를 제시하였

2) 설문내용의 영문 표기를 소개하면 "Generally speaking, would you say that most people can be trusted, or that you can't be too careful in dealing with people?"이다(http://www.worldvaluessurvey.org 참고).

3) 국가별 신뢰수준의 측정과 관련된 내용은 Weil(2009)의 *Economic Growth*를 참고하였음을 밝혀둔다.

다. Waldkirch et al.(2004)에 의하면, 비록 소비행위는 소득수준과 가장 큰 상관관계를 형성하지만, 부모의 선택이나 경험 등의 사항도 자녀의 소비행위에 영향을 미칠 수 있는 것으로 나타났다. 위의 분석결과는 소비행위와 경제성장 간의 관계를 파악하는 데 있어 많은 함축성을 제공한다. 즉 개인의 소비행위가 단순히 소득이나 부에 의해 결정되는 것이 아니라 그 개인이 속한 사회나 국가의 경험이나 문화적 전통 등에 의해서도 영향을 받게 된다.

따라서 건전한 소비문화의 정착은 외생적으로 주어진 것이 아니라 노력에 의해 바뀔 수 있는 요소이며, 소비문화에 대한 올바른 교육은 장래의 지속적인 경제성장을 위한 전제조건이 된다. 예를 들어 오늘날 우리나라에서는 부모들이 많은 외국 상품(특히 패스트푸드점과 같은 음식점)을 수입하고 자녀들이 대부분 소비하는데, 이는 장래의 소비행위의 변화와 함께 우리나라 기업의 성과에 악영향을 미칠 수 있다. 심지어 많은 국내기업들이 외국 상품을 수입해 그대로 국내에서 판매하고 있는데, 이는 장기적인 관점에서 기술진보와 경제성장을 방해할 수 있다.

1.4 사회적 자본

앞서 살펴본 바와 같이 한 국가나 사회에서의 신뢰수준이 경제성과에 큰 영향을 미친다면, 신뢰수준을 결정하는 요인은 과연 무엇일까? 많은 경제학자들과 사회학자들은 신뢰수준을 결정하는 대표적 요인으로 '사회적 자본'(social capital)을 제시한다. 사회적 자본은 다양한 개념으로 이해되고 있지만, 일반적으로 "사회 구성원 간의 협력과 사회적 거래를 촉진시키는 일련의 신뢰 · 규범 · 네트워크 등의 모든 사회적 자산"을 의미한다.

즉 사람들이 서로 잘 알고 지내며 상호 도움을 주려는 사회에서는 사회적 자본이 높게 나타나고, 상호간에 고립되어 있거나 사람들이 도와주려는 규범이 존재하지 않는 사회에서는 사회적 자본이 낮게 나타난다. 예를 들어 기업가가 다양한 모임에 가입하려는 이유의 일부도 사회적 자본을 창출하기 위해서이다. 일반적으로 사람들이 자신의 사회적 네트워크에 속한 사람을 속일 가능성은 낮기 때문에 사회적 자본이 높을수록 사람

〉〉〉 다양한 사회적 자본의 정의

보충내용

여러 경제학자 · 사회학자들이 제시한 사회적 자본의 기본적인 정의는 동일하지만, 그 의미에는 미묘한 차이가 있다. 사회적 자본의 다양한 정의는 〈표 7-1〉에 요약되어 있다.

표 7-1 사회적 자본의 정의

학자	사회적 자본의 정의
부르디 (P. Bourdieu, 1986)	사회적 자본은 지속적인 네트워크 혹은 상호 면식이나 인정이 제도화된 관계, 즉 특정한 집단의 구성원이 됨으로써 획득되는 실제적인 혹은 잠재적인 자원의 총합
콜먼 (J. Coleman, 1988)	사회적 자본이란 그것의 기능으로 정의되며, 사회 구성원(행위자)이 가용할 수 있는 특수한 종류의 자원
포테스 (A. Portes, 1995)	사회적 자본은 네트워크에 소속된 혜택으로 희소한 자원을 확보할 수 있게 된 개인의 능력 … 사회적 자본은 사회적 관계의 자리매김(embeddedness)의 산물
푸트넘 (R. Putnam, 1993)	사회적 자본은 네트워크, 규범 및 신뢰와 같이 상호이익을 위해 협력과 조정이 용이하게 하는 사회조직의 특성을 의미
린 (N. Lin, 2001)	사회적 자본은 (넓은 의미의) 시장에서의 이익을 기대하고, 사회적 관계에 투자되는 것을 의미

출처: 한국교육학술정보원(2006)을 참고해 구성함.

들을 신뢰할 수 있게 만든다. 따라서 사회적 자본은 일상생활과 경제적 효율성을 추구하는 시장에서 신뢰가 핵심적인 문제라는 인식에서 출발하였다.

이상의 사회적 자본은 신뢰수준을 개선시킬 뿐만 아니라 다양한 형태의 경제적 편익을 발생시킨다. 즉 한 국가나 사회의 사회적 자본은 구직활동 · 투자기회 등과 같은 미시적 문제를 개선하고, 경제조직의 효율성 · 경제성장 등의 거시적 경제성과에 긍정적 영향을 미친다.

먼저 미시적 차원의 효과를 살펴보면 다음과 같다. 즉 사회적 자본이 높은 국가 혹은 사회에서는 잘 조직된 사회적 네트워크를 통해 구직활동, 투자기회 및 잠재적 고객에 대한 정보가 사람들 간에 효율적으로 전달되기 때문에 경제적 비용을 줄일 수 있다. 또한 사회적 자본이 높은 사회에서는 다른 사람들에게 관심을 가지게 되어 범죄를 예방할 수 있으며, 이웃 간의 상부상조, 공동작업 및 교육의 질적 개선 등과 같은 공동의 목표 달성이 용이해진다.

거시적 차원에서의 국가 간 상이한 사회적 자본은 정부의 질(quality)의 차이를 결정하는 원인이 되어 경제성과에 영향을 미친다. 사회적 자본이 높은 국가에서는 정치인들이 개인이익을 위해 일반 국민들을 기만할 가능성이 낮을 뿐만 아니라 유권자들의 투표율이 높은 수준이므로 정치인들을 견제할 장치가 많아지게 된다. 따라서 사회적 자본이 높은 국가일수록 정부의 기능이 효율적으로 작동함으로써 더 나은 거시적 경제성과의 창출이 가능해진다.

그러나 사회적 자본은 복잡한 양상을 띠고 있기 때문에 국가별 사회적 자본을 측정하는 데에는 상당한 어려움이 있다. 따라서 사회적 자본과 경제성과 간의 관계를 실증적으로 검증한 선행연구는 미미한 수준에 머물러 있다. 현재까지 사회적 자본의 측정은 크게 시민참여 활동, 범죄율과 같은 통계적 수치 및 실험상황에서의 신뢰와 협동 등과 같이 '행위'를 중심으로 측정하는 방법과 설문조사를 통해 '태도'에 관한 조사를 실시해 측정하는 두 가지 방법으로 구분할 수 있지만, 어떤 경우에도 만족할 만한 지표를 산출하지 못하고 있는 실정이다.

1.5 기타의 문화적 특징

지금까지 제시한 사항 이외에도 한 국가나 사회의 문화적 특징은 상당히 다양하다. 따라서 국가 간의(혹은 심지어 한 국가 내에서의) 문화적 특징을 일률적으로 파악한다는 것은 사실상 불가능하다. 이하에서는 대부분 학자들이 인정하는 보편적인 문화적 특징은 아닐 수 있지만, 많은 학자들이 제시하는 문화적 특징의 일부를 정리한다.

첫째, 사회적 자본과 유사한 개념인 '사회적 역량'(social capability)은 한 국가나 사회의 문화적 특징으로 종종 언급된다. 사회적 역량은 아브라모비츠(Moses Abramovitz, 1912~2000)에 의해 제기된 것으로 "한 경제가 경제적 기회를 활용할 수 있도록 하는 사회 · 문화의 질적 능력"을 의미한다. 사회적 역량이 높은 국가에서는 국제적인 기술이전, 교육 및 자본이동에서 발생하는 기회를 활용할 수 있기 때문에 높은 수준의 경제성장이 가능해진다. 아브라모비츠는 개발도상국이 산업화된 국가의 선진 기술을 자유롭게 전수받을 경우에는 빠른 경제성장률을 통해 산업화된 국가의 생산성과 소득수준을 따라잡을 수 있다고 주장하였다.

둘째, 일부의 경제학자들은 20세기 후반기 동안 동아시아 국가들이 서남아시아나 아프리카 국가들에 비해 높은 경제성장을 기록한 데에는 교육을 숭상하는 유교문화가 공헌하였다고 주장한다. 그러나 이상의 주장이 항상 설득력을 갖는 것은 아니다. 왜냐하면 유교 문화권이 아닌 미국 · 칠레 등의 국가에서도 급속한 경제성장을 이루었으며, 동일한 유교 문화권이지만 경제성장이 침체되어 있는 중국의 일부지방과 북한 등을 고려할 때 유교적 문화유산이 경제성장의 동인이라고 그대로 받아들이는 데에는 한계가 있기 때문이다.

셋째, 인도 · 중국 등의 아시아 국가에서 나타나는 문화적 유산으로써 남아선호 사상이 있다. Edlund(1999)는 동양사회의 문화적 특징 중 하나인 남아선호 사상이 여아를 가난한 가정에서 태어날 가능성을 계속적으로 증가시켜 지속적으로 남성에 비해 여성을 상대적으로 비하시킬 수 있다고 주장하였다. 이와 같은 현상은 우수한 여성인력을 확보하는 데 장애요인으로 작용하는 경제적 비효율성을 창출한다. 또한 몇몇 동아시아 국가에서는 장자에게 재산상속이 보편화되어 있는데, 이와 같은 문화적 특징도 경제적 비효율성을 증가시킬 수 있다. 예를 들어 장자의 경제활동이 다른 자녀들의 경우에 비해 생산성이 낮다면, 장자에게 재산상속은 국가 전체의 자본축적을 상대적으로 줄어들게 만드는 경제적 비효율성을 창출한다.

넷째, 최근 들어 많은 국가에서 문제가 되고 있는 높은 이혼율도 경제성장에 영향을 미칠 수 있다. 일반적으로 한 국가의 이혼율은 경제수준과 함께 구성원의 문화적 이질성 정도에 크게 의존한다. 바꾸어 말하면 이혼율은 국가와 민족에 따른 문화적 전통과 밀접하게 관련될 수 있다. 높은 이혼율이 경제성장에 음(-)의 영향을 미칠 수 있다는 이론적 근거는 비교적 명확하다. 즉 이혼율의 증가는 자녀 교육과 관련된 부모의 역할에 부정적 영향을 미칠 가능성을 증가시킨다. 이는 미래의 우수한 노동력을 확보하는 데 장애요인이 되기 때문에 이혼율의 증가는 장기적인 경제성장에 부정적인 영향을 미친다.

마지막으로, 우리는 사회주의 체제나 비민주주의 정치체제가 경제발전의 초기단계에서 높은 경제성장을 달성한 역사적 경험을 쉽게 발견할 수 있다. 이와 같은 현상이 가능한 이유는 구성원들이 동일한 목표를 추구할 때 경제정책의 효율성이 증진될 수 있기 때문이다. 그러나 사회주의 체제나 비민주주의 정치체제에서의 경제성장이 어느 정도 달성된 이후에는 시장경제가 효율적으로 작동하지 않기 때문에 사회주의 체제나 비민주주의 정치체제는 장기적이고 안정적인 경제성장에 부정적 역할을 한다.

2. 문화의 이질성

한 국가의 문화를 결정하는 대표적인 요인으로 구성원의 이질성을 들 수 있다. 본 절에서는 문화의 결정요인들을 검토하고, 구성원의 이질성을 파악하기 위한 분할지수와 극성지수의 측정방법과 국가 간의 차이를 살펴본다.

2.1 문화의 결정요인

한 국가나 사회의 문화를 결정하는 대표적인 요인을 찾기란 쉽지 않은 일이지만, 대부분 경제학자들은 지리적 요인 · 종교적 요인 · 구성원의 이질성 등을 제시한다. 먼저 지리적 요인으로서 기후와 천연자원은 문화적 특징을 결정하고, 이는 종국적으로 경제성장에 영향을 미친다. 예를 들어 온대기후의 사람들은 다른 기후의 사람들에 비해 작물을 계절별로 재배해야 하고, 더위와 추위에 견디기 위해 냉난방을 준비해야 한다. 이와 같은 기후적 조건이 사람들을 근면하게 만들고 저축과 같은 미래에 대한 계획을 유도한다. 근면성이나 미래에 대한 저축과 같은 문화적 특징은 경제성장에 양(+)의 영향을 미치기 때문에 기후는 문화라는 전달경로를 통해 경제성장을 결정하는 요인이 된다. 또한 풍부한 천연자원은 사람들로 하여금 열심히 일해야 한다는 인식을 약화시켜 근면성과 미래의 준비 등과 같은 문화의 형성을 저해한다. 기후와 천연자원이 경제성장에 미치는 영향에 대해서는 제12장에서 상세히 논의된다.

종교적 요인이 문화에 영향을 미칠 수 있다는 사례는 이미 살펴본 프로테스탄티즘 · 유교문화 등을 들 수 있다. 많은 선행연구에서는 종교적 신앙을 가진 인구비율이 높은 국가에서 효율적 제도를 발전시키는 데 용이한 국가의 형태를 유지한 것으로 간주하였다. 일반적으로 종교적 요인에 의해 생성된 문화는 일률적으로 설명하기 어려운 다양한 형태로 나타나기 때문에 종교적 요인에 기초한 문화적 특징이 경제성장에 미치는 영향 역시 일률적이지 않다.

한 국가의 인구밀도(즉 "일정한 면적(예: 1km^2)에 거주하는 인구수")는 이미 살펴본 사회적 역량을 결정하는 중요한 요인이 된다. 즉 한 국가의 인구밀도가 높다는 사실은 일정한 지역에 많은 사람들이 모여 살기 때문에 분업이 촉진되고, 정부와 일반인들 간의 교감이 강화되어 정부의 역할이 증대될 수 있다. 다시 말해 인구밀도가 높은 국가일수록 생산성과 효율성이 증진되며, 공식적인 조직 · 계약 · 법률 등에 대한 경험을 축적할 수 있다. 이상의 사항들은 사회적 역량의 향상과 같은 문화의 형성에 영향을 미쳐 경제성장에 긍정적 역할을 수행한다. 따라서 한 국가의 인구집중은 집단화(agglomeration)에 따른 이익을 수반하기 때문에 경제성장에 양(+)

의 영향을 미칠 수 있다.[4)]

마지막으로 문화의 결정요인으로서 구성원의 이질성(혹은 다양성)을 고려할 수 있다. 오늘날 구성원의 이질성으로 인한 이해집단 간의 충돌은 보편적인 현상이 되고 있다. 즉 많은 국가나 지역에서는 정치경제적 의사결정 및 경제성과에 영향을 미치는 중요한 요인으로서 구성원의 이질성을 인식하고 있다. 많은 선행연구 결과에 의하면, 구성원의 이질성으로 인한 이해집단 간의 갈등과 충돌은 경제적 효율성을 저하시켜 투자나 경제성장과 같은 경제성과에 음의 영향을 미치는 것으로 알려져 있다. 또한 이해집단 간의 잠재적 갈등은 양질의 정부조직을 형성하고 운영하는 데 방해요인으로 작용한다.

따라서 구성원의 이질성은 어떤 문화가 좋고 나쁜지를 의미하는 것이 아니라 구성원 간의 의사소통이 얼마나 효율적으로 이루어질 수 있는지를 나타낸다. 일반적으로 구성원의 이질성이 낮은(즉 동질성이 강한) 국가나 사회에서는 사람들이 공동의 목적을 달성하기 위해 잘 협력할 수 있기 때문에 구성원의 이질성이 낮을수록(즉 동질성이 강할수록) 사회적 자본이 높게 형성될 수 있다. 구성원의 이질성은 언어 · 문화 · 종교 등 다양한 측면에서 측정이 가능하며, 이 점은 이하에서 상세히 살펴본다. 또한 구성원의 이질성과 경제성장 간의 관계는 다음 절에서 논의한다.

2.2 분할지수와 극성지수

한 국가나 사회를 구성하는 구성원의 이질성 정도를 측정하기 위한 대표적인 방법은 분할과 극성을 이용해 만든 지수, 즉 분할지수와 극성지

4) 우리는 이상의 논의에서 한 가지 유의할 사항이 있다. 인구집중이 너무 과도할 경우에는 공해 · 교통 · 범죄 등과 같은 과밀(congestion)에 따른 비용을 창출하며, 인구집중에 따른 비용이 이익을 초과할 수 있다. Williamson(1965)은 이른바 '역U자 가설,' 즉 "거대도시로의 집적이 경제발전의 초기단계에는 경제성장에 도움이 되지만, 소득이 특정한 임계수준에 도달한 이후에는 경제성장을 방해할 수 있다"고 제시하였다. 또한 황진영 · 정상은(2009a), Brühart and Sbergami(2009) 등은 Williamson(1965)이 제시한 가설을 지지하는 실증분석 결과를 관측하였다.

수이다. 먼저 i국가 혹은 i지역의 '분할지수'(fractionalization index)는 다음의 식(7-1)과 같이 정의된다.

$$\text{분할지수}_i = 1 - \sum_{j=1}^{J} n_{ij}^2 \qquad (7-1)$$

식(7-1)에서 n_{ij}는 i국가의 구성원이 민족 · 문화 · 언어 · 종교 등의 측면에서 분할된 j그룹의 인구구성 비율을 나타내며, J는 한 국가에서 분할된 그룹의 개수를 의미한다. 우리는 분할지수를 이용해 구성원의 민족 · 문화 · 언어 · 종교 등의 다양한 측면에서 분할의 정도를 측정할 수 있다. 따라서 한 국가의 분할지수는 "한 국가 내에서 무작위로(randomly) 선택된 두 사람이 민족 · 문화 · 언어 · 종교 등의 측면에서 분할된 다른 그룹에 속할 확률"을 측정한다.[5)]

최초의 분할지수는 구소련의 *Atlas Narodov Mira*(Department of Geodesy and Cartography of the State Geological Committee of the USSR, 1964)에 의해 작성된 '인종언어학 분할지수'(index of ethnolinguistic fractionalization)이며, 이는 이후 구성원 간 문화의 이질성과 관련된 선행연구에서 광범위하게 사용되었다. 인종언어학 분할지수는 "한 국가 내에서 무작위로(randomly) 선택된 두 사람이 동일한 인종의 언어를 사용하지 않음으로써 언어소통이 불가능할 확률"을 측정한다. 만약 한 국가의 모든 국민이 동일한 언어를 사용하거나 대단히 유사한 언어만을 구사하는 인종으로 구성된다면, 인종언어학 분할지수는 영(0) 혹은 영(0)에 근접한다. 그러나 한 국가 내의 많은 인종적 그룹이 구조적으로 완전히 관련성이 없는 언어를 사용한다면, 인종언어학 분할지수는 1에 가까워진다.

한 국가의 구성원은 인종언어학 측면뿐 아니라 민족 · 문화 · 언어 · 종교 등 다양한 요인에 의해 분할이 생겨날 수 있다. Alesina et al.(2003)은 약 190개 국가의 민족 · 언어 · 종교 분할지수를 제시하였다. 또한

5) 즉 분할지수는 식(7-1)에서와 같이 1에서 i국가의 구성원이 분할된 j그룹의 인구구성 비율을 뺀 값, 즉 다른 분할된 그룹에 속할 확률(0~1 사이의 값)을 의미한다.

표 7-2 구성원의 이질성을 측정한 연구

연구목록	구성원의 이질성 지수	비고
Atlas Narodov Mira(1964)	인종언어학 분할지수	Taylor and Hudson(1972)의 저서에 수록되어 있음
Alesina et al.(2003)	민족분할지수, 언어분할지수, 종교분할지수	190개 국가의 광범위한 자료
Fearon(2003)	민족분할지수, 문화분할지수	
Montalvo and Reynal-Querol(2005)	민족분할지수, 민족극성지수, 종교분할지수, 종교극성지수	최초로 극성지수를 수치화

주: 연구목록에 있는 논문들을 참고해 구성함.

Alesina et al.(2003)과는 다소 상이한 출처의 자료를 이용해 Fearon (2003)은 민족 · 문화 분할지수를 측정하였으며, Montalvo and Reynal-Querol(2005)은 민족 · 종교 분할지수를 계산하였다. 이상과 같이 구성원의 이질성을 나타내는 다양한 형태의 자료를 제공한 연구목록의 요약은 〈표 7-2〉와 같다. 〈표 7-2〉에 제시된 여러 형태의 분할지수는 인종언어학 분할지수와 마찬가지로 0~1 사이의 확률 값을 나타내며, 1에 가까울수록 분할의 정도가 크다는 사실을 의미한다.

한편 Montalvo and Reynal-Querol(2005)은 한 국가를 구성하는 사람들 간의 이질성 정도를 측정하기 위해 분할지수와 함께 민족 · 종교 측면의 '극성지수'(polarization index)를 도출하였다.[6] i국가 혹은 i지역의 극성지수는 다음의 식(7-2)와 같이 정의된다.

$$극성지수_i = 1 - \sum_{j=1}^{J} \left(\frac{0.5 - n_{ij}}{0.5} \right)^2 n_{ij} \qquad (7-2)$$

6) Montalvo and Reynal-Querol(2005)이 제공한 극성지수는 Esteban and Ray(1994)가 제안한 측정과 여러 가지 측면에서 관련되는데, 이상의 측정과 관련된 방법론에 대한 설명은 상당히 복잡하기 때문에 본 장에서는 생략한다.

위 식에서 i, j, J, n_{ij}에 대한 표기는 분할지수의 경우와 동일하다. 극성지수는 "최고의 갈등을 야기하는 상황으로부터 민족 · 종교 그룹 간의 분포의 거리"를 측정한다. 즉 한 국가의 민족 · 종교 그룹들의 분포가 가까울수록 극성지수는 증가하게 된다. 예를 들어 3개의 민족 혹은 종교 그룹이 (45%, 45%, 10%), (33%, 33%, 34%) 혹은 (90%, 10%, 0%)로 분포되어 있다고 가정하자. 이때 극성지수는 (45%, 45%, 10%)으로 분포될 때 가장 크게 나타난다. 따라서 한 국가에서는 2개의 똑같은 크기의 민족그룹 혹은 종교그룹이 존재할 때 극성지수의 값은 극대가 된다.

다시 말해 극성지수는 분할지수와 달리 사회적 충돌의 개념과 밀접하게 관련되기 때문에 민족 · 종교의 차이가 어떤 충돌적인 상황을 야기할 경우에는 유용한 지수로 사용된다. 그러므로 민족 · 문화 · 언어 · 종교 등의 측면에서 분할된 동일 크기의 그룹의 수가 증가할수록 분할지수의 값은 점진적으로 증가할 수 있지만, 극성지수의 값은 2개의 그룹일 때 극대

그림 7-1 분할지수와 극성지수

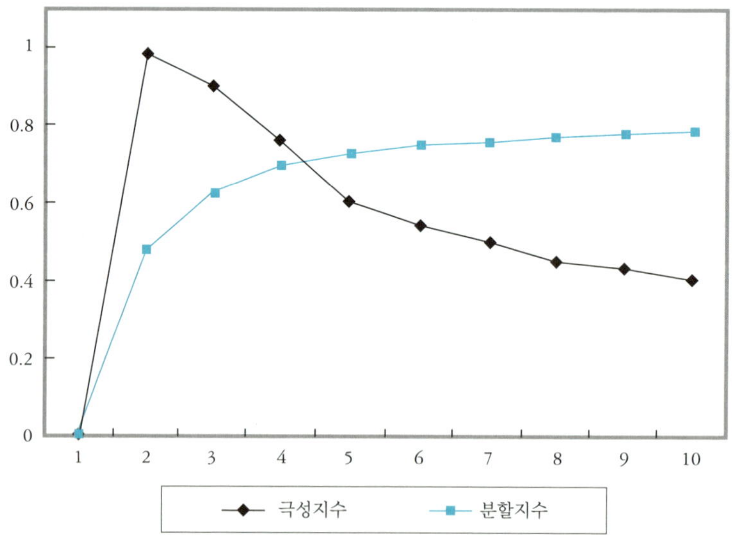

가 된 다음 줄어들게 된다. 이상의 관계를 보다 명확히 파악하기 위해 분할지수와 극성지수를 동일 크기의 그룹 수의 함수로 나타내면, 〈그림 7-1〉과 같이 그려진다.

2.3 국가 간의 분할지수와 극성지수

이미 살펴본 바와 같이 구성원의 이질성 정도는 다양한 분할지수와 극성지수로 파악된다. 예를 들어 Montalvo and Reynal-Querol(2005)은 약 130여 국가의 민족분할지수와 민족극성지수 및 종교분할지수와 종교극성지수를 제시하였는데, 그 일부 국가의 값을 소개하면 〈표 7-3〉과 같다. 이때 작성된 분할지수와 극성지수는 다양한 문헌(특히 백과사전)에 바탕을 두고 있으며, 대체로 1980년경 혹은 1990년경의 기초 자료가 사용되었다.

〈표 7-3〉에 의하면, 포르투갈(0.010), 대한민국(0.014), 예멘(0.032), 일본(0.034) 등은 상대적으로 민족분할지수가 낮은, 즉 구성원의 민족적 동질성이 강한 국가들이다. 또한 우리는 케냐(0.890), 인도(0.901), 우간다(0.932), 탄자니아(0.957) 등의 국가에서는 민족구성의 이질성(혹은 다양성)이 상당히 크다는 사실을 알 수 있다. 또한 종교적 분할지수를 살펴보면, 포르투갈(0.001), 폴란드(0.001), 스페인(0.001) 등의 국가에서는 구성원의 종교적 동질성이 강한 반면, 중국(0.671), 말레이시아(0.676), 대한민국(0.782) 등의 국가에서는 구성원의 종교적 이질성이 상대적으로 크게 나타났다.

〈표 7-3〉의 민족극성지수에 의하면, 마다가스카르(0.017), 포르투갈(0.020), 대한민국(0.028) 등의 국가에서는 상대적으로 민족적 충동이 적은 반면, 벨기에(0.871), 모로코(0.897), 과테말라(0.955), 요르단(0.982) 등의 국가에서는 민족적 충돌이 상대적으로 심할 것으로 관측된다. 종교적 충돌의 정도를 살펴보면, 포르투갈(0.001), 스페인(0.002), 아일랜드(0.005) 등의 국가에서는 상대적으로 낮은 수준인 반면, 짐바브웨(0.958), 예멘(0.975),

표 7-3 주요 국가의 분할지수와 극성지수

국 가	민족분할지수	종교분할지수	민족극성지수	종교극성지수
가 나	0.731	0.582	0.661	0.880
과테말라	0.520	0.382	0.955	0.759
그 리 스	0.099	0.031	0.186	0.061
대한민국	0.014	0.782	0.028	0.669
덴 마 크	0.049	0.007	0.097	0.014
마다가스카르	0.050	0.519	0.017	0.979
말레이시아	0.695	0.676	0.762	0.740
멕 시 코	0.576	0.079	0.654	0.156
모 로 코	0.475	0.039	0.897	0.078
미 국	0.583	0.263	0.691	0.468
방글라데시	0.068	0.261	0.132	0.503
벨 기 에	0.544	0.034	0.871	0.067
스 페 인	0.436	0.001	0.693	0.002
시에라리온	0.793	0.571	0.600	0.920
아일랜드	0.072	0.003	0.141	0.005
영 국	0.373	0.071	0.571	0.137
예 멘	0.032	0.507	0.063	0.975
요 르 단	0.515	0.169	0.982	0.347
우 간 다	0.932	0.524	0.279	0.846
인 도	0.901	0.345	0.348	0.564
인도네시아	0.793	0.660	0.529	0.823
일 본	0.034	0.568	0.067	0.808
중 국	0.599	0.671	0.661	0.819
짐바브웨	0.534	0.497	0.698	0.958
카 메 룬	0.817	0.647	0.576	0.893
캐 나 다	0.767	0.082	0.672	0.156
케 냐	0.890	0.482	0.381	0.832
코스타리카	0.241	0.039	0.420	0.078
탄자니아	0.957	0.648	0.271	0.882
태 국	0.361	0.143	0.582	0.266
포르투갈	0.010	0.001	0.020	0.001
폴 란 드	0.051	0.001	0.099	0.030
프 랑 스	0.147	0.100	0.294	0.193
필 리 핀	0.843	0.108	0.497	0.212

자료: Montalvo and Reynal-Querol(2005).

마다가스카르(0.979) 등의 국가에서는 상대적으로 높은 수준으로 나타났다.

황진영(2007a)은 80여 개 국가의 자료를 이용하여 민족 · 종교 분할지수와 민족 · 종교 극성지수의 지역(대륙)별 중위수를 제시하였다. 황진영(2007a)에 의하면, 아프리카 국가에서는 평균적으로 분할의 정도가 가장 심하게 관측되었으며, 민족극성지수와 종교극성지수는 각각 아메리카 & 카리브해 국가와 아프리카 국가가 평균적으로 심한 수준으로 나타났다. 또한 유럽 국가들의 평균적인 분할과 극성의 정도는 다른 지역의 경우에 비해 가장 심하지 않은 것으로 파악되었다.

우리는 이상의 논의에서 한 가지 흥미로운 사실을 발견할 수 있다. 즉 우리나라의 민족분할지수(0.014)와 민족극성지수(0.028)의 값은 상당히 작은 반면, 종교분할지수(0.782)와 종교극성지수(0.669)의 값은 다소 크게 나타났다. 〈표 7-3〉에는 제공되지 않았지만, 우리나라의 인종언어학 분할지수, 언어분할지수 및 문화분할지수의 값도 상당히 작은 것으로 알려져 있다. 따라서 종교 측면을 제외하면, 우리나라 구성원들 간의 동일성은 매우 강한 것으로 파악된다.

이상과 같은 구성원의 이질성 정도와 제 2 장에서 제시한 사회적 네트워크 이론을 접목하면 상당히 흥미로운 결과의 도출이 가능하다. 즉 한 국가의 구성원이 민족 · 언어 · 문화 측면에서 동질성(이질성)이 강하다는 사실은 그 국가의 구성원이 상대적으로 강한(약한) 유대관계를 형성한다는 것과 동일한 의미이다. 즉 구성원의 동질성이 크다(즉 강한 유대관계)는 사실은 구성원 간의 공통된 지식을 소유하는 데에는 유리하지만, 새로운 지식의 흐름에 능동적으로 대처하는 데에는 상대적으로 불리할 수 있다. 마찬가지로, 구성원의 이질성이 클(즉 약한 유대관계) 경우에는 새로운 지식의 흐름에 능동적으로 대처하는 데에는 유리하지만, 공통적 지식을 소유하는 데에는 상대적으로 불리할 수 있다.

선행연구에서 제공하는 다양한 자료에 의하면, 우리나라의 국민들은 다른 어떤 국가의 국민들보다 민족 · 언어 · 문화 측면에서 동질성이 강한 것으로 나타난다. 우리나라 국민들 간의 동질성은 오랜 역사 동안 공통된 지식을 소유하는 데 도움이 되어 왔다. 또한 국민들 간의 공통된 지식의 소유는 경제 · 정치 · 사회 등 여러 부문에서 긍정적 영향과 부정적 영향을 동시에 형성하였다. 공통된 지식이 긍정적 영향을 미친 사례는 우리나라 역사에서 경험한 숱한 외침과 이를 극복하였던 과정에서 찾을 수 있다. 우리나라는 숱한 외침의 역사에서도 모든 국민들이 국난 극복의 동일한 의식을 가졌기 때문에 약소국가이었음에도 불구하고 반만년의 역사를 이어올 수 있었다. 즉 구성원 간의 공통된 지식의 소유가 외침을 이겨낸 원동력으로 작용하였다.

또한 20세기 후반기 동안 눈부신 경제성장은 모든 국민들이 '잘살아보자'라는 공통된 의식을 가졌기 때문에 가능할 수 있었다. 2002년 한일 월드컵 당시 우리 국민들이 보여준 응원문화는 우리나라 국민들이 얼마나 동질적인지 보여주는 좋은 사례이다. 그러므로 우리나라에서 구성원의 동질성은 공통된 지식의 확산을 통해 양적으로 풍부한 인적자본의 축적이나 위기극복을 위한 원동력으로 작용해 왔다.

그러나 구성원의 동질성이 강한 국가에서는 지나치게 유행에 민감할 수 있으며, 사회적 책임감의 결여 등과 같은 부정적인 측면도 상존한다. 최근 들어 우리 사회에서 심각한 문제로 대두되고 있는 소위 '왕따' 문화도 구성원의 동질성과 무관하지 않다. 아울러 구성원의 문화적 동질성이 너무 강할 경우에는 새로운 지식을 받아들이거나 인식하는 데 상대적으로 어려움이 있을 수 있다. 우리나라의 역사적 경험을 살펴보면, 19세기 말에서 20세기 초에 세계사의 새로운 흐름을 제대로 인식하지 못하고(혹은 적어도 받아들이지 못하고) 일제의 지배를 받는 수난을 당하였다.

3. 구성원의 이질성과 경제성장

구성원의 이질성과 경제성장 간의 관계는 구성원의 이질성이 투자와 경제성장에 직접적인 영향을 미친다는 연구결과와 함께 정부조직의 효율성과 같은 전달경로를 통해 경제성장에 간접적인 영향을 미친다는 연구결과로 요약된다.

3.1 직접적 영향

오늘날 구성원의 이질성으로 인한 이해집단 간의 갈등과 충돌은 보편적인 현상이다. 즉 많은 국가나 지역에서는 구성원의 이질성이 정치경제적 의사결정 및 경제성과에 영향을 미치는 중요한 요인으로 인식하고 있다. 예를 들어 Alesina et al.(2003), Easterly and Levine(1997), Montalvo and Reynal-Querol(2005) 등은 구성원의 이질성으로 인한 집단 간의 갈등과 충돌은 경제적 효율성을 떨어뜨려 투자나 경제성장에 음(−)의 영향을 미친다고 주장하였다.

구체적으로 Alesina et al.(2003)은 민족적으로 완전히 동질적인 국가에서 민족적으로 완전히 이질적인 국가로 바뀌면, 매년 약 2%포인트 경제성장률이 감소한다고 추정하였다. 또한 Alesina et al.(2003)은 언어분할지수와 경제성장 간에는 음의 관계가 성립하지만, 종교분할지수와 경제성장 간에는 통계적으로 유의한 관련성이 없는 것으로 관측하였다. 이와 같은 결과는 자유롭고 민주주의가 발전한 국가에서는 갈등을 심화시키지 않으면서 종교 측면에서 분할의 정도가 증가할 수 있다는 사실을 반영한다.

또한 Esterly and Levine(1997)은 민족의 다양성이 직접적으로 경제성장에 음의 영향을 미치는 것으로 추정하였다. 특히 Esterly and Levine (1997)은 많은 아프리카 국가들의 열악한 경제상황(낮은 수준의 경제성장)이 다양한 민족 간의 갈등에 기인한다고 주장하였다. Montalvo and Reynal-Querol(2005)은 경제발전을 저해하는 요인으로서 민족분할에 비해 민족극성이 투자의 감소 및 시민 간의 충돌을 증가시켜 경제성장에 더 큰 부정적 영향을 미칠 수 있다고 지적하였다. 한편 Hodler(2006)는 풍부한 천연자원을 보유한 국가일지라도 분할이 심한 국가에서는 그룹 간의 충돌로 인해 재산권이 약화되며, 이는 생산적인 활동을 제약하기 때문에 낮은 수준의 경제성장을 기록할 수 있다고 제시하였다.

Mauro(1995)의 가정에 의하면, 인종언어학 분할이 심화될수록 지대추구(혹은 부패)의 증가와 함께 투자가 감소하게 된다. Shleifer and Vishny (1993)는 분할의 정도와 지대추구 간에는 양(+)의 관계가 생겨날 수 있다는 이론적 배경을 제공하였다. 즉 분할의 정도가 심한 국가에서는 강력한 중앙통제가 어려워져서 법과 질서의 정립이 용이하지 않게 된다. 따라서 분할의 정도가 심한 국가일수록 잠재적인 갈등이 더욱 심화될 뿐만 아니라 더 부정직한 관료국가가 되는 경향이 나타난다. 최근 들어 Hwang et al.(2011)은 민족분할의 정도가 큰 국가군과 작은 국가군으로 표본을 분리해[7] 부패가 경제성장에 미치는 영향을 분석하였는데, 부패가 경제성장에 미치는 음의 효과는 민족분할의 정도가 작은 국가로 구성된 표본에서 크게 추정되었다. 이와 같은 결과는 민족분할의 정도가 큰 국가에서는 부패가 더욱 만연하기 때문에 부패가 경제성장에 미치는 부정적 효과가 상대적으로 작게 나타날 수 있음을 의미한다.

〈그림 7-2〉는 분할의 정도와 소득수준 간의 직접적 관계를 명시적으로 살펴보기 위해 자료가 가용한 127개 국가의 민족분할지수와 1인당 GDP 간의 산포도를 나타낸다. 여기서 민족분할지수는 Montalvo and Reynal-Querol(2005)이 제공한 값이며, 1인당 GDP는 세계은행(2014)이 제공한 2000년의 구매력으로 추정된 실질 1인당 GDP($로 표시)이다.[8] 〈그림 7-2〉에서 두 변수 간의 상관계수는 약 -0.4082로써 다소 높은 음의 관련성을 나타낸다. 만약 소득수준이 상대적으로 높으면서 분할이 심한 미국 · 캐나다 등의 국가를 표본에서 제외한다면, 두 변수 간의 음의 상관관계는 훨씬 크게 나타날 것으로 예상된다. 그러므로 한 국가의 분할지수는 소득수준과 밀접하게 관련되며, 향후 경제성장에 직접적인 영향을 미

7) 즉 Hwang et al.(2011)은 통계자료가 가용한 전체국가의 민족분할지수의 중위수를 기준으로 민족분할지수가 큰 국가군과 작은 국가군으로 전체국가의 표본을 2개의 소표본으로 분리하였다.

8) 이미 언급하였듯이 분할지수는 1980년경 혹은 1990년경 자료에 기초하기 때문에 굳이 최근의 1인당 GDP를 사용할 필요가 없음을 밝혀둔다.

그림 7-2 민족분할지수와 1인당 GDP

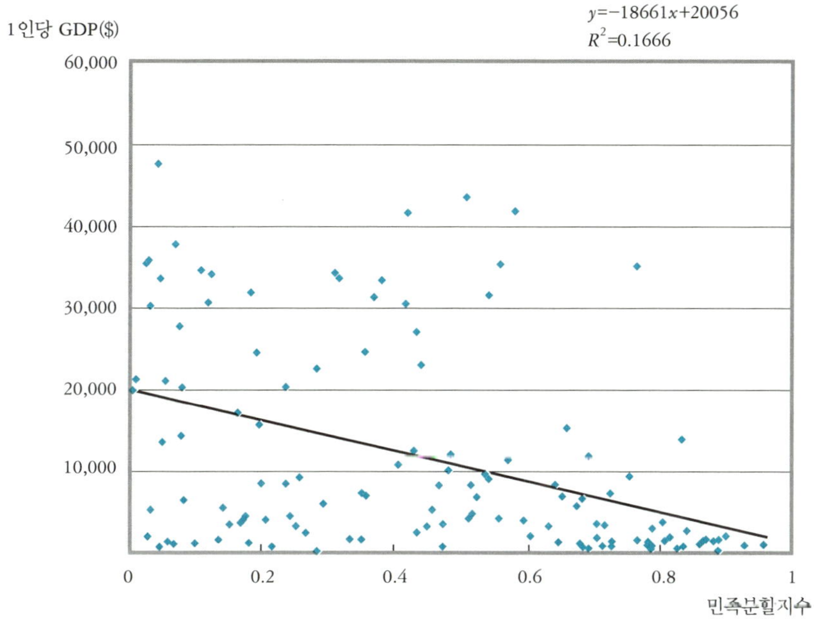

자료: 민족분할지수는 Montalvo and Reynal-Querol(2005), 1인당 GDP는 세계은행(2014).

칠 수 있다.

3.2 간접적 영향

한 국가나 사회의 구성원의 이질성은 이해집단 간의 잠재적 갈등과 충돌을 야기하기 때문에 효율적이고 양질의 정부조직을 형성하고 운영하는 데 방해요인으로 작용한다. 양질의 정부조직은 경제성장에 긍정적 영향을 미치기 때문에 구성원의 이질성은 정부조직의 효율성이라는 전달경로를 통해 경제성장에 간접적으로 부정적 영향을 미친다. 양질의 정부와 경제성장 간의 양(+)의 관계는 제9장에서 검토되기 때문에 이하에서는 구성원의 이질성과 정부조직의 효율성 간의 관계를 분석한 연구결과를 간단히 소개한다.

이상의 이론적 배경을 바탕으로 La Porta et al.(1999)은 민족분할의 정도가 정부조직의 효율성에 부정적 영향을 미친다는 실증결과를 관측하였다. 마찬가지로 Alesina et al.(2003)의 실증연구에서도 민족 · 언어 분할의 정도와 정부조직의 효율성(혹은 양질의 정부조직) 간에는 음(−)의 관계가 존재한다고 추정하였다. 한편 Alesina et al.(2003)은 국가별 정부조직의 효율성을 반영하기 위해 민주주의 지수, 부패의 정도, 조세 순응도(tax compliance), 총인구 대비 공공부문 고용, 사회간접자본의 질 등 다양한 변수를 사용하였다.

그러나 Alesina et al.(2003)은 한 국가의 종교분할지수와 정부조직의 효율성 간의 관계에 대한 통계적 유의성은 전통적인 범위를 벗어난다고 관측하였다. 이상의 관측은 Collier and Hoeffler(2004)가 제시한 연구결과와 일관성이 있는데, 종교분할은 갈등의 위험요소에 영향을 미치지 않을 수 있음을 제시한다. 이상의 결과를 통해 우리는 자유롭고 민주주의가 발전한 국가에서는 갈등을 심화시키지 않으면서 종교분할이 증가할 수 있다는 사실을 확인할 수 있다.

4. 구성원의 다양성과 소득불평등

한 국가나 사회의 구성원의 이질성은 이해집단 간의 잠재적 갈등을 야기하기 때문에 직 · 간접적으로 소득불평등과 관련된다. 예를 들어 Alesina and Glaeser(2004)는 특정한 민족 그룹에 속한 사람이 다른 민족 그룹에 속한 사람을 도울 수 있는 사회 전체적인 소득재분배 정책을 지지하지 않기 때문에 민족구성의 이질성이 소득재분배를 제한할 수 있다고 주장하였다.

즉 구성원 간의 민족분할이 심한 상황에서는 소득재분배 기능이 제대로 작동하지 않기 때문에 민족분할은 소득불평등을 심화시키는 원인이 될 수 있다. Lind(2007)는 투표에 의해 조세가 결정되는 모형을 사용해 분할이나 그룹 간의 갈등이 재분배에 대한 지지를 감소시킬 수 있다고 제시하였다. 만약 소득재분배 기능의 감소가 소득불평등의 심화로 이어진다면, 우리는 민족구성의 이질성이 큰 국가에서 높은 수준의 소득불평등이 나타날 것으로 예상할 수 있다.

또한 Glaeser(2005)는 민족구성의 이질성이 민족 간의 다른 교육적 전통으로 말미암아 기술 획득의 불평등에 영향을 미칠 수 있다고 주장하였다. 이미 제5장에서 살펴보았듯이 한 개인이 기술을 얼마만큼 수월하게 획득할 수 있는지는 향후 자신의 소득수준과 밀접하게 관련되기 때문에 민족구성의 이질성은 기술 획득의 불평등이라는 전달경로를 통해 소득불평등에 간접적으로 영향을 미칠 수 있다.

일부 경제학자들은 20세기 후반기 동안 동아시아 국가들이 서남아시아나 아프리카 국가들보다 높은 경제성장을 기록한 이유로써 교육을 숭상하는 유교문화의 공헌을 들고 있다. 또한 오늘날 초강대국인 미국의 탄생에는 프로테스탄티즘이라는 생활에서의 근면성이 분명히 긍정적으로 작용하였다. Barro and McCleary(2003)는 종교적 믿음의 정도와 교육투자 간에는 양(+)의 관계가 존재하며, 이로 인해 종교적 믿음의 정도와 경제성장 간에는 양의 관계가 존재한다고 주장하였다.[9] 따라서 한 국가의 종교적인 분할 혹은 극성의 정도가 총합적 경제성과를 통해 간접적으로 소득불평등에 영향을 미치게 된다.

실증적인 선행연구들은 주로 미시자료를 이용해 민족구성의 이질성이 소득재분배 경로에 미치는 효과를 검토하였다(예를 들어 Luttmer, 2001; Okten and Osili, 2004). 구체적으로 Luttmer(2001)는 미국의 설문조사 자료를 사용한 반면, Okten and Osili(2004)는 인도네시아의 설문조사 자료를 사용해 민족구성의 이질성과 소득재분배 간에는 음(-)의 관계가 존재할

9) 종교분할이 경제성장에 영향을 미치지 않는다는 연구결과와 종교적 믿음과 경제성장 간에 양(+)의 관계가 존재한다는 연구결과는 상반된 내용이 아님을 밝혀둔다.

수 있다고 관측하였다. 즉 이상의 선행연구에서는 민족분할의 증가가 지역 간의 복지후생 프로그램 지원을 감소시킬 수 있다고 설명하였다. 또한 Dincer and Lambert(2012)는 미국의 50개 주(state) 자료를 이용해 민족·종교 극성지수와 소득불평등 간에는 양의 관계가 성립하며, 민족·종교 분할지수와 소득불평등 간에는 역U자 형태의 영향이 존재하는 것으로 파악하였다.

국가 간의 거시자료를 이용한 실증연구는 황진영(2007a)을 들 수 있다. 즉 황진영(2007a)은 가용한 80여 개 국가의 자료를 이용해 민족·종교 분할지수 및 민족·종교 극성지수와 소득불평등(소득지니계수로 측정) 간의 관계를 명시적으로 검토하였다. 황진영(2007a)의 추정결과를 살펴보면, 민족분할지수·민족극성지수·종교극성지수와 소득지니계수 간에는 통계적으로 유의한 양의 관계가 존재하는 것으로 관측되었다. 그러나 종교분할지수의 추정계수가 소득지니계수에 미치는 영향은 통계적으로 유의하지 않은 것으로 나타났다.

그러므로 우리는 다양한 민족으로 구성된 국가나 지역일수록 소득불평등이 상대적으로 심할 수 있다는 사실을 알 수 있다. 또한 이상의 연구결과는 사회적 충돌의 개념과 밀접하게 관련되는 종교극성지수는 소득불평등을 심화시킬 수 있지만, 종교적 갈등과 충돌을 야기하지 않는 종교분할의 증가는 소득불평등과 큰 관련성이 없을 수 있음을 시사한다.

5. 문화의 변화

지금까지 우리는 국가 간의 다양한 문화적 요인을 검토하였지만, 한 국가의 문화가 시간의 흐름에 따라 변동할 수 있다는 사실을 간과하였다. 즉 한 국가의 문화는 경제성장, 정부정책의 변화, 외생적인 충격 등의 요인에 의해 변동할 수 있다.

먼저 소득수준이 향상됨에 따라 문화가 변동할 수 있다는 사실은 우리나라의 경험을 통해 쉽게 추론이 가능하다. 즉 우리나라의 경험에 의하면, 소득수준이 향상됨에 따라 생산과 교환이 가족에서 기업, 시골에서 도시로 그 중심이 이동하는 시장중심의 경제가 형성되었다. 또한 국민들이 느끼는 도시화, 교육투자의 증가, 해외로부터의 새로운 기술의 도입, 국제교역에 대한 개방 등에 대한 사고의 변화는 소득수준이 향상되는 과정에서 주로 생겨난다.

일반적으로 경제성장에 기여하는 문화적 요인은 소득수준과 문화 간의 상호작용을 통해 그 효과를 확대시키는 승수효과를 유도한다. 예를 들어 19~20세기 동안 일본의 급격한 성장은 해외의 아이디어를 적극적으로 수용한 근대화 과정에 힘입은 바가 크다. 근대화 과정은 소득수준의 향상에 영향을 미치고, 소득수준의 향상은 더 높은 수준의 국제교역과 새로운 기술의 적극적인 수용을 요구한다. 이와 같은 상호작용을 통해 근대화 과정과 소득수준의 향상은 가속화된다. 따라서 우리는 한 국가에서 발생하는 문화의 변화는 그 자체의 의미를 넘어 향후 그 국가의 소득수준을 결정하는 요인이 될 수 있다는 사실을 반드시 기억해야 한다.

문화를 바꿀 수 있는 또 다른 대표적인 요인은 정부정책이다. 정부는 경제적인 목적을 달성하기 위해 문화적 특성을 바꾸려는 정부정책을 종종 사용한다. 예를 들어 인구증가가 경제성장의 걸림돌이었던 시대에는 정부가 '가족계획정책'을 홍보한 반면, 인구의 고령화가 진전되는 오늘날에는 '가족장려정책'을 펼친다. 또한 초기의 정부정책이 비경제적인 목적 달성을 위한 것이라고 할지라도 경제적 효과를 나타내는 경우가 종종 발생한다. 예를 들어 언어가 몇 개로 분리된 어떤 국가가 통치를 원활히 수행하기 위해 언어를 통일한다고 가정하자. 이와 같은 언어의 통일은 구성원의 동질성을 강화시켜 한 국가의 시장통합을 촉진시키는 경제적 효과를 달성한다.

또한 최근 들어 선진 산업화된 국가에서의 발전한 사회복지 제도는 사람들의 가치관을 변화시킨다. 즉 사회복지 제도가 발전할수록 근로의 윤리는 다소 퇴색하고 조기은퇴로 연금에 크게 의존하면서 사회적 비용이 엄청나게 증가하고 있는 실정이다. 그러므로 한 국가의 문화적 요인은 소득수준이나 정부정책과 밀접하게 관련되면서 변동할 수 있으며, 현재의 문화적 요인이 향후의 소득수준과 정부정책의 원인이 되기도 한다.

읽을거리

우리나라 인구정책의 시기별 변화

우리나라의 인구는 정부수립 이후 급격히 증가하였다. 특히 한국동란 이후인 1955년부터 인구가 급격하게 증가하였는데, 우리는 이 시기를 제1차 '베이비붐' 시대라고 부른다. 1961년 이후 정부는 경제개발을 위해 산아조절을 인구정책의 핵심으로 설정하였으며, 이와 같은 인구억제 정책은 1990년대까지 지속되었다. 정부는 1960년대에 한 가족의 적정 출생아를 3명, 그리고 1970년대와 1980년대에는 각각 2명과 1명으로 제시하였다.

그러나 1990년대 중반 이후 저출산·고령화 현상이 심각한 사회문제로 대두되면

표 7-4 시기별 가족계획 표어

연 도	표 어
1961년	알맞게 낳아서 훌륭하게 키우자
1963년	덮어놓고 낳다보면 거지꼴을 못 면한다
1966년	3명 자녀를 3년 터울로 35세 이전에 단산하자
1971년	아들·딸 구별 말고 둘만 낳아 잘 기르자
1980년	잘 키운 딸 하나 열 아들 안 부럽다
1982년	둘도 많다. 하나 낳고 알뜰살뜰
1986년	하나로 만족합니다. 우리는 외동딸
1990년	엄마건강 아이건강 적게 낳아 밝은 생활
2004년	아빠! 하나는 싫어요. 엄마! 저도 동생을 갖고 싶어요
2006년	낳을수록 희망가득 기를수록 행복가득

출처: 위영(2011).

서 정부의 인구정책은 완전히 바뀌었다. 즉 1996년 정부는 이른바 '신인구정책'을 수립하였는데, 기존의 인구억제에서 인구장려(출산장려)로 정책방향을 이동시켰다. 비록 정부는 인구장려를 위해 현재에도 다양한 정책을 사용하고 있지만, 저출산·고령화는 가속화되어 2050년의 인구수는 지금보다 약 10% 줄고, 40% 이상의 인구가 고령인구가 될 것으로 예상되고 있다(통계청, 2011). 〈표 7-4〉는 시기별 가족계획 표어를 나타내는데, 이는 인구정책이 어떻게 변모되어 왔는지 보여준다.

생각해 볼 문제

01 다음의 물음을 간단히 답하라.

(1) 한 국가의 문화적 요인으로서 근면, 사회적 자본, 사회적 역량 등을 들 수 있는데, 이들 요인들이 경제성장과 어떻게 관련될 수 있는지 설명하라.

(2) 한 국가의 신뢰수준은 경제성장에 어떤 영향을 미치는가? 또한 한 국가나 사회의 구성원 간의 신뢰수준은 어떻게 측정할 수 있는가?

(3) 민족분할지수란? 민족분할지수와 사회적 자본, 그리고 민족분할지수와 사회적 역량 간에는 어떤 관계가 형성될 수 있는가?

(4) 국가 간의 사회적 자본, 사회적 역량, 민족분할지수 등을 나타내는 통계자료를 수집해 비교해 보자.

(5) 한 국가의 문화를 결정할 수 있는 요인들을 제시하라.

02 사회적 지위가 경제성장에 미치는 영향은 긍정적 요인과 부정적 요인이 함께 존재하는데, 이상의 상반된 두 가지 요인을 비교하면서 설명하라. 또한 많은 국가에서는 교육을 많이 받은 사람들이 그렇지 않은 사람들에 비해 사회적 지위가 대체로 높은데, 그 이유는 무엇인가?

03 우리나라의 현실에서 쉽게 경험할 수 있는 다음의 문화 혹은 관습들이 경제성장에 어떤 영향을 미치는지 설명하라.

(1) 많은 여성 대졸자가 직업을 갖지 않거나 결혼 후 전업주부로만 생활한다.

(2) 점진적으로 우리 사회에서는 이혼율이 증가하고 혼인율은 감소하고 있다.

(3) 취업난으로 인해 연애, 결혼 및 출산을 포기하려는 젊은이의 수가 증가하고 있다.

(4) 장남만이 부모의 유산을 물려받는다. 적어도 장남이 다른 자녀에 비해 많은 양의 재산을 상속받는다.

(5) 젊은이의 음식 습관이 갈수록 서구화되고 있다.

04 분할지수와 극성지수의 유사점과 차이점을 설명하고, 이들 지수를 측정하는 과정에서 생겨날 수 있는 현실적인 한계점을 생각해 보자. 또한 민족 · 종교 ·

문화 · 언어 측면에서의 분할지수 혹은 극성지수가 소득불평등에 어떤 영향을 미칠 수 있는지 제시하라.

05 구성원의 분할 및 극성의 정도가 심한 국가에서는 경제성장률이 평균적으로 낮게 나타나는데, 그 이유는 무엇인가? 즉 구성원의 분할 및 극성이 경제성장에 미치는 직 · 간접적인 영향을 설명하라.

PART

03

정치 및 정부의 역할

- 제 8 장 정부의 역할과 국가의 수
- 제 9 장 민주주의와 정부의 질
- 제10장 정치적 활동과 경기변동 이론

08 CHAPTER

정부의 역할과 국가의 수

정부의 역할과 경제성과 간의 관계에 대한 파악은 정치경제학에서 가장 오래되고도 보편적인 연구주제이다. 경제주체로서 정부는 효율적인 자원배분을 유도하기 위해 시장에 참여하고, 계층 간·지역 간의 소득불평등을 완화하기 위해 소득재분배 정책을 실시한다. 이와 같은 정부의 역할은 경제발전과 함께 조금씩 변모되어 왔는데, 최근에 이르러 그 역할과 중요성이 점증하고 있다. 본 장에서는 자본주의 역사에서 정부의 역할과 경제정책의 변화, 주요 국가의 정부규모, 정부규모와 경제성장 간의 관계 등을 살펴본다. 또한 본 장에서는 1990년대 이후 지구상의 가장 큰 흐름인 '정치적 독립'과 '경제적 통합' 현상을 설명하고, 이와 같은 현상이 발생한 이유를 검토한다.

1. 정부의 역할과 경제정책

정부의 역할은 역사적 상황이나 경제규모 혹은 정치체제에 따라 다양하게 변모되어 왔다. 본 절에서는 정부의 역할에 대한 역사적 고찰과 함께 경제정책의 목표와 수단, 그리고 경제성장에 따른 공기업의 역할에 관해 살펴본다.

1.1 자본주의 역사와 정부의 역할

역사적으로 정부의 역할은 주로 사회적·정치적 요인에 의해 조정되어 왔지만, 경제적 관점에서의 정부는 시장실패를 보완하고 효율적인 자원배분을 위해 시장에 개입해오고 있다. 정부가 시장에 개입하는 정도는 자본주의 역사와 관련된다. 예를 들어 19세기 자본주의가 본격적으로 시작된 시대에는 그 이전의 중상주의에 대한 반발과 스미스(Adam Smith, 1723~1790)의 영향으로 정부는 시장경제가 정상적으로 작동할 수 있도록 환경을 정비하는 '작은 정부'(small government)를 추구하였다. 왜냐하면 이 시기의 경제학자들은 수요와 공급의 변화에 따라 시장가격이 신축적으로 조정될 뿐만 아니라 노동의 가격인 임금이 유연하게 움직이기 때문에 경제는 항상 청산되는, 즉 완전고용이 달성된다고 생각하였기 때문이다.

그런데 자본주의 경제가 19세기 초반의 '자유경쟁 자본주의' 단계에서 19세기 후반의 '독점자본주의' 단계로 나아감에 따라 스미스의 낙관론을 형성하는 데 전제가 되었던 완전경쟁의 조건은 소멸되었다. 독점자본은 규모의 경제를 이용해 시장이 설정해 주는 가격수준을 받아들이지 않았다. 오히려 독점기업은 극대의 이윤을 확보할 수 있는 수준으로 공급량을 조정하는 독점가격을 설정하였다. 따라서 독점자본은 독점가격을 이용해 사회 전체적으로 형성된 가치 중에서 자신이 기여한 것보다 더 많은 가치를 획득하게 되었다. 또한 독점자본이 형성됨에 따라 생겨나는 불이익을 일반 소비자들에게 전가시킴으로써 시장은 더 이상 자원을 효율적으로 배분할 수 있는 기능을 담당할 수 없게 되었다.

그러다가 1920년대 말부터 시작된 세계적인 경제 '대공황'(great depression)이 발생하면서 경제를 더 이상 시장의 자율적인 조절기능에 맡겨서는 곤란하다는 생각이 생겨나기 시작하였다. 당시 대두된 케인즈(John M. Keynes, 1883~1946)학파의 경제학자들은 시장의 불완전성으로 인해 가격은 항상 경직성을 갖기 때문에 시장이 수요와 공급의 불일치에 따른 불균형을 스스로 해소할 수 없다고 생각하였다. 특히 그들은 임금이 현실적으로 하락하는 데에는 많은 제약이 존재하기 때문에[1] 실업은 시장에서 자동적으로 해결되지 않으며, 정부가 적극적으로 총수요관리정책을

---

1) 케인즈학파의 경제학자들은 노동조합의 영향, 최저임금제, 효율성 임금, 불완전 경쟁 등의 다양한 이유로 말미암아 임금의 하방경직성이 존재한다고 역설하였다.

사용해 총수요를 증가시켜 해결해야 한다고 믿었다. 그러므로 케인즈학파의 경제학자들은 시장실패에 따른 경제문제를 해결하기 위해서는 강력하면서도 적극적인 '큰 정부'(big government)가 필요하다고 주장하였다.

케인즈학파 경제학자들의 주장은 1970년대의 두 차례 석유파동(oil shocks)을 겪으면서 그 유효성이 상실되었다. 왜냐하면 공급충격에 따른 경기침체가 발생할 때 총수요확대정책은 총생산을 크게 상승시키지 못하면서 높은 인플레이션만을 초래하였기 때문이다. 따라서 1970년대 이후 정부의 역할에 대한 경제학자들의 주장은 크게 양분되었다. 즉 1970~1980년대에는 고전학파의 영향을 받아 '작은 정부'를 지향해야 한다는 일련의 경제학자들과 케인즈학파의 주장을 계승해 '큰 정부'를 주장하는 일련의 경제학자들 간에 심한 논쟁이 이어졌다. 그러나 양쪽 모두의 주장에는 비현실적인 내용을 포함하기 때문에 어느 한쪽의 주장이 일방적으로 옳다고 받아들이기에는 어려움이 있다.

그러므로 현재의 경제학자들은 '큰 정부' 혹은 '작은 정부'에 관한 논의 자체에는 큰 의미를 부여하지 않으려 한다. 왜냐하면 정부의 역할이 구성원의 사회후생함수를 극대화하는 데 있으므로 현재의 많은 국가에서는 정부의 크기를 경제여건이나 상황 혹은 경제부문에 따라 조정하고 있기 때문이다.

1.2 경제정책의 목표와 수단

경제정책의 거시적 목표는 지속적인 경제성장, 완전고용의 달성, 물가안정, 국제수지의 균형 등을 들 수 있으며, 미시적 목표는 소득 및 부의 분배 개선과 개별시장 및 여러 부문의 규제 등을 들 수 있다. 그러나 이상과 같은 여러 가지 경제정책의 목표 간에는 상충관계가 존재하기 때문에 모든 목표를 동시에 달성하기란 사실상 불가능하다. 예를 들어 유명한 '필립스(Aiban W. Phillips, 1914~1975) 곡선'을 통해 알 수 있듯이 실업률과 인플레이션율 간에는 단기적인 상충관계가 존재할 수 있다. 즉 정부가 실업대책으로 정부지출을 증가시킬 때 고용증대와 함께 명목소득이 증가하지만, 인플레이션 유발을 통한 실질소득의 감소와 같은 비용을 부담해야 한다.

한편 정부가 경제정책의 목표를 달성하기 위해 사용하는 수단은 국가마다 다소 상이하지만, 일반적인 경제정책의 수단으로는 재정정책과 금융정책, 권유와 직접통제 및 제도의 변경 등을 들 수 있다. 거시적 경제목표를 달성하기 위해 많은 국가에서 가장 보편적으로 사용하는 경제정책의 수단은 '재정정책'(fiscal policy)과 '금융정책'(monetary policy)이다. 이상의 정책수단을 사용할 때 나타나는 거시경제의 결과 혹은 경제성과에 대한 설명은 거시경제학 관련 서적에서 폭넓게 논의되기 때문에 본 장에서는 생략한다. 다만 권유, 명령 및 제도의 변경과 같은 직접적 조절수단은 일반적으로 시장경제의 기능이 잘 발달되지 않은 국가에서 주로 사용한다는 사실만을 밝혀두고자 한다.

우리는 이상의 논의와 관련해 몇 가지 기억해야 할 사항이 있다. 우선 1969년 노벨 경제학상 수상자인 네덜란드 출신의 틴번진(Jan Tinbergen, 1903~1994) 교수는 정부가 경제정책을 사용해 바람직한 결과를 도출하기 위해서는 정책수단을 적어도 정책목표의 개수만큼은 사용해야 한다고 주장하였다. 우리는 이상의 주장을 '틴번진의 원리'라고 명명하는데, 이는 정부가 많은 정책수단을 동시에 사용할 때 정책목표 달성에 효과적일 수 있음을 의미한다.

또한 정부는 상황에 따라 여러 가지 정책을 동시에 사용해야 하는 경우가 발생하는데, 이를 '정책결합'(policy mix)이라 부른다. 예를 들어 경제상황이 물가가 상승하고 투자의 열기가 높은 경기과열 현상을 나타낸다고 가정하자. 이상의 상황에서 정부가 경기과열을 다소 억제시키고자 한다면, 정부지출을 감소시키고 통화량을 감소시키는 두 가지 정책을 동시에 사용할 때 효과적이다. 즉 정부가 정부지출을 감소시키면 총수요가 줄어들어 물가의 상승을 억제시킬 수 있으며, 통화량을 감소시키면 이자율의 상승을 유도해 투자를 억제시킬 수 있다.

1.3 공기업의 역할

공기업은 "국가 또는 지방공공단체의 자본에 의해서 생산, 유통 또는 서비스를 공급할 목적으로 운영되는 기업"으로 정의된다. 이상의 공기업은 이윤극대화를 추구하는 민간기업과는 달리 보다 많은 생산물 공급을 통해 국민복지의 향상을 도모한다. 따라서 공기업에서는 요소 및 상품의 가격이 시장에서 결정되는 민간기업과는 달리 정치적 상황이나 의사결정에 따라 생산물의 가격이나 고용규모 및 결손의 범위 등이 결정된다. 공기업은 민간기업과 다른 다음의 특징으로 말미암아 국가 전체의 경제성과에 보다 직접적인 영향을 미친다.

첫째, 민간기업이 개인의 이윤극대화를 추구한다면, 공기업은 사회의 이윤극대화를 추구한다. 공기업의 이윤은 국고의 수입과 연결되기 때문에 공공투자에 따른 잉여가 줄어들면 조세의 증가나 다른 부문의 정부지출 감소를 초래하게 된다. 결국 공기업의 경영실적에 따른 이윤의 정도가 조세나 정부지출의 조정과 같은 정부정책에 영향을 미친다.

둘째, 공기업은 소득재분배의 역할을 담당한다. 일반적으로 소득재분배는 조세제도와 정부의 투자행위를 통해 실시된다. 결국 공기업에 의한 공공주택이나 의료서비스의 공급, 교육 및 직업훈련 등은 국민들의 실질소득과 생활 서비스의 재분배 역할을 담당한다.

셋째, 공기업의 운영은 거시경제의 정책적 효과를 가져다줄 수 있다. 예를 들어 공공투자는 총수요를 자극해 경기에 영향을 미치게 되며, 이는 '승수효과'(multiplier effect)를 통해 총생산의 증대에 기여한다. 이와 함께 공기업의 가격설정 및 임금정책은 물가의 변동을 자극할 뿐만 아니라 공기업의 수익성에 따라 국가재정에 큰 영향을 미치게 된다.

또한 공기업은 높은 기술적 효율성을 유도해 경제성장에 기여할 수 있다. 즉 공기업이 한정된 자원을 이용해 새로운 기술개발과 시장개척 및 효율적인 경영을 실현하다면, 공기업의 성과는 경제성장에 직접적인 영향을 미치게 된다. 그러므로 한 국가의 공기업의 크기와 성장 및 그 형태는 다양한 방법을 통해 정부의 경제활동은 물론 경제성장과 관련된다.

2. 주요 국가의 정부규모

한 국가의 정부규모는 다양한 요인, 즉 그 국가가 당면한 경제적·정치적 상황, 사회적 여건, 추구하는 정책목표, 그리고 국민들의 재정수요에 대한 욕구의 강도 등에 의해 결정된다. 본 절에서는 우리나라를 포함한 주요 국가의 정부규모를 살펴보고, 민주주의 발전과 정부규모 간의 관계를 검토한다.

2.1 우리나라의 정부규모와 국가채무

정부가 경제활동을 수행하기 위해 한 회계연도 동안의 모든 지출을 '세출'이라 하고, 한 회계연도 동안의 모든 수입을 '세입'이라 한다. 이와 같은 정부의 세입 및 세출과 관련된 경제활동을 '재정'이라 부른다. 우리나라에서 재정에 대한 통계는 나라 살림을 수행하는 기관과 성격에 따라 중앙정부, 지방정부, 비금융공기업 및 공공금융기관의 4개 부문으로 나누어진다. 또한 중앙정부와 지방정부(지방교육재정 포함)를 합해 '일반정부'(general government)라고 하며, '공공부문'(public sector)은 일반정부와 비금융공기업의 합으로 구성된다.

〈그림 8-1〉은 2005년 이후 우리나라의 GDP 대비 일반정부지출 비율과 국가채무 비율의 추이를 나타낸다. 우리나라의 GDP 대비 일반정부지출 비율은 1980년 이후 20%를 조금 밑도는 수준에 머물러 있다가 2000년 이후 20%를 상회하는 수준으로 증가하였으며,[2] 특히 2005년 이후에

2) 〈그림 8-1〉은 2005년 이후의 최근 자료만을 보여준다. 2005년 이전의 자료는 통계청 혹은 한국은행에서 제공한다.

그림 8-1 우리나라의 일반정부지출과 국가채무 추이(단위: GDP 대비 비율, %)

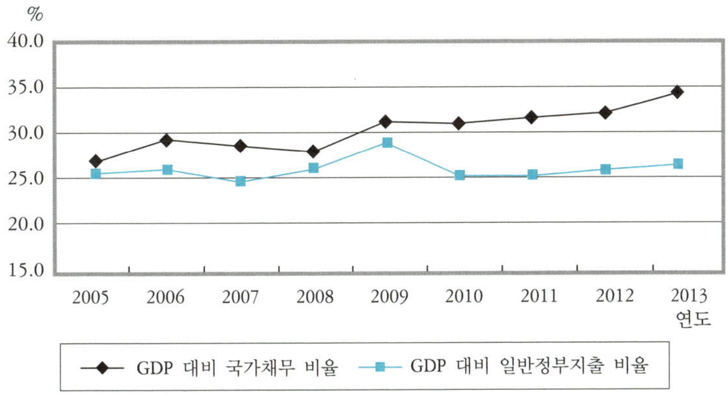

주: 일반정부=중앙정부+지방정부(지방교육재정 포함)임.
자료: e-나라지표(http://index.go.kr).

는 가파르게 증가해 2013년 기준 26.6%에[3] 달한다. 이와 같이 2000년 이후 정부지출이 증가한 이유는 국민의 복지재정에 대한 수요증가를 반영하였기 때문이다. 또한 〈그림 8-1〉에서는 2008~2009년에 정부지출의 급격한 증가가 있었는데, 이는 2008년 말의 글로벌 금융위기와 이명박 정권에서의 확장적인 재정정책과 관련된다.

한편 〈그림 8-1〉에서와 같이 GDP 대비 국가채무의 비율은 2005년 27.0% 수준이었으나, 이후 조금씩 증가하며 2013년 기준 34.3%이다. 이때 국가채무는 "정부가 직접적인 상환의무를 부담하는 확정채무"를 의미한다.[4] 한 가지 특징적인 사실은 일반정부지출과 국가채무가 거의 같은 방향으로 움직일 뿐만 아니라 일반정부지출이 증가할수록 양자 간의 차이가 조금씩 커지는데, 이는 향후 재정건전성이 악화될 수 있음을 시사한

3) 금액으로 나타내면, 약 380조원이다.

4) 국가채무의 정의는 국제통화기금(IMF)의 기준에 따른 것이며, 국가채무에 보증채무, 4대 연금의 잠재부채(책임준비금 부족분) 및 공기업 부채는 포함되지 않는다(e-나라지표, http://index.go.kr 참고).

다. 왜냐하면 성장잠재력의 둔화와 함께 저출산·고령화 등으로 인해 향후 세입은 줄어들고 세출은 늘어날 것으로 예상되기 때문이다.[5)]

2.2 정부규모의 국제비교

이미 밝힌 바와 같이 한 국가의 정부규모는 다양한 요인들에 의해 결정되기 때문에 정부규모의 적절성에 대한 맹목적인 국제비교는 의미가 없을 수 있다. 그러나 정부규모는 정부정책과 밀접하게 관련되기 때문에 이하에서는 주요 국가의 개략적인 정부규모를 파악하고자 한다. 〈표 8-1〉은 2010년 주요 국가의 정부규모, 즉 "GDP 대비 정부지출 비율(%)"을 나타내는데, 이는 국제통화기금(IMF)에서 발행하는 정부재정통계(Government Finance Statistics: GFS, 2013)에 근거한다.

〈표 8-1〉에 의하면, 벨기에·스웨덴·영국·이탈리아·프랑스 등의 산업화된 유럽 국가들의 GDP 대비 정부지출 비율이 약 50%를 약간 상회

표 8-1 GDP 대비 정부지출 비율(단위: %)

국 가	정부규모	국 가	정부규모
대한민국	26.84	인 도*	23.93
레 소 토*	49.86	중 국	34.79
미 국	41.45	칠 레	23.45
벨 기 에	52.52	캐 나 다	42.60
스 웨 덴	52.33	태 국	23.22
영 국	50.35	튀 니 지	33.65
이탈리아	50.43	프 랑 스	56.59

주: *는 2005년의 값임.
자료: IMF(GFS, 2013).

5) 본 장에서는 정부지출을 위해 사용되는 재원의 출처에 관한 논의(즉 정부수입에 관한 논의)는 생략한다.

하는 것으로 나타났다. 이는 유럽 국가들의 정부규모가 다른 지역 국가들의 경우에 비해 상대적으로 높은 수준이라는 사실을 의미한다. 유럽 국가들이 상대적으로 큰 정부규모를 가지는 주요 요인은 소득불평등을 완화하기 위해 실시하는 높은 수준의 사회보장제도와 관련된다.

산업화된 유럽 국가들에 비해 우리나라를 비롯한 인도·중국 등의 아시아 국가들의 정부규모는 약 20~30%로 상대적으로 낮은 수준에 머물러 있다. 또한 미국과 캐나다의 정부규모는 약 40%인데, 이는 이상의 아시아 국가들과 유럽 국가들의 중간 정도의 수준이다. 이하에서 살펴보겠지만, 미국과 캐나다는 시장의 역동성을 강조해 국가의 개입을 최소화하는 복지정책을 추구할 뿐만 아니라 많은 권한이 민간으로 이양된 국가이기 때문에 유럽 국가들에 비해 상대적으로 작은 정부규모를 지향한다.

한편 〈표 8-1〉에서 레소토와 튀니지와 같은 제3세계 저개발 국가의 정부규모가 각각 49.86%와 33.65%를 기록하고 있다. 이상의 저개발 국가의 정부규모는 일반적인 예상과는 달리 상당히 높은 수준이다. 위 국가들의 큰 정부규모는 서구의 산업화된 국가들과는 달리 비효율적인 정부지출과 관련되며, 독재자 혹은 권위주의 정부가 자신들의 지배력을 강화할 목적으로 정부의 영역을 확대시킨 데 기인한다.

따라서 정부규모에 대한 맹목적인 국제비교로는 어떤 결론도 얻을 수 없기 때문에 정부규모에 관한 논의는 상당히 다양하고 복합적인 형태로 나아가야 한다. 그럼에도 불구하고 정부규모의 국제비교를 통해 개괄적으로 살펴본 바에 따르면, 우리나라는 그동안 경제성장에 집중하였기 때문에 사회보장이나 소득재분배와 관련된 지출이 미약하였다는 사실을 짐작할 수 있다. 그러나 2000년대 이후 우리나라에서도 사회보장과 관련된 지출이 증가하고 있는 추세이다. 일반적으로 소득수준이 높아질수록 재정을 통한 사회보장 및 소득재분배 정책이 확대되는 국가 간의 경험적 사실에 기초할 때 우리나라에서의 사회보장 부문에 대한 정부지출 규모는 향후 확대될 것으로 기대된다.[6)]

6) 최근 들어 황진영(2007c; 2009)은 한 국가의 고령화 정도, 서비스 산업 비율, 세계화 정

그러나 우리는 〈표 8-1〉에서 제시된 레소토 · 튀니지 등과 같이 소득 수준이 낮은 국가가 정부지출 증대를 통해 정부규모를 확대한다고 해서 반드시 사회복지가 증진되는 것은 아니라는 사실에 유의해야 한다. 왜냐하면 '정부실패'(government failure) 등의 이유로 말미암아 정부의 역할 증대가 사회후생의 감소로 이어질 가능성이 존재하기 때문이다. 여기서 정부실패란 "시장실패를 교정하기 위한 정부의 시장개입이 시장실패를 해결하지 않고 오히려 자원배분의 비효율성과 소득 및 부의 불평등 분배 등을 더욱 심화시키는 현상"을 일컫는다.

읽을거리

재정정책에 대한 철학적 배경

정부지출과 조세 정책의 변동을 통해 지속적이고 안정적인 경제성장을 도모하는 일련의 정책을 '재정정책'(fiscal policy)이라 하며, 재정정책에 대한 철학적 배경은 크게 고전적 자유주의, 신자유주의 및 시민사회주의로 나누어 살펴볼 수 있다.

먼저 '고전적 자유주의'(libertarianism)하에서는 개인의 책임감을 강조하며 최소한의 권리(negative right) 보장과 함께 최소국가를 지향한다. 따라서 국가는 법과 질서 유지와 관련된 경찰 · 법원 · 감옥 등 최소 수준의 공공재정을 담당하고, 대부분의 공공서비스는 민간이 공급하는 형태의 민간재정(private finance)이 우월한 형태를 유지한다.

고전적 자유주의자는 아무리 잘 의도된 정부의 간섭일지라도 '생산적인 것과는

도, 실업률 등과 같은 경제사회적 변수와 선거제도와 같은 정치적 변수가 '사회보장(혹은 사회보호, social protection)지출 비율'("GDP 대비 혹은 총정부지출 대비 사회보장지출 비율")에 영향을 미치는 것으로 관측하였다. 이와 같은 실증분석 결과를 바탕으로 황진영(2007c; 2009)은 우리나라의 고령화 정도, 서비스 산업 비율, 세계화 정도 및 사회보장지출 비율이 다른 OECD 국가들에 비해 상당히 낮은 수준이기 때문에 향후 사회보장지출의 증가는 불가피하다고 역설하였다. 또한 황진영(2007c; 2009)은 우리나라의 사회보장에 대한 정부지출이 증가할 수 있는 이유로써 연금제도 등과 같은 사회보장제도의 성숙화에 따른 복지지출의 자동적 증가(automatic increase)도 중요한 역할을 할 것으로 예상하였다.

반대방향'(counter-productive)으로 작용한다고 주장한다. 개인이 국가에서 제공하는 복지수준에 대한 의존이 증가할수록 민간보험에 대한 개인의 책임감은 저하되고 위험에 대해 소홀하게 반응하는 도덕적 해이가 증가하게 된다. 마찬가지로 정부의 역할이 증대될수록 부패하기 쉽기 때문에 공공부문에 대한 책임을 충실히 수행할 수 없을 가능성이 생겨난다. 따라서 고전적 자유주의자들이 추구하는 최선의 국가는 시장의 효율성을 강조한 자유방임적(laissez-faire) 국가이다.

고전적 자유주의와 마찬가지로 '신자유주의'(neo-liberalism)하에서도 개인의 책임감을 강조한다. 그러나 신자유주의자들은 시장경쟁이 모든 개인에게 동일한 기회를 제공하지 않기 때문에 시장의 결과는 불공정하다고 믿고 있다. 따라서 국가는 모든 사람들에게 충분한 생활수준을 보장하기 위한 동일한 기회를 제공해야 한다. 이와 같은 제한된 국가의 역할은 모든 개인이 자신을 부양하기 위한 충분한 교육(인적자본의 축적)과 함께 장애인이나 노약자와 같이 자신을 부양할 수 없는 사람들을 위한 사회보장의 필요성으로 요약된다. 즉 공공부문에 대한 제한된 국가의 역할(조건부 복지국가)을 수행하기 위해서는 상당한 양의 공공재정이 요구된다.

그럼에도 불구하고 신자유주의자들은 경제나 사회에 대한 정부의 간섭을 강력히 제한한다. 즉 신자유주의자들에 의하면, 정부는 개인이 스스로 자신을 부양할 수 있도록 도와주는 역할만을 수행해야 한다. 따라서 신자유주의하에서의 재정지출은 공공부문과 민간부문이 혼합된 형태이지만 여전히 개인의 책임감이 강조되고 있다. 다시 말해 공공재정은 민간재정의 보완적 역할만을 수행할 뿐이지 대체하는 것은 아니다. 또한 고전적 자유주의가 최소의 조세부담을 강조한 반면, 신자유주의에서는 조세의 비효율성을 강조하고 있다.

마지막으로 '시민사회주의'(collectivism)하에서의 개인은 공동체의 일원이기 때문에 개인 스스로에 대한 책임감의 중요성을 받아들이지 않는다. 오히려 사회적 목적달성을 위한 상호 의존과 사회적 요구를 달성하기 위한 개인의 역할을 요구한다. 따라서 국가는 '포괄적 권리'(full positive right: '사회권'(social right)과 '경제권'(economic right)을 의미함)에 기초한 적극적인 시장개입과 통제를 수행한다. 시민사회주의자들의 목적은 통제되거나 제한된 시장을 통해 개개인의 평등을 증진시키는 데 있다. 개인의 재산권은 사회소유로 대체되고, 이를 통해 사회적 자본을 구축하게 된다.

시민사회주의 철학에 기초할 경우에는 정부가 모든 개인이 필요로 하는 공공서비스를 공급하게 된다. 또한 적극적 공공재정을 통한 사회적 이익은 고전적 자유주의와 신자유주의하에서 주장하는 복지수준에 대한 의존, 도덕적 해이, 부패 혹은 무능한 정부에 의한 손실을 보상하고도 남음이 있다고 주장한다. 그러므로 시민사회주의자들은 사회복지를 실현하기 위해 방대한 조세수입을 통한 재분배의 기능을 강조하면서 공공재정이 민간재정을 완전히 대체해야 한다고 주장한다.

(출처: 황진영(2007b)에서 일부 발췌함.)

2.3 복지국가와 정부규모

〈표 8-1〉에서와 같이 선진 복지국가에서는 상대적으로 큰 정부규모를 보유한다. 그러나 미국과 캐나다는 유럽 국가들에 비해 정부규모가 상대적으로 작은 수준에 머물러 있는데, 이는 미국과 캐나다가 유럽 국가들과는 다른 형태의 복지국가를 추구한다는 사실을 반영한다. 현재의 선진 복지국가들은 주요 사회복지 대상, 공공사회보장체계, 사회권의 인정, 재분배의 정도 등의 특징에 따라 영미형(앵글로색슨형 혹은 자유주의 복지국가), 대륙형(대륙유럽형 혹은 조합주의 복지국가) 및 북구형(스칸디나비아형 혹은 사회민주주의 복지국가)과 같이 크게 세 가지 유형으로 분류된다.

영미형은 시장중심 체제로 경제성장에는 유용하지만 저소득층 및 요구호자 중심의 복지국가로서 사회통합 측면에서는 다소 거리가 있는 미국·영국 등의 복지국가 유형이다. 대륙형은 영미형에 비해 사회보험이 다소 확대된 피용자 중심의 복지국가 유형이며, 대표적 국가는 프랑스·독일·이탈리아 등이다. 북구형은 전 국민을 대상으로 설정한 공공복지가 가장 발달해 조정된 시장경제의 기능을 수행하는 스웨덴·덴마크·핀란드 등의 스칸디나비아 국가들의 복지국가 유형이다. 이와 같은 복지국가의 유형별 주요 특징은 〈표 8-2〉에 요약되어 있다.

영미형은 시장역동성을 강조함으로써 국가의 시장개입을 최소화하기

표 8-2 복지국가의 세 가지 유형의 특징

유형 / 특징	영미형	대륙형	북구형
주요 사회복지 대상	저소득층 · 요구호자 중심	피용자 중심	전 국민 대상
시장 · 가족 · 사회의 역할 비중	시장 중심적	가족 중심적	사회 중심적
공공사회보장체계	미발달(선별적)	분절적(산업/지역별)	통합적(보편적)
근로연계	취업조건부 기초소득보장	실업대비 소극적 소득보장	실업대비 적극적 소득보장
계층화	빈자와 부자	직역간 계층화	특별한 계층화가 나타나지 않음
복지급여에 대한 사회권의 인정	인정되나 빈자로서의 낙인	인정되나 중요시하지 않음 (빈자로서의 낙인 약함)	사회권의 인식이 강하고 중요하게 생각
재분배	매우 미약함	제한적임	크게 나타남
주요 국가	미국 · 영국 등	프랑스 · 독일 · 이탈리아 등	스웨덴 · 덴마크 · 핀란드 등

출처: 황진영(2007b).

때문에 복지지출에 대한 국민부담수준이 낮을 수 있지만, 빈부의 계층화가 생겨날 뿐만 아니라 재분배의 정도가 미약하다는 특징을 가지고 있다. 그러나 북구형은 가족의 역할을 크게 사회화함으로써 사회 통합적 복지정책과 보편적 사회서비스를 추구하기 때문에 복지지출수준이 상당히 높게 나타난다. 대륙형은 영미형에 비해 복지지출수준은 높은 편이지만 피용자 중심의 사회복지를 실시하고 있어 직역간 계층화와 복지급여의 개혁을 보완할 수 있는 사회서비스의 발전은 부진한 형편이다. 그러므로 복지지출의 크기는 대체로 북구형, 대륙형, 영미형 순으로 나타난다.[7)]

7) 유형별 복지국가의 주요 특징이나 현황과 관련된 상세한 내용은 황진영(2014)의 제11장에 나타나 있다.

2.4 민주주의 발전과 정부규모

민주주의가 발전한 국가에서는 경제정책을 수립하는 데 있어 대다수 국민들의 의견을 반영하는 형태로 나아가기 때문에 보다 크고 다양한 범위의 정부의 역할이 요구된다. 왜냐하면 상대적으로 인구비율이 높은 가난한 경제인들은 높은 세율을 설정하는 소득재분배 정책과 같은 폭넓은 정부의 간섭을 희망하기 때문이다.

이상의 논리와는 반대로, 민주주의가 발전한 국가의 정부규모가 민주주의가 덜 발전한(혹은 권위주의 정부이거나 독재가 심한) 국가의 경우에 비해 상대적으로 작을 수 있다는 이론도 존재한다. 즉 다른 모든 조건이 동일할 때 민주주의가 발전한 국가에서는 소수에 의해 오용될 수 있는 정부지출을 내부통제 시스템이나 제도의 투명성 등의 방법을 통해 막을 수 있기 때문에 민주주의가 상대적으로 덜 발전한 국가에 비해 정부지출의 크기가 작을 수 있다. 또한 독재국가는 경제에 대한 독재자의 지배력을 극대화하기 위해 정부활동의 영역을 임의적으로 증가시키는 경우도 발생한다.

이와 같이 민주주의 발전의 정도와 정부규모 간의 관계에 대한 이론적인 분석결과는 불분명하다. 따라서 한 국가의 정부규모는 이미 언급한 바와 같이 그 국가가 당면한 경제적·정치적 상황, 사회적 여건, 추구하는 정책목표, 국민들의 재정수요에 대한 욕구의 강도 등 다양한 요인들을 고려해서 결정되어야 한다. 한편 실증적 연구결과로서 Alesina and Rodrik(1994), Persson and Tabellini(1994) 등은 민주주의가 발전한 국가일수록 정책결정에 있어 상대적으로 다수인 가난한 사람들의 의견이 존중되어 다양한 형태의 소득재분배 정책을 시행하게 되고, 이를 위해 보다 큰 정부규모를 필요로 한다는 사실을 지적하였다.

》》 사회복지와 경제성장 보충내용

경제가 성숙단계에 접어든 국가에서는 지속적인 경제성장을 위해 사회의 안정과 인적자본의 축적이 요구되며, 이를 위해 소득재분배의 요구가 증가한다. 따라서 성숙단계의 국가에서는 사회복지가 경제성장에 긍정적인 영향을 미칠 수 있으며 사회복지의 필요성이 더욱 강조된다. 사회복지가 경제성장에 양(+)의 영향을 미친다는 몇 가지 가능한 이론적 근거를 살펴보면 다음과 같다.

첫째, 소득분배 구조의 악화나 노동자의 해고 등은 노동조합의 결속력을 강화시키고 노사갈등을 초래함으로써 사회적 갈등을 유발할 수 있다. 따라서 사회복지는 이상의 사회적 갈등과 정치적 불안정성을 해소시킴으로써 경제 내의 불확실성을 줄여 투자를 촉진시키는 역할을 수행한다. 예를 들어 Alesina and Perotti(1996), Perotti(1996) 등은 사회의 불안정성이나 미래에 대한 불확실성이 경제성장에 부정적 영향을 미치기 때문에 정치적 · 사회적 안정을 노모할 때 경제활동이 원만하게 이루어질 수 있다고 역설하였다.

둘째, 총수요가 부족한 국가에서의 사회복지는 유효수요를 창출하여 경제성장을 촉진하는 데 기여할 수 있다. 예를 들어 사회복지는 실업급여의 지급대상인 실업자나 공공부조("국가 및 지방자치단체가 생활유지 능력이 없거나 생활이 어려운 국민에게 최저생활을 보장하고 자립을 지원하는 제도")의 지급대상인 빈민 등에게 기초적인 경제활동을 가능하게끔 유도함으로써 이들의 구매력을 증가시킨다. 즉 사회복지는 저소득층이나 중산층의 구매력을 높여 시장수요를 증대시킴으로써 경제성장에 기여한다.

셋째, 사회복지는 건강하고 우수한 노동력을 재생산하여 인적자본 형성에 기여함으로써 경제성장에 긍정적인 영향을 미친다. 예를 들어 건강보험은 질병에 걸린 노동력을 치유시켜 노동현장에 복귀시키고, 교육정책은 청소년들의 지적수준을 향상시켜 생산성이 높은 노동력을 배출한다. 즉 사회복지는 국민들의 건강과 교육수준을 증진시켜 양질의 노동력을 확보할 수 있도록 돕는 역할을 수행한다.

넷째, 사회복지는 주거 · 환경 · 보건 · 교육 등에 대한 개인의 부담을 완화시켜 준다. 예를 들어 공공주택이나 공교육이 활성화될 때 일반 노동자들은 주거나 자녀교육에 소요되는 비용을 감소시킬 수 있다. 이는 임금인상에 대한 노동자들의 압력을 감소시키는 역할을 할 수 있기 때문에 기업의 입장에서는 생산비용이 절감

되는 효과를 갖는다. 또한 생산비용의 절감은 상품가격의 인하를 거쳐 국제경쟁력 강화로 이어질 수 있다. 따라서 사회복지는 간접적으로 기업의 경쟁력을 강화하는 데 기여하고, 기업의 경쟁력은 경제성장을 위한 가장 큰 동력의 역할을 수행한다.

마지막으로 사회복지는 여성으로 하여금 직장과 육아를 동시에 가능하게 한다. 즉 사회복지는 출산율 증대와 함께 여성의 경제활동참가를 촉진시키는 기능을 담당한다. 우수한 여성 인력의 확보는 생산의 효율성을 증대시켜 경제성장에 긍정적 영향을 미친다. 예를 들어 보육서비스는 부모(특히 여성)로 하여금 자녀 양육의 책임을 경감시키고, 부모(특히 여성)는 더 많은 시간과 노력을 경제활동에 사용할 수 있게 된다(김상균 외 7인, 2009).

비록 이상의 이론적 근거는 매우 설득력이 있는 것처럼 보이지만, 부분균형분석(partial equilibrium analysis)에 기초하기 때문에 직관적으로 쉽게 반박될 여지가 있다. 왜냐하면 사회복지를 위해서는 조세의 증가와 같은 세원의 확보가 요구되며, 조세의 증가는 투자로 사용될 자금을 감소시킬(즉 저축률의 감소) 뿐만 아니라 노동자의 근로의욕을 감퇴시켜 경제성장에 부정적 영향을 미칠 수 있기 때문이다. 따라서 사회복지가 경제성장에 긍정적 영향을 미치기 위해서는 이상의 이론적 근거로 제시한 긍정적 요인들이 조세의 증가에 따른 왜곡을 충분히 상쇄할 만큼 클 때 가능해진다. 그러므로 우리는 사회복지가 경제성장에 미치는 긍정적 영향은 사회복지의 필요성이 강조되는 성숙단계의 국가에서 상대적으로 크게 나타날 것으로 예상할 수 있다.

출처: 황진영(2014)

3. 정부규모와 경제성장

본 절에서는 정부규모와 경제성장 간의 관계를 조명한 바그너 법칙에 대한 설명과 이후의 경제학자들이 바그너 법칙을 설명하기 위해 언급한 전달경로를 소개한다. 또한 정부규모가 경제성장에 미치는 직·간접적 영향을 논의한 이론적·실증적 연구결과를 살펴본다.

3.1 바그너 법칙

'바그너(Adolf Wagner, 1835~1917)의 법칙' (Wagner's law)은 경제발전과 정부의 성장 간의 관계를 규명한 이론 중에서 가장 널리 알려져 있다. 바그너 법칙은 "국가 활동이 국민경제 및 문화의 진보와 더불어 확대되는 현상"으로 요약할 수 있으며, 이는 '국가지출 증대의 법칙'으로 불리기도 한다.

바그너 법칙은 통계자료에 기초해 형성된 것으로 다음과 같은 두 가지 형태로 표현할 수 있다. 첫째, 시간이 t_0, t_1, ……, t_n으로 흐름에 따라 공공지출의 규모(G)는 절대적으로 증가한다. 즉 t_0, t_1, ……, t_n 시점의 공공지출의 규모를 각기 $G(t_0)$, $G(t_1)$, ……, $G(t_n)$으로 나타내면, 시계열적으로 $G(t_0) < G(t_1) < \cdots\cdots < G(t_n)$이 성립한다. 둘째, 시간이 흐름에 따라 민간부문의 지출 증가율에 비해 공공부문의 지출 증가율이 크게 나타난다. 따라서 GDP 대비 공공지출의 비율은 시간의 흐름에 따라 증가하게 된다.

이상의 바그너 법칙은 통계자료에 근거한 직관에 불과하며, 방법론상으로는 어떤 설득력 있는 설명을 제공하지 못한다는 약점을 지닌다. 다만 바그너(Wagner, 1883)는 공공지출 증가의 결정요인으로 법과 공권력 유지에 필요한 새로운 욕구를 제시하였다. 구체적으로 바그너 법칙은 경찰 · 군대 · 외교 · 서비스 등과 관련된 국내 및 국제적인 경쟁의 심화로 인해 복잡한 교류와 법률관계가 생겨나고, 이는 결국 공공지출의 확대를 유발시키는 국가 활동의 증대를 가져온다고 주장한다.

공공지출이 증대할 수 있는 또 다른 요인으로서 사회적 진보에 따라 복지와 공평한 분배와 관련된 욕구의 증진을 들 수 있다. 즉 사회가 진보함에 따라 교육 · 건강 · 사회보장 부문 등과 관련된 정부지출이 증가하게 되는데, 이는 국가경비의 팽창을 초래한다. 즉 바그너 법칙에 의하면, 교육 · 건강 · 사회보장 부문과 관련된 정부지출의 소득탄력성은 양(+)의 값을 가진다.

이상에서 설명한 바그너 법칙이 현실적으로 적용되는지에 대한 국가별 실증분석은 많은 경제학자들에 의해 검토되었다. 예를 들어 우리나라의 자료를 이용한 실증분석 결과에 의하면, 바그너 법칙이 부분적으로 다소 적용될 뿐 광범위하게 잘 적용되지 않는 것으로 알려져 있다.[8] 바그너 법칙에 내재된 현실적인 문제점은 이하에서 살펴본다.

3.2 바그너 법칙의 전달경로

Peacock and Wiseman(1967)은 바그너가 국가 활동의 장기적인 추세만을 제시할 뿐 공공지출의 전달과정은 도외시하였다고 지적하였다. 즉 Peacock and Wiseman(1967)은 국가지출 증대의 전달과정을 밝히기 위해 대부분의 국민들은 많은 공공지출을 선호하지만 세금을 내려 하지 않는다는 사실을 기본전제로 설정하였다. 따라서 Peacock and Wiseman(1967)은 국민들이 평상시에는 세금인상을 반대하지만, 전쟁 혹은 경제공황과 같은 대규모 사회적 혼란기에는 갑작스런 세금증가를 통한 정부지출의 증가를 용인하려 한다고 생각하였다. 또한 이상의 논의는 사회적 혼란의 종말과 더불어 종래의 낮은 과세수준으로 환원하려는 동기는 성립하지 않는다고 전제한다.

Peacock and Wiseman(1967)은 이상의 현상을 '전위효과'(displacement effect)라고 명명하였는데, 이는 사회적 혼란기에 들어서면 정부지출이 상향조정으로 바뀌고(displaced), 공적지출이 사적지출을 대신한다(displaced)는 의미에서 붙여진 명칭이다. 그러므로 Peacock and Wiseman(1967)은 전쟁과 같은 특별한 경우나 경제변동에 따른 경기후퇴가 생겨나기 때문에 바그너 법칙이 성립할 수 있다고 역설하였다.

또한 Brown and Jackson(1990)은 중위투표자의 선택을 이용해 바그너 법칙이 성립할 수 있다고 설명하였다. 만약 중위투표자가 가지고 있는 공공서비스에 대한 수요의 소득탄력성이 매우 크다고 가정하면, 소득수준

---

8) 바그너 법칙을 검증한 선행연구의 결과는 황규선(2004)의 요약을 참고할 수 있다.

이 상승함에 따라 정부지출의 규모는 자연적으로 증가하게 된다. 왜냐하면 정치적인 결정 과정에서 가장 선호되는 방법은 과반수제이며, 이와 같은 과반수제에서 정부지출의 크기는 중위투표자의 선호에 의해 결정되기 때문이다.[9] 따라서 Brown and Jackson(1990)은 중위투표자가 공공서비스에 대한 수요의 소득탄력성을 매우 큰 양(+)의 값으로 가질 때 바그너 법칙이 성립할 수 있다고 주장하였다.

이상의 두 가지 논의는 접근 방법에서 명확한 차이가 있으며 좋은 대조를 이룬다. Brown and Jackson(1990)은 중위투표자의 효용극대화 과정에서 정부지출의 규모가 결정된다는 미시적 접근법을 사용해 바그너 법칙을 설명하였다. 그러나 Peacock and Wiseman(1967)은 전쟁이나 경기변동 등에 기초한 거시적 접근법을 사용해 바그너 법칙이 성립할 수 있다고 제시하였다.

이상의 논의와는 달리 Baumol(1967)은 정부규모의 증대가 공공기관의 생산성과 연관될 수 있다고 주장하였다. 즉 Baumol(1967)은 공공부문의 성장이 그 부문의 생산성이 상대적으로 낮다는 사실에 기인한다고 생각하였다. 일반적으로 공공부문은 노동집약적인 성격을 지니기 때문에 공공부문의 생산성은 제조업이나 서비스업과 같은 다른 부문의 경우에 비해 상대적으로 더디게 이루어진다. 즉 낮은 공공부문의 생산성은 경비를 팽창시키기 때문에 자연히 정부규모의 크기는 계속적으로 증가할 수밖에 없다. 경제학에서는 이상과 같은 현상을 '보몰의 병'(Baumol disease)으로 명명한다.[10]

3.3 정부규모와 경제성장: 이론적 · 실증적 논의

오랜 기간 정부의 크기와 경제성장 간의 관계에 관한 논의가 진행되

9) 정치적 균형 및 중위투표자 이론에 대한 설명은 제10장에서 다룬다.
10) 한편 머스그레이브(Richard Musgrave, 1910～2007) 교수는 정부지출 증대의 주요 원인으로서 국가의 (i) 사회적 활동의 증대, (ii) 행정적 · 보호적 활동의 증대 및 (iii) 복지기능의 증대를 제시하였다.

어 왔다. 예를 들어 케인즈학파의 경제학에서는 정부지출의 확대가 경기 후퇴를 막을 수 있을 뿐만 아니라 승수효과를 통해 총생산, 총고용 및 국민소득을 향상시킨다고 주장하였다. 특히 케인즈학파는 개발도상국에서의 정부지출 증대는 수요를 창출할 뿐만 아니라 자원을 효율적으로 이용할 수 있다고 지적하였다. 또한 일련의 경제학자들은 정부지출의 확대가 사적 재산권에 대한 보험함수(insurance function)를 제공할 수 있으며, 공공투자는 투자환경을 개선시켜 민간투자를 유도할 수 있기 때문에 높은 경제성장을 달성할 수 있다고 생각하고 있다. 왜냐하면 정부지출의 확대는 다양한 공공재를 제공하는데, 이는 민간의 투자 환경을 개선시키기 때문이다.

그러나 신고전학파 경제학에서는 구축효과(crowding-out effect), 시차(time-lag) 등의 논리를 이용해 재정정책의 유효성을 낮게 평가하였다. 또한 신고전학파는 정부지출이 종종 자원의 왜곡된 배분이나 경제적 비효율성과 관련된다고 지적하였다. 예를 들어 정부지출을 확대하기 위해서는 조세수입을 증가시켜야 하는데, 과세의 증가는 경제의 비효율성이나 왜곡 등과 관련된다. 특히 신고전학파 경제학자들은 정부의 개입 자체가 경제에 충격을 발생시킬 수 있기 때문에 정부의 역할을 제한해야 한다고 주장하고 있다. 따라서 우리는 정부규모의 증가가 경제성장에 미치는 이론적 관점에서의 유효성을 한쪽 방향으로 결론 내리기에는 어려움이 있다.

이상의 상반된 논의는 Barro(1990)에 의해 종합되었다. 즉 Barro(1990)는 한 국가의 정부의 크기와 경제성장률 간에는 역U자 형태의 관계가 성립한다고 제시하였다.[11] 즉 정부의 크기가 작은 상태에서 정부규모의 확대는 자본의 한계생산성 증가분이 민간투자 활동의 감소분을 초과하므로 높은 경제성장률을 유도할 수 있다. 그러나 정부규모가 어떤(특정한) 임계점(threshold point)을 넘어서게 되면, 정부지출을 증가시키는 데 필요한 조세의 증가로 인해 생겨나는 왜곡이 자본의 한계생산성의 증가보다 크게 작용하기 때문에 경제성장률은 감소하게 된다.

11) 이상의 논의는 이미 제3장에서 부분적으로 살펴보았다.

이상의 논의에서는 정부규모가 경제성장에 미치는 직접적인 관련성을 파악하였다. 그러나 최근의 연구에서는 정부규모가 부패나 무역개방도 등과 같은 전달경로를 통해 경제성장에 미치는 영향을 파악하려 노력하고 있다. 먼저 정부지출의 증가가 부패에 미치는 영향에 대해서는 상반된 논의가 존재한다. 즉 높은 수준의 정부규모는 각종 인·허가와 관련된 공무원들의 재량권을 증대시켜 공무원들이 더 많은 금전적 유인을 가질 수 있기 때문에 부패를 증가시키는 원인이 된다. 그러나 증가된 정부지출이 공무원들의 내부통제 시스템 정비 혹은 제도의 투명성 보장 등을 위해 사용된다면, 정부지출의 증가는 오히려 부패를 감소시키는 작용을 한다. 따라서 한 국가의 정부지출과 부패 간의 관계는 그 국가의 경제적·사회적 인프라수준이나 법률체계 등에 의존한다.

Alesina and Angeletos(2005)는 동태적인 모형을 사용해 높은 수준의 정부 간섭과 부패 간에는 '자기 강화적인'(self-sustaining) 역할이 생겨날 수 있다고 주장하였다. 구체적으로 Alesina and Angeletos(2005)는 큰 정부규모가 부패의 가능성을 증가시키고, 부패로 인해 생겨난 소득불평등과 부정을 완화하기 위한 방법, 즉 누진소득세의 적용, 과도한 규제, 대규모의 정부사업 등이 또 다른 부패나 지대추구의 영역을 창출할 수 있다고 생각하였다. 이상의 결과는 부패와 과도한 정부지출 간에는 악순환이 생겨날 수 있음을 의미한다.

부패와 정부지출 간의 관계에 대한 실증적 선행연구로는 황진영(2006)을 들 수 있다. 황진영(2006)은 국가 간의 통계자료를 이용해 한 국가의 부패와 정부지출 간에는 음(-)의 관계가 성립할 수 있다고 관측하였다. 또한 황진영(2006)은 이상의 두 변수 간의 음의 관련성이 다음의 두 가지 이유로 말미암아 가능할 수 있다고 설명하였다. 첫째, 부패한 국가에서는 조세포탈이나 조세행정의 유연성과 같은 비효율적인 조세정책으로 인해 조세수입이 감소하고,[12] 이는 정부지출을 제약한다. 둘째, 부패한

12) 부패와 조세수입 간의 관계에 대한 논의는 Hindrinks et al.(1999), Hwang(2002), Tanzi(2002) 등을 참고할 수 있다.

국가에서는 사회보장 및 후생과 같은 재분배 성향의 정부지출이 상대적으로 낮은 수준에 머물러 있기 때문에 높은 수준의 정부지출이 요구되지 않는다.

한편 Rodrik(1999b)은 국가 간의 통계자료를 이용해 한 국가의 무역개방도와 정부의 크기 간에는 양(+)의 관계가 형성될 수 있다고 제시하였다. 높은 수준의 무역개방도가 높은 경제성장의 달성에 기여할 수 있다는 사실은 널리 알려져 있다. 만약 Rodrik(1999b)의 발견이 사실이라면, 정부규모는 무역개방도와 결합해서 간접적으로 경제성장에 영향을 미치게 된다.

Rodrik(1999b)이 제시한 무역개방도와 정부의 크기 간의 이론적 연결에 대한 가능한 설명은 다음과 같다. 일반적으로 무역개방도가 큰 국가일수록 세계시장에서 발생하는 급격한 변동에 따른 위험에 더 크게 노출되기 마련이다. 따라서 이상의 연결고리를 끊고 위험을 줄이기 위해서는 무역개방도가 큰 국가는 정부규모를 크게 소유해야 한다. 왜냐하면 정부는 고용이나 경제의 다른 부문으로부터 구입 등을 통해 다른 어떤 활동에 비해 상대적으로 '안전'(safe) 부문의 역할을 담당하기 때문이다. 그러므로 외부 충격으로부터 심각한 영향을 받는 국가에서는 정부가 경제의 가용자원 중에서 많은 부분을 사용함으로써 위험을 줄일 수 있다.

실증적 선행연구에서는 한 국가의 정부지출 크기를 나타내기 위해 다양한 변수, 즉 "GDP 대비 총정부지출 비율," "총사적소비지출 대비 총정부지출 비율," "GDP 대비 정부소비지출 비율," "GDP 대비 정부의 비생산지출 비율," "GDP 대비 순투자지출 비율" 등을 사용하였다. 이상의 자료를 바탕으로 정부지출이 경제성장이 미치는 직접적 영향을 검토한 실증적 연구결과는 상당수 존재하지만,[13] 일관성 있는 결과를 제시하는 데에는 실패하였다. 즉 정부지출의 크기와 경제성장 간의 실증분석 결과는 추정방법, 표본의 선택, 정부지출 변수의 선택 등에 따라 상이하게 관측

13) 예를 들어 황진영 · 이선호(2015), Bergh and Henrekson(2011), Dar and AmirKhalkhali(2002), Ram(1986), Vedder and Gallaway(1998) 등을 들 수 있다.

되어 논쟁의 여지가 남아 있다.

또한 선행의 실증분석 결과가 불일치한다는 사실은 정부의 크기와 경제성장 간에 비선형적 관계가 존재할 가능성을 시사한다. 예를 들어 정부지출이 경제성장에 미치는 영향이 역U자 모양의 '래퍼곡선'(Laffer curve) 형태로 나타날 수 있다. 즉 작은 정부에서는 정부지출의 확대가 재산권을 보호하고 공공재를 공급하는 역할을 수행함으로써 경제성장에 긍정적 영향을 미칠 수 있다. 그러나 정부지출의 과도한 확대는 민간투자를 구축하는 비효율적 투자를 유발하며 경제에 손상을 끼치는 조세와 부채를 증가시키는 요인이 된다. 따라서 만약 정부지출이 경제성장에 미치는 영향이 역U자 형태로 나타난다면, 가장 높은 수준의 경제성장률을 유도할 수 있는 최적의 정부지출 크기가 존재한다.[14] 예를 들어 Vedder and Gallaway(1998)는 1947~1997년 동안 미국의 최적 정부지출의 크기는 GDP 대비 17.45%였다고 추정하였다.

3.4 정부규모의 변동성과 경제성장

최근 들어 정부규모(정부지출)의 변동성이 경제성장에 미치는 영향을 파악하려는 연구결과가 발표되고 있다. 일반적으로 정부지출의 확대는 경제안정화를 목적으로 이루어지기 때문에 경제 내의 불확실성을 줄여 경제성장에 긍정적 영향을 미칠 수 있다. 그러나 정부지출의 확대가 소비성 지출에 집중되고 민간투자를 구축할 때에는 경제성장에 부정적 영향을 미친다. 따라서 정부지출의 변동성과 경제성장 간의 관계는 실증적 논의를 요구한다.

구체적으로 Lane(2003)은 정부지출의 변동을 규제(즉 정부지출의 변동성을 낮게 유지)할 경우에는 경제가 예상하지 못한 충격에 대해 조정과정이

---

14) 이는 제3장 제4절에서 설명한 Barro(1990)의 연구결과와도 관련된다. 이와 같은 역U자 형태의 영향은 아메이 곡선(Armey curve)으로 알려져 있는데, 이 점과 관련된 상세한 논의는 Facchini and Melki(2011)에 잘 나타나 있다.

늦을 수 있다고 주장하였다. 즉 낮은 수준의 정부지출 변동성은 경제성장을 촉진하고 경기변동을 완화하는 데 부정적 영향을 미칠 수 있다. 그러나 Alesina and Bayoumi(1996)는 정부지출의 변동성에 대한 규제, 즉 재정정책에 대한 규제가 경기변동에 미치는 영향은 무시할 정도로 미미하다고 역설하였다.[15)]

또한 Afonso and Furceri(2008), Furceri(2007) 등은 정부지출 변동성이 장기적인 경제성장에 음(-)의 영향을 미치는 것으로 추정하였다.[16)] 왜냐하면 정부지출과 관련된 변수가 잘 통제된 국가에서는 정부지출이 적어도 거시경제 변동성에 따른 불확실성의 원인이 되지는 않기 때문이다. 구체적으로 Afonso and Furceri(2008)는 OECD 국가 간의 자료를 이용해 정부수입 및 정부지출의 표준편차로 측정한 정부규모의 변동성이 경제성장을 방해할 수 있다고 관측하였다. 또한 Afonso and Furceri(2008)는 정부수입 및 정부지출의 구성 항목 중에서 장기적인 경제성장을 방해하는 항목을 도출하려 노력하였다. Furceri(2007)는 1970~2000년의 99개 국가 간 패널자료를 이용해 경기변동에 대응해 정부지출이 1% 변동할 때 장기적인 경제성장이 0.73%포인트만큼 감소한다고 주장하였다.

따라서 정부규모의 변동성이 경제성장과 경기변동에 미치는 영향에 대한 논의는 여전히 진행중에 있다. 그러나 이상의 논의에서는 한 가지 간과한 사항이 있다. 즉 Afonso and Furceri(2008)가 지적한 바와 같이 정부지출의 크기와 변동성 간에는 상호관련성이 있을 뿐만 아니라 정부지출의 변동성은 경기변동에 대응해 반응하기 때문에 이상의 두 변수 간에도 밀접한 관련성이 생겨날 수 있다.

---

15) 일반적으로 거시경제 변수의 변동성은 증감율의 표준편차 혹은 Hodrick-Prescott(HP)이나 band-pass filter 과정을 통해 생성된 자료를 이용한다. HP 혹은 band-pass filter 과정에 대한 설명은 Furceri(2007)가 제시한 요약을 참고할 수 있다.

16) 한편 Evrensel(2010), Friedman(1977) 등은 일부 국가(특히 부패한 국가)에서는 정부관리 혹은 정치인들이 개인적인 이익을 추구하기 위해 경제운영과 관련된 규칙을 불규칙적으로 변동시킬 뿐만 아니라 열등한 형태의 규제를 수행하려는 경향이 있다고 주장하였다. 다시 말해 이상의 선행연구들은 정부지출의 변동성이 경제성장은 물론 경기변동과도 관련될 가능성을 제시한다.

최근 들어 황진영 · 이선호(2015)는 이상의 변수들 간의 상호연관성을 고려한 실증분석 결과를 제시하였다. 구체적으로 황진영 · 이선호(2015)는 1990년 이후 71개 국가 간의 자료를 이용해 정부지출의 크기는 경제성장에 통계적으로 유의한 음(−)의 영향을 미치는 것으로 추정하였다. 또한 황진영 · 이선호(2015)는 국가별 특성을 고려한 모형에서 정부지출의 변동성은 직접적으로뿐만 아니라 경기변동을 통해 간접적으로 경제성장에 음의 영향을 미칠 수 있는 것으로 관측하였다. 이상의 결과는 정부지출의 변동성을 줄여 경제 내의 불확실성과 위험을 감소시키면, 경기변동이 완화되고 경제성장이 촉진될 수 있음을 시사한다.

4. 국가의 수와 국가 간 경제연합

본 절에서는 1990년대 이후 지구상의 특징적인 사실, 즉 민주주의의 정치적 사조가 확산됨에 따라 생겨난 '정치적 독립'과 경제적 효율성을 제고하기 위해 생겨난 '경제적 통합' 과정을 설명하고, 이와 같은 현상이 자국의 경제성장에 어떤 영향을 미칠 수 있는지 살펴본다.

4.1 정치적 독립과 경제적 통합

사람들은 적절한 국가의 크기에 대해 서로 다른 견해를 가질 수 있다. 왜냐하면 국가의 크기가 클수록 장점은 물론 단점도 생겨나기 때문이다. 일반적으로 인구가 많고 영토가 큰 국가일수록 작은 여러 국가에서 발생할 수 있는 '외부성'(externality)을 '내부화'(internalize)할 수 있기 때문에 경제적으로 규모의 경제를 달성할 수 있다는 장점이 있다. 그러나 큰 국가는 정부정책을 실시하는 과정에서 국민 개개인의 다양한 선호를 반영하기 어렵다는 단점을 지니고 있다. 따라서 큰 국가는 작은 국가에 비해 상대적으로 경제적 효율성을 제고시킬 수 있는 반면, 작은 국가는 큰 국가에 비해 상대적으로 더 많은 구성원의 정치적 참여를 보장할 수 있다.

1990년대 접어들면서 세계는 경제적 · 정치적 관점에서 상당히 빠른 속도로 변화를 거듭하고 있다. 예를 들어 구소련의 붕괴 이후 민주주의의 정치적 사조가 확대되었으며, 이로 인해 많은 국가들이 정치적으로 분리 독립되었다. Akdede and Hwang(2008)에 의하면, 1990~1993년 동안 지구상에는 무려 27개 국가가 새롭게 탄생하였다. 여기서 한 가지 흥미로운 사실은 정치적 독립이 민주주의에 대한 갈망의 결과였음에도 불구하고, Akdede and Hwang(2008)은 27개 신생국가들에서의 정치적 자유가 최근까지 크게 신장되지 않았다는 실증분석 결과를 제시하였다는 점이다. 이상의 결과는 한 국가가 민주주의를 학습하는 데에는 상당한 시간이 요구된다는 사실을 암시한다.

민주주의의 정치적 사조가 확산됨에 따라 많은 수의 국가가 형성될 수 있다는 사실은 Alesina and Spolaore(1997)와 Bolton and Roland(1997)가 명시적으로 도출하였다. 이상의 선행연구에서는 지구상의 모든 국가가 오로지 민주적 과정을 통한 구성원들 간의 정치적 합의에 의해 형성된다고 가정하였다. 만약 이상의 가정이 성립한다면, Alesina and Spolaore (1997)와 Bolton and Roland(1997)는 '사회 계획자'(social planner)가 지구상의 모든 구성원에 대한 평균효용을 극대화하는 국가의 수에 비해 현실에서 생겨나는 국가의 수가 많을 수 있음을 증명하였다.

구체적으로 민주적 방법인 다수결의 원칙에 의해 재분배 정책이 결정된다면, 세계는 효율적인 국가의 수를 유지할 수 없게 된다. 예를 들어 어떤 국가가 *A*와 *B*의 두 지역만으로 구성되어 있다고 생각해 보자. 또한 평균적으로 *A* 지역 주민들은 부유하고 주민의 수는 적은 반면, *B* 지역 주민들은 가난하고 주민의 수가 많다고 가정하자. 이때 소득재분배 정책과 같은 재정정책이 다수결의 원칙에 의해 결정된다면, *A* 지역 주민들이 납부하는 세금의 일부가 *B* 지역 주민들을 위해 사용된다. 이와 같은 현상이 지속될 경우 *A* 지역 주민들은 자연스럽게 정치적 독립을 고려하게 된다. 왜냐하면 *A* 지역 주민들은 그들이 납부하는 세금의 일부가 *B* 지역 주민들을 위해 사용되는 것을 반대할 것이기 때문이다.[17)]

이상의 과정이 계속적으로 되풀이된다면, 지구상에는 상당히 많은 수의 국가가 새롭게 생겨나게 된다. 즉 독립한 *A* 지역 내에서 또는 *B* 지역 내에서 소득수준의 격차 혹은 정치적 비효율성 등의 이유로 말미암아 지역 분화가 발생하게 되고, 이는 또 다른 정치적 독립을 잉태하게 된다. 이와 같이 큰 국가에서 상대적으로 작은 국가로의 정치적 분리는 경제적으로 비효율적인 많은 수의 국가를 형성시킨다. 이미 살펴본 Akdede and Hwang(2008)은 1990~1993년 동안 지구상에 생겨난 27개 신생국가들은 다른 국가들에 비해 상대적으로 공공자원을 비효율적으로 사용하고 있다는 실증분석 결과를 제시하였다.

또한 작은 국가로의 분리는 규모의 경제를 더 이상 향유할 수 없다는 문제점이 생겨난다. 왜냐하면 국가의 규모가 줄어들수록 외부성을 내부화하기 어려울 뿐만 아니라 시장의 규모도 줄어들기 때문이다. 그러므로 우리는 인구가 많은 큰 국가가 경제적 관점에서 효율적인 반면, 인구가 적은 작은 국가가 정치적 관점에서 민주적 형태로 발전하는 데 용이하다는 사실을 알 수 있다.

그러므로 정치적 독립으로 인해 새로운 국가들이 출현할수록 경제적 효율성이 저하되며, 이를 보충하기 위해 많은 국가에서는 경제적 통합에 대한 유인이 생겨난다. 즉 정치적으로 독립한 작은 국가들은 활발한 지역 경제통합을 통해 그들의 외부성을 내부화시킬 뿐만 아니라 규모의 경제를 계속 추구함으로써 시장에 대한 영향력을 잃지 않으려 노력한다. 〈표 8-3〉은 지역경제권에 관한 몇 가지 사례를 제시한다. 〈표 8-3〉을 통해 알 수 있듯이 지역경제권의 설립배경은 회원국들 간의 무역장벽을 해소함으

17) 물론 이상의 분석은 *A* 지역 주민들이 이기심(self-interest)하에서 행동한다는 전제에 기초한다. 만약 *A* 지역 주민들이 *B* 지역 주민들에 대해 이타심(altruism)을 갖는다면, 논의는 전개는 훨씬 복잡해진다. 실증적 자료를 살펴보면, 소득수준 및 교육수준이 낮으며 통치체계의 효율성이 부족한 국가일수록 지역 간 주민들의 이타심이 낮은 것으로 나타난다. 따라서 정치적 분리는 지역 간 소득수준의 격차뿐 아니라 통치체계의 효율성 등의 사항과도 관련될 수 있다.

표 8-3 지역경제권의 사례

명칭	설립배경	연도	회원국
유럽연합(EU)	2차 대전 후 독일을 포함해 안정적인 유럽을 건설할 목적	1957년 (로마협정)	그리스, 네덜란드, 덴마크, 독일, 룩셈부르크, 벨기에, 스웨덴, 스페인, 아일랜드, 영국, 포르투갈, 프랑스, 핀란드
북미자유무역협정 (NAFTA)	멕시코, 미국, 캐나다 간 자유무역 협정	1994년	멕시코, 미국, 캐나다
아시아태평양 경제협력기구 (APEC)	아시아-태평양 경제의 상호의존성의 증가에 대응하기 위해 발족	1989년	대한민국을 비롯한 21개국
남미: Mercosur	관세동맹을 위해 창설	1991년	브라질, 아르헨티나, 우루과이, 파라과이
아세안자유무역협정 (AFTA)	자원의 효율적 배분 및 규모의 경제 시현	1993년	라오스, 말레이시아, 미얀마, 베트남, 브루나이, 싱가포르, 인도네시아, 캄보디아, 태국, 필리핀

출처: 백훈(2000)과 강인수 외 7인(2004)을 참고해 구성함.

로써 무역창출의 효과를 극대화하기 위해서이다. 결국 지역경제권은 그 경제권에 속한 국가들이 지속적이고 안정적인 경제성장을 추구하기 위해 설립되었다.

국가 간의 경제통합 과정은 정치적 단위가 경제거래를 방해하는 인위적 장벽을 쌓지 못하도록 하는 조치들이 수반된다. 즉 세계가 하나의 경제로 통합되는 과정에서 국가의 기능이 약화되고 국경의 의미가 퇴색될 것이라는 전망도 동일한 추세선상에 있다. 그러나 우리는 이상의 과정에서 한 가지 유의할 사항이 있다. 지역경제통합은 세계경제가 글로벌경제로[18] 통합된다는 의미와는 상당히 다르게 인식되어야 한다. 오히려 글로벌시장에 대해 영향력을 행사하기 위한 의도에서 이해관계에 따라 집단적

18) 김승욱 외 3인(2002)은 글로벌경제를 "경제활동이 세계적으로 확장될 뿐만 아니라 국가의 개념을 초월해 범지구적 시스템과 네트워크가 형성되는 경제"로 정의하고 있다. 다시 말해 글로벌경제는 "공유된 원칙 안에서 진행되는 세계경제의 활동 현상"으로 정의할 수 있다.

인 지역경제권이 구성된다고 파악할 수 있다. 그러므로 지역경제통합은 전 세계를 하나로 묶는 경제통합으로 발전할 가능성을 내포하고 있지만, 반대로 지역경제 간의 첨예한 대립으로 인해 전 세계가 하나의 경제권으로 통합하는 것과는 반대 방향으로 작용할 수도 있다.

4.2 정치적 독립의 지속성

이미 살펴본 바와 같이 민주주의의 정치적 사조의 확산으로 말미암아 작은 국가로의 정치적 분리가 계속 발생할지라도 큰 국가의 경제적 장점은 지역경제통합과 국가 간 무역장벽의 완화 등을 통해 계속적으로 향유할 수 있게 된다. 따라서 높은 수준의 경제통합이 가속화될수록 크기가 작은 국가로의 분리는 계속될 수 있으며, 반대로 작은 국가로의 정치적 분리는 더 많은 경제통합을 필요로 하게 된다.

또한 한 국가 내에서 지역 간 소득불평등의 완화 등의 목적으로 이전지출(transfer payment)의 규모가 증가할수록 정치적 분리를 위한 강한 동기가 발생한다. 결국 각 국가 혹은 지역에서의 대다수 구성원은 정치적 분리를 위한 강한 동기를 가지게 된다. 따라서 민주주의 사회에서는 정치적 분리가 거의 항상 발생하기 마련이다. 우리는 이상의 현상을 Bolton and Roland(1997)가 제시한 명제를 통해 쉽게 확인할 수 있다. 즉 "불평등한 사회에서는 대다수의 가난한 사람들이 더 많은 소득재분배를 획득하기 위해 분리를 희망하며, 평등한 사회에서는 대다수의 부유한 사람들이 조세를 적게 내기 위해 분리를 갈망한다."

생각해 볼 문제

01 바그너 법칙이란? 바그너 법칙은 경험적 사실을 법칙화한 것으로 이후의 많은 연구에서는 그 문제점을 지적하였다. 바그너 법칙에는 어떤 문제점이 내재되어 있는지 피콕-와이즈만 및 브라운-잭슨의 주장에 기초해 설명하라. 또한 많은 국가의 자료를 살펴보면, 소득수준이 상승함에 따라 정부지출의 크기가 증가하는 경향이 생겨난다. 그렇다면 정부지출의 지속적인 증가가 경제적으로 항상 바람직하다고 생각할 수 있는가?

02 정부의 역할에 대해 경제학자들 간에 첨예하게 대립하는 논리적 근거를 정리해 보자. 즉 케인즈의 전통을 이어받은 경제학자들이 주장하는 '큰 정부'의 견해와 고전학파 경제학의 사상을 계승한 경제학자들이 생각하는 '작은 정부'의 견해 간의 차이점을 설명하라. 또한 이상의 상반된 주장이 생겨난 이유에 대한 논리적 근거를 제시하라.

03 정부규모가 경제성장에 미치는 양(+)과 음(-)의 영향에 대한 이론적 논의를 각각 제시하라. 일부 선행연구에서는 정부의 크기와 경제성장 간에 역U자 모양의 비선형적 관계가 존재할 수 있다고 주장하였다. 이와 같은 주장의 근거는 무엇인가?

04 정부지출의 크기는 복지국가의 유형에 따라 다소 상이한데, 그 근본적인 이유는 유형별 복지국가의 재정정책 목표가 상이하기 때문이다. 복지국가의 세 가지 유형, 즉 영미형(앵글로색슨형 혹은 자유주의 복지국가), 대륙형(대륙유럽형 혹은 조합주의 복지국가) 및 북구형(스칸디나비아형 혹은 사회민주주의 복지국가) 국가의 재정정책이 어떤 점에서 상이한지 구체적으로 제시하라.

05 어떤 요소들이 지구상의 '국가의 수'를 결정하는 데 영향을 미치는가? 만약 모든 사람들이 민주주의에 대한 갈망이 매우 크다면, '국가의 수'는 어떻게 변모할 것으로 예상되는가? 이와 같이 변화된 국가의 수가 경제적 효율성 측면에서 바람직하다고 생각할 수 있는가? 또한 한 국가 내에서 지역 간의 소득

불평등이 민주주의의 갈망과 더 나아가 국가의 분리에 어떤 영향을 미치는가? 마지막으로 오늘날 정치적으로는 독립의 요구가 높아진 반면, 경제적으로는 지역 블록화가 가속화되고 있다. 이상의 현상이 계속적으로 발생하는 이유를 설명하라.

09 CHAPTER

민주주의와 정부의 질

오늘날 선거와 정부 관료를 평가하는 과정에서 모든 구성원에게 동등한 참여의 보장은 사회 정의를 실현하기 위한 전제조건으로 인식된다. 이는 민주주의의 기본 정신일 뿐만 아니라 경제성장과 같은 물질적 변화에도 큰 영향을 미친다. 왜냐하면 한 국가의 민주주의 발전은 정책결정 과정에서 구성원 간의 이질성을 줄여나가는 행위와 밀접하게 관련되기 때문이다. 또한 한 국가의 민주주의 발전은 정부의 질을 개선시켜 개인의 자유 신장과 경제성장에 크게 기여한다. 따라서 민주주의 발전 및 정부의 질 개선은 정치경제학과 경제성장에서 다루어야 할 핵심 과제이다. 본 장에서는 민주주의 발전과 경제성장 간의 관계를 살펴보고, 정부의 질과 공공부문의 효율성이 경제성장에 미치는 영향을 검토한다.

1. 민주주의 발전과 경제성장

오늘날 지구상의 모든 국가는 민주주의를 추구하고 있으며, 우리의 일상생활에서 민주주의란 용어는 떼 놓을 수 없을 만큼 친숙하다. 본 절에서는 민주주의의 의의 및 변천을 간단히 살펴보고, 민주주의 발전과 경제성장 간의 이론적 연결을 제시한다.

1.1 민주주의의 의의 및 변천

한 국가의 민주주의 발전이 경제성장에 미치는 영향을 올바르게 이해하기 위해서는 민주주의의 이념과 변천에 대한 이해가 선행되어야 한다. 이하에서는 민주주의의 의의 및 시대별 변천을 간단히 요약한다.

민주주의의 의의

오늘날 정치적 제도로서 민주주의를 지지하지 않는 사람은 아마도 거의 없을 것으로 예상된다. 1 · 2차 세계대전을 거치면서 민주주의는 파시즘 · 나치즘 등과의 싸움에서 승리한 이후 일반적인 정치형태로 발전하였다. 오늘날에는 민주주의가 '포괄적 의미'를 지니게 되었으며, 세계를 지배하는 가장 인기 있는 경제 · 정치 · 사회의 지향 원리가 되었다고 해도 과언이 아니다. 대부분 국가의 정치 지도자들은 그들이 옹호하는 체제의 내용과는 상관없이 민주주의라는 용어를 사용하고 있는 현실이 이상의 현상을 증명하고 있다.

민주주의(democracy)는 "국가의 주권이 국민에게 있고 국민을 위해 정치를 수행하는 제도"라고 정의할 수 있다. 또는 민주주의는 민주주의가 지향하는 정치사상을 의미하는 것으로써 귀족제(aristocracy), 군주제(monarchy) 또는 독재(dictatorship)에 대응하는 뜻으로 사용되고 있다. 따라서 정치제도로서 민주주의가 가지는 가장 큰 특징은 정책 및 정책입안자의 선택과 같은 정치적 결정에 있어 그 구성원(국가의 경우에는 국민)들 간의 공개적인 논의 및 직접 참여를 보장하는 데 있다.

민주주의라는 말의 근원은 그리스어의 'demokratia'에 두고 있다. 즉 민주주의는 '국민'(demo)과 '지배'(kratos)의 두 낱말이 합쳐져 형성된 단어로서 '국민의 지배'를 의미한다. 여기서 국민의 지배가 의미하는 바는 민주주의의 여러 형태로 해석되어 왔다. 고대 그리스에서는 모든 국민이 다수결의 원칙 아래 정치적 결정에 직접 권한을 행사하는 '직접 민주주의'를 의미하였다. 또한 현대에 이르러 국민의 지배는 모든 국민이 정치적 결정에 참여하기에는 너무 많은 비용이 요구되기 때문에 국민 개개인이 직접 정치결정 과정에 참여하지 않고, 다만 국민이 선출한 대표들을 통해 정치결정의 권한을 대리하는 형태인 '대의 민주주의'를 나타내기도 한다. 한편 정치적 형태와는 관계없이 경제적 · 사회적 형평에만 관심을 기울이는 민주주의도 있다. 예를 들어 '사회 민주주의'는 불평등한 개인의 소유재산을 평등하게 조정한다는 의미로 사용된다.

민주주의의 변천

정치제도로서의 민주주의는 오랜 기간 사람들의 삶을 지배해오고 있지만, 그 구체적인 정치제도는 시대에 따라 조금씩 변모하면서 발전하였다. 즉 정치제도로서 민주주의의 변천은 크게 고대 민주정치, 근대 민주정치 및 현대 민주정치로 구분할 수 있는데, 그 구체적 사항을 살펴보면 다음과 같다.

먼저 '고대 민주정치'는 그리스의 아테네에서 출발해 BC 6~4세기에 가장 발달하였다. 이후 직접 민주정치로 발전해 시민은 선거, 추첨 또는 윤번제에 의해 통치기구에 직접 참여하였으며, 정책을 결정하고 집행하는 재판에도 관여하였다. 그러나 당시의 민주정치는 모든 사람들에게 평등하게 적용된 것은 아니었다. 즉 고대 민주정치는 성인 남자만을 시민으로 한정하는 제한적 민주주의를 실시하였다. 고대 민주정치에서 여자·노예·외국인은 시민의 개념에 포함되지 않았으며, 이로 인해 이들 계급은 참정권을 갖지 못하였을 뿐만 아니라 선거·추첨·통치기구에서의 참여·재판 등이 배제되었다.

고대 민주정치는 근대 시민혁명을 경험하면서 '근대 민주정치'로 발전하였다. 이 당시에는 봉건제적 신분사회와 전제군주의 속박으로부터 벗어나 고대 민주주의의 이상을 추구하였다. 그러나 근대 민주정치는 고대 민주정치와 마찬가지로 모든 사람에게 평등하게 적용되지 않는 제한적 민주주의이었다. 즉 근대 민주정치는 상공업자(부르주아·자본가·유산자)만을 시민으로 제한하였으며, 여자·농민·노동자·도시 빈민 등은 여전히 시민에서 제외되어 참정권 행사에는 한계가 있었다.

'현대 민주정치'는 타인을 신뢰하고 인격과 의사를 존중하면서 사회문제를 해결하려는 사회생활의 실천 원리로 발전하였다. 또한 현대 민주정치는 인간 상호간의 불평등이나 차별 없이 모든 사람들이 인간답게 살

수 있도록 하는 삶의 원리로서 자리 잡았다. 현대 민주정치는 '직접 민주주의'(즉 "유권자가 직접 정치에 참여해 의사결정을 하는 정치제도") 혹은 '대의 민주주의'(즉 "국민이 스스로 선출한 대의원을 통해 국가권력을 행사하는 정치제도") 형태로 발전하였으며, 남녀를 불문하고 모든 성인이 참정권을 행사하는 '대중 민주주의'(mass democracy)를 실현하고 있다.

1.2 민주주의 발전과 경제성장: 이론적 배경

민주주의 발전이 경제행위의 자유를 신장시켜 경제성과에 영향을 미칠 수 있다는 인식이 고조되면서, 민주주의 발전과 경제성장 간의 관련성 여부와 그 정도의 파악은 정치경제학의 중요한 연구주제로 자리잡고 있다. 이하에서는 민주주의 발전과 경제성장 간의 관계에 대한 이론적 배경을 살펴본다.

오늘날 높은 수준의 경제성장을 추구하는 국가에서는 소득수준의 향상과 동시에 민주주의 창달을 국가의 중요한 목표로 삼고 있다. 따라서 우리는 민주주의 발전과 경제성장 간에는 밀접한 관련성이 존재할 것으로 쉽게 예상할 수 있다. 그럼에도 불구하고 양자 간의 명확한 관계를 입증할 수 있는 현상이나 이론은 존재하지 않는다. 민주주의가 우리 일상과 밀접하게 관련되는 제도(혹은 시스템)라는 사실을 고려할 때 이는 실로 놀라운 일로 받아들여진다. 이상의 분야에 대한 연구가 부진한 이유는 민주주의 발전과 경제성장 간의 관계를 규명하려는 이론적 모형이 부재하거나 미미하다는 데 그 일차적 원인이 있다.[1)]

실증적 자료를 살펴보면, 민주주의 발전과 경제성장 간에는 명확한 관계가 존재하지 않는다. 예를 들어 서구의 산업화된 국가에서는 장기적으로 경제와 민주주의가 동시에 발전하였다. 그러나 1960~1990년대 대한민국 · 대만 · 싱가포르 등의 동아시아 국가들과 몇몇 라틴아메리카 국가

1) 사실상 민주주의란 개념은 추상적이고 불명확한 내용을 포함하기 때문에 경제이론 모형에 민주주의를 포함시키기란 쉽지 않은 과제로 여겨진다.

들은 상대적으로 비민주적인, 심지어 독재 혹은 권위주의 정부와 같은 정치체제하에서도 높은 경제성장을 달성하였다. 따라서 민주주의 발전과 높은 수준의 경제성장 간의 명확한 관계의 정립은 상당히 어려운 과제로 여겨진다.

그러나 우리는 민주주의의 일반적 이념을 바탕으로 민주주의 발전과 경제성장 간의 관계를 짐작할 수 있다. 즉 민주주의는 대다수 국민을 위한 정치를 보장하는 제도이기 때문에 시장경제가 온전하게 작용하도록 도움으로써 효율성을 담보해주는 원리와 장치의 역할을 수행한다. 만약 모든 경제주체들이 평등하고 완전한 형태로 경제행위를 수행한다면, 시장경제는 '보이지 않는 손'의 작용에 의해 효율적인 자원배분이 이루어지도록 작동한다. 그러므로 시장의 민주주의는 경제주체들로 하여금 거래와 관련해 동등한 경제적 · 기술적 정보를 확보하게 함으로써 시장이 온전하게 작동하도록 돕는 역할을 수행한다.

제4장에서 살펴본 바와 같이 부패가 만연한 비민주적인 시스템하에서는 시장경제의 원활한 수행이 불가능해지며, 정책결정 및 유지에 대한 불확실성이 증폭된다. 다시 말해 비민주적 경제시스템에서는 거래비용이 증가하기 때문에 파레토 최적 달성이 불가능해진다. 따라서 정부실패를 방지하고 정부의 역할을 통한 파레토 개선은 정책결정 과정이 개방적이고 투명한 민주적 형태로 이루어질 때 가능해진다. 결국 시장경제와 민주주의가 결합함으로써 '양질'의 사회 인프라를 구축하게 되고, 이를 통해 보다 효율적인 자원배분이 가능해진다. 그러므로 한 국가의 경제성장과 민주주의 간에는 밀접한 양(+)의 관계가 존재하며, 이상의 관계는 유명한 '립셋 가설'(Lipset's hypothesis, 1959), 즉 "한 국가의 경제적 번영은 민주주의 발전을 요구한다"로 요약할 수 있다.

1.3 민주주의 발전과 경제성장 간의 전달경로

한 국가의 민주주의 발전은 경제성장에 직접적으로 영향을 미치기보다는 다양한 전달경로를 통해 간접적으로 영향을 미친다고 파악하는 것이 보편적이다. 왜냐하면 민주주의 발전이 생산·소비 등에 직접적으로 관여하는 것은 불가능하며, 제도 혹은 법률체계 등을 통제하는 형태로 경제시스템을 통해 간접적으로 경제성과에 영향을 미치기 때문이다. 한 국가의 민주주의 발전과 경제성장을 연결하는 전달경로로는 다양한 변수들이 존재하지만, 이하에서는 가장 널리 알려진 몇 가지 전달경로만을 소개한다.[2)]

첫째, 이상의 두 변수 간의 전달경로로서 '정치적 불안정성'(political instability)을 들 수 있다. 통치의 안정성(stability of governance)은 정치적 체계를 유지하기 위해 반드시 요구되는 중요한 요소이다. 민주주의의 가장 큰 특징은 통치자의 정치적 활동에 대해 투명한 규정이나 법칙을 적용하는 데 있다. 구체적으로 민주주의가 발전한 국가에서는 정책 및 정책입안자의 선택과 같은 정치적 결정과정에서 구성원들 간의 공개적인 논의 및 직접 참여를 보장함으로써 극단주의나 불법적인 수단으로 권력을 쟁취하는 행위 등을 제거할 수 있다. 따라서 민주주의 발전은 평화의 유지 및 예상된 정권이양 등을 통해 정치적 안정성에 기여한다.

일반적으로 정치적 불안정성은 경제성장에 음(–)의 영향을 미치는 것으로 알려져 있다. 왜냐하면 정치적 불안정성은 미래의 정책에 대한 불확실성을 증폭시킬 뿐만 아니라 통치자에게 국가경제를 자신이나 주변의 사적인 자원으로 활용하게끔 하는 약탈행위에 대한 유인을 제공하기 때문이다. 따라서 민주주의가 발전한 국가에서는 정치적 불안정성이 줄어들고, 이는 미래의 불확실성을 제거함으로써 높은 수준의 투자와 경제성장의 달성이 가능해진다. 국가별 정치적 불안정성 정도를 계량화하는 데에는 상당

2) 이하의 많은 내용은 Tavares and Wacziarg(2001)가 제시한 전달경로를 요약하였음을 밝혀둔다.

읽을거리

민주주의와 사회정의

경제학의 복지 분야에 대한 공헌으로 1998년 아시아인 최초로 그리고 유일한 노벨 경제학상 수상자인 인도출신 아마티야 센(Amartya Sen, 1933~) 교수의 논문인 "민주주의와 사회정의"(1999)에서 밝힌 내용의 일부를 소개하면 다음과 같다.

- 민주주의는 사회발전에 필수적인 요소이며, 그 의의는 (i) 민주주의 자체의 중요성, (ii) 경제 · 사회 발전에 기여하는 수단으로서의 역할, (iii) 가치와 규범을 창조하는 역할과 같이 크게 세 가지로 나눌 수 있다.
- 현 아시아 경제위기(1990년대 말의 금융위기)는 근본적으로 비민주적인 통치구조의 경직성에서 비롯된다. 권위주의적 통치가 경제발전에 효과적일 수 있다는 이른바 "이광요 가설"은 아시아 일부 국가의 제한된 사례에 기초한 것으로써 비교분석의 범위를 확대할 경우에는 실증적으로 뒷받침되지 않는다.
- 민주주의와 시장경제는 사회발전을 위해 기계적으로 적용될 수 있는 도구가 아니다. 민주주의와 시장경제 체제의 활용은 사회 가치와 규범, 궁극적으로는 정의에 대한 사회적 인식에 의해 좌우된다.

한 한계가 존재하지만, 선행연구에서는 제3장에서 제시한 "일정 기간 동안 쿠데타의 발생이나 통치자의 암살 등의 발생건수"를 많이 사용하였다.

둘째, 민주주의 발전은 '정부의 크기'를 통해 경제성장에 영향을 미칠 수 있다. 비록 정부의 크기는 다양하게 정의되고 있지만,[3] "GDP 대비 정부지출 비율"이 가장 보편적으로 사용된다. 민주주의 국가에서 수립하는 경제정책은 대다수 국민들의 의견을 반영하는 형태로 이루어지기 때문에 민주주의가 발달할수록 보다 크고 다양한 범위의 정부의 역할이 요

3) 한 국가의 '정부의 크기'를 나타내는 다양한 측정치에 대한 논의는 제8장 제3절에 나타나 있다. 또한 제3장과 제8장에서는 정부의 크기(정부규모)가 경제성장에 미치는 영향을 분석하였던 선행연구의 요약을 제시한다.

구된다. 왜냐하면 대부분의 가난한 경제인들은 높은 수준의 소득재분배 정책과 같은 폭넓은 정부의 간섭을 희망하기 때문이다.[4] 이와 같은 요구를 수용하기 위한 확대된 정부의 역할은 조세의 증가를 통해 이루어진다. 그러나 조세의 증가는 경제활동을 왜곡시킬 뿐만 아니라 사적투자를 둔화시킬 수 있다.

이상의 주장과는 달리 민주주의가 발달한 국가에서는 소수에 의해 오용될 수 있는 정부지출을 시스템 정비나 제도의 투명성 등의 방법을 통해 막을 수 있기 때문에 독재가 심한 국가에 비해 정부의 크기가 작을 수 있다는 이론도 존재한다. 더욱이 독재국가에서는 경제에 대한 독재자의 지배력을 극대화하기 위해 정부의 활동영역을 인위적으로 증가시키려는 경향이 있다.

따라서 한 국가의 민주주의 발전과 정부의 크기 간의 관계는 실증적 결과에 의존하며, 더욱이 정부의 크기가 경제성장에 미치는 영향은 더욱 불명확하다. 왜냐하면 정부활동을 확대시키면 비용과 편익이 함께 발생하며, 경제성장에 미치는 영향은 그 상대적 크기에 의존하기 때문이다. 즉 정부지출의 확대는 더 많은 조세징수로 인해 경제활동이 왜곡되는 비용과 정부지출에 따른 편익 간의 상충관계를 유도한다. 따라서 민주주의 발전이 정부의 크기를 통해 경제성장에 미치는 영향에 대한 이론적 분석결과는 대단히 불명확하며, 실증적 연구결과는 다음 절에서 살펴본다.

셋째, 민주주의 발전은 '인적자본 축적'을 통해 경제성장과 연결된다. 민주주의가 발전한 국가에서는 독재국가에 비해 대다수의 국민들이 원하는 기본적 욕구에 능동적으로 대처하기 때문에 상대적으로 공교육에 많이 투자한다. 일반적으로 공교육에 대한 투자는 강한 소득재분배의 성

4) 이미 제5장에서 살펴본 바와 같이 국민 개개인의 소득수준에 대한 (산술)평균이 중위수보다 크다는 사실은 모든 국가에서 나타나는 일반적인 현상이다. 이는 민주주의 사회에서와 같이 '다수투표'에 의해 정책이 결정될 때 소득재분배 정책이 선호된다는 사실을 반영한다. 이와 같은 정치적 균형은 제10장에서 상세히 논의한다. 그러나 현실적인 많은 제약(예를 들어 정치적 제약)으로 말미암아 소득재분배에는 한계가 존재하는데, 이는 Harms and Zink(2003)에 잘 요약되어 있다. 이상의 논의에 관심이 있는 독자들은 Harms and Zink(2003)를 참고할 수 있다.

향을 지닌다고 인식된다. 이로 인해 민주적인 국가일수록 공교육이 발전하거나 교육을 수요하는 경제인이 부담해야 하는 교육비용이 상대적으로 적게 나타난다. 그러므로 한 국가의 민주주의 발전은 교육투자에 긍정적인 영향을 미쳐 높은 수준의 인적자본 축적을 가능하게 만든다.

이미 제3장과 제6장에서 살펴보았듯이 인적자본 축적은 경제성장을 결정하는 중요한 요인이다. 따라서 민주주의가 발달한 국가에서는 높은 수준의 인적자본 축적과 경제성장이 가능해진다. 그러나 이상의 논의에는 심각한 인과관계의 문제점이 생겨난다는 사실에 주의해야 한다. 즉 높은 수준의 인적자본 축적이 민주주의 발전에 따른 결과일 수 있지만, 반대로 그 원인의 역할을 할 수도 있다. 다시 말해 한 국가의 민주주의 발전이 인적자본 축적을 증가시키지만, 동시에 인적자본이 많이 축적된 국가의 구성원들은 더 높은 수준의 민주주의를 갈망한다.

넷째, 제5장에서 살펴본 '소득불평등'의 정도는 정치체제에 의해 영향을 받는 사회적 선택의 결과일 수 있다. 집단적 의사결정 과정은 독재국가에서 민주주의 국가로 이동함에 따라 다수의 가난한 집단의 선호에 더 큰 가중치를 부과한다. 일반적으로 한 국가나 사회의 소득분포는 상대적으로 소수의 부유한 사람들과 다수의 가난한 사람들로 형성되어 있다. 결국 민주주의가 발달한 국가일수록 다수의 가난한 사람들에게 상대적으로 더 큰 가중치를 부과하므로 소득불평등을 완화하는 정책이 선호된다.

그러나 독재국가의 독재자는 더 많은 개인 재산을 확보하기 위해 부유한 사람들로부터 뇌물을 공여 받으려는 경향이 있다. 즉 독재자는 뇌물에 대한 대가를 지불하기 위해 자본소유(대체로 부유한 사람)에 대해 상대적으로 낮은 세율을 설정하고, 노동소유(대체로 가난한 사람)에 대해 상대적으로 높은 세율을 설정하기 때문에 계층 간의 빈부격차를 증폭시킨다. 예를 들어 Ades and Glaeser(1995)는 소득분포별 집단 간 세율의 차이는 독재국가에서 크게 생겨날 수 있다고 지적하였다. 그러므로 한 국가의 민주주의 발전은 소득불평등과 관련되고, 소득불평등은 직·간접적으로 경제성장에 영향을 미친다. 소득불평등이 경제성장에 미치는 직·간접적인 영향은 제5장에서 검토되었다.

다섯째, 한 국가의 '무역개방도'는 정치적 자유 혹은 민주주의 발전에 의해 결정될 수 있다. 민주주의가 발전한 국가일수록 자유무역의 이익을 향유하려는 다수의 가난한 소비자들의 선호를 정책에 반영하기 때문에 높은 수준의 무역개방도를 선호한다. 그러나 독재국가는 소수의 부유한 생산자들을 보호하기 위해 보호무역주의를 지향한다. 왜냐하면 소수의 부유한 생산자들은 국내시장에서 자신들이 생산한 상품의 경쟁력을 계속 유지하기 위해 보호무역을 지지하며, 이를 정책결정에 반영하기 위해 독재자에게 홍보 · 로비 · 뇌물 등의 방법을 사용할 수 있기 때문이다.

그러나 Grossman and Helpman(1994)은 정치경제학 모형을 이용해 민주주의 국가일지라도 로비와 뇌물 및 투표에 의해 보호무역주의가 내생적으로 생겨날 수 있다고 제시하였다. 따라서 우리는 민주주의 발전과는 상관없이 보호무역을 통해 이익을 얻을 수 있는 집단은 적극적 활동(즉 정치적 공여나 대중매체를 이용한 선전 등)을 통해 그들의 관심을 일반 국민은 물론 정치인들에게 알리려는 유인이 존재한다는 사실을 인식해야 한다. 그러나 자유무역을 통해 이익을 얻는 대다수의 국민들은 자신의 관심을 정확히 인식하지 못할 뿐만 아니라 조직화된 활동에도 한계가 존재한다. 결론적으로 민주주의 발전 정도가 무역개방도 혹은 무역체계에 미치는 영향에 대한 이론적 논의는 불명확하며, 보다 명확한 관계는 실증분석 결과에 의존한다.

민주주의 발전이 무역개방도에 미치는 영향에 대한 이론적 결론은 불명확하지만, 무역개방도가 경제성장에 미치는 영향에 대한 이론적 논의는 비교적 명확하다. 만약 시장마찰(market friction)이 없다고 가정하면, 무역이 경제성장을 촉진한다는 사실은 많은 경제학자들이 인정하는 보편적인 명제이다. 즉 한 국가가 무역개방도를 증가시킬수록 비교우위를 통한 특화, 외국과의 교역을 통한 새로운 기술의 습득 및 더 큰 시장을 통한 규모의 경제 시현 등을 통해 높은 수준의 경제성장을 달성한다.

여섯째, 민주주의 발전은 다양한 전달경로를 통해 '물적자본 축적'

에 영향을 미친다. 민주주의가 발전한 국가에서는 소수의 자본가에 비해 다수의 노동자들이 더 큰 정치적 영향력을 행사하기 때문에 총생산량 분배와 관련된 정치적 과정에서 다수의 노동자가 소수의 자본가에 비해 유리한 입장에 놓이게 된다. 구체적으로 민주주의가 발전한 국가에서의 노동자 임금수준이 그렇지 못한 국가에서의 경우에 비해 상대적으로 높게 나타난다. Rodrik(1999a)은 민주주의가 발전한 국가일수록 임금수준이 상대적으로 높게 나타난다는 가설을 실증적으로 검증하였다. 따라서 다른 모든 조건이 동일하다면, 민주주의가 발전한 국가에서는 임금수준이 높기 때문에 자본에 대한 수익이 떨어지고 사적투자의 유인은 감소하게 된다.

그러나 이상의 내용과는 달리 민주주의가 발전한 국가일수록 재산권의 안정성이 강화되고 계약의 실행이 용이하기 때문에 투자에 대한 수익이 증가할 수 있다는 주장도 함께 존재한다. 즉 민주주의가 발전한 국가에서는 경제적 · 정치적 · 사회적 불확실성이 감소하기 때문에 투자를 증가시킬 수 있는 유인이 상대적으로 크게 생겨난다. 그러므로 민주주의 발전과 물적자본에 대한 투자 간의 관계에 대해서는 상반된 이론이 존재하며, 두 변수 간의 관계를 명확히 파악하기 위해서는 실증적 검토가 요구된다. 더욱이 Levine and Renelt(1992)는 물적자본에 대한 투자가 경제성장을 결정하는 가장 강력한 요인이라고 제시하였는데, 이로 인해 한 국가의 민주주의 발전과 물적자본 축적 간의 관계에 대한 명확한 파악은 더욱 중요한 의미를 지닌다.

이상에서와 같이 한 국가의 민주주의 발전은 다양한 전달경로를 통해 경제성장과 밀접하게 관련된다. 민주주의 발전과 경제성장 간의 전달경로에 대한 요약은 〈그림 9-1〉과 같다. 여기서 한 국가의 민주주의 발전과 소득수준 간에는 심각한 인과관계의 문제점이 존재한다는 사실을 밝혀두고자 한다. 즉 민주주의 발전이 다양한 전달경로를 통해 경제성장의 원인으로 작용할 뿐만 아니라 경제성장을 통해 소득수준이 높아질수록 민주주의 발전을 더욱 갈망하기 때문에 민주주의 발전이 경제성장의 결과로 나타날 수 있다. 이와 같은 경제변수들 간의 심각한 인과관계 문제의 해

그림 9-1 민주주의 발전과 경제성장 간의 전달경로

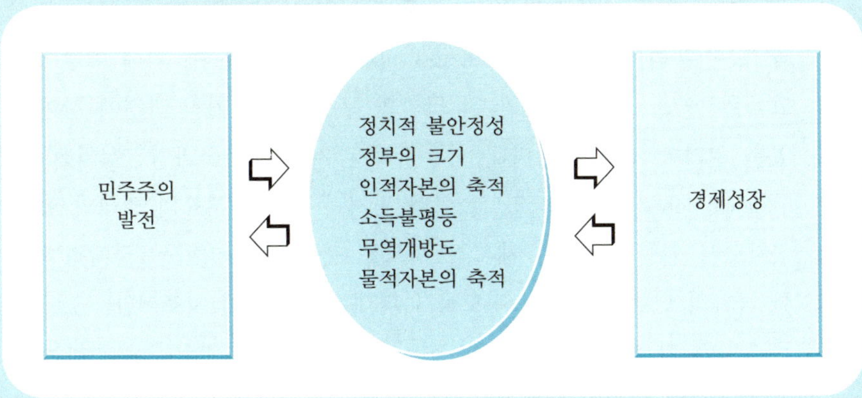

결은 경제학자들에게 주어진 가장 어려운 숙제이다.

2. 국가별 민주주의 발전의 측정 및 실증적 연구결과

지금까지 민주주의 발전이 다양한 전달경로를 통해 경제성장에 미치는 영향을 살펴보았는데, 우리는 이상의 과정에서 실증연구의 필요성을 인식하였다. 본 절에서는 한 국가의 민주주의 발전을 어떻게 측정할 수 있는지 살펴보고, 민주주의 발전과 경제성장 간의 관계에 대한 실증적 연구결과를 요약한다.

2.1 민주주의 발전의 측정

국가별 민주주의 발전 정도를 측정한다는 그 자체가 상당히 주관적일 수 있다. 그럼에도 불구하고 여러 국제기관에서는 국가별 민주주의 발전 정도를 지수로 만들어 발표하고 있는데, 이하에서는 실증적 선행연구에서 가장 많이 사용된 두 가지 지수를 소개한다.

가스틸과 그 이후의 편집자들

한 국가의 민주주의 발전 정도를 파악한 최초의 통계자료는 '가스틸과 그 이후의 편집자들'(Gastil and subsequent editors)에 의해 이루어졌다. 그들은 1972~1994년 동안 한 국가의 구성원이 정치적 과정에 참여할 수 있는 권리의 정도를 나타내는 주관적인 지수, 즉 국가별 '정치적 권리'(political rights)를 발표하였다. 이때 정치적 권리는 투표의 권리와 함께 공직자로서 일할 수 있는 제도적 장치를 포함한다. 따라서 정치적 권리는 한 국가의 민주주의 발전 정도를 나타내는 대표적인 지표이다.

또한 가스틸과 그 이후의 편집자들은 정치적 권리를 측정하는 과정에서 소수의 의견이 정책결정에서 무시되는 국가는 비민주주의 국가에 가깝게 분류하였다. 이와 같은 정치적 권리에 근거한 국가별 민주주의 발전 지수는 1~7 사이의 숫자로 측정되었으며, 보다 낮은 숫자가 더 나은 정치적 권리(즉 민주주의 발전)와 부합한다. 다시 말해 1을 기록한 국가는 정치적 권리가 상대적으로 가장 많이 보장되는, 즉 민주주의가 가장 발전한 국가인 반면, 7을 기록한 국가는 정치적 권리가 상대적으로 가장 적게 보장되는, 즉 민주주의가 가장 발전하지 못한 국가이다.

〈그림 9-2〉는 전 세계 국가의 평균적인 민주주의 발전 정도가 시계열적으로 어떻게 변모하였는지 보여준다. 〈그림 9-2〉는 배로(Robert J. Barro, 1944~) 교수의 저서 *Determinants of Economic Growth*(1997)에 수록된 그림을 각색한 것으로, 자료가 가용한 전 세계 국가의 민주주의 지수를 대상으로 1960년, 1965년, 1972~1994년의 연도별 (산술)평균의 변화를 나타낸다. 배로 교수는 〈그림 9-2〉를 작성하는 과정에서 가스틸과 그 이후의 편집자들이 제공한 민주주의 지수(1에서 7 사이의 숫자)를 이용하였지만, 편의를 위해 지수를 0에서 1 사이의 숫자로 전환해 표시하였다.

구체적으로 1960년은 99개 국가, 1965년은 109개 국가, 그리고 1972~1994년 동안은 138개 국가의 자료를 이용해 세계의 (산술)평균을 계산하였다. 〈그림 9-2〉에서 알 수 있듯이 1960년 이후 전 세계 국가의 민주주의는 지속적으로 개선되어 1970년대 중반에 가장 높은 수준의 민

그림 9-2 세계의 평균 민주주의 발전 추이

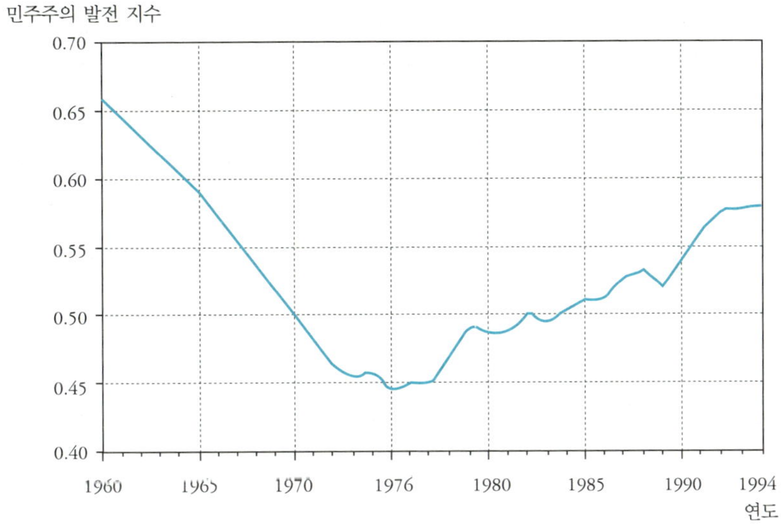

주: 큰 숫자일수록 덜 자유로운, 즉 낮은 수준의 민주주의와 부합함.
자료: Barro(1997)에 수록된 그림을 각색함.

주주의 발전을 나타낸다. 이와 같은 사실은 아시아, 아프리카 및 남미의 많은 국가들이 1950~1960년대 서구의 열강들로부터 정치적으로 독립한 사실을 반영한다. 그러나 1970년대 중반 이후 전 세계의 민주주의 발전 정도는 평균적으로 악화되었는데, 그 이유는 많은 아시아·아프리카·남미 국가들이 정치적으로 독립한 이후 1인 혹은 1당 독재체제로 변하였기 때문이다.

프리덤 하우스

'프리덤 하우스'(Freedom House)는 미국의 제32대 대통령 루즈벨트(Franklin Delano Roosevelt, 1882~1945)의 부인 엘레노어 루스벨트 등에 의해 1941년에 설립된 미국의 보수 성향의 민간단체이다. 즉 프리덤 하우스는 미국은 물론 전 세계 국가에 대한 경제적·정치적 자유(freedom)의 신장을 목적으로 조직된 비영리단체이다. 이 단체에서는 1972~73년부터 매년 포괄적인 표본조사(survey) 자료에 근거한 두 가지 측정치, 즉 '정치적 권리'(political rights)와 '시민의 자유'(civil liberties)에 대한 주관적인 국가 간의 분류를 제공한다.[5] 많은 문헌에서는 민주주의 발전을 반영하는 대표적인 측정치로서 이상의 정치적 권리와 시민의 자유를 사용하였다.

프리덤 하우스가 제공하는 두 지수는 가스틸과 그 이후의 편집자들에 의해 제공되는 정치적 권리의 자료와 마찬가지로 1~7 사이의 숫자로 표현된다. 또한 이상의 지수는 큰 숫자일수록 덜 자유로움을 의미한다. 많은 실증적 선행연구에서는 정치적 자유와 시민의 권리를 나타내는 두 측정치를 각각 독립적으로 혹은 두 측정치의 평균을 한 국가의 민주주의 발전 정도를 나타내는 통계자료로 사용하였다.[6] 〈표 9-1〉은 프리덤 하우스가 제공하는 주요 국가의 연도별 정치적 권리와 시민의 자유를 나타낸다.

〈표 9-1〉을 살펴보면, 산업화된 국가의 민주주의 발전 정도가 개발도상국의 경우에 비해 대체로 높은 수준이다(물론 반드시 그렇게 나타나는 것은 아니다). 또한 우리는 우리나라의 민주주의 발전 지수가 1970년대 이후 꾸준히 개선되고 있다는 사실을 알 수 있다. 즉 1972~73년 우리나라의 정치적 권리와 시민의 자유는 각각 5와 6으로 아주 낮은 수준이었는데, 1999~2000년에는 두 측정치가 모두 2로, 그리고 2010년에는 각각 1과 2로 크게 향상되었다. 그러나 〈표 9-1〉은 우리나라의 민주주의가 미국·캐나다·호주 등의 산업화된 국가에 비해 아직도 개선시켜야 할 부분이 남아 있음을 보여준다. 한편 중국이나 우간다·카메룬 등의 아프리카 국가들의 민주주의는 상당히 낙후된 상태이다.

우리는 〈표 9-1〉에서 한 가지 흥미로운 사실을 발견할 수 있다. 즉 싱가포르는 높은 소득수준에도 불구하고 2010년의 정치적 권리와 시민의

5) 이상의 자료는 프리덤 하우스 웹페이지에서 다운로드 받을 수 있다(http://freedomhouse.org).

6) 두 변수 간의 상관계수는 상당히 높은 것으로 알려져 있다.

표 9-1 주요 국가의 민주주의 지수

구분 / 국가	정치적 권리						시민의 자유					
	1972~73년	1979~80년	1989~90년	1999~2000년	2005년	2010년	1972~73년	1979~80년	1989~90년	1999~2000년	2005년	2010년
대한한국	5	4	2	2	1	1	6	5	3	2	2	2
멕시코	5	3	4	3	2	3	3	4	3	4	2	3
미국	1	1	1	1	1	1	1	1	1	1	1	1
브라질	5	4	2	3	2	2	5	3	2	4	3	2
싱가포르	5	5	4	5	5	5	5	5	4	5	4	4
영국	1	1	1	1	1	1	1	1	1	2	1	1
우간다	7	6	6	5	5	5	7	6	4	5	4	4
일본	2	2	1	1	1	1	1	1	1	2	2	2
중국	7	6	7	7	7	7	7	5	7	6	6	6
칠레	1	6	4	2	1	1	2	5	3	2	1	1
카메룬	6	6	6	7	6	6	4	6	6	6	6	6
캐나다	1	1	1	1	1	1	1	1	1	1	1	1
케냐	5	5	6	5	3	4	4	4	6	5	3	3
태국	7	4	2	2	3	5	5	3	3	3	3	4
터키	3	2	3	4	3	3	4	3	3	5	3	3
프랑스	1	1	1	1	1	1	2	2	2	2	1	1
호주	1	1	1	1	1	1	1	1	1	1	1	1

주: 큰 숫자일수록 덜 자유로운, 즉 낮은 수준의 민주주의와 부합함.
자료: 프리덤 하우스(http://www.freedomhouse.org).

자유가 각각 5와 4로 상당히 낮은 수준에 머물러 있다. 이상의 관측은 민주주의 발전과 부패의 척결이 상이한 방향으로 나아갈 수 있으며,[7] 독재자의 권위는 민주주의를 발전시키지 않으면서 단기적인 부패를 줄일 수 있음을 보여준다. 또한 중국은 1990년대 이후 고도의 경제성장 과정에 있음에도 불구하고 민주주의는 여전히 낙후된 수준이다.

이상과 같은 사실은 민주주의 발전과 경제성장 간의 관계를 규명하는 데 있어 몇 가지 의문점을 던져준다. 예를 들어 민주주의 발전이 반드

7) 이미 제4장에서 살펴보았듯이 싱가포르는 세계에서 투명성이 가장 높은 국가군에 속한다.

시 경제성장을 촉진하는 역할을 수행하는가? 경제성장이 민주주의 발전에 반드시 양(+)의 영향을 미치는가? 혹은 소득수준이 어느 정도 향상된 이후에 민주주의 발전이 가능한 것인가? 국가별 경제시스템에 따라 민주주의 발전이 경제성장에 상이한 영향을 미치지는 않는가? 이상의 본질적이고도 어려운 문제들은 경제학자들이 민주주의 발전과 경제성장 간의 관계에 대한 폭넓은 이론적 모형의 개발과 함께 보완적인 실증적 분석을 통해 앞으로 풀어가야 할 숙제들이다.

2.2 실증적 연구결과

한 국가의 민주주의 발전은 시장경제의 효율성 제고와 불확실성을 감소시켜 경제성장에 직접적인 양(+)의 영향을 미치는 것으로 알려져 있다. 또한 〈그림 9-1〉과 같이 다양한 전달경로를 통해 민주주의 발전이 경제성장에 간접적인 영향을 미칠 수 있다. 일반적으로 직접적인 효과보다 간접적인 효과를 분석할 때 더 많은 정책적 시사점을 찾을 수 있다는 측면에서 지금까지의 실증연구는 간접적인 효과를 파악하는 데 집중되었다. 또한 대부분 실증연구에서는 한 국가의 민주주의 발전 정도를 나타내기 위해 '가스틸과 그 이후의 편집자들' 혹은 '프리덤 하우스'에서 제공한 '정치적 권리'와 '시민의 자유'와 같은 지수를 사용하였음을 밝혀둔다.

대표적인 실증연구로서는 Alesina et al.(1996), Alesina and Perotti (1996) 등을 들 수 있다. 이상의 선행연구에서는 민주주의가 발전하지 않은 국가일수록 정치적 불안정성이 상대적으로 증폭되기 때문에 평균적인 경제성장이 상대적으로 낮게 나타날 수 있다고 분석하였다. 왜냐하면 정치적 불안정성은 투자의 한계생산성을 떨어뜨릴 뿐만 아니라 경제행위에 불확실성을 증가시키기 때문이다. 따라서 한 국가의 민주주의 발전은 정치적 불안정성을 감소시켜 경제성장에 양의 영향을 미칠 수 있다.

또한 Alesina and Rodrik(1994), Persson and Tabellini(1994) 등에 의하면, 민주주의가 발전한 국가일수록 정책결정 과정에서 다수의 가난한 사람들의 의견이 존중되기 때문에 다양한 형태의 소득재분배 정책을 시행하게 된다. 소득재분배 정책을 원활하게 시행하기 위해서는 상대적으로 큰 정부규모를 필요로 한다. 만약 소득재분배 정책이 부유한 사람들에게 높은 세율을 부과해 얻은 조세수입으로 제공된다면, 높은 세율에 따른 왜곡이 증가하므로 경제성장이 둔화될 수 있다. 예를 들어 임금에 높은 세율을 부과할수록 노동자들은 노동을 공급하려는 유인이 줄어들게 되므로 총생산은 감소하게 된다.

한편 민주주의 발전이 인적자본 축적을 통해 경제성장에 미치는 영향을 파악하려는 대표적 선행연구로는 Saint-Paul and Verdier(1993)를 들 수 있다. Saint-Paul and Verdier(1993)는 공교육 형태의 소득재분배 정책이 '정치적 균형'(political equilibrium)에[8] 의해 달성될 수 있는 내생적 성장모형을 발전시켰다. 즉 민주주의 발전과 정부의 교육비지출, 더 나아가 인적자본의 축적 간에는 내생적인 양의 관련성이 형성될 수 있다. 또한 Saint-Paul and Verdier(1993)는 인적자본 축적이 생산성 향상에 크게 기여하기 때문에 정치적 과정에 의해 유도된 높은 수준의 교육비지출이 경제성장을 촉진하는 역할을 수행한다고 제시하였다.

민주주의 발전이 소득재분배 정책에 영향을 미친다는 사실은 민주주의 발전이 소득불평등을 통해 경제성장에 영향을 미칠 수 있음을 시사한다. 소득불평등과 경제성장 간의 관계를 규명한 선행연구는 이미 제5장에서 살펴본 바와 같이 비교적 많이 존재한다. 예를 들어 Alesina and Rodrik(1994)은 초기의 소득불평등이 심할수록 정치적 과정을 통해 높은 수준의 조세, 즉 소득재분배 정책과 낮은 경제성장을 유도한다는 실증분석 결과를 제시하였다.[9]

한편 Hwang and Jung(2002)은 민주주의가 발달한 국가일수록 다수의 소비자 의견을 존중해 높은 수준의 무역개방도를 지향할 수 있다고 관

---

8) 정치적 균형에 관해서는 다음 장에서 논의한다.

9) 독자들은 제5장에서 검토한 바와 같이 소득불평등과 경제성장 간에는 항상 음(−)의 관계가 성립하는 것은 아니라는 사실을 기억하기 바란다.

측하였다. Frankel and Romer(1999)는 한 국가의 무역개방도와 경제성장 간에는 양의 관계가 강건하게(robust) 성립할 수 있음을 실증적으로 제시하였다. 따라서 한 국가의 민주주의 발전은 무역개방도를 통해 경제성장을 촉진한다.

이상의 실증분석 결과를 종합하면, 우리는 민주주의 발전 정도가 어떤 전달경로에 큰 영향을 미치는지에 따라 경제성장에 상이한 영향을 미칠 수 있다는 사실을 알 수 있다. 이와 같은 결과는 한 국가의 민주주의 발전 정도와 경제성장 간에는 '비선형 관계'(nonlinear relation)가 형성될 수 있다는 Barro(1997)의 관측에 설득력을 부여한다. 즉 Barro(1997)는 민주주의 발전과 경제성장 간에는 역U자 형태의 관계가 성립할 수 있다고 지적하였다. 구체적으로 Barro(1997)는 정치적 자유가 아주 취약한 경우에는 민주주의 개선이 경제성장에 도움을 줄 수 있지만, 이미 어느 정도의 정치적 자유가 확립된 상태에서는 민주주의 개선이 경제성장을 방해할 수 있다고 생각하였다. 그러므로 한 국가의 민주주의 발전 정도와 경제성장 간에는 밀접한 관련성이 존재하며, 보다 명확한 관계를 파악하기 위해서는 다양한 형태의 이론적 · 실증적 연구가 보완되어야 한다.

3. 정부의 질과 경제성장

본 절에서는 민주주의 발전과 밀접하게 관련되는 정부의 질을 살펴본다. 즉 본 절에서는 거버넌스의 형태로 측정된 국가별 정부의 질을 검토하고, 거버넌스와 소득수준 및 거버넌스와 경제성장 간의 관계를 간략히 제시한다.

3.1 국가별 정부의 질

제8장에서는 정부의 역할이나 정부의 규모(양적 측면)가 경제성장에

미치는 영향을 제시한 반면, 본 절에서는 정부의 질이 경제성장에 미치는 영향을 파악한다. 한 국가의 정부의 질이 경제성장에 영향을 미칠 수 있다는 사실은 다양한 증거(사례)에 기반을 두고 있다. 예를 들어 1950년 한국전쟁 이후 거의 동일한 조건에서 출발하였던 대한민국과 북한의 사례를 통해 우리는 정부의 질이 경제성장에 매우 큰 영향을 미칠 수 있다는 사실을 짐작할 수 있다.

이와 같은 명백한 증거에도 불구하고 현실적으로 정부의 질을 측정하는 데에는 상당한 어려움이 있다. 왜냐하면 경제에 대한 정부의 적절한 역할에 대해서는 경제학자들 간에 일관된 주장이 존재하지 않기 때문이다. 일부의 경제학자들은 시장실패로 인해 경제에 대한 정부의 개입이 정당하다고 주장하는 반면, 정부실패로 인해 정부개입을 반대하는 경제학자들은 추가적인 정부의 개입이 시장경제의 효율성을 감소시킨다고 주장한다. 그럼에도 불구하고 대부분 경제학자들은 통치와 관련된 최소한의 정부의 역할, 즉 '거버넌스'(governance)가 경제성장에 큰 영향을 미친다는 사실에는 동의한다. 따라서 정부의 질은 거버넌스에 한정해 논의할 필요가 있으며, 국가별 거버넌스를 측정하려는 노력은 1996년 이후 세계은행에서 지속적으로 이루어지고 있다.

구체적으로 Kaufmann et al.(2008)은 국가별 1996년, 1998년, 2000년, 2002~2007년의 연간 거버넌스 지표를 발표하였다. 이후 Kaufmann et al.(2010)은 세계거버넌스지표(worldwide governance indicators) 프로젝트의 방법론을 설명하고, 2008년 이후의 자료는 세계거버넌스지표에서 작성·발표하고 있다. 즉 세계거버넌스지표는 200개 국가를 대상으로 1996~2013년의 여섯 가지 다른 차원(dimension)의 거버넌스 지수를 제공하고 있다. 구체적으로 여섯 가지 다른 차원의 거버넌스는 '참여권과 책임'(voice and accountability), '정치안정과 폭력부재'(political stability and absence of violence/terrorism), '정부의 효율성'(government effectiveness), '규제(조정)의 질'(regulatory quality), '법률의 통치'(rule of law) 및 '부패의 통제'(control of corruption)이다. 〈표 9-2〉에는 거버넌스 지수들의 측정과

표 9-2 거버넌스 지수들의 측정

지 수	주요 내용
참여권과 책임	표현의 자유, 결사의 자유, 언론의 자유, 정부선택의 참여에 대한 인식을 반영
정치안정과 폭력부재	정치적으로 유도된 폭력과 테러를 포함한 비입헌적, 폭력적 수단으로 정부가 불안정해지거나 전복될 가능성에 대한 인식을 반영
정부의 효율성	공공서비스의 질, 민간서비스와 정치적 압력으로부터의 독립성 정도, 정책형성과 집행의 질 등의 정책과 관련된 정부의 노력에 대한 신뢰성에 관한 인식을 반영
규제(조정)의 질	사적 부문을 허용하고 고취하기 위한 건전한 정책과 규제를 형성·집행하는 정부의 능력에 대한 인식을 반영
법률의 통치	계약 집행, 재산권, 경찰, 사법제도의 질을 포함한 사회의 규칙을 신뢰하고 준수하는 정도에 대한 인식을 반영
부패의 통제	사적이익에 포획(capture)되거나, 생계형 부패와 권력형 부패의 형태로 공권력이 사적이익을 착복하는 정도에 대한 인식을 반영

출처: 세계거버넌스지표(worldwide governance indicators).

관련된 주요 내용들이 요약되어 있다.

이상의 거버넌스 자료는 32개의 다른 조직에 의해 제공된 35개의 독립적인 통계자료에 기초해 작성된다. 또한 국가별 거버넌스 자료를 구축하는 과정에서 공공기관, 민간기관 및 비정부기구(NGO)의 전문가뿐 아니라 수천 명의 일반시민과 기업가들의 의견이 반영되었다. 이와 같은 국가별 거버넌스의 자료는 거버넌스에 대한 인식의 정도를 −2.5에서 2.5 사이의 값으로 측정한 것으로, 높은 값일수록 더 나은 거버넌스의 결과와 상응한다.

〈표 9-3〉에는 세계거버넌스지표가 제공한 2013년 주요 국가의 거버넌스 지수가 요약되어 있다.[10] 여기서 평균은 여섯 가지 지수의 (산술)평균값이다. 우리는 국가 간 거버넌스 지수의 심한 편차와 함께 한 국가 내에서도 여섯 가지 거버넌스 지수 간의 차이를 확인할 수 있다. 예를 들어

10) 〈표 9-3〉에 제공된 자료는 세계거버넌스지표의 웹사이트(http://info.worldbank.org/governance/wgi/index.aspx#home)에서 다운로드 받을 수 있다.

우리나라는 다른 산업화된 국가에 비해 전반적인 거버넌스가 효율적이라고 평가하기 어려우며, 특히 정치안정과 폭력부재(0.24)와 부패의 통제(0.55)가[11] 상대적으로 취약한 것으로 파악된다. 한편 미국의 정치안정과 폭력부재(0.61)는 우리나라의 부패의 통제와 비슷한 수준이지만, 다른 차원의 거버넌스는 우리나라보다 다소 높은 수준이다. 이상과 같이 한 국가 내에서의 거버넌스 지수 간의 차이에도 불구하고 여섯 가지 거버넌스 지수의 국가 간의 상관계수는 상당히 높은 것으로 알려져 있다.

표 9-3 주요 국가의 거버넌스 지수

국 가	참여권과 책임	정치안정과 폭력부재	정부의 효율성	규제의 질	법률의 통치	부패의 통제	평균
나이지리아	−0.74	−2.08	−1.01	−0.71	−0.65	−1.20	−1.07
남 아 공	0.58	−0.06	0.43	0.41	0.13	−0.12	0.23
대 한 민 국	0.69	0.24	1.12	0.98	0.94	0.55	0.75
독 일	1.41	0.93	1.52	1.55	1.62	1.78	1.47
멕 시 코	0.08	−0.74	0.31	0.46	−0.58	−0.48	−0.16
미 국	1.08	0.61	1.50	1.26	1.54	1.28	1.21
싱 가 포 르	0.06	1.33	2.07	1.96	1.74	2.08	1.54
오스트리아	1.46	1.34	1.57	1.48	1.83	1.51	1.53
우 간 다	−0.55	−0.84	−0.58	−0.24	−0.36	−1.05	−0.60
이 탈 리 아	0.93	0.51	0.45	0.77	0.36	−0.04	0.50
일 본	1.10	0.98	1.59	1.10	1.41	1.65	1.31
자 메 이 카	0.50	0.18	−0.02	0.23	−0.39	−0.37	0.02
중 국	−1.58	−0.55	−0.03	−0.31	−0.46	−0.35	−0.55
칠 레	1.09	0.37	1.25	1.48	1.34	1.52	1.18
캐 나 다	1.46	1.03	1.77	1.71	1.74	1.87	1.60
프 랑 스	1.80	0.42	1.47	1.15	1.40	1.30	1.26
필 리 핀	−0.01	−1.06	0.06	−0.07	−0.43	−0.40	−0.32

주: 큰 숫자일수록 더 나은 거버넌스를 의미함.
자료: 세계거버넌스지표(worldwide governance indicators, http://info.worldbank.org/governance/wgi/index.aspx#home).

11) 국가별 부패의 통제에 대한 자료의 설명은 이미 제 4 장에서도 언급되었다.

〈표 9-3〉을 통해 확인할 수 있는 한 가지 특징적인 사실은 산업화된 국가의 거버넌스 지수가 개발도상국의 경우에 비해 대체로 양호하다는 사실이다. 즉 국가별 거버넌스 지수는 사람들의 인식에 기초해 작성되기 때문에 거버넌스 지수와 소득수준 간의 밀접한 양(+)의 상관관계는 충분히 이해할 수 있다. 예를 들어 소득수준과 거버넌스 지수 간의 산포도를 그려보면, 거의 선형에 가까운 매우 밀접한 양의 상관관계를 나타낸다. 따라서 국가 간의 소득수준과 거버넌스 간에는 매우 강한 양의 동시연관성이 존재한다. 국가 간의 거버넌스와 경제성장 간의 관련성에 대해서는 이하에서 살펴본다.

3.2 거버넌스와 경제성장

정부가 시장경제에 개입하는 가장 큰 이유는 법과 질서를 유지하고 재산권을 보호해 시장의 효율성을 높이고 경제에 불확실성을 줄이는 데 있다. 즉 정부는 훌륭한 거버넌스를 가질 때 시장개입이 정당화된다. 또한 더 나은 거버넌스는 경제주체들 간의 정당한 경쟁을 보장함으로써 시장의 효율성을 증진시켜 경제성장에 기여한다. 예를 들어 Bardhan(1997)은 싱가포르의 급속한 경제성장이 적절한 부패의 통제를 통해 가능하였다고 생각하였으며, 현재 싱가포르는 세계에서 가장 투명한 국가군으로 분류된다.[12)]

양질의 거버넌스가 경제성장에 양(+)의 영향을 미친다는 명백한 사실에도 불구하고 국가 간 거버넌스의 성과에는 상당한 차이가 있다. 이는 거버넌스의 공급은 공공재이지만, 거버넌스의 성과는 집단적 의사결정에 의해 형성될 수 있다는 사실에 근거한다. 예를 들어 어떤 정책을 선택하는 데 있어 이해집단 간에 합의를 도출하지 못하고 집단 간의 충돌이 발

---

12) 제4장의 〈표 4-1〉에서 언급하였듯이 싱가포르는 부패인식지수가 84로 매우 투명한 국가이다. 또한 〈표 9-3〉에서와 같이 싱가포르는 부패의 통제와 관련해 매우 높은 성과(2.08)를 이루었다.

생한다면, 거버넌스의 성과는 자연히 낮게 나타난다. 또한 가난한 국가에 비해 부유한 국가에서 거버넌스의 성과가 대체로 높게 나타나는데, 이는 민주주의 발전과도 밀접하게 관련된다. 즉 민주주의가 발전하지 못한 국가에서는 정치적 의사결정이 소수의 권력층에 집중되기 때문에 거버넌스의 성과는 자연스럽게 낮아지게 된다.

Gradstein(2003)은 국가 간의 거버넌스 차이를 설명하기 위해 한 국가의 소득수준과 거버넌스의 성과 간에는 상호작용을 통해 두 변수 간의 관계가 더욱 강화될 수 있는 모형을 제시하였다. 즉 Gradstein(2003)은 '완전한 형태의 거버넌스와 높은 소득수준'과 '최소 수준의 거버넌스와 낮은 소득수준'과 같은 2개의 균제상태가 존재할 수 있다고 역설하였다. 따라서 모든 국가는 그 국가의 초기 균형조건에 따라 높은 소득수준 혹은 낮은 소득수준의 균제상태로 나아가게 된다.

이상의 논의에 의하면, 한 국가가 지속적인 경제성장을 추구하기 위해서는 양질의 거버넌스 구축이 선행되어야 한다. 왜냐하면 좋지 못한 거버넌스는 낮은 수준의 투자와 높은 수준의 지대추구를 유도함으로써 낮은 수준의 경제성장으로 이어지기 때문이다. 그러므로 소득수준이 낮은 국가의 입장에서 정부의 개혁은 경제성장을 이루기 위한 전제조건이 된다. 이와 같은 결과는 경제성장을 위한 제도와 제도의 변화를 강조한 노스(Douglass North, 1920~) 교수의[13] 견해와 일치한다.

한편 Aidt et al.(2008)은 거버넌스를 부패와 경제성장 간의 관계를 결정하는 중요한 요인으로 파악하였다. 즉 Aidt et al.(2008)은 이론적·실증적 모형을 통해 높은 수준의 거버넌스를 가진 국가에서는 부패가 경제성장에 음(-)의 영향을 미치지만, 낮은 수준의 거버넌스를 가진 국가에서는 부패가 경제성장에 통계적으로 유의한 음의 영향을 미치지 않는다고 제시하였다.[14] 결과적으로 Aidt et al.(2008)은 거버넌스의 성과에 따라 부패가

13) 노스 교수는 각 국가의 경제성장 차이를 제도적 요인으로 설명하였으며, 이 분야에 대한 공헌으로 1993년 노벨 경제학상을 수상하였다.

14) 이상의 결과는 낮은 수준의(혹은 나쁜) 거버넌스하에서는 부패가 실물부문에 양의 영향을 미칠 수 있다는 일부의 선행연구(제 4 장 참고) 결과와 부분적으로 부합한다. 즉 나쁜

경제성장에 미치는 영향은 상이할 수 있으며, 특히 양질의 거버넌스를 가진 국가일수록 부패가 경제성장에 미치는 부정적인 영향이 더욱 크게 나타난다고 주장하였다.

4. 공공부문의 효율성

비록 공공부문은 다양한 영역을 포함하고 각 영역은 상이한 목적을 갖기 때문에 공공부문의 효율성이란 개념이 애매할 수 있지만, 한 국가의 정치적 발전은 공공부문 효율성과 밀접하게 관련된다. 본 절에서는 국가별 공공부문 효율성의 측정을 검토한 다음 공공부문의 효율성, 정부의 질 및 경제성장이 어떻게 관련되는지 살펴본다.

4.1 공공부문 효율성의 측정

국가별 공공부문 효율성을 측정하는 데에는 상당한 어려움이 있다. 왜냐하면 효율성을 논의하기 위해서는 공공부문의 투입과 그에 따른 성과를 고려해야 하지만, 공공부문은 상이한 목적을 갖는 다양한 영역을 포함하기 때문에 일률적인 기준을 설정하기가 애매하기 때문이다. 만약 효율성을 "투입 대비 성과"로 평가한다면, 공공부문에 투입이 많은(즉 소득재분배 성향의 지출이 많은) 국가가 상대적으로 비효율적일 가능성이 증가한다.

이상과 같은 현실적인 어려움으로 말미암아 공공부문 효율성의 측정에 관한 논의는 극히 제한적으로 이루어졌다. 예를 들어 Afonso et al.(2005)은 기회(opportunity)를 나타내는 네 가지 지표(즉 행정 · 교육 · 건강 · 기반시설)와 머스그레이브(Richard Musgrave, 1910~2007) 교수가 제안하였던 정부의 세 가지 역할에 대한 지표(분배 · 안정 · 경제성과)를 기준으로

거버넌스하에서는 뇌물이 '급행료' 혹은 '윤활제' 역할을 수행함으로써 공공행정의 비효율성을 감소시킬 수 있다.

표 9-4 공공부문 효율성 측정에 사용된 투입비용과 성과

공공부문	투입비용	성 과	비 고
행 정	재화와 서비스에 대한 평균 공공지출	정부의 부패와 관료의 질	
교 육	GDP 대비 공교육비 지출	중등교육기관 취학률	
기반시설	GDP 대비 정부지출	총 기관차(locomotive) 중에서 사용되는 디젤 기관차의 비율 및 전력 수송과 배전 손실의 역수	디젤 기관차의 비율이 높거나 전력수송과 배전 손실이 클수록 기반시설의 질이 낮은 것으로 판단
안 정	GDP 대비 정부지출	인플레이션율과 실업률의 역수	한 국가의 인플레이션율, 실업률 등은 그 국가 경제의 불안정성을 나타내는 대리변수

출처: Angelopoulos et al.(2008)을 바탕으로 구성함.

OECD 국가의 공공부문 효율성을 7개 지표로 측정하였다. 이상의 Afonso et al.(2005)이 측정한 공공부문 효율성은 정부지출에 근거한 투입비용 대비 생산량에 기초한 성과이다. 물론 이 경우 투입비용은 목적한 생산량(혹은 성과)을 달성하기 위해 사용된다고 가정한다.

이후 Angelopoulos et al.(2008)은 Afonso et al.(2005)이 제시한 7개 지표는 중복되는 부분이 있기 때문에 4개 부문, 즉 '행정'(adminstration), '교육'(education), '기반시설'(infrastructure) 및 '안정'(stability)으로 재분류하였으며, 보다 많은 64개 국가를 대상으로 투입 대비 성과에 기초한 공공부문 효율성의 지표를 제공하였다. 구체적으로 Angelopoulos et al.(2008)은 〈표 9-4〉에 요약되어 있는 투입비용과 생산량(혹은 성과)을 사용해 이상의 4개 부문에 대한 국가별 공공부문의 효율성을 측정하였다.

즉 Angelopoulos et al.(2008)가 제시한 4개 부문의 효율성 지수는 각 부문별 성과를 투입비용으로 나누어 계산되었다. 여기서 한 가지 유의할 사항은 Angelopoulos et al.(2008)은 공공부문 성과를 계산하는 데 있어 자료가 가용한 전 세계 국가의 평균에 대한 자국의 상대적 성과의 값을

표 9-5 주요 국가의 공공부문 효율성

국 가	행정	교육	기반시설	안정
나미비아	0.425	0.254	0.959	0.259
네덜란드	1.947	1.271	1.037	0.871
니카라과	0.558	0.626	0.271	0.305
대한민국	2.254	1.757	2.753	2.221
독 일	1.234	1.272	1.445	1.371
멕시코	1.510	0.763	1.455	1.931
미 국	2.637	1.218	1.954	1.944
브라질	1.599	0.780	0.410	0.539
스웨덴	2.120	0.877	0.894	1.628
영 국	1.090	1.287	0.844	0.785
예 멘	0.479	0.446	0.351	0.122
이집트	0.465	0.978	0.677	0.543
칠 레	1.500	1.411	1.377	1.071
캐나다	3.654	1.130	1.631	1.741
터 키	0.702	1.544	0.736	0.541
튀니지	0.551	0.536	0.836	0.716
페 루	0.840	1.317	0.993	1.025
프랑스	0.945	1.075	0.869	0.969
호 주	1.954	1.218	1.603	1.462

주: 모든 지수는 1로 정규화되었으며, 수치가 클수록 공공부문의 효율성이 높음을 의미한다.
자료: Angelopoulos et al.(2008).

사용하였다는 사실이다. 또한 Angelopoulos et al.(2008)은 여러 부문(변수)에 동일한 가중치를 부과해 성과를 하나의 값으로 측정하였으며, 설명의 편의를 위해 모든 지수들을 1로 정규화하였다.[15] 따라서 Angelopoulos et al.(2008)이 제공한 공공부문 효율성의 측정치들은 투입비용과 성과의 상대적 가치로 측정하였기 때문에 수치가 클수록 공공부문의 효율성이 높음을 의미한다.

15) 즉 전 세계 국가의 평균 효율성지수는 1이며, 1보다 큰(작은) 국가는 전 세계 국가의 평균에 비해 효율성이 높다(낮다)는 것을 의미한다.

〈표 9-5〉는 Angelopoulos et al.(2008)이 제공한 주요 국가의 4개 부문에 대한 공공부문 효율성을 나타내는데, 이는 1995~2000년의 평균값이다. 우리는 〈표 9-5〉를 통해 교육과 기반시설에 대한 공공부문 효율성의 국가 간 편차에 비해 행정과 안정에 대한 공공부문 효율성의 국가 간 편차가 크다는 사실을 짐작할 수 있다. 또한 〈표 9-5〉에서는 산업화된 국가의 공공부문 효율성이 개발도상국의 경우에 비해 대체로 높게 나타난다.

〈표 9-5〉에서와 같이 우리나라의 공공부문 효율성은 상당히 높은 수준이다. 그러나 우리나라에서는 민간이 공공부문에 대한 투입비용을 많이 부담하기 때문에 공공부문의 효율성이 과대평가되었을 가능성이 있다. 다시 말해 투입과 산출에 근거해 공공부문의 효율성을 측정할 경우에는 투입비용과 성과의 자료 선정에 대한 근거가 불명확하며, 공공부문별 다양한 공공재적 성격을 정확히 반영할 수 없다는 한계점이 있음을 다시 한번 지적하고자 한다.

〉〉〉 국가별 그림자경제 보충내용

한 국가의 정부의 질 혹은 공공부문의 효율성은 그 국가의 그림자경제(shadow economy)의 규모와 관련된다. 즉 정부의 질이 낮은 국가에서는 그림자경제가 만연할 수 있는 여건을 제공하며, 이는 공공부분의 효율성을 떨어뜨리는 원인이 된다.

비록 그림자경제의 정의와 측정에 관해서는 상당한 논란의 여지가 있지만, 일반적으로 한 국가의 그림자경제는 "공식적으로 계산되는(혹은 관측되는) 국민총생산(GNP)에는 기여하지만, 현재 등록되지 않은 모든 경제활동"으로 정의할 수 있다. 따라서 그림자경제는 지하경제(underground economy, 즉 "적발하기 어려운 불법적인 경제활동")와 혼용되어 언급되기도 한다.

Schneider et al.(2010)은 그림자경제를 보다 구체적으로 정의하고, 162개 국가를 대상으로 1999~2007년의 연간 '공식적인'(official) "GDP 대비 그림자경제의 비율(%)"을 측정하였다. 즉 Schneider et al.(2010)은 그림자경제를 "(ⅰ) 소득세, 부가가치세 혹은 다른 조세 지불을 회피하기 위해, (ⅱ) 사회보장부담금을 회피하기 위해, (ⅲ) 어떤 합법적인 노동시장의 기준(예를 들어 최저임금 · 안전기준 · 노동시간 등) 충족을 회피하기 위해, 그리고 (ⅳ) 어떤 행정적인 절차의 수행을 회피하기 위해 고의적으로 숨긴 것으로써 시장기반의 합법적인 모든 재화와 서비스의 생산물"로 정의하였다.

따라서 Schneider et al.(2010)이 정의한 그림자경제는 불법적인 행위를 포함하는 전형적인 지하경제 혹은 경제적 범죄행위(절도 · 강도 · 마약 등) 등과는 구분되며, 가정에서 행해지는 서비스나 생산과 같은 비공식적 경제(informal economy)를 배제한다. 또한 Schneider et al.(2010)은 국가별 그림자경제의 규모를 측정하기 위해 '다중지표 다중원인'(multiple indicators multiple causes, MIMIC)의 방법론을 사용하였다. 즉 Schneider et al.(2010)은 다양한 원인변수(causal variables)와 지표변수(indicator variables)를 사용해 국가별 그림자경제의 규모를 측정하였다.

〈표 9-6〉은 국가별 "GDP 대비 그림자경제의 비율"(2000~2007년의 평균)을 나타내는데, 이는 Schneider et al.(2010)이 제공한 자료에 기초한다. 〈표 9-6〉에 의하면, 국가 간 그림자경제 규모의 분포는 상당히 다양하다. 즉 미국의 GDP 대비 그림자경제의 비율은 8.79%에 불과하지만, 볼리비아의 경우는 무려 68.24%에 달한다. 반드시 그렇지는 않지만, 시장경제가 발전한 국가일수록 그림자경제의 비율이 대체로 낮은 것으로 관측된다.

표 9-6 주요 국가의 GDP 대비 그림자경제의 비율(2000~2007년의 평균, 단위: %)

국 가	그림자경제	국 가	그림자경제
나이지리아	59.91	싱가포르	13.34
노르웨이	19.54	아르헨티나	25.50
대한민국	28.39	오스트리아	9.88
미 국	8.79	이 집 트	35.39
베 트 남	16.15	일 본	11.50
볼리비아	68.24	중 국	13.58
브 라 질	40.75	필 리 핀	45.36

자료: Schneider et al.(2010).

4.2 공공부문의 효율성, 정부의 질 및 경제성장

좋은 정부가 경제성장을 결정하는 중요한 요인이 된다는 사실은 이미 살펴보았다. 또한 공공부문의 효율성과 정부의 질 간에는 양의 관계가 성립한다. 따라서 공공부문의 효율성이 높다는 사실은 정부가 세입을 이용해 적절한 공공재를 효율적으로 공급하며 경제 전체가 그 공급으로부터 혜택을 받아 경제성장이 촉진된다는 것과 동일한 의미로 사용될 수 있다.

우리는 국가별 정부의 질을 나타내는 〈표 9-3〉의 거버넌스 지수와 공공부문 효율성을 지수화한 〈표 9-5〉를 비교해 살펴보면, 공공부문의 효율성과 정부의 질 간에는 밀접한 양의 상관관계가 존재한다는 사실을 쉽게 확인할 수 있다. Rajkumar and Swaroop(2008)는 국가 간 공공지출의 효율성 차이는 정부의 질에 의해 대부분 설명될 수 있다고 주장하였다.

또한 Hwang and Akdede(2011)는 이상의 〈표 9-3〉과 〈표 9-5〉 등과 관련된 보다 광범위한 자료를 이용한 실증분석 결과를 제시하였다. 구체적으로 Hwang and Akdede(2011)는 한 국가의 정부의 질이 행정 · 기반시설 · 안정에 대한 공공부문의 효율성에는 통계적으로 유의한 양(+)의 영향을 미치지만, 교육에 대한 공공부문의 효율성에는 통계적으로 유의한 영향을 미치지 않는 것으로 관측하였다. 따라서 앞 장에서 제시한 연구결과(정부의 질이 경제성장에 양의 영향을 미침)와 Hwang and Akdede(2011)의 논의를 종합하면, 한 국가의 공공부문 효율성과 정부의 질은 경제성장에 영향을 미칠 수 있다. 따라서 공공부문의 효율성과 정부의 질은 상호간에 영향을 주고받는 변수이다.

한편 제3장과 제8장에서는 정부의 크기가 경제성장에 미치는 영향을 검토하였는데, 이상의 두 변수 간의 관계는 일률적으로 설명되지 않는다고 제시하였다. 그러나 선행연구는 정부의 크기에 집중하였을 뿐 효율성을 고려하지 않았다는 사실로 인해 그 결과가 왜곡되었을 가능성이 존재한다. 즉 경제성장은 정부의 크기보다 정부의 '크기와 효율성의 결합'(size-efficiency mix)과 관련된다. 따라서 공공부문의 효율성이 담보되는 국가에서는 정부의 크기의 증가가 경제성장에 양의 영향을 미칠 수 있다.

Angelopoulos et al.(2008)의 실증분석에서는 정부의 크기가 경제성장에 미치는 영향이 정부의 크기와 효율성의 결합에 크게 의존하는 것으로 관측하였다. 즉 Angelopoulos et al.(2008)은 경제성장을 결정하는 추정방정식에서 정부의 크기와 공공부문의 효율성을 곱한 변수를 설명변수로 추가하였는데, 그 변수의 추정계수는 통계적으로 유의한 양의 값으로 일관성 있게 관측되었다. 그러므로 높은 수준의 공공부문 효율성과 정부의 질은 상호 밀접하게 관련되며, 이는 높은 수준의 경제성장을 달성하기 위한 전제조건이 된다.

생각해 볼 문제

01 지구상의 국가들을 살펴보면, 민주주의가 발전한 국가에서는 대체로 높은 소득 수준을 향유하고 있다. 그렇다면 민주주의가 발전한 국가에서 소득수준이 높을 수 있는 이유는 무엇인가? 적어도 두 가지 이상의 이유를 제시하라. 또한 배로(Robert Barro, 1944～) 교수는 *Determinants of Economic Growth*(1997)에서 한 국가의 민주주의 발전과 경제성장 간의 관계가 비선형 형태로 나타날 가능성을 통계자료에 근거해 제시하였는데, 이때 어떤 형태의 비선형 관계가 나타날 수 있는지 구체적으로 설명하라. 아울러 이상의 현상이 발생할 수 있는 가능한 이유 혹은 근거를 제시하라.

02 한 국가의 민주주의 발전 지수는 시간의 흐름에 따라 변동할 수 있는데, 이를 변동시키는 경제적 요인은 무엇인가? 특히 제 7 장에서와 같이 한 국가를 특징짓는 문화 및 구성원의 이질성이 그 국가의 민주주의 발전에는 어떤 영향을 미치는지 생각해 보자.

03 민주주의가 발전하지 않은 국가에서의 무역개방도가 상대적으로 낮은 수준일 수 있는 이유를 설명하라. 또한 정치경제학 모형에 의하면, 민주주의가 발전한 국가에서도 투표에 의해 보호무역주의가 생성될 수 있는데, 이상의 결론을 도출하기 위해 필요한 가정을 생각해 보자.

04 한 국가의 공공부문 효율성과 정부의 질 간에는 심각한 인과관계의 문제점이 생겨날 수 있다. 즉 공공부문의 효율성이 정부의 질을 결정하는 요인이 될 뿐만 아니라 정부의 질 개선이 공공부문의 효율성을 증진시키는 역할도 수행할 수 있다. 이와 같은 경우에는 두 변수 간의 전달경로를 찾을 때 인과관계의 문제점을 완화시킬 수 있다. 그렇다면 한 국가의 공공부문 효율성과 정부의 질을 연결할 수 있는 전달경로로서 어떤 경제변수들이 가능한지 토의해 보자.

05 1970년대 중반 이후 세계의 민주주의가 평균적으로 악화된 이유를 제시하라. 또한 우리는 제 8 장에서 1990년대 이후 지구상의 많은 국가들이 정치적으로 독립한 사실을 살펴보았다. 이상의 두 가지 현상, 즉 민주주의의 쇠퇴와 정치적 독립 간에는 어떤 관계가 형성될 수 있는지 설명하라.

10 CHAPTER

정치적 활동과 경기변동 이론

시계열 변동에서 경제성장은 추세의 변화를 나타내며 경기변동은 순환적인 요소와 관련된다. 즉 경제성장과 경기변동은 분리할 수 없는 유사한 요소들로 구성되어 있다. 따라서 경제성장을 올바르게 이해하기 위해서는 경기변동에 대한 정확한 이해가 요구된다. 본 장에서는 집단의사결정과 관련된 정치적 균형을 살펴보고, 화폐적 경기변동 이론 및 실물적 경기변동 이론으로 대별되는 균형 경기변동 이론에 대한 기초적인 개념을 설명한다. 또한 본 장에서는 경기변동이 경제성장에 미치는 영향에 관한 이론적 · 실증적 연구결과를 요약한다. 마지막으로 본 장에서는 선거와 경기순환 및 정당이론과 같이 정치적 활동과 관련된 경기변동 이론, 즉 정치적 경기변동 이론을 소개한다.

1. 정치적 균형

민주주의 국가들이 사용하는 가장 대표적인 집단의사결정 방법은 과반수제이다. 본 절에서는 과반수제에 기초한 중위투표자 이론을 이용해 정치적 균형이 어떻게 달성되는지 설명하고, 이와 관련된 투표역설에 관해서도 살펴본다.

1.1 중위투표자 이론

'정치적 균형'(political equilibrium)은 "집단의사결정 과정에서 어떤 의제에 대해 합의나 의결을 이끌어낸 상황"을 의미한다. 통상적으로 정치적 균형은 정치적 제약하에서 유도되며, 이를 이끌어내기 위해 가장 선호되는 방식은 '과반수제'이다. 또한 "과반수제하에서 중위투표자가 가장 선호하는 의안이 채택되는 방식"을 '중위투표자 이론'(median voter theorem)이라 한다. 우리는 중위투표자 이론을 설명하기 위해 3개의 투표 집단, 즉 저소득·중소득·고소득 집단과 세 가지의 정책대안 *X*, *Y*, *Z*를 가정한다. 즉 각 투표 집단이 가장 선호하는 정책대안부터 순서대로 나타내면 다음과 같다.

저소득: $X \rightarrow Y \rightarrow Z$
중소득: $Y \rightarrow Z \rightarrow X$
고소득: $Z \rightarrow Y \rightarrow X$

또한 우리는 과반수제에 기초한 표결과정을 다음과 같이 진행한다고 가정하자. 우선 정책대안 *X*와 *Y*를 비교한다. 이때 저소득 집단은 *X*를 선호하지만, 중소득 및 고소득 집단은 *Y*를 더 선호한다고 표현할 것이므로, *X*와 *Y*의 비교에서는 정책대안 *Y*가 선택된다. 이제 정책대안 *Y*를 *Z*와 비교하면, 저소득과 중소득 집단은 *Y*를 더 선호하는 반면, 고소득 집단만 *Z*를 선호한다. 그러므로 정책대안 *Y*가 궁극적으로 남게 되므로 정책대안 *Y*가 적절한 정책으로 선택된다.[1)]

이와 같은 과반수제의 적용을 통해 궁극적으로 선택된 정책대안 *Y*는 어떤 성격을 갖고 있을까? 만약 우리가 선택하는 정책이 예산규모(즉 *X*는 가장 높은 수준, *Y*는 중간 수준, *Z*는 가장 낮은 수준)라고 가정한다면, 3개의 투표 집단 중에서 높은 수준의 예산규모를 선호하는 집단부터 차례로 나타내면 저소득·중소득·고소득 집단의 순서가 된다. 왜냐하면 저소득 집단은 높은 수준의 예산 규모를 통해 보다 높은 수준의 소득재분배 정책을

1) 우리는 정책대안을 둘씩 짝지어 선호를 비교하면서 과반수제에 의해 순차적으로 하나의 정책대안을 제거해 나가는 방식을 사용하였다. 만약 비교의 순서를 바꾸어 선택한다고 할지라도, 독자들은 정책대안 *Y*가 궁극적으로 남게 된다는 사실을 쉽게 확인할 수 있을 것으로 기대된다.

선호하기 때문이다. 이상의 분포에서 중소득 집단은 가운데 위치하며, 바로 그런 의미에서 중소득 집단을 '중위투표자'라고 부른다. 그러므로 과반수제하에서 선택된 정책대안 *Y*는 중위투표자(즉 중소득 집단)가 가장 선호하는 정책이다.

1.2 투표역설

과반수제에 기초한 집단의사결정은 일관성이 없는 결과가 나타날 가능성이 존재한다. 예를 들어 3명 혹은 3개의 투표 집단(*A*, *B*, *C*)이 3개의 정책대안(*X*, *Y*, *Z*)에 대해 다음과 같은 선호도를 나타낸다고 가정하자. 즉 각 투표 집단이 가장 선호하는 정책대안부터 순서대로 나타내면 다음과 같다.

A: $X \rightarrow Y \rightarrow Z$

B: $Y \rightarrow Z \rightarrow X$

C: $Z \rightarrow X \rightarrow Y$

우선 정책대안 *Y*와 *Z*를 비교하면 *Y*가 선호되며, 그 다음 *Y*와 *X*를 비교하면 *X*가 선호된다. 이제 순서를 바꾸어 *X*와 *Y*를 먼저 비교하면 *X*가 선호되며, 그 다음 *X*와 *Z*를 비교하면 *Z*가 선호된다. 즉 *Y*와 *Z* → *Y*와 *X*의 순서대로 비교하면 *X*가 최종적으로 선호되는 반면, *X*와 *Y* → *X*와 *Z*의 순서대로 비교하면 *Z*가 최종적으로 선호된다. 이와 같이 단지 비교의 순서가 바뀜에 따라 표결의 결과가 다르게 나타날 수 있다. 이와 같은 현상은 1972년 노벨 경제학상 수상자인 애로우(Kenneth J. Arrow, 1921～) 교수에 의해 발견되었으며, 우리는 이상의 현상을 애로우의 '투표역설'(paradox of voting)이라 부른다.

정책대안의 선호도가 이상과 같이 분포될 경우에는 의사진행과정을 장악하고 있는 사람이 의안의 비교 순서를 선택함으로써 표결 결과를 조

그림 10-1 투표자의 선호: 투표역설 발생

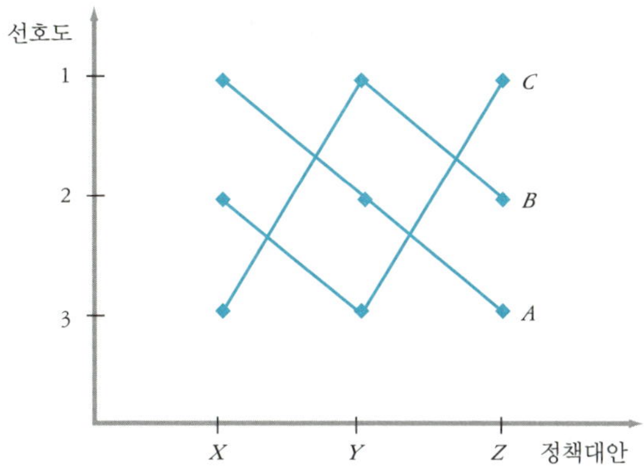

삭할 수 있다. 다시 말해 의사진행과정을 장악하고 있는 사람이 '의사진행조작'(agenda manipulation)을 통해 표결 결과에 영향력을 행사할 수 있는데, 이는 과반수제가 지니고 있는 중요한 문제점의 하나로 지적된다.

그렇다면 과반수제하에서 투표역설이 발생하는 이유는 무엇일까? 그 해답은 투표 집단이 '단봉선호'(single-peaked preference)를 가지고 있느냐에 달려 있다. 단봉선호의 여부는 〈그림 10-1〉과 같은 선호관계를 통해 쉽게 확인된다. 즉 투표 집단 *A*와 *B*의 선호는 봉우리처럼 솟은 부분이 한 곳에서만 나타나는 반면, 투표 집단 *C*의 선호는 봉우리가 양쪽에 두 개가 있는 '다봉선호'(multi-peaked preference)를 형성하고 있다. 이와 같은 투표 집단 *C*의 다봉선호로 말미암아 투표역설이 발생하게 된다.[2] 결론적으로 투표 집단이 단봉선호를 형성하면, '순환성 다수'(cyclical majorities)가 나타난다. 또는 과반수제하에서는 '이행성'(transitivity)을[3] 가지고

2) 일반적으로 다봉선호를 가진 사람이 비합리적이라고 단정 지을 수는 없다. 이 점에 관심이 있는 독자는 이준구(2011)를 참고하기 바란다. 또한 독자들은 앞서 제시한 저소득 · 중소득 · 고소득 집단의 예에서는 3개의 투표 집단이 모두 단봉선호를 나타낸다는 사실을 쉽게 확인할 수 있을 것으로 기대된다.

3) 선호관계의 이행성은 다음의 간단한 예를 이용해 쉽게 설명할 수 있다. 만약 세 가지 선택대안(*A*, *B*, *C*) 중에서 어떤 경제인이 대안 *A*보다 대안 *B*를 선호하며, 대안 *B*보다

있는 사회적 선호관계가 다봉선호로 인해 불가능해진다.

마지막으로 2차원 이상에 걸친 선택의 문제를 고려할 때에는 모든 사람 혹은 투표 집단이 단봉선호를 가지고 있다고 할지라도 투표역설이 생겨날 수 있다. 다시 말해 2차원 이상의 선택 문제에서는 과반수제에 기초한 정치적 균형이 달성되지 않는다. 여기서 2차원 이상의 선택이란 우리가 2개 이상의 정책대안을 동시에 선택해야 하는 경우로 이해하면 된다. 이 점에 관한 논의는 어려운 수학적 도출 과정이 요구되며, 학부수준을 상당히 초과하기 때문에 본서에서는 생략한다.[4)]

이상에서 제시한 정치적 균형에 대한 이해는 정치적 활동에 따른 경기변동, 즉 정치적 경기변동 이론을 논의하기 위해 요구된다. 또한 정치적 경기변동 이론을 논의하기 위해서는 다음 절에서 제시하는 경기변동 이론의 근간인 균형 경기변동 이론에 대한 이해가 선행되어야 한다.

읽을거리

중위투표자 이론의 시사점

어떤 국가의 국민들이 국방 · 교육 · 공원 등의 공공재에 정부 예산을 얼마만큼 지출할 것인지를 결정해야 한다고 가정하자. 유권자들은 각자 자신이 가장 선호하는 예산수준이 있으며, 이상의 선호에 가장 부합하는 정책을 내세우는 정당을 지지한다. 따라서 우리는 〈그림 10-2〉에서와 같이 모든 유권자들이 선호하는 예산지출수준을 가장 낮은 사람부터 가장 높은 사람까지 일렬로 세울 수 있다. 예를 들어 100명의 유권자를 가정하고, 그들이 선호하는 정부지출 규모는 0~200억 달러까지 다양하다고 상정하자.

대안 C를 선호한다고 하자. 이때 선호관계의 이행성이 성립하기 위해서는 대안 C가 대안 A보다 반드시 선호되어야 한다.

4) 이상의 내용에 관해 관심이 있는 독자는 대학원 교재인 Cornes and Sandler(1996)를 참고할 수 있다.

그림 10-2 선호하는 예산지출별 유권자의 수: 가상의 예

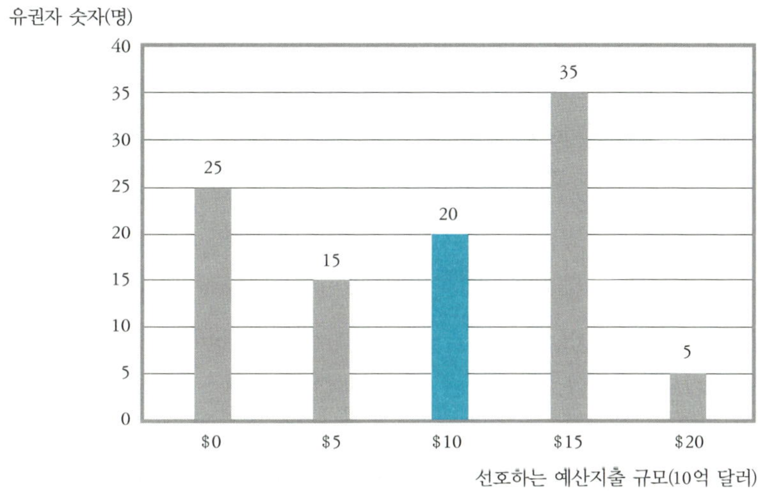

이때 중위투표자 이론은 다음과 같은 한 가지 의미 있는 시사점을 제공한다. 즉 양당제도(예를 들어 미국의 공화당과 민주당)에서 양당이 선거에서 이기기 위해서는 그들의 정책이 가능한 중위투표자의 선호에 가깝도록 설정되어야 한다.

이상의 시사점은 다음의 간단한 예를 통해 쉽게 파악할 수 있다. 만약 민주당이 150억 달러의 예산지출 정책을 내세우고 공화당은 100억 달러의 예산지출 정책을 주장한다고 가정하자. 이때 〈그림 10-2〉에서와 같이 150억 달러의 예산지출을 지지하는 유권자의 수가 가장 많기 때문에 민주당의 정책이 가장 많은 지지를 받는다고 할 수 있다. 그러나 중위투표자 이론에 따르면, 투표에서는 공화당이 과반수의 득표를 얻게 된다. 왜냐하면 100억 달러를 지지하는 20명, 50억 달러를 지지하는 15명 및 지출을 원하지 않는 25명이 공화당에게 투표할 것이기 때문이다. 따라서 민주당이 투표에서 이기기 위해서는 100억 달러의 예산지출(즉 중위투표자의 선호)에 가깝게 이동해야 한다. 이상의 예는 양당제도에서 두 당의 정책이 유사하게 나타나는 이유를 설명한다. 결국 투표에서 이기기 위해서는 양당 모두가 정책을 중위투표자의 선호에 가깝게 설정해야 한다.

따라서 중위투표자 이론은 소수의 의견이 정책결정에 반영되지 않는다는 시사점

을 제공한다. 예를 들어 40%의 유권자는 국립공원을 위해 많은 예산지출을 희망하고 60%의 유권자는 예산을 전혀 투입하지 않기를 희망한다면, 소수의 의견이 얼마나 강한지 여부와는 상관없이 중위투표자의 선호가 반영되어 예산은 투입되지 않는다. 이상의 내용이 민주주의의 논리이다. 즉 과반수제는 모든 사람의 의견을 반영하는 절충안에 도달하기보다는 중위투표자의 견해만 반영하는 한계를 지닌다.

출처: Mankiw(2012)

2. 균형 경기변동 이론

본 절에서는 경기변동의 기초적인 개념과 균형 경기변동 이론을 간략히 살펴본다.[5] 이를 통해 우리는 이후의 절에서 논의하는 경기변동과 경제성장 간의 관계 및 정치적 경기변동 이론과 관련된 선거 및 경기순환, 정당이론 등을 이해하기 위한 기초적 지식을 얻게 된다.

2.1 경기변동의 의미 및 유형

제3장에서 정의한 바와 같이 '경제성장'(economic growth)은 "시간이 흘러감에 따라 경제활동 규모가 커지는 현상"을 일컫는다. 또한 "시간이 흘러감에 따라 변동하는 경제현상을 총칭"해서 '경제변동'(economic fluctuation)이라 하며, '경기변동'(business fluctuation)은 "경제활동이 상당한 규칙성을 보이며 변동하는 현상"으로 정의된다. 또한 "물가 · 고용 · 국민소득 등의 총합적(aggregate) 경제활동의 반복적인 변동 현상"을 '경기순환'(business cycle)이라 부른다. 그러므로 순환적인 의미를 제외하고는 경기변동과 경기순환은 유사한 의미로 사용된다. 이때 '경기'란 "경제활

5) 다시 말해 본 장에서는 경기변동 이론과 관련된 광범위한 논의를 생략한다. 관심이 있는 독자는 이명재 · 남상호(2003), 조하현 · 황선웅(2013) 등을 참고할 수 있다.

동 상태"를 일컫는 말이다.

이와 같은 경기의 순환성으로 말미암아 경기변동을 몇 가지 국면으로 나누어 살펴볼 수 있다. 경기순환 과정에서 경기가 가장 나쁜 상태를 '계곡' 혹은 '저점'(trough)이라 하며, 경기가 가장 좋은 상태를 '정상' 혹은 '정점'(peak)이라 한다. 이상의 저점과 정점을 기준으로 미첼(Wesley Mitchell, 1874~1948)은 경기순환을 「확장국면-수축국면」의 2분법으로 분류하였다. 즉 미첼은 저점에서 정점까지를 확장국면, 정점에서 저점까지를 수축국면으로 명명하였다.

또한 "저점에서 다음 저점 혹은 정점에서 다음 정점까지의 경기순환"을 한 '주기'(cycle)라고 부른다. 슘페터(Joseph A. Schumpeter, 1883~1950)는 확장국면을 '회복'(recovery)과 '호황'(prosperity)으로, 그리고 수축국면을 '후퇴'(recession)와 '불황'(depression)으로 구분해 경기순환을 「호황-후퇴-불황-회복」의 4분법으로 분류하였다. 그러므로 경기순환은 2국면 혹은 4국면이 연결되어 하나의 단위순환을 형성하게 된다. 이상의 관계를 그림으로 나타내면 [그림 10-3]과 같다.

그림 10-3 경제성장과 경기순환

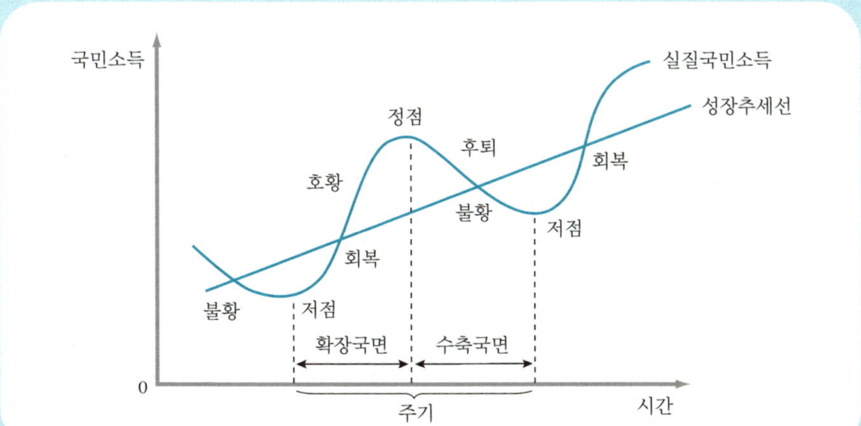

출처: 김의섭 외 5인(2010).

경기순환의 종류는 순환주기의 길이에 따라 여러 가지로 분류할 수 있다. "경기순환이 가장 짧은 2~4년(약 40개월) 주기로 발생하는 단기적인 순환"을 '키친(J. Kitchin)순환' 혹은 '재고순환'이라 한다. 이와 같은 키친순환은 상품재고의 변동으로 인해 발생한다. '쥬글라(C. Juglar)순환' 혹은 '설비투자순환'은 "6~12년(평균 9년 반)의 주기로 기업의 설비투자나 개별적인 기술혁신 등에 영향을 받아 발생하는 순환"이다. 한센(Alvin H. Hansen, 1887~1975)은 쥬글라순환이 경기순환에서 가장 중요한 의의를 가진다는 의미에서 쥬글라순환을 '주순환'(major cycle)으로 명명하였다.

또한 "15~20년 주기로 건축활동의 순환과 대체로 유사하게 나타나는 중기적인 순환"을 '쿠즈네츠(S. S. Kuznets)순환' 또는 '건축순환'이라 한다. 마지막으로 '콘트라티에프(N. D. Kondratieff)순환'은 "40~60년(평균 50년) 주기의 장기 순환이며, 이는 주로 전쟁 · 기술혁신 · 신자원개발(예를 들어 산업혁명, 증기기관차 및 철강에 의한 철도건설, 전력 및 자동차의 발견, 컴퓨터의 등장 등) 등의 다양한 요인에 의해 발생하는 순환"이다.

〉〉〉 시차와 경제변수 (보충내용)

경제변수는 시차와 관련해 경기선행변수, 경기동행변수 및 경기후행변수로 구분된다. 먼저 '경기선행변수'(leading variable)는 "총합적 경제활동보다 먼저 움직이는 변수"로서, 주택투자 · 재고투자 · 노동생산성 등을 들 수 있다. 이와 같은 경제선행변수들은 경제의 미래경로를 예측하기 위한 중요한 지표로 활용된다.

'경기동행변수'(coincident variable)는 "총합적 경제활동과 동시에 움직이는 변수"이다. 다시 말해 경기동행변수는 경기순환의 전환점과 거의 동시에 일어나며, 민간소비 · 기업고정투자 등을 들 수 있다. 마지막으로 '경기후행변수'(lagging variable)는 "총합적 경제활동보다 늦게 움직이는, 즉 그 전환점이 경기순환의 전환점보다 늦게 일어나는 변수"이다. 경기후행변수의 예로는 실질임금 · 실질이자율 · 인플레이션 등을 들 수 있다. 경기동행변수와 경기후행변수는 경기의 사후적 움직임을 파악하는 데 유용하게 사용된다.

일반적으로 경기순환 과정은 일련의 거시경제 변수들이 예측 가능한 방향으로 움직이는 공동변동(co-movement) 현상을 수반한다. "경기 확장 국면에서 증가하고 경기 수축국면에서 감소하는 경제변수"를 '경기 순응적'(procyclical)이라 한다. 예를 들어 경기가 좋아지면 생산과 소득이 늘어날 것이며, 이는 다시 소비 · 투자 등의 확대로 이어진다. 따라서 개인의 가처분소득 · 소비 · 투자 등은 경기 순응적 변수이다. 그러나 "실업과 재고 등은 생산 활동과 반대방향으로 움직이는 변수"들이며, 이와 같은 거시경제 변수를 '경기 역행적'(countercyclical)이라 부른다. 한편 "경기순환에 대해 일관되지 않은 방향으로 움직이는 경향을 보이는 경제변수"를 '비경기적'(acyclical)이라 한다.

〈표 10-1〉은 통계자료가 작성되기 시작한 1972년 이후 우리나라 경기변동의 기준순환일과 각 순환별 지속기간을 나타낸다. 〈표 10-1〉에 의하면, 1972년 이후 우리나라에서는 총 9번의 경기변동이 존재하였다. 즉 한 번의 경기변동은 평균 49개월이 소요되었는데, 평균 31개월의 경기 확

표 10-1 우리나라 경기변동의 기준순환일과 각 순환별 지속기간

	기준순환일			지속기간(단위: 개월)		
	저점(T_1)	정점(P)	저점(T_2)	확장기 ($P-T_1$)	수축기 (T_2-P)	순환기 (T_2-T_1)
제1순환	1972. 3	1974. 2	1975. 6	23	16	39
제2순환	1975. 6	1979. 2	1980. 9	44	19	63
제3순환	1980. 9	1984. 2	1985. 9	41	19	60
제4순환	1985. 9	1988. 1	1989. 7	28	18	46
제5순환	1989. 7	1992. 1	1993. 1	30	12	42
제6순환	1993. 1	1996. 3	1998. 8	38	29	67
제7순환	1998. 8	2000. 8	2001. 7	24	11	35
제8순환	2001. 7	2002. 12	2005. 4	17	28	45
제9순환	2005. 4	2008. 1	2009. 2	33	13	46
제10순환	2009. 2	–	–	–	–	–
평균	–	–	–	31	18	49

자료: 통계청 국가통계포털(http://kosis.kr).

장기와 평균 18개월의 수축기를 기록하였다. 우리는 〈표 10-1〉의 확장기와 수축기의 지속기간을 통해 우리나라의 경기변동은 수축기에 비해 확장기가 길게 나타나는 경기 국면별 비대칭성이 존재하였다는 사실을 알 수 있다. 또한 우리나라 경기순환의 주기는 평균 49개월이었기 때문에 앞서 살펴본 경기순환의 종류에 기초할 때 단기적인 순환의 성격을 지니고 있다.

2.2 화폐적 경기변동 이론[6)]

화폐적 경기변동(monetary business cycle: MBC) 이론은 화폐의 불규칙한 변화로 인해 발생하는 예상치 못한 통화공급이 경기변동을 야기하는 가장 중요한 요인으로 인식한다. 일반적으로 통화당국은 민간 경제주체들에 비해 우월한 정보 집합을 가지고 있다. 따라서 MBC 이론에 의하면, 통화당국이 '준칙'(rule)에 입각해 통화정책을 수행하지 않을 경우에는 예상치 못한 통화공급량의 변화가 생겨날 수 있으며, 이로 인해 경기변동이 발생한다.

즉 예상치 못한 통화공급량의 변화는 단기적으로 예상오차를 유발해 물가와 예상물가 간에 괴리가 생겨남으로써 GDP · 고용 · 물가 등을 변화시키지만, 예상오차가 제거되는 장기에는 GDP · 고용 · 물가 등이 다시 균형으로 회복하게 된다. 따라서 MBC 이론에서는 예상치 못한 통화공급량 변화에 의해 야기되는 장기균형으로부터의 이탈과 회복을 경기변동으로 설명한다. MBC 이론은 1970년대 샤전트(Thomas J. Sargent, 1943~), 왈라스(Neil Wallace, 1939~), 루카스(Robert E. Lucas Jr., 1937~) 등이 프리드먼(Milton Friedman, 1912~2006)으로[7)] 대표되는 통화주의 경제학자들의

---

6) 화폐적 경기변동 이론과 이하에서 설명하는 실물적 경기변동 이론의 평가 및 한계점에 대한 상세한 논의는 이명재 · 남상호(2003), Romer(2005) 등을 참고할 수 있다. 또한 독자들은 이상의 논의와 관련된 내용을 본 장의 [생각해 볼 문제] 3번을 바탕으로 정리할 수 있을 것으로 기대된다.

7) 샤전트 교수는 2011년, 루카스 교수는 1995년, 프리드먼 교수는 1976년 노벨 경제학상을 수상하였다.

주장을 계승 · 발전시킨 이론이다.

이하에서는 MBC 이론의 대표적인 모형인 루카스의 '인식오류모형'(Lucas' misperception model)을 간단히 살펴본다. 인식오류모형에 의하면, 경제주체들이 통화공급량의 변화와 같은 정책변화에 대해 불완전 정보를 가지고 의사를 결정할 때 균형국민소득이 변동하는 경기변동 현상이 발생한다. 구체적으로 개별시장(local market)에서 경제주체들이 생산하거나 소비하는 재화의 가격이 상승하였다고 가정하자. 소비자들은 부분적으로 경제 전체의 물가가 상승하였기 때문에 재화의 가격이 상승한 것으로 인식할 수 있고, 부분적으로 자신이 생산하거나 소비하는 재화의 상대가격이 상승한 것으로 인식할 수도 있다.

››› 준칙과 재량 (보충내용)

미리 정해진 규칙에 따라 경제정책을 안정적이며 누구나 예측 가능한 방식으로 실행할 때 '준칙'(rule)에 의한 경제 집행이라 한다. 또한 모든 상황을 감안해 규칙을 만든다는 것은 불가능하기 때문에 그때그때의 상황에 따라 재량껏 경제정책을 실행할 때 '재량'(discretion)에 의한 경제 집행이라 한다.

케인즈학파는 단기에 경제를 안정화시키기 위해 재량적인 재정정책과 통화정책을 적극적으로 실시해야 한다는 입장을 취하고 있다. 즉 케인즈학파 경제학자들은 경기가 침체되었을 때에는 정부지출이나 통화공급을 늘려 총수요를 증가시키고, 경기가 과열되었을 때에는 그 반대 방향으로 정책을 운영하는 총수요조절정책을 통해 경제를 안정시킬 수 있다고 역설하였다.

그러나 통화주의 경제학자들은 재량적인 재정정책은 잠식효과가 크며 경제정책의 시차가 길고 가변적이기 때문에 바람직하지 않다고 주장하였다. 다시 말해 통화주의자들은 경제안정화정책에 따르는 정책시차가 길고 가변적인 데 반해, 이에 대한 정책당국의 지식은 보잘것없기 때문에 총수요조절정책은 오히려 경제를 한층 더 불안한 상태로 만들 수 있다고 지적하였다. 따라서 통화주의자들은 준칙에 입각해 일관성 있는 정책집행의 중요성을 강조하였다. 특히 통화주의 경제학자들은 소위 '*k*% 준칙'(*k*% rule)으로 불리는 통화정책을 사용해야 한다고 주장하였다.

따라서 실제로는 상대가격이 전혀 변동하지 않고 단지 경제 전체의 일반 물가수준만이 상승한 것인데도 불구하고, 경제주체들이 경제 전체의 총수요의 변화를 잘못 인식해 생산을 늘리는 경우가 생겨날 수 있다. 이 경우에는 총수요의 충격이 총공급의 자발적인 증가로 이어지게 되는데, 이 점은 유명한 '루카스 공급곡선'(Lucas supply curve)으로 나타난다. 이와 같이 총수요의 증가(즉 예상치 않은 통화공급량의 증가) 때문에 물가가 예상물가보다 더 많이 상승하게 되고, 경제주체들이 이를 인식하지 못한 단기에는 실질 생산량을 잠재적 생산량보다 더 많이 생산하게 된다. 반대의 현상이 발생하면, 실질 생산량은 잠재적 생산량보다 더 적게 생산된다.

이와 같은 실질 생산량과 잠재적 생산량 간의 차이가 경기변동으로 나타난다. 물론 장기에는 물가와 예상물가 간의 오차가 사라지므로 생산량은 다시 균형으로 회복된다. 이상의 MBC 이론은 가격변수의 신축성과 경제주체의 최적화 행위에 기초하고 있다는 점에서 기존의 통화주의자들의 이론을 발전시켰다. 그러나 MBC 이론은 지속적인 경기변동을 설명하기 위해서는 예상치 못한 통화공급이 지속적으로 나타나야 한다는 문제점을 지니고 있다.

2.3 실물적 경기변동 이론

실물적 경기변동(real business cycle: RBC) 이론은 1980년대 이후 키들랜드(Finn E. Kydland, 1943~), 플로서(Charles I. Plosser, 1948~), 프레스캇(Edward C. Prescott, 1940~)[8] 등에 의해 제기되었다. RBC 이론은 기술변화나 생산성 향상과 같은 '실물적 충격'(real shocks)이 경기변동을 야기하는 가장 중요한 경제요인으로 파악하였으며, 기존의 화폐적 경기변동 이론은 물론 새케인지언(new Keynesian) 모형을 비판하면서 등장하였다.

먼저 RBC 이론은 화폐적 경기변동 이론이 국민소득의 변동에만 초

8) 키들랜드 교수와 프레스캇 교수는 실물적 경기변동 이론에 대한 공헌으로 2004년 노벨 경제학상을 수상하였다.

점을 맞추어 현실적으로 나타나는 국민소득 · 소비 · 투자 등의 공동변동(co-movement)을 만족스럽게 설명하지 못한다고 주장하였다. 또한 RBC 이론은 새케인지언(new Keynesian) 거시경제 모형에서 제시하는 경기변동 이론이[9] 자의적인 소비함수와 투자함수 등에 기초해 경기변동을 설명하기 때문에 미시경제의 이론적인 기초가 결여되어 있다고 비판하였다. 이와 같은 문제점을 극복하기 위해 RBC 이론은 다소 상이한 접근방법을 추구하였다.

RBC 이론의 주요 내용 및 특징을 요약하면 다음과 같다.[10] 첫째, 기술변화 · 생산성변화 · 정부의 정책변화 등의 외생적 충격이 경제주체의 의사결정을 결정하는 실물변수(real variable)에 영향을 미쳐 경기변동을 야기한다. 둘째, 경기변동은 기술변화와 같은 외생적인 충격에 대응한 '선택이론적 분석'(choice-theoretical framework)에 기초해야 하며, 외생적인 충격이 미래까지 영향을 미치는 다기간 효용함수에 기초해 논의되어야 한다. 셋째, 외부의 충격에 의한 경기변동은 빠른 시간 내에 균형으로 회복하는 균형 경기변동 이론이다. 넷째, 이상의 특성에 기초한 RBC 이론은 외부의 실물적 충격으로 경제가 '균제성장 경로'(steady-state path)로부터 이탈해 경기 확장과 수축을 한동안 보이다가 다시 균제성장 경로로 복귀하는 과정에서 나타나는 현상을 경기변동으로 설명한다.

이상과 같은 RBC 이론은 경기변동이 발생하는 기제로서 노동의 기간 간 대체, 건설기간의 소요에 따른 투자과정의 시차, 점진적인 노동수요 등을 제시하였다. 여기서 '노동의 기간 간 대체'(intertemporal substitution of labor)란 "노동자가 서로 다른 기간 간 노동을 대체하는 행위"를 의미한다. 일반적으로 노동자가 효용을 극대화하는 과정에서 '노동'과 '여가'는 주어진 시간의 제약조건(예를 들어 하루는 24시간)으로 말미암아 선택해야 하는 변수이다. 따라서 노동자들은 임금이 일시적으로 높은 기간에

---

9) 새케인지언 모형이 제시하는 경기변동 이론은 화폐적 경기변동 이론의 대안으로 등장한 이론이다.

10) 이 부분은 이명재 · 남상호(2003)를 참고해 요약하였음을 밝혀둔다.

는 여가시간을 줄이고 노동시간을 증가시키며, 반대로 임금이 일시적으로 낮은 기간에는 노동시간을 감소시키고 여가를 많이 즐긴다.

많은 문헌에서는 기술변화에 따른 생산성 충격을 사용해 RBC 이론을 설명하였다. 따라서 이하에서는 기술변화에 따른 경기변동 현상을 살펴본다. 기술진보가 일시적 현상인지 혹은 영구적 현상인지에 따라 경기변동 현상은 다르게 설명될 수 있다. 우선 기술진보가 금기에만 일시적으로 발생하고, 그 이후에는 기술진보가 발생하지 않아 원래 상태로 복귀한다고 가정하자. 이 경우에는 금기의 국민소득 · 소비 · 저축 · 투자가 증가한다.

한편 기술진보가 금기의 노동공급에 미치는 영향은 '대체효과'(substitution effect)와 '소득효과'(income effect)로 나누어 검토해야 한다. 즉 금기의 소득 증가로 인해 노동공급을 감소시키려는 소득효과와 함께 기술진보가 일시적인 현상이기 때문에 생산성이 높은(즉 실질임금이 높은) 금기의 노동공급을 증가시키려는 대체효과가 생겨난다. 이상과 같이 노동공급에 대한 상충된 효과가 존재하지만, 소득의 증가가 금기에 한정되어 있기 때문에 일반적으로 소득효과는 미미한 반면, 대체효과가 크게 나타나 금기의 노동공급이 증가한다고 간주한다. 그러므로 기술진보가 금기에만 발생할 경우에는 국민소득 · 소비 · 투자 · 고용 등이 동시에 증가하는 공동변동이 생겨난다.

이상과는 달리 기술진보가 영구적인 형태로 발생한다고 가정하면, 생산의 증가에 의해 국민소득의 증가는 물론이거니와 소비가 일시적 기술진보의 경우에 비해 더욱 큰 폭으로 증가한다. 또한 영구적인 기술진보는 저축 · 투자 등을 자연히 증가시킨다. 노동공급에 대해서는 위에서 설명한 대체효과에 비해 소득효과가 크게 나타나 노동공급이 감소하게 된다. 그러므로 기술진보가 영구적인 형태로 발생할 경우에는 국민소득 · 소비 · 투자가 증가하지만 고용은 감소하는 공동변동이 나타난다.

RBC 이론은 총합적(aggregate) 경제변수들의 공동변동을 설명하는 데에는 유용하지만, 그 유효성의 현실성에 대해서는 많은 비판을 받고 있다.

예를 들어 이상과 같은 노동공급의 자유로운 조정은 노동의 기간 간 대체에 근거하고 있는데, 현실적으로 기간 간 노동공급량의 조정에 비해 노동시간의 조정이 보다 일반적인 현상이다. 즉 기간 간 노동을 대체하는 데에는 현실적으로 많은 제약이 존재한다. 또한 우연히 생겨나는 외생적인 기술충격은 개별기업 혹은 개별산업 차원에서 주로 발생하기 때문에 RBC 이론은 국가 전체적인 경기변동을 설명하기에는 분명한 한계점이 있다.

3. 경기변동과 경제성장

이미 살펴보았듯이 근대적인 경제성장 이론은 해로드-도마(Harrod-Domar)의 성장이론에서 출발해 다양한 신고전학파 성장이론으로, 그리고 1980년대 중반 이후에는 내생적 성장이론으로 발전하였다. 경기변동 이론은 불균형 경기변동 이론에서 출발해 화폐적 경기변동(MBC) 이론과 실물적 경기변동(RBC) 이론으로 대별되는 균형 경기변동 이론으로 전개되었다. 이상과 같은 다양한 경제이론들이 존재한다는 것은 경제학자들이 급격한 경기변동으로 인한 경기침체 현상에 대해 다양한 견해를 가지고 있다는 사실을 반영한다.

또한 1970~1980년대 이후 세계경제가 글로벌 경제로 편입됨에 따라 국가 간의 연계성이 증가하고 있다. 예를 들어 1987년 주식시장의 붕괴(black monday), 1992년 유럽 통화체제(exchange rate mechanism, ERM) 위기, 1994년 멕시코 페소 위기, 1997년 동아시아 국가의 금융위기 등 일련의 경제위기는 한 국가 또는 한 지역에 머무르지 않고 다른 지역으로 확산되었다. 이상의 현상들로 인한 급격한 경기변동을 지금까지 알려진 경제성장 및 경기변동 이론을 이용해 설명하는 데에는 상당한 한계가 존재한다.

최근에 발생한 서브프라임 위기로 통칭되는 2008년 미국발 금융위기 역시 전술한 여러 경제위기와 동일한 맥락에서 생각할 수 있다.[11] 2008년

11) 금융위기의 일반적인 발생원인과 대처방안 등은 황진영(2014)을 참고할 수 있다.

미국의 서브프라임 모기지 사태(subprime mortgage crisis)에서 시작된 경제위기로 인해 전 세계 국가들은 또다시 급격한 경기변동으로 인한 경기침체를 경험하였다. 따라서 경제학자들은 경기변동과 경제성장 간의 관련성에 대해 자연스럽게 많은 관심을 기울이게 되었다. 즉 오늘날 경제학자들은 경기변동과 경제성장이 독립된 경제현상으로 나타나지 않으며, 두 현상이 상호 영향을 주고받는다는 사실을 인식하고 있다.

경기변동이 경제성장에 어떤 영향을 미치는지에 대한 최초의 실증분석은 Ramey and Ramey(1995)가 시도하였다. 즉 Ramey and Ramey(1995)는 92개 전체국가와 OECD 국가만으로 구성된 2개의 표본을 이용해 생산량 변동성(output volatility, 경기변동을 반영)과 경제성장 간에는 음(−)의 관계가 성립할 수 있다고 제시하였다. Ramey and Ramey(1995)가 발표된 이후 많은 선행연구에서는 다양한 방법론을 사용해 생산량 변동성과 경제성장 간의 관계를 파악하려는 노력을 진행하였다. 그러나 이상의 두 변수 간의 관계에 대한 연구결과는 다소 불명확하다고 요약할 수 있다. 즉 선행연구에서는 자료의 선택 혹은 분석방법 등에 따라 통계적으로 유의한 양(+) 혹은 음(−)의 관계가 성립하거나 혹은 뚜렷한 관계가 존재하지 않는다고 관측하였다.

생산량 변동성(경기변동)이 경제성장에 양(+)의 영향을 미칠 수 있다는 이론적 배경은 슘페터(Joseph A. Schumpeter, 1883~1950)의 *Business Cycles*(1939)에서 찾을 수 있다. 즉 슘페터는 기업이 재조직(reorganization)을 통해 생산량을 증가시킬 수 있다고 생각하였으며, 경기변동은 기업이 재조직을 위해 반드시 필요한 요인으로 인식하였다.[12] 따라서 슘페터는 생산량 변동성이 기업의 재조직을 통해 성장을 촉진하는 역할을 수행한다고 생각하였다. 그러나 슘페터가 주장한 기업의 재조직을 위해서는 다소의 시간이 소요되기 때문에 생산량 변동성과 경제성장 간에는 시차를 가진 상태에서 양의 관계가 형성된다. 또한 Black(1987)은 기업의 수익과 생산량 변동성 간에는 양의 관계가 형성되기 때문에 생산량 변동성이 기업

12) 이는 유명한 '창조를 위한 파괴'(creative destruction)의 과정으로 설명할 수 있다.

의 성장, 더 나아가 국가 전체의 경제성장을 촉진할 수 있다고 주장하였다.

이상의 주장과는 달리 Martin and Rogers(2000)는 생산량 변동성이 증가할수록 경제 내의 불확실성(uncertainty)이 증폭되고, 이는 기업투자에 따른 미래의 수익을 감소시키기 때문에 생산량 변동성이 큰 국가에서는 낮은 경제성장률을 기록한다고 생각하였다. 따라서 생산량 변동성과 경제성장 간의 직접적인 관계는 이론적으로 불명확하다. 이로 인해 일련의 선행연구에서는 생산량 변동성과 경제성장 간의 관계가 두 변수를 연결하는 충격이나 전달경로에 의존한다고 주장하였다.[13)]

이상과 같이 생산량 변동성과 경제성장 간의 관계에 대해서는 상반된 이론적 배경이 존재하기 때문에 두 변수 간의 관계를 파악하기 위한 다양한 실증분석이 시도되었다. 실증분석은 크게 (i) 국가 간의 자료를 이용한 횡단면분석 혹은 패널분석과 (ii) 국가별 자료를 이용한 시계열분석으로 대별된다. 국가 간의 자료를 이용한 선행연구로는 Aizenman and Marion(1999), Ramey and Ramey(1995), Siegler(2005) 등을 들 수 있다. Aizenman and Marion(1999)은 개발도상국을 대상으로 생산량 변동성이 투자를 제약하는 것으로 파악하였으며, 그 현상에 대한 가능한 이유를 제공하였다. 또한 Ramey and Ramey(1995)와 Siegler(2005)는 각각 1960~1985년과 1870~1929년 동안의 92개 국가와 12개 국가의 자료를 이용해 변동성과 경제성장 간에는 음의 관계가 존재할 수 있음을 관측하였다.

한편 Hnatkovska and Loayza(2003)는 변동성(경기변동)과 경제성장 간의 다양한 전달경로를 고려하였다. 즉 Hnatkovska and Loayza(2003)는 기본적으로 변동성이 성장에 음의 영향을 미치며, 제도적 인프라가 빈약한 국가나 금융시장의 발전이 더딘 국가에서는 음의 영향이 상대적으로 크게 나타났다고 주장하였다. 또한 Hnatkovska and Loayza(2003)는 국가 간의 변동성과 경제성장 간의 음의 관계가 순환적인 경기변동에 기인하기보다는 큰 경제후퇴에 기인한다는 추정결과를 제시하였다. 그러므로 국가

---

13) 이는 Blackburn(1999), Blackburn and Pelloni(2004; 2005), Blackburn and Galindev(2003) 등을 참고할 수 있다.

간의 자료를 이용한 선행연구에서는 변동성과 경제성장 간에 대체로 음의 관계가 형성되는 것으로 파악하였다.

그러나 국가별 시계열 자료를 이용한 분석결과는 대단히 불명확하다. 예를 들어 Beaumount et al.(2008)은 OECD 20개 국가를 대상으로 분석하였는데, 생산량 변동성과 경제성장 간에는 뚜렷한 관계가 존재하지 않는다고 결론지었다. 또한 Caporale and McKiernan(1998)과 Henry and Olekalns(2002)는 각각 영국과 미국을 분석대상으로 설정해 두 변수 간에는 양과 음의 관계가 나타난다고 지적하였다. 일본을 분석대상으로 설정한 Fountas et al.(2004)은 두 변수 간에 뚜렷한 관계가 존재하지 않는다고 제시하였다. 최근 들어 이종하 · 황진영(2011b)은 한국 · 중국 · 일본에서의 생산량 변동성이 경제성장에 미치는 영향을 실증적으로 분석하였다. 이종하 · 황진영(2011b)에 의하면, 한국에서는 생산량 변동성이 경제성장에 통계적으로 유의한 음(−)의 영향을 미치는 것으로 관측된 반면, 중국에서는 그 영향이 통계적으로 유의한 양(+)의 값으로 추정되었다. 또한 일본에서는 생산량 변동성의 추정계수가 양의 값으로 관측되었지만, 전통적인 유의수준에서 통계적으로 유의하지 않은 것으로 나타났다.

이상과 같이 시계열 자료를 이용할 때 나타나는 추정결과의 불일치를 설명하기 위해 최근에는 국가 간의 패널자료를 이용하거나 미시자료를 이용해 생산량 변동성과 경제성장 간의 관계를 파악하고 있다. 예를 들어 Lee(2010)는 G7 국가의 패널자료를 이용해 변동성과 연계된 생산량 증가는 경제성장을 유도하지만, 경제성장이 변동성에는 영향을 미치지 않는다는 실증분석 결과를 제시하였다. 또한 Imbs(2007)는 총합적(aggregate) 자료를 이용한 국가 간 분석의 경우에는 변동성과 경제성장 간에 음의 관계가 성립하지만, 자료를 분해해 부문별 자료를 이용할 때에는 두 변수 간에 양의 관계가 성립할 수 있음을 보였다. 국가 간의 기업자료를 이용한 대표적인 분석으로는 Chong and Gradstein(2009)을 들 수 있다. Chong and Gradstein(2009)은 세계은행(World Bank)에서 제공한 세계기업환경 설문조사(world business environment survey) 자료를 이용해 생산량 변동성이

기업의 성장에 음의 영향을 미치며, 제도적 장치가 부족한 국가에서는 음의 영향이 더 크게 나타난다고 관측하였다.

따라서 생산량 변동성(경기변동)과 경제성장 간의 관계를 파악하려는 선행연구는 다양하게 존재하지만, 그 뚜렷한 결론은 다소 불명확하다. 특히 국가별 시계열 자료를 이용해 두 변수 간의 관계를 분석할 경우에는 두 변수 간의 관계가 자료의 선택, 분석대상 국가, 추정방법 등에 따라 다양하게 나타났다.

4. 정치적 경기변동 이론

정치적 경기변동 이론은 선거에서 당선이라는 목적을 가진 현 행정부의 정치적 선택에 의해 경기변동이 발생할 수 있다는 「선거에 따른 경기순환」과 정당 간 이념의 차이에 입각해 집권기간 동안 거시경제 변수에 차이가 생겨나는 현상을 규명하려는 「정당이론」으로 크게 대별된다.

4.1 선거와 경기순환

선거득표를 위해 경제를 조작한다는 정치적 경기변동(political business cycle: PBC) 이론은 1970년대 중반 노드하우스(William D. Nordhaus, 1941～), 투프트(Edward R. Tufte, 1942～) 등에 의해 제시된 이후 발전한 이론으로서 오늘날 경기변동 이론의 중요한 부분을 차지하고 있다.

실증적 자료를 살펴보면, 선거 직전에는 실업률이 하락하고 선거 직후에는 실업률이 상승하는 경향이 나타난다. 또한 인플레이션은 선거 직전에 상승하고 선거 직후에는 하락하는 경향이 있다. 이상의 현상은 선거가 있던 해에 경기가 호황이면, 현직 대통령 혹은 집권당 후보가 당선될 가능성이 높기 때문에 나타난다. 이와 같은 PBC 이론은 다음과 같은 명제나 가정에 근거하고 있다.

첫째, 투표자는 비합리적이고 근시안적(myopic)으로 정부의 경제정책을 평가할 뿐만 아니라 과거 지향적(retrospective)이다. 다시 말해 투표자는 현재 혹은 가까운 과거의 경제성과를 기준으로 현 정부의 경제정책을 평가한다. 둘째, 케인즈(John M. Keynes, 1883~1946) 시대 이후 정책결정자들은 경제성과에 영향을 미칠 수 있는 정책수단을 보유하고 있다고 생각한다. 즉 정부의 정책은 경제성장에 직접적인 영향을 미칠 수 있다고 가정한다. 셋째, 유권자들은 높은 수준의 경제성장과 낮은 수준의 실업 및 인플레이션을 선호하며, 선거 때에는 현재의 경제상태를 고려하면서 투표한다. 따라서 현직의 정치가들은(혹은 정부는) 필립스 곡선상의 한 점을 선택함으로써 선거결과에 영향을 미칠 수 있다. 넷째, 현직의 정치가들은(혹은 정부는) 차기 선거에서 가능한 많은 표를 얻어 재선을 희망한다. 이는 현직의 정치가들은(혹은 정부는) 재선을 위해 가능한 모든 경제정책을 사용한다는 사실을 의미한다.

따라서 PBC 이론은 케인즈학파의 경제인식에 기초하고 있으며, 현직의 정치가들은(혹은 정부는) 단기적인 필립스 곡선을 통해 국민의 의사결정, 즉 선거에 영향을 미칠 수 있다고 전제하고 있다. 또한 투표자는 비합리적이고 근시안적이기 때문에 단기적인 경제상황에 기초해 현재의 정부를 평가한다.

이상의 전제에 기초한 PBC 이론의 과정을 간단히 살펴보면 다음과 같다. 정치가들은(혹은 정부는) 선거 직전에 경기부양 정책을 실시해 실업률을 최대로 낮추려 노력한다. 이는 선거에 당선된 직후 정치가들(혹은 정부)로 하여금 1~2년간 긴축재정을 실시하게 만든다. 왜냐하면 선거 직전의 경기과열로 인해 사람들이 인플레이션에 대한 불만을 많이 가지기 때문이다. 이와 같은 긴축재정은 다시 실업률을 증가시키지만, 대신 인플레이션에 대한 압력은 줄어들게 된다. 이상의 방식으로 경제정책을 집행하기 때문에 선거 기간을 주기로 경기순환이 발생한다는 것이 PBC 이론의 핵심이다.

그러므로 PBC 이론을 요약하면 다음과 같다. 정치가들은(혹은 정부는) 선거 직후 인플레이션을 줄이기 위해 실업률을 높이는 긴축정책을 사용하며, 선거가 가까워지면 근시안적 정책으로 실업률을 낮추는 팽창정책을 추구한다. 우리는 PBC 이론을 인식하지 않는다고 할지라도 선거 기간이 가까워오면 통화량이 팽창될 것으로 흔히 기대한다. 왜냐하면 집권자들은 그들의 힘을 동원해 단기적으로 경제상황을 변경시켜 선거에서 유리한 여건을 만들어 내려고 노력하기 때문이다.

일반적으로 통화량의 팽창 등의 이유로 생겨나는 경기순환은 행정부와 중앙은행이 서로 관련되어 있을 경우에만 가능해진다. 따라서 선거를 주기로 발생하는 경기순환을 줄이기 위해서는 중앙은행의 독립성 보장과 이를 위한 제도적 뒷받침이 무엇보다 중요하다. 여기서 '중앙은행의 독립성'을 간단히 언급하면, 이는 "통화정책을 시행하는 주체로서 중앙은행이 행정부, 국회 및 각종 이해집단의 압력과 간섭으로부터 자유롭게 정책을 수립 · 집행할 수 있는지 여부를 의미"한다. 중앙은행의 독립성이 중요한 문제가 되는 이유는 독립성 여부가 통화정책의 운영성과에 크게 영향을 미치기 때문이다.

이와 같은 중앙은행의 독립성에 관한 논의는 오랜 역사를 가지고 있으며, 독립성의 필요성은 다음과 같은 몇 가지 사항으로 요약할 수 있다. 즉 중앙은행의 독립성은 (i) 통화정책에 대한 민간부문의 신뢰성 확보를 위해 필수적이며, (ii) 과도한 통화팽창과 이로 인한 물가 불안의 문제를 방지하기 위해 필요하며, (iii) 통화정책의 향방에 관한 예측 가능성을 제고하기 위해서 반드시 요구된다. 이와 같은 독립성의 필요성에도 불구하고 중앙은행의 독립성에 대한 회의론자들도 상당수 존재하는데, 그들은 통화정책처럼 중요한 정책을 중앙은행이 단독으로 결정하는 것은 무리가 있다고 지적한다.[14)]

---

14) 선행연구에서는 국가별 중앙은행의 독립성 지수를 만들어 발표하고 있다. 예를 들어 배로(Robert Barro, 1944~) 교수는 그의 저서인 *Determinants of Economic Growth*(1997)에서 1950~1989년 동안 가용한 자료를 가중평균해 생성한 중앙은행 독립성 지수를 발표하였다. 최근의 자료로는 Dincer and Eichengreen(2014)이 세계 100여 개 국가를 대상으로 중앙은행의 독립성과 투명성 지수를 제공하였다.

4.2 정치적 경기변동의 사례

PBC 현상이 발생한 사례는 쉽게 발견된다. 예를 들어 1960~1980년대 미국에서는 대통령의 집권 말기의 인플레이션이 집권 초기의 경우에 비해 상대적으로 높은 수준이었다. 구체적인 사례로서 1972년 미국 대통령 선거에서 닉슨(Richard Nixon, 1913~1994) 대통령은 중앙은행에 통화량을 증가시키도록 압력을 넣었으며 세금을 삭감하는 정책을 단행하였다. 그러나 카터(Jimmy Carter, 1924~) 대통령은 1980년 재선 출마 때에 긴축재정을 단행하였는데, 이는 레이건(Ronald Reagan, 1911~2004) 대통령에게 참패를 당하는 여러 가지 이유 중에서 하나가 되었다.

또한 Cousin(2007)은 PBC 사례로서 아일랜드의 사회보장 예산이 선거 전후에 증가하는 경향을 나타낸다고 지적하였다. 이는 〈표 10-2〉에 나타나 있는데, 2007년까지 복지예산의 규모가 선거 직전이 가장 높게 나타났다. 또한 〈표 10-2〉는 복지예산의 규모가 비선거연도에 가장 낮게 나타나 전형적인 PBC 현상을 보여준다. 이상의 사실은 아일랜드의 투표자들이 선거기간에는 정부가 사회보장급여를 확대하거나 최소한 실질적으로 삭감하지 않을 것으로 기대함을 반영한다.

우리나라에서의 PBC 현상은 박형수 · 송호신(2011)에서 검토되었다. 구체적으로 박형수 · 송호신(2011)은 우리나라의 역대 대통령 선거시기와 기준순환일 및 경제성장률을 비교하였는데, 13대 대선(1987년 12월)

표 10-2 아일랜드에서 선거 전후의 복지예산(단위: GDP 대비 비율, %)

	선거 직전	선거 직후	비선거연도
1960~1972	0.26	0.26	0.14
1973~1986	1.24	0.88	0.68
1987~2007	0.51	0.26	0.42
평균	0.67	0.47	0.41

자료: Cousin(2007).

부터[15)] 5차례 대선 중에서 14대 대선(1992년)을 제외한 4차례의 대선이 경기 정점 부근에서 치러진 것으로 나타났다. 또한 대선 이전에는 실업률이 하락하고 물가도 다소 안정세를 보인 반면, 대선 직후에는 실업률과 물가가 상승하였던 것으로 나타났다. 이상의 결과는 우리나라에서도 PBC 현상이 대체로 형성되었음을 시사한다.

그러므로 정치가들은 선거에서 이기기 위해 선거 직전에 경기부양 정책을 실시해 실업률을 최대한 낮추려 시도한다. 이상의 PBC 이론을 바탕으로 황진영(2009), Potrafke(2006) 등은 정치가들이 선거 직전 소득재분배 성향의 정부지출을 증가시킬 수 있다는 가설을 설정하고, 이상에 대한 실증분석 결과를 제시하였다. 구체적으로 황진영(2009), Portrafke(2006) 등은 OECD 국가로 구성된 표본을 사용해 선거연도와 선거 전년도의 연도별 더미변수가 사회보장지출에 미치는 영향을 추정하였다.

그러나 이상의 연구결과에서는 선거연도 및 선거 전년도의 더미변수가 소득재분배 성향의 정부지출 증가에 미치는 효과는 미미한 것으로 관측하였다. 이와 같은 결과는 정치가들이 선거에서 유리한 여건을 만들기 위해 선거 직전에 여러 가지 정책을 사용할 수 있지만, 소득재분배 성향의 정부지출은 선거결과에 그다지 큰 영향을 미치지 않을 수 있음을 의미한다. 혹은 이상의 결과는 투표자가 학습효과를 통해 PBC 이론에서 가정한 비합리적이고 근시안적 시각으로 정부정책을 평가하지 않는다면, PBC 이론은 더 이상 유효할 수 없다는 사실을 제시한다.

Rogoff and Sibert(1988)는 정당이 오로지 재선만을 추구하며, 유권자들은 합리적이기 때문에 정부의 경제정책이 그들의 의사결정에 영향을 미칠 수 없다고 가정하였다. Rogoff and Sibert(1988)는 이상의 가정하에서도 유권자들이 경제 환경이나 정책입안자들의 특성에 대한 완전한 정보를 소유하지 못하는 경우에는 PBC 현상이 생겨날 수 있다고 제시하였다. 즉 정보소유의 비대칭성은 선거 이전에 정부로 하여금 PBC를 유발하게끔 하는 원인이 된다. 예를 들어 정부는 PBC를 유발하기 위해 아주 단기적으

15) 대통령 직선제는 13대 대선부터 실시되었다.

로 소득이전, 새로운 공공재의 공급, 세금 혹은 공공요금의 인하 등과 같은 거시적인 정책을 시행할 수 있다.

4.3 정당이론

'정당이론'(partisan theory)은 "집권정당의 정책선호에 따라 거시경제 변수에 차이가 생겨나는 현상에 대한 설명"을 제공한다. 정당이론에 의하면, 상대적으로 덜 부유한 유권자들로부터 지지를 받는 진보당(예를 들어 미국의 민주당 · 영국의 노동당)은 실업문제에 더 큰 관심을 가지는 반면, 보수당(예를 들어 미국의 공화당 · 영국의 보수당)은 물가안정을 더 중요시 여긴다. 따라서 정당이론은 정치를 소득재분배 과정으로 인식하는 견해에 근거하고 있다.

만약 유권자가 합리적 기대를 가질 수 있을 경우에는 정당 간의 성장과 안정에 관련된 중점 정책과 당선 가능성에 근거해 미래의 정책방향의 예측이 가능해진다. 즉 유권자가 합리적이고 미래 지향적이라는 사실은 인플레이션율과 실업률 간에 상충관계가 존재하지 않는다는 새고전학파(new classical school) 경제학자(혹은 합리적 기대론자)들의 견해에[16] 입각하고 있다. 물론 집권당의 실질 경제정책이 이상의 예상과 괴리가 생겨나게 되면(즉 예상하지 못한 정책만이) 생산량 · 고용 등의 실물변수에 영향을 미치게 된다.

미국의 공화당(즉 보수당)과 민주당(즉 진보당)의 예를 들어 정당이론을 설명하면 다음과 같다. 유권자들은 어느 정당이 집권하느냐에 따라 기대 인플레이션을 다르게 설정한다. 즉 유권자들은 민주당이 집권할 경우에는 기대 인플레이션을 높게 설정하는 반면, 공화당이 집권할 경우에는 기대 인플레이션을 낮게 설정한다. 따라서 유권자들은 민주당이 대통령

16) 이와 같이 예상된 거시경제 정책이 장기에는 물론 단기에도 생산량 · 고용 등과 같은 실물변수에 영향을 미치지 않는다는 이론은 '정책무력성 명제'(policy ineffectiveness proposition)로 알려져 있다.

선거에서 이기게 될 때 인플레이션이 기대치보다 높게 나타나며, 실업률은 기대치보다 낮아질 것으로 기대한다. 그러나 유권자들은 공화당이 집권하게 될 때 인플레이션은 기대치보다 낮아지며, 실업률이 기대치보다 높아질 것으로 예상한다.

따라서 정당이론에 의하면, 경기 팽창국면은 민주당의 집권시기에 나타나고 경기 위축국면은 공화당의 집권시기에 나타나게 된다. 그러나

표 10-3 미국 집권정당과 경제성장률(단위: %)

당 명	대통령	취임 1년차	취임 2년차	취임 3년차	취임 4년차
민주당 (Democrats)	트루먼	0.4	8.7	9.9	4.3
	케네디/존슨	2.1	6.0	4.3	5.8
	존슨	6.4	6.4	2.6	4.7
	카터	4.9	5.0	2.9	−0.3
	클린턴 I	2.4	4.0	2.7	3.7
	클린턴 II	4.5	4.3	4.0	2.8
	오바마 I	−3.6	1.7	0.8	1.5
평 균		2.44	5.16	3.89	3.21
공화당 (Republicans)	아이젠하워 I	3.7	−0.7	5.6	2.0
	아이젠하워 II	1.9	−0.5	5.5	2.2
	닉슨 I	3.0	0.0	3.3	5.4
	닉슨 II/포드	5.7	−0.4	−0.6	5.6
	레이건 I	2.5	−2.1	4.0	6.8
	레이건 II	3.7	3.0	2.9	3.8
	조지 H. W. 부시	3.4	1.3	−1.0	2.7
	조지 W. 부시 I	−0.0	0.8	1.9	2.8
	조지 W. 부시 II	2.4	1.7	0.8	−1.2
평 균		2.92	0.34	2.49	3.34

자료: Abel and Bernanke(2001); 오바마 I, 조지 W. 부시 I 및 조지 W. 부시 II의 자료는 세계은행(2015).

선거결과가 알려지고 기대가 완전히 조정되면, 민주당이든 공화당이든 관계없이 총수요정책으로 인한 체계적인 차이는 발생하지 않는다.

〈표 10-3〉은 미국 집권정당의 취임 연도별 경제성장률을 나타낸다. 우리는 〈표 10-3〉에서 공화당 행정부의 집권 초기에는 불황의 가능성이 많았음을 확인할 수 있다. 특히 공화당의 집권 2년차에 불황이 발생할 가능성이 크게 나타났다. 즉 공화당은 이 기간 동안 물가안정에 더 큰 가중치를 부가하는 긴축정책을 추구하였다. 그러나 민주당의 집권 초기, 특히 집권 2년차에는 경제성장률이 높게 나타나는 경향이 있는데, 이는 민주당이 이 기간 동안 실업을 줄이는 팽창정책을 사용하였다는 사실을 반영한다. 그러나 인플레이션에 대해 적응할 시간을 가질 수 있는 집권 후기의 경제성장률은 소속 정당과 관계없이 유사하게 나타났다.[17)]

실증적인 자료를 사용해 정당이론을 검토한 선행연구로는 Tavares (2004)를 들 수 있다. 구체적으로 Tavares(2004)에서는 1960~1995년의 16개 OECD 국가 간 패널자료를 이용해 정부의 형태가 재정의 조정에 영향을 미치는 것으로 분석하였다. 즉 Tavares(2004)는 진보당이 집권할 때에는 조세를 증가시키고, 보수당이 집권할 때에는 이전지출을 감소시키는 것으로 파악하였다.

17) 조지 W. 부시Ⅱ의 취임 4년차와 오바마Ⅰ의 취임 1년차의 경제성장률은 글로벌 금융위기로 인해 예외적으로 낮게 나타났다(즉 음(−)의 성장률).

생각해 볼 문제

01 제1절의 중위투표자 이론에서는 3개의 그룹을 가정해 정책결정 과정을 설명하였다. 이와 같은 3개의 그룹(즉 저소득 · 중소득 · 고소득 그룹)의 선호를 각각 반영하는 정책대안 X, Y, Z의 선호관계를 현실에서 찾을 수 있는 사례를 이용해 다시 설명하라.

02 세 가지 수준의 예산규모(A, B, C)를 놓고 세 투표자(X, Y, Z)가 과반수제의 방식에 의해 적절한 예산규모를 선택한다고 가정하자. 이때 세 투표자의 선호가 아래 표에서와 같이 나타날 때 다음의 물음을 답하라.

의안 선호 순서	투 표 자		
	X	Y	Z
1	A	C	B
2	B	A	C
3	C	B	A

(1) 이상의 예는 정치적 균형을 달성하는가?

(2) 만약 정치적 균형이 달성되지 않는다면, 그런 현상이 발생한 이유를 투표역설과 연관시켜 설명하라.

(3) 세 투표자 X, Y, Z는 모두 단봉선호를 나타내는가?

(4) 만약 세 투표자 X, Y, Z 중에서 단봉선호를 나타내지 않는 투표자가 존재한다면, 그 투표자를 비합리적인 경제인으로 단정 지을 수 있는가?

03 균형 경기변동 이론과 관련된 다음의 물음을 답하라.

(1) 화폐적 경기변동 이론에 의하면, 경기변동을 유발할 수 있는 원인으로는 어떤 사항들을 들 수 있는가? 가능한 그래프를 그리고 설명하라.

(2) 만약 정부가 준칙에 입각해 통화공급량을 증가시킨다고 가정하자. 이와 같은 통화공급량의 변화는 어떤 형태의 경기변동을 유도하는가?

(3) 루카스의 인식오류모형에 의하면, 경기변동 현상이 발생하는 이유는 무엇

인가?

(4) 실물적 경기변동 이론이 제시하는 경기변동의 원인은 무엇인가? 구체적으로 기술변동의 효과가 영구히 발생할 경우 경기변동을 유발하는 과정을 간략히 설명하라.

(5) 실물적 경기변동 이론에 있어 '노동의 기간 간 대체'란 무엇인가? 노동의 기간 간 대체가 이론의 전개에 있어 중요한 의미를 지니는 이유를 설명하라. 또한 노동의 기간 간 대체가 갖는 한계점은 무엇인가?

(6) 만약 당신이 케인즈학파 경제학자라면, 화폐적 경기변동 이론과 실물적 경기변동 이론을 어떻게 비판하겠는가?

04 경기변동이 경제성장에 양(+)과 음(−)의 영향을 미칠 수 있는 이론적 근거를 각각 제시하라. 또한 경기변동은 실물부문은 물론 화폐부문에서 유래될 수 있는데, 우리나라의 경기변동에는 어떤 부문(즉 실물부문 혹은 화폐부문)이 큰 역할을 하였는지 구체적인 사례를 제시하면서 설명하라. 마지막으로 우리나라의 정치적 경기변동이 고용이나 생산량 증가에 어떤 영향을 미쳤는지 생각해 보자.

05 과반수제에 의하면, 중위투표자가 가장 선호하는 정당이 집권하게 된다. 따라서 정치인들은 선거에서 이기기 위해 중위투표자의 소득수준 향상에 긍정적 영향을 미칠 수 있도록 경제 환경을 조성하려 노력한다. 이상의 주장에 대해 논평하라.

PART

04

경제의 기본구성과 이질성

11 CHAPTER

인구규모, 인구증가율 및 인구구조

경제학에서 인구에 대한 관심은 역사적 상황에 따라 변모되어 왔다. 18세기까지는 소득상승이 거의 없었기 때문에 이 당시 사람들은 인구규모를 줄여야 풍요롭게 살 수 있다고 믿었다. 그러나 19세기 이후 산업화를 통해 급격한 인구증가와 소득상승이 동시에 형성되면서 경제학에서의 관심은 인구증가율이 소득수준에 미치는 영향으로 이동하였다. 최근에는 출산율 및 사망률 감소에 따른 고령화 진전과 같은 인구구조의 변화가 경제에 미치는 영향이 주요 관심사가 되고 있다. 이와 같은 인구규모, 인구증가율 및 인구구조는 국가 간의 이질성을 반영하며, 특히 한 국가의 인구구조는 정치경제학의 많은 이슈들과 관련된다. 본 장에서는 인구규모, 인구증가율 및 인구구조와 관련된 경제이론은 물론 경제성장과의 관련성을 검토한다.

1. 인구규모와 경제성장

한 국가의 인구규모는 경제의 공급능력은 물론 시장수요에도 영향을 미친다. 본 절에서는 인류역사에서 인구가 어떻게 변천되어 인구증가를 이루었는지 그 원인을 살펴보고, 인구규모와 경제성장 간의 관계를 분석한 맬서스 모형을 간단히 정리한다.

1.1 인구의 변천

기원 후 세계의 인구는 약 2억 3천 명이었으나 오랜 기간 꾸준히 증가해 오늘날 세계 인구는 70억 명을 초과한다. 세계 인구의 장기적 추이에서 한 가지 특징적인 사실은 1800년대 이후 생산량의 상승과 함께 인구가 급속도로 증가하였다는 점이다. 비록 1800년대 이전에도 인구가 지속적으로 증가하였지만, 그 변화의 폭은 1800년대 이후의 경우에 비해 상당히 낮은 수준이었다. 경제사학자 Maddison(2001)은 주요 지역 및 세계의 장기적인 인구변천의 추이를 제시하였는데, 이를 요약하면 〈표 11-1〉과 같다.

우리는 〈표 11-1〉에 요약된 세계 인구의 장기적인 추이를 통해 몇 가지 특징적인 사실을 발견할 수 있다. 첫째, 0~1000년의 세계 인구는 연평균 0.02%씩 증가해 전 세계 인구는 1,000년 동안 겨우 약 3,800만 명 증가하였다. 그러나 1,000년 이후 세계의 인구증가율은 모든 지역에서 꾸

표 11-1 세계 인구의 장기적인 추이

지 역	인구규모(백만 명)				연평균 인구증가율(%)		
	0년	1000년	1820년	1998년	0~1000년	1000~1820년	1820~1998년
서 유 럽	24.7	25.4	132.9	388	0.00	0.20	0.60
뉴질랜드, 미국, 캐나다, 호주	1.2	2.0	11.2	323	0.05	0.21	1.91
일 본	3.0	7.5	31.0	126	0.09	0.17	0.79
남 미	5.6	11.4	21.2	508	0.07	0.08	1.80
동유럽 & 구소련	8.7	13.6	91.2	412	0.05	0.23	0.85
아시아(일본 제외)	171.2	175.4	679.4	3,390	0.00	0.17	0.91
아프리카	16.5	33.0	74.2	760	0.07	0.10	1.32
세계 전체	230.8	268.3	1,041.1	5,908	0.02	0.17	0.98

자료: Maddison(2001).

준히 상승하였다. 또한 1000~1820년의 연평균 세계의 인구증가율이 0.17%인 반면, 그 이후의 연평균 세계의 인구증가율이 0.98%로 크게 상승하였다. 이는 산업혁명 이후 인구가 급격히 증가하였다는 사실을 제시한다.

둘째, 1000~1820년의 인구증가는 남미와 아프리카를 제외한 다른 지역에서 상대적으로 크게 형성되었다. 즉 동기간에 세계의 연평균 인구증가율(0.17%)보다 낮은 지역은 남미(0.08%)와 아프리카(0.10%)뿐이다.[1] 이는 동기간에 남미와 아프리카 지역이 산업과 문명의 중심에서 소외되었음을 의미한다.

셋째, 비록 1820년 이후에는 모든 지역에서 인구가 꾸준히 증가하였지만, 뉴질랜드 · 미국 · 캐나다 · 호주 지역과 남미 지역에서의 연평균 인구증가율은 각각 1.91%와 1.80%로 상대적으로 높게 나타났다. 1820년 이후 뉴질랜느 · 미국 · 캐나다 · 호주 지역과 남미 지역에서의 인구증가는 자연적인 증가보다 다른 지역으로부터의 이주에 크게 기인한다. 1820년 이후 아프리카의 연평균 인구증가율은 비교적 높은 1.32%인데, 이는 다른 지역으로부터의 이주보다는 자연적인 인구증가를 크게 반영한다. 한편 1820년 이후 서유럽 · 일본 · 동유럽 & 구소련 지역에서의 연평균 인구증가율은 상대적으로 낮은 1% 미만 수준에 머물러 있었다.

이상의 Maddison(2001)과 유사한 형태인 Kremer(1993)는 기원전 10000년부터 현재까지의 세계 인구의 장기적인 변동추이를 탐구하였다. 즉 Kremer(1993)는 기원전 10000년부터 기원후 1세기 초까지 세계의 연평균 인구증가율은 0.04%이었다고 주장하였다. 또한 Kremer(1993)에 의하면, 기원후 1800년까지 세계의 인구는 연평균 0.09%씩 증가하였으며, 이후 연평균 세계의 인구증가율이 19세기에는 0.6%, 20세기 초반에는 0.9%, 그리고 20세기 후반에는 1.8%로 상승하였다. 그렇다면 위의 자료에서와 같이 세계의 인구가 장기적으로 증가한 이유는 무엇일까? 이상의

1) 그러나 0~1000년의 남미와 아프리카의 연평균 인구증가율은 0.07%로써 세계의 연평균 인구증가율인 0.02%에 비해 높은 수준이다.

물음에 대한 해답은 이하에서 살펴본다.

1.2 인구증가의 원인

'인구학적 천이' (demographic transition)를 연구하는 문헌에서는 한 국가의 인구규모를 '출산율' (fertility rate) 변천과 '사망률' (mortality rate) 변천의 상호작용을 이용해 검토한다. 예를 들어 일정기간 동안 출산율 감소에 비해 사망률 감소가 큰 국가에서는 인구규모가 증가하고, 그렇지 않은 국가에서는 인구규모가 감소한다. 대부분 산업화된 국가에서의 인구학적 천이는 거의 끝났지만(즉 인구규모의 변동이 거의 없지만), 많은 개발도상국과 저개발국은 아직도 인구학적 천이가 진행 중이다. 즉 많은 개발도상국과 저개발국에서는 출산율 감소에 비해 사망률 감소가 크기 때문에 아직도 높은 양(+)의 인구증가율을 기록하는 인구학적 천이 과정에 있다.

그렇다면 사망률이 감소하는 이유는 무엇일까? 한 국가의 사망률을 파악하기 위해 사용되는 대표적인 변수로는 '인구 1,000명당 5세 이하의 유아사망률' 혹은 '출생시 기대수명' (life expectancy at birth)을 들 수 있다. 실증적 자료를 살펴보면, 18세기 중반 이후 사망률이 크게 개선되기 시작하였는데, 이는 사망률의 감소가 1인당 소득수준과 밀접하게 관련된다는 사실을 의미한다. 즉 1인당 소득수준의 향상은 깨끗한 물과 음식의 확보를 가능하게 할 뿐만 아니라 의학의 발전과 치료를 확대시켜 출생시 기대수명을 상승시킨다. 한편 개발도상국은 1인당 소득수준이 산업화된 국가에 비해 낮은 수준에서 사망률 변천을 경험하였다. 이와 같은 현상은 산업화된 국가의 경험이 개발도상국에 전달되었기 때문에 가능할 수 있었다.

또한 한 국가의 출산율의 정도는 통상 '합계출산율' (total fertility rate)로 나타낸다. 합계출산율은 "한 여성이 가임기간 동안 현재의 연령별 여성 출산율만큼 출산하다는 가정하에서 낳을 수 있는 자녀의 수"를 의미한다. 예를 들어 15~44세 사이의 여성만이 아이를 낳는다고 가정하고 연평균 0.1명을 낳는다면, 합계출산율은 3명(0.1명×30년)이 된다. 2차 세계대

전 이후 1960년대 초반까지의 베이비붐(baby boom) 시대에서는 합계출산율이 크게 증가하였으며, 이후에는 지속적으로 감소하고 있다. 특히 1980~1990년대 이후 산업화된 국가에서의 합계출산율은 거의 일정한 수준을 유지하고 있다. 그러나 많은 개발도상국의 합계출산율은 현재에도 빠른 속도로 감소하고 있다.

한 국가의 출산율이 감소하는 이유는 상당히 다양하다. 먼저 19세기 중반 이후에는 피임도구와 관련된 기술의 급속한 발전이 출산율 감소의 직접적인 원인이 되었다. 왜냐하면 피임도구와 관련된 기술이 발전하지 않았던 시대에는 원하지 않았던 유아를 유기하거나 살해한 기록을 문헌에서 쉽게 찾을 수 있기 때문이다.[2] 출산율이 감소하는 경제학적 관점의 이유는 크게 다음의 몇 가지 사항으로 나누어 설명할 수 있다.

첫째, 출산율이 감소하는 가장 큰 동기는 사망률 감소에 기인한다. 베이비붐 시대를 제외하면, 1800년대 중반 이후 전 세계적인 출산율 감소의 시작은 사망률 감소와 동시에 나타난 결과이다. 즉 사망률이 감소함으로써 출생시 기대수명이 증가할 경우에는 출산율이 하락할지라도 생존하는 성인의 수가 유사하거나 오히려 증가할 수 있다.

둘째, 만약 사람들이 소비의 대상인 재화에 가치를 부여하듯이 자녀에 가치를 부여한다면, 소득이 상승함에 따라 자녀를 더 소유하려는 소득효과(income effect)가 발생한다. 또한 소득이 상승함에 따라 자녀 양육에 소요되는 비용이 증가함으로써 자녀의 가격이 점차 상승하기 때문에 자녀를 덜 소유하려는 대체효과(substitution effect)가 형성된다. 즉 소득향상에 따른 소득효과는 출산율을 증가시키지만, 대체효과는 출산율을 감소시키는 결과를 초래한다. 일반적으로 부유한 사람들은 소득효과에 비해 대체효과를 크게 고려한다. 따라서 1인당 소득수준이 향상될수록 출산율이 감소할 가능성이 크게 나타난다.

셋째, Becker and Lewis(1973)는 출산율과 인적자본 투자 간에는 음(-)의 관계가 성립할 수 있다고 주장하였다. 즉 부모가 자녀에게 행하는

2) 이와 같은 사례는 Weil(2009)의 *Economic Growth*를 참고할 수 있다.

교육투자에는 양과 질 간의 상충관계가 존재한다. 이와 같은 상충관계로 인해 소득수준이 향상될수록 부모는 자녀의 수를 줄이는 대신 질적으로 더 우수한 교육투자를 수행한다. 이상의 Becker and Lewis(1973)의 주장과 출산율 감소의 둘째 이유를 결합하면, 교육수준이 높고 부유한 여성들은 자녀를 양육하는 기회비용이 상대적으로 크기 때문에 더 적은 수의 자녀를 갖게 되고, 이들 자녀에 대한 교육에 더 큰 관심을 기울이게 된다.[3)]

그러므로 현재 인구학적 천이를 경험하고 있는 국가에서는 사망률과 출산율의 감소가 동시에 나타나고 있다. 이때 인구가 증가하기 위한 조건은 사망률 감소가 출산율 감소보다 크게 나타나야 한다. 사망률 및 출산율 변천의 상호작용은 '순재생산율'(net rate of reproduction, NRR)이란 개념을 이용해 파악할 수 있다. 즉 NRR은 "새로 태어난 한 여자 아이가 현 인구의 사망률과 출산율을 따른다고 가정할 때 그 여자 아이가 향후 출산할 것으로 예상되는 딸의 수"를 의미한다. 따라서 한 국가의 NRR이 1일 경우에는 그 국가의 인구가 일정하기 때문에 인구증가율은 영(0)이 되고, NRR이 1보다 큰(작은) 국가에서는 인구가 계속적으로 증가(감소)한다.

〉〉〉 세계의 인구 전망 　보 충 내 용

통계청(2015)에 의하면, 2015년 세계의 인구는 약 73억 2천만 명으로 추정되며, 향후 계속적으로 증가하여 2060년에는 약 99억 6천만 명에 달할 것으로 예상된다. 그러나 인구규모의 변동은 지역이나 국가에 따라 상이하게 나타날 것으로 전망된다. 즉 인구학적 천이가 끝난 국가나 지역에서는 출산율 감소로 인해 인구규모가 감소할 것으로 예상되지만, 아직도 인구학적 천이 과정에 있는 지역이나 국가에서는 인구규모가 증가할 것으로 예상된다. 〈표 11-2〉에는 세계의 지역별 인구규모와 함께 우리나라의 현재와 미래의 인구규모가 나타나 있다.

구체적으로 2015년과 2060년의 지역별 인구 전망치를 살펴보면, 대부분 국가

3) 이는 de la Croix and Doepke(2004)가 제시한 내용과 동일하다.

표 11-2 세계의 지역별 인구규모(단위: 백만 명, %)

구 분	2000년		2015년		2030년		2060년	
	인구	구성비	인구	구성비	인구	구성비	인구	구성비
세 계	6,128	100	7,325	100	8,425	100	9,957	100
아프리카	808	13.2	1,166	15.9	1,634	19.4	2,797	28.1
아 시 아	3,717	60.7	4,385	59.9	4,887	58.0	5,152	51.7
유 럽	729	11.9	743	10.1	736	8.7	691	6.9
라틴아메리카	526	8.6	630	8.6	717	8.5	791	7.9
북아메리카	315	5.1	361	4.9	403	4.8	465	4.7
오세아니아	31	0.5	39	0.5	47	0.6	61	0.6
대한민국	47	0.8	51	0.7	52	0.6	44	0.4

자료: 통계청(2015).

가 인구학적 천이 과정에 있는 아프리카의 인구는 2015년 약 11억 7천만 명에서 2060년 약 28억 명으로 증가하고, 세계인구 대비 그 구성비율도 약 15.9%에서 28.1%로 크게 상승할 것으로 전망된다. 아시아의 인구규모는 2015년 약 43억 8천반 명에서 2060년 약 51억 5천만 명으로 증가하지만, 세계인구 대비 그 구성비율은 약 59.9%에서 51.7%로 감소할 것으로 예상된다. 그러나 대부분 국가가 인구학적 천이를 끝낸 유럽은 동기간 동안 인구규모는 크게 변동하지 않지만(약 7억 4천만 명에서 약 6억 9천만 명), 그 비율은 다소 크게 감소할 것으로(약 10.1%에서 6.9%) 전망된다. 한편 〈표 11-2〉에서는 우리나라의 인구규모가 2060년 약 4,400만 명으로 현재의 약 5,100만 명에 비해 약 700만 명이 감소할 것으로 예상하고 있다.

1.3 인구규모와 경제성장

인구규모와 경제성장 간의 관계는 맬서스(Thomas R. Malthus, 1766~1834)의 유명한 저서인 『인구론』(*Essay on the Principal of Population*, 1798)에서 제시되었다. 맬서스는 인간이 이용할 수 있는 자원은 토지와 같이 한정되어 있고 가변적인 생산요소로는 오로지 노동만이 존재하기 때문에 인구가 적을수록 풍요롭게 살 수 있다고 생각하였다. 즉 맬서스는 빈곤을 방지하기 위해서 반드시 출산율을 제한해야 한다고 역설하였으며, 이와 같은 제한을 '도덕적 억제' (moral restraint)라고 표현하였다.

우리는 맬서스의 『인구론』에서 상정한 경제를 '맬서스 경제' (Malthusian economy)라고 부른다. 맬서스 경제는 아주 단순한 형태인데, 노동(N)이란 유일한 생산요소를 사용해 오로지 식량(Y)만을 생산한다. 즉 맬서스 경제는 다음과 같은 단순한 생산함수를 가정한다.

$$Y=F(N) \tag{11-1}$$

맬서스 경제에서는 노동이 유일한 생산요소이기 때문에 수확체감의 법칙을 가정한 총생산곡선은 〈그림 11-1〉과 같이 오목한 모양을 가진다. 즉 노동 투입량이 증가함에 따라 노동의 한계생산은 점차 줄어들게 된다. 또한 맬서스 경제에서는 한 국가의 사람들이 생존하기 위해서 필요한 '최소한의 식량' 은 일정한 수준으로 주어져 있다고 가정한다. 즉 1명이 생존하는 데 필요한 최소한의 식량이 α로 주어진다면, N명의 사람들이 먹고 살기 위해 필요한 최소한의 식량은 αN이 된다. 따라서 αN은 〈그림 11-1〉에서와 같이 원점을 지나는 직선의 형태로 나타난다. 맬서스 경제에서는 식량의 총생산량이 생존을 위한 최소한의 양을 초과할 경우에는 인구가 증가하고, 그 반대의 경우에는 인구가 감소한다고 상정한다.

맬서스 경제의 균형은 〈그림 11-1〉을 이용해 쉽게 설명할 수 있다. 만약 현재의 인구가 N_1일 경우에는 생산되는 식량의 총량이 $0Y_1(=N_1A)$이며 생존에 필요한 최소한의 식량은 N_1B이기 때문에 생산된 식량의 총량이 생존을 위한 최소한의 양을 초과한다(즉 AB만큼 초과). 따라서 이상의 경우에는 인구가 증가하게 된다. 그러나 현재의 인구가 N_2로 주어질 경우에는 이상과는 반대의 현상이 발생해 인구가 감소하게 된다. 따라서 맬서스 경제의 균형은 총생산곡선($Y=F_1(N)$)과 생존을 위한 최소한의 식

그림 11-1 맬서스 경제: 인구규모와 경제성장

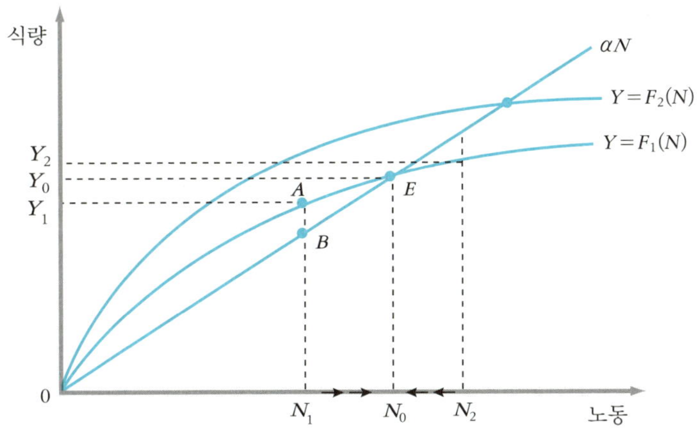

량을 나타내는 직선(αN)이 교차하는 E점에서 달성된다. 따라서 한 국가의 인구규모와 식량의 총생산량은 각각 N_0와 Y_0 수준으로 수렴한다.

이제 생산성이 향상되어 총생산곡선이 상방으로 이동할 경우(즉 $Y = F_2(N)$)에는 어떤 변화가 발생하는지 살펴보자. 이 경우에는 현재의 인구를 이용해 생산하는 식량의 총량이 생존에 필요한 최소한의 식량을 초과하기 때문에 인구가 증가하게 된다. 즉 새로운 총생산곡선, 즉 $Y = F_2(N)$과 최소한의 식량을 나타내는 직선, 즉 αN이 만나는 점까지 인구규모와 총생산량은 모두 증가한다. 그러나 1인당 생산량에는 변동이 없기 때문에 생활수준은 생산성이 향상되기 이전과 거의 똑같거나 유사하다. 왜냐하면 사람들은 생존에 필요한 최소한의 식량만을 소비하기 때문이다. 결국 맬서스 경제에서 사람들이 잘 살기 위해서는(즉 1인당 생활수준을 향상시키기 위해서는) 출산을 줄이는 도덕적 억제를 통해 가능해진다.

이상의 같은 맬서스 경제의 핵심은 (i) 기술진보가 생활수준 향상에 기여하지 못하며, (ii) 소득이 높아지면 인구증가율이 상승한다고 요약할 수 있다. 그러나 맬서스 경제의 핵심은 오늘날의 현실 경제와는 상당히 동

떨어져 있다. 즉 오늘날의 경제에서는 기술진보가 생활수준을 향상시키는 핵심요소이며, 소득수준과 인구증가율 간에는 음(−)의 관계가 성립한다.

맬서스 경제가 오늘날의 현실 경제와 상이한 이유는 맬서스 경제가 지나치게 단순화된 모형이라는 사실에 기인한다. 즉 맬서스 경제에서는 노동만을 유일한 생산요소로 고려하였으며 수확체감의 법칙이 작용한다고 가정하였다. 또한 사람들이 생존에 필요한 최소한의 식량만을 소비한다는, 즉 노동자들이 받는 임금은 노동력을 재생산하는 과정에서 필요한 최소한의 수준을 넘어서지 못한다는 가정은 오늘날 시점에서 판단할 때 다분히 비현실적이다.

2. 인구증가율과 경제성장

맬서스 모형은 지난 2세기 동안 보편적으로 나타난 급격한 인구증가와 소득향상으로 인해 붕괴되었다. 〈표 11-1〉에서와 같이 1800년대 이후 전 세계의 인구규모는 급격히 증가하였지만, 맬서스의 예상과는 달리 소득수준은 오히려 상승하였다. 즉 맬서스 모형은 생산요소로 노동만을 가정함으로써 급격한 생산성 향상을 예상하지 못하였다는 한계점이 있다. 제3장에서 살펴본 솔로우 경제성장 모형에서는 생산요소로서 노동과 자본을 고려함으로써 맬서스의 예상과는 비교가 되지 않을 만큼 높은 생산성의 달성이 가능하였다.

따라서 1800년대 이후의 인구와 경제성장 간의 관계는 솔로우 경제성장 모형에서 찾을 수 있다. 맬서스 모형과 솔로우 모형에서의 인구에 대한 관점(혹은 인구의 역할)에는 명확한 차이가 존재한다. 즉 전자는 '인구규모'에 초점을 둔 반면, 후자는 '인구증가율'을 중요하게 여긴다. 인구증가율이 솔로우 모형에서 어떤 역할을 하는지는 제3장에서 나타낸 기본방정식(식(3-3)), 즉 $\dot{k}$(즉 시간의 흐름에 따라 변동하는 노동자 1인당 자본량) 방정식을 통해 쉽게 확인된다. 편의를 위해 솔로우 모형의 기본방정식을 다시 나타내면, 식(11-2)와 같다.

$$\dot{k} = sf(k) - nk \tag{11-2}$$

식(11-2)에서 $sf(k)$는 노동자 1인당 저축의 크기를 나타내며, nk는 인구증가율을 고려하면서 현재의 수준 k를 유지하기 위해 요구되는 노동자 1인당 필요투자를 의미한다. 또한 솔로우 모형의 균형은 $\dot{k}=0$ 혹은 $sf(k)=nk$에서 성립한다.[4)]

만약 외생적으로 주어진 인구증가율이 상승할 때 투자가 이상의 수준에 미치지 못한다면, 노동자 1인당 자본량은 하락하게 된다. 〈그림 11-2〉에서와 같이 인구증가율이 상승하면, nk 직선이 왼쪽 상방으로 이동해(즉 $n_0k \rightarrow n_1k$) 더 낮은 수준의 노동자 1인당 자본축적(k_1)이 형성된다. 솔로우 모형에서는 노동자 1인당 자본량이 생산량을 결정($y=f(k)$)하기 때문에 인구증가율의 상승은 노동자 1인당 생산량을 감소시키는 결과

그림 11-2 솔로우 모형에서 인구증가율의 상승

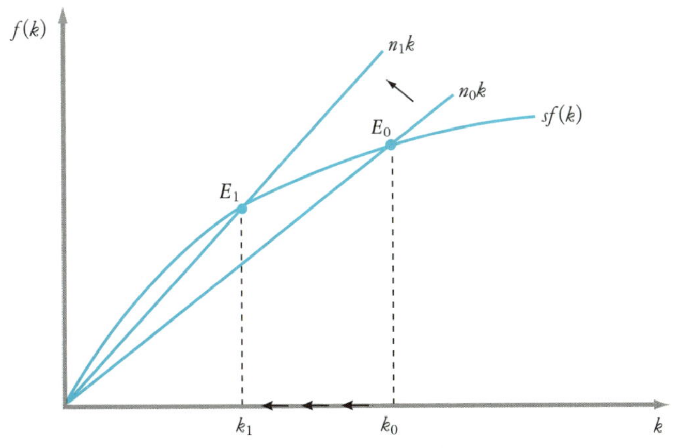

4) 솔로우 모형의 균형에 관한 논의는 이미 제3장에서 살펴보았다.

로 이어진다. 그러나 인구증가율이 하락할 때에는 *nk* 직선이 오른쪽 하방으로 이동하고, 이는 새로운 균형에서 노동자 1인당 자본량을 증가시켜 경제성장을 상승시킨다.

우리는 이상의 논의와 관련된 다음의 두 가지 사항을 지적하고자 한다. 첫째, 솔로우 모형은 균형성장 모형이기 때문에 외생적인 인구증가율의 변동이 발생할지라도 경제는 완전고용을 유지하면서 균형적인 성장이 가능하다. 그러나 솔로우 모형의 균형에서 결정되는 소득수준은 맬서스 모형의 균형에서 결정되는 소득수준과는 비교할 수 없을 정도로 높은 수준이다. 둘째, 우리는 솔로우 모형을 이용해 인구증가율이 높은 국가가 인구증가율이 낮은 국가에 비해 가난한 이유를 쉽게 설명할 수 있다. 즉 솔로우 모형은 지난 수십 년 동안 저개발 혹은 미개발 국가에서 높은 인구증가율과 낮은 소득수준이 나타난 이유를 적절히 설명해 준다.

3. 인구구조의 변화와 경제성장

20세기 중후반 이후 많은 국가에서는 인구규모와 인구증가율의 큰 변동 없이 인구구조의 급격한 변화를 경험하고 있다. 본 절에서는 통계자료에 근거해 세계의 출산율 및 사망률 감소로 나타난 고령화 현상을 살펴보고, 고령화 진전과 경제성장 간의 관계를 제시한다.

3.1 인구구조의 변동 추이

인구의 구성(인구층)은 크게 유년인구, 경제활동인구 및 고령인구로 구분된다. 일반적으로 유년인구는 0~14세, 경제활동인구는 15~64세, 고령인구는 65세 이상의 인구를 일컫는다. 이때 한 국가의 '인구구조'(age structure of population)의 변화는 이상의 세 인구층에서의 인구비율이 어떻게 변동하는지를 나타낸다. 한편 '부양비율'(dependency ratio)은 "경

그림 11-3 세계의 인구구조 변동 추이

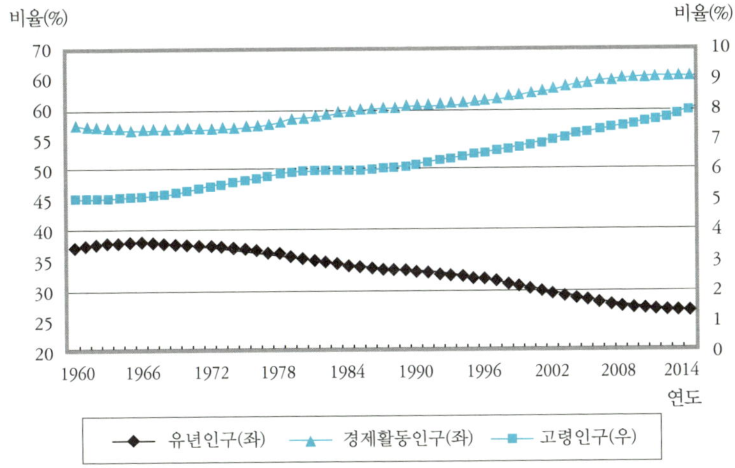

주: 세계의 전체인구 대비 각 인구층의 인구비율(%)을 나타냄.
자료: 세계은행(2015).

제활농인구 대비 유년인구와 고령인구를 합한 인구의 비율"을 의미한다.

〈그림 11-3〉은 세계의 인구구조가 시계열적으로 어떻게 변동하였는지 보여준다. 즉 〈그림 11-3〉은 세계은행(2015)이 제공한 자료에 기초한 것으로 1960~2014년 동안 전 세계의 국가를 대상으로 산출된 전체인구 대비 인구층별 인구비율의 시계열 추이를 나타낸다. 세계의 인구구조 변동 추이를 살펴보면, 우리는 다음과 같은 몇 가지 특징적인 사실을 발견할 수 있다.

첫째, 1970년대 중반 이후 유년인구의 비율은 급격히 감소하는 반면, 고령인구의 비율은 점진적으로 증가하고 있다. 예를 들어 1975년 세계의 전체인구 대비 유년인구비율과 고령인구비율은 각각 36.81%와 5.68%이었지만, 2014년 유년인구의 비율은 26.20%로 동기간 동안 10.61%포인트 감소하였으며 고령인구의 비율은 8.07%로 동기간 동안 2.39%포인트 증가하였다.

둘째, 일반적으로 한 국가의 '고령화 정도'는 "전체인구 대비 고령인구의 비율"로 측정한다. 〈그림 11-3〉은 20세기 중후반 이후 많은 국가에서 경험하고 있는 고령화 진전, 즉 출산율 감소로 인한 유년인구비율의 감소와 기대수명의 상승으로 인한 고령인구비율의 증가를 반영한다. 따라서 유년인구비율의 감소와 고령인구비율의 증가라는 시대적 흐름은 고령화 진전을 가속화시키는 결과를 초래하고 있다.

셋째, 이미 언급하였듯이 〈그림 11-3〉에서는 유년인구비율 감소의 정도가 고령인구비율 증가의 정도를 초과하고 있다. 왜냐하면 현재까지의 인구의 구성에서는 고령인구에 비해 유년인구가 훨씬 많기 때문이다. 따라서 1970년대 이후 부양비율은 지속적으로 감소되고 있다. 예를 들어 세계의 1970년 부양비율이 76.5%이었으나 2014년에는 53.6%까지 지속적으로 감소하였다. 여기서 76.5%(56.3%)는 경제활동인구 100명이 76.5명(56.3명)을 부양해야 한다는 사실을 의미한다. 그러나 현재 출산율 감소와 고령화 진전이 가속화되고 있는 상황에서 가까운 미래에 경제활동인구의 비율은 감소하고 부양비율은 증가할 것으로 예상할 수 있다.

따라서 세계의 인구구조 변화는 유년인구비율의 감소와 고령인구비율의 증가로 요약된다. 유년인구비율의 감소는 서구의 산업화된 국가에서 시작되었는데, 이는 소득수준이 향상됨에 따라 가계 위주의 경제에서 벗어나 직업이 전문화되고 자녀 교육의 질적인 측면을 고려한 출산율 저하에 기인한다.

그러나 많은 개발도상국이나 저개발국에서의 출산율은 상대적 관점에서 여전히 높은 수준이다. 왜냐하면 이상의 국가에서는 여전히 높은 수준의 유아사망률을 기록하고 있기 때문이다. 예를 들어 세계은행(2015)이 제공한 자료에 의하면, 2013년 기준 앙골라(Angola), 시에라리온(Sierra Leone), 차드(Chad) 등의 아프리카 국가들은 세계에서 가장 높은 수준의 5세 미만 유아사망률을 기록하고 있다. 즉 앙골라, 시에라리온, 차드에서는 1천 명당 5세 미만 유아사망률이 각각 167.7명, 160.6명, 147.5명에 달한다.[5] 한편 고령인구비율의 증가는 소득수준이나 지역에 관계없이 기대수명의 상승으로 생겨나는 보편적인 현상이다.

세계의 인구구조 변동 추이를 좀 더 구체적으로 살펴보기 위해서는 세계의 지역별 · 소득별 평균 출산율과 사망률에 대한 검토가 요구된다. 〈표 11-3〉은 세계은행(2015)이 제공하는 자료에 기초한 것으로 지역별 · 소득별 합계출산율과[6] 유아사망률(infant mortality rate, 즉 "1,000명당 5세 이하의 유아가 사망한 비율")을 나타낸다.

〈표 11-3〉에서와 같이 모든 지역의 합계출산율과 유아사망률은 시계열적으로 감소하고 있다. 합계출산율의 감소폭은 남부아시아, 동아시아 & 태평양, 라틴아메리카 & 카리브해 및 중동 & 북아프리카 지역에서 크게 나타난 반면, 유아사망률의 감소폭은 남부아시아, 사하라사막 이남 아프리카 및 중동 & 북아프리카 지역에서 큰 것으로 파악된다.[7] 그러나 아프리카 국가들의 평균적인 유아사망률은 다른 지역 국가들의 경우에 비해 여전히 높은 상태이다. 1970년대 중반 이후 대부분 유럽 국가들의 합계출산율과 유아사망률은 거의 변동하지 않았는데, 이는 대부분 유럽 국가들에서는 인구학적 천이가 끝났음을 의미한다.

소득별 분류를 살펴보면, 한 가지 흥미로운 사실을 발견할 수 있다. 합계출산율의 감소폭이 크게 관측된 국가들은 중상소득 혹은 중하소득의 국가들이다. 즉 상대적 관점에서 저소득 국가와 고소득 국가의 합계출산율은 시계열적으로 크게 변동하지 않았다. 이는 합계출산율의 감소가 어느 정도의 소득수준에 도달한 이후 크게 발생한다는 사실을 제시한다. 유아사망률은 소득수준에 관계없이 대부분의 국가에서 지속적으로 감소하고 있다. 다만 고소득 국가에서의 유아사망률은 이미 매우 낮은 수준이기 때문에 최근에는 크게 변동하지 않고 있다.

그러므로 시간의 흐름에 따라 세계의 많은 국가에서는 합계출산율과

---

5) 세계은행(2015)이 제공한 자료에 의하면, 2013년 기준 유아사망률이 가장 낮은 국가는 1천 명당 2명인 룩셈부르크이다. 우리나라는 1천 명당 3.7명으로 비교적 유아사망률이 낮은 국가로 분류된다.

6) 합계출산율의 정의는 본 장 제1절에 나타나 있다.

7) 시계열적인 변동은 맨 오른쪽 열에 있는 2010년 – 1970년의 값으로 쉽게 파악할 수 있다.

표 11-3 지역별 · 소득별 합계출산율과 유아사망률(단위: 명)

구 분			1960년	1970년	1980년	1990년	2000년	2010년	2010년 −1970년
지역별 분류	남부아시아	합계출산율	6.02	5.73	5.01	4.17	3.33	2.67	−3.06
		유아사망률	248.8	213.0	171.2	129.4	94.0	64.2	−148.8
	동아시아 & 태평양	합계출산율	5.40	5.12	3.05	2.60	1.79	1.82	−3.30
		유아사망률	–	111.2	72.0	57.0	40.0	21.6	−89.6
	라틴아메리카 & 카리브해	합계출산율	5.97	5.30	4.20	3.21	2.65	2.23	−3.07
		유아사망률	165.5	119.6	84.7	54.4	32.3	22.6	−97.0
	북아메리카	합계출산율	3.67	2.46	1.83	2.06	2.00	1.90	−0.56
		유아사망률	30.3	23.2	14.8	10.9	8.2	7.3	−15.9
	사하라사막 이남 아프리카	합계출산율	6.61	6.73	6.76	6.36	5.77	5.23	−1.50
		유아사망률	–	246.6	201.7	179.5	156.1	103.8	−142.8
	유럽 & 중앙아시아	합계출산율	2.83	2.55	2.16	1.95	1.56	1.72	−0.83
		유아사망률	–	54.7	45.5	32.0	23.0	14.1	−40.6
	중동 & 북아프리카	합계출산율	6.87	6.60	6.19	4.83	3.21	2.78	−3.82
		유아사망률	268.3	209.1	123.2	64.6	41.3	26.5	−182.6
소득별 분류	저소득	합계출산율	6.51	6.60	6.54	6.34	5.87	5.08	−1.52
		유아사망률	277.7	238.3	206.3	166.6	134.9	87.4	−150.9
	중하소득	합계출산율	5.89	5.69	5.04	4.19	3.36	2.91	−2.78
		유아사망률	234.3	199.5	153.2	118.9	93.4	65.3	−134.2
	중상소득	합계출산율	5.81	5.44	3.31	2.79	1.90	1.88	−3.56
		유아사망률	–	118.8	75.1	54.4	38.5	22.9	−98.9
	고소득: 비OECD	합계출산율	2.96	2.53	2.49	2.42	1.80	1.89	−0.64
		유아사망률	–	54.0	43.3	29.1	21.7	13.9	−40.1
	고소득: OECD	합계출산율	2.97	2.46	1.88	1.79	1.66	1.69	−0.77
		유아사망률	46.4	27.6	15.3	10.3	7.0	5.6	−22.0

자료: 세계은행(2015).

유아사망률이 감소하고 기대수명이 상승하는 인구의 고령화 현상이 진전되고 있다. 즉 오늘날 인구와 관련된 경제학에서의 주요 관심사는 인구규모나 인구증가율이 아닌 인구구조가 자리잡고 있으며, 한 국가의 인구구조의 변화는 직·간접적으로 경제성장과 관련된다. 이상의 내용은 이하에서 살펴본다.

3.2 국가 간 고령화 진전의 차이

인구구조의 변화가 경제성장에 미치는 영향을 검토하기 이전에 국가 간 고령화 진전의 차이가 존재하는지 살펴볼 필요성이 있다. 왜냐하면 국가별 고령화 정도에 따라 인구구조가 경제성장에 미치는 영향이 국가마다 상이하게 나타날 수 있기 때문이다. 국제연합(UN)은 인구구조에 기초해 고령인구비율이 7~14% 사회를 '고령화사회'(aging society), 14~20% 사회를 '고령사회'(aged society) 및 20% 이상 사회를 '초고령사회'(super aged society)로 분류한다.

〈표 11-4〉는 OECD 국가를 대상으로 1960년과 2004년의 고령화 유형을 비교해 나타낸다. 1960년의 멕시코·터키·대한민국·폴란드·슬로바키아는 고령인구비율이 7% 미만인 '청장년사회'로 분류되며, 나머지

표 11-4 OECD 국가의 고령화 유형

1960년 \ 2004년	청장년사회(7% 미만)	고령화사회(7~14%)	고령사회(14~20%)
청장년사회(7% 미만)	멕시코, 터키	대한민국, 폴란드, 슬로바키아	-
고령화사회(7~14%)	-	미국, 캐나다, 호주, 뉴질랜드, 아일랜드, 네덜란드, 포르투갈	영국, 일본, 오스트리아, 벨기에, 덴마크, 핀란드, 프랑스, 그리스, 헝가리, 이탈리아, 룩셈부르크, 노르웨이, 스페인, 스웨덴, 스위스

주: 괄호 안의 수는 전체인구 대비 고령인구비율을 나타냄.
출처: 재정경제부(2005).

OECD 국가들은 고령화사회이었다. 그러나 2004년에는 멕시코와 터키를 제외한 모든 OECD 국가가 고령화사회 혹은 고령사회에 진입하였다.

구체적으로 대한민국 · 폴란드 · 슬로바키아는 멕시코 · 터키에 비해 고령화 진전이 빠른 속도로 진행되었다. 또한 우리는 미국 · 캐나다 · 호주 · 뉴질랜드 · 아일랜드 · 네덜란드 · 포르투갈의 고령화 진전이 〈표 11-4〉의 맨 오른쪽 하단에 기록한 일련의 국가들에 비해 고령화 진전이 심각하지 않다는 사실을 알 수 있다. 다른 OECD 국가들과는 달리 미국 · 캐나다 · 호주 · 뉴질랜드 등의 국가에서는 고령화 진전 속도가 빠르게 진행되지 않고 있는데, 그 이유는 제3세계 국가들로부터 젊은이들의 이주가 이상의 국가에 집중되기 때문이다. 그러므로 우리는 국가 간의 고령화 유형을 통해 국가별 고령화 진전에 따른 경제적 부담이 국가마다 상이하게 나타날 수 있다는 사실을 짐작할 수 있다.

그렇다면 국가 간의 고령화 진전 속도에는 어느 정도 차이가 있는지 검토할 필요가 있는데, 이와 관련된 주요 국가의 자료는 〈표 11-5〉에 요약되어 있다. 통상적으로 국가 간의 고령화 속도는 고령화사회에서 고령사회로 진입하는 데 소요되는 시간을 가지고 비교한다. 〈표 11-5〉에서

표 11-5 주요 국가의 인구고령화 속도

고령인구 비율 / 국가	도달연도(년)			소요연수(년)	
	고령화사회 (7~14%)	고령사회 (14~20%)	초고령사회 (20% 초과)	고령사회 도달 (7% → 14%)	초고령사회 도달 (14% → 20%)
대한민국	2000	2017	2026	17	9
독 일	1932	1972	2009	40	37
미 국	1942	2015	2036	73	21
스 웨 덴	1887	1972	2011	85	39
이탈리아	1927	1988	2008	61	20
일 본	1970	1994	2006	24	12
프 랑 스	1864	1979	2018	115	39

자료: 통계청(2011).

알 수 있듯이 고령사회에 도달하는 데 프랑스는 115년, 스웨덴은 85년, 일본은 24년이 소요되었다. 우리나라는 아직 고령화사회에 있지만, 인구 추계상 2017년에 고령사회, 2026년에 초고령사회에 진입할 것으로 예상되기 때문에 고령화사회에서 고령사회로 진입하는 데 겨우 17년이 소요될 전망이다. 즉 우리나라는 다른 산업화된 국가들과 비교할 수 없을 만큼 고령화가 빠르게 진행되고 있다.[8)]

이상과 같이 국가 간의 고령화 진전 속도에 차이가 생겨나는 이유는 무엇일까? 일반적으로 이상의 속도 차이의 원인으로서 소득수준이 종종 제시되지만, 〈표 11-5〉에서와 같이 소득수준이 유사한 국가 간에도 고령화 진전 속도의 차이는 상당히 상이하기 때문에 이상의 물음에 대한 해답은 좀 더 신중하게 제시되어야 한다. 고령화 진전의 속도는 출산율의 감소와 기대수명의 상승이 어느 정도 빨리 이루어지는지에 의존하기 때문에 이들 현상을 결정하는 요인들이 고령화 진전의 속도에도 영향을 미칠 것으로 예상된다. 예를 들어 황진영 · 정상은(2009b)은 110개 국가 간의 자료를 이용해 경제적 요인과 함께 사회문화적 요인, 이를테면 '사회적 자본'과 '사회적 역량'이[9)] 국가 간의 고령화 진전 속도에 영향을 미칠 수 있다는 실증분석 결과를 제시하였다.

읽을거리

고학력 노동자의 국가 간 이주

고학력 노동자의 국제이동은 인력이 떠난 국가(이후 서술의 편의를 위해 '본국'으로 나타냄)와 이주하는 국가의 경제성과에 큰 영향을 미치게 된다. 고학력 노동자의 이주가 본국의 경제성과에 미치는 영향은 이른바 '두뇌유출'(brain drain)과 '두

8) 우리나라의 급속한 고령화 진전은 출생시 기대수명의 상승은 물론 세계의 최저 수준인 낮은 출산율에 기인한다.

9) 사회적 자본과 사회적 역량에 관한 논의는 제7장에 나타나 있다.

뇌유입'(brain gain)으로 대별된다.

먼저 1960~1970년대 전통적인 이론은 고학력 노동자의 외국으로 이주가 본국의 경제성장에 음(−)의 영향을 미치는, 이른바 '두뇌유출'(brain drain)로 집약된다. 이와 같은 음의 영향에 대한 이유로는 경제에 대한 이주자의 공헌이 그들의 한계생산성보다 클 수 있으며, 고학력 이주자에 대한 교육이 부분적으로 세금 등에 의해 지원되고 있다는 점 등을 들 수 있다.

그러나 최근 들어 내생적 성장하에서는 고학력 노동자의 외국으로 이주가 본국의 경제성장에 양(+)의 영향을 미치는, 이른바 두뇌유입(brain gain)의 가능성을 제시하였다. 구체적으로 내생적 성장이론에 의하면, 고학력 노동자의 이주는 인적자본 축적을 증가시킬 뿐만 아니라 여러 형태의 '피드백 효과'(feedback effect)를 유발한다. 즉 교육투자에 대한 수익이 외국에서 크게 나타날 경우에는 이주의 가능성이 인적자본의 기대수익을 증가시킬 수 있다. 따라서 더 많은 사람들이 교육을 수요하기 때문에 취학률 상승으로 이어진다. 결국 한 국가의 더 많은 교육투자는 경제성장에 양의 영향을 미치게 된다. 또한 외국으로 나간 고학력 노동자의 송금, 이주한 노동자가 다시 본국으로 돌아올 때 외국에서 획득한 기술이나 지식의 전파, 새로운 투자나 무역의 네트워크 창출 등 여러 형태의 피드백 효과로 인해 고학력 노동자의 이주는 본국 경제에 도움이 된다.

따라서 고학력 노동자의 이주가 본국의 경제성장에 미치는 영향에 대한 이론적 결론은 불명확하며, 이상의 영향을 파악하기 위해서는 실증적 검토가 필요하다. 그러나 가용한 통계자료가 많지 않을 뿐만 아니라 완전하지 않기 때문에 이상의 내용에 대한 실증적 연구는 2000년대 전까지 활발히 진행되지 않았다. 최근 들어 OECD에서는 'OECD 회원국의 이민자 데이터베이스'(Database on Immigrants in OECD Countries)를 제공하고 있다. 또한 Docquier and Marfouk(2005)는 전세계 170여 개 국가를 대상으로 1990년과 2000년의 교육수준별 이주를 측정한 통계자료를 구축하였다. 또한 Docquier and Marfouk(2005)가 제시한 실증분석 결과는 고학력 노동자의 이주로 이익이 생겨날 수 있다는, 즉 두뇌유입의 가설을 대체로 기각하였다. 즉 Docquier and Marfouk(2005)는 고학력 노동자의 외국으로 이주가 본국의 인적자본 축적을 감소시키므로 본국의 경제성장에 악영향을 미치는 것으로 파악하였다.

표 11-6 고학력 노동자의 이주저량과 이주비율의 최상위 10개 국가

순위	최상위 이주저량		최상위 이주비율	
	국 가	이주저량(명)	국 가	이주비율(%)
1	영 국	1,441,307	가이아나	89.0
2	필 리 핀	1,126,260	그레나다	85.1
3	인 도	1,037,626	자메이카	85.1
4	멕 시 코	922,964	세인트빈센트 그레나딘	84.5
5	독 일	848,414	아 이 티	83.6
6	중 국	816,824	트리니다드토바고	79.3
7	대한민국	652,894	세인트키츠네비스	78.5
8	캐 나 다	516,471	사 모 아	76.4
9	베 트 남	506,449	통 가	75.2
10	폴 란 드	449,059	세인트루시아	71.1

주: 자료의 한계성으로 말미암아 대한민국의 자료에는 북한도 포함되었음.
자료: Docquier and Marfouk(2005)이 제공한 자료를 바탕으로 구성함.

〈표 11-6〉은 Docquier and Marfouk(2005)가 제공한 자료로서 2000년 고학력 노동자의 '이주저량'(emigration stock)과 '이주비율'(emigration rate)의 최상위 10개 국가이다. 이는 "고등교육 이상을 이수한 노동자가 OECD 국가로 이주한 저량"과 "근로 노동인구 대비 고등교육 이상을 이수한 이주자 비율"을 의미한다. 이주저량의 최상위 10개 국가에는 개발도상국은 물론 산업화된 국가도 포함되어 있으며, 지역적으로 다양하게 분포되어 있다. 따라서 고학력 노동자의 이주는 특정지역이나 소득수준과 관계없이 대부분의 국가가 경험하고 있는 문제이다. 고학력 노동자 이주비율의 최상위 10개 국가는 대부분의 남미와 카리브 해안 국가들이다. 놀랍게도 이들 국가의 고학력 노동자의 이주비율은 70~80% 이상을 기록하고 있다.

황진영 외 2인(2007)은 Docquier and Marfouk(2005)가 제공한 자료를 바탕으로 11개 동아시아 국가에서의 고학력 노동자가 외국으로 이주할 때 생겨나는 후생손실을 GDP 대비 비율(즉 이주손실, emigration loss)로 추정하였다. 황진영 외 2인(2007)에 의하면, 2000년 우리나라의 이주손실은 가정조건에 따라 다소 차이는

있지만, GDP의 약 0.456~0.773% 정도로 나타났다. 최근 들어 이선호 외 2인(2014)은 고학력 노동자의 국제이동의 결정요인을 분석하였다. 구체적으로 대부분 국가에서는 실질 1인당 GDP, 실업률, 무역량 및 글로벌지수가 고학력 노동자의 국제이동에 통계적으로 유의한 양(+)의 영향을, 그리고 연구개발 투자 비율과 도시화율은 고학력 노동자의 국제이동에 통계적으로 유의한 음(-)의 영향을 미치는 것으로 관측되었다.

3.3 고령화 진전과 경제성장

고령화 진전이 투자와 경제성장에 미치는 영향은 인구구조가 어떤 시점에서 어떻게 변동하느냐에 따라 상이하게 나타난다. 예를 들어 기대수명이 매우 낮은 제3세계 국가에서 기대수명이 상승함으로써 생겨나는 고령화 진전은 투자와 경제성장을 동반 상승시킨다. 왜냐하면 기대수명이 매우 낮은 상태에서 상승할 경우에는 경제활동인구의 비율이 증가하기 때문이다. 그러나 기대수명은 거의 변동하지 않으면서 출산율이 감소해 고령화가 진전되는 국가에서는 고령화 진전이 투자와 국민소득 향상에 음(-)의 영향을 미치게 된다.[10]

이미 살펴본 바와 같이 1960~1970년대 이후 지구상의 많은 국가에서는 기대수명이나 사망률의 큰 변화 없이 출산율 감소에 따른 고령화 진전을 경험하고 있다. 따라서 많은 국가에서의 고령화 진전은 경제성장에 부정적 영향을 미칠 것으로 예상된다. 국제통화기금(IMF)에서 발행한 *World Economic Outlook*(2005)에 의하면, 한 국가에서의 고령자 인구가 1% 증가할 때 실질 1인당 GDP 성장률은 약 0.041%포인트 감소한다고 분석하였다. 이하에서는 고령화 진전이 경제성장에 미치는 음의 영향을 공급·수요·분배의 세 가지 측면으로 나누어 구체적으로 살펴본다.

먼저 고령화 진전은 공급측면에서 경제활동인구를 감소시켜 노동공

10) 이상의 내용은 Zhang et al.(2003)을 참고할 수 있다.

급을 제약할 뿐만 아니라 부양인구의 증가로 인해 투자할 수 있는 가용자금을 위축시키기 때문에 경제성장을 방해한다. 또한 고령화 진전은 계획되지 않은(accidental) 상속을 감소시키기 때문에 물적자본 축적에 음의 영향을 미칠 수 있다. 일반적으로 노후를 대비한 연금이나 저축은 직장을 은퇴한 이후 혜택을 받게 되지만, 은퇴 이전에 사망할 경우에는 이상의 자산이 후손들에게 상속의 형태로 남겨진다. 상속받은 후손들은 이상의 계획되지 않은 상속을 투자의 재원으로 활용할 수 있기 때문에 계획되지 않은 상속이 많아질수록 물적자본 축적이 증가하는 경향이 있다. 그러나 인구의 고령화가 가속화될수록 계획되지 않은 상속은 감소하고, 이는 물적자본 축적과 경제성장에 음의 영향을 미친다.[11]

또한 인구의 고령화 진전은 경제의 총수요에도 영향을 미친다. 예를 들어 경제활동인구의 감소는 저축을 감소시켜 투자수요를 위축시킨다. 비록 인구의 고령화가 진전될수록 예비적 동기에 의한 저축이 증가할 수 있지만, 이상의 증가는 경제활동인구 감소에 따른 저축의 감소에 비해 상당히 낮은 수준이다.[12] 이와 같은 총저축의 감소는 경상수지를 악화시킬 가능성이 있다. 또한 경제활동인구가 감소할수록 세수가 줄어들어 정부지출의 재원이 줄어들게 된다. 만약 고령인구의 증가로 인해 정부가 사회보장지출을 증가시킨다면, 재정수지의 악화가 심화될 수밖에 없다. 따라서 고령화 진전은 투자 · 정부지출 · 순수출 등의 총수요를 감소시켜 경제성장에 부정적 역할을 한다.

마지막으로 고령화 진전은 재원의 분배와 관련된 '정부지출의 세대간 경쟁' (intergenerational competition)을 야기하는 사회적 부담을 증가시킨다. 예를 들어 유년인구와 경제활동인구는 재정의 많은 부분을 교육과 같은 부문에 지출하기를 희망하는 반면, 고령인구는 재정의 많은 부분을 건강 · 사회보장 등의 부문에 대한 지출을 선호한다. 이와 같은 정부지출의

11) 인구의 고령화에 따른 계획되지 않은 상속의 감소는 연금시장에 존재하는 역선택 문제로 인해 연금보험(annuity insurance)이 적정수준보다 낮게 이루어질 때 더 크게 작용할 것으로 예상된다(Feldstein, 1990).

12) 이 점은 다음 절에서 다시 논의한다.

세대 간 갈등은 효율성이 낮은 부문에 재정을 지출하는 형태로 재원배분의 왜곡을 창출할 수 있다. 또한 고령화 진전은 경제적 약자인 노인들의 독신가구를 증가시키기 때문에 소득불평등을 심화시키는 원인이 된다. 이미 제 5 장에서 살펴본 바와 같이 산업화된 국가에서는 소득불평등의 심화가 경제성장에 대체로 음의 영향을 미친다.

이상과 같이 인구의 고령화 진전은 경제성장에 대체로 부정적 역할을 수행한다. 우리는 이미 국가 간의 고령화 진전 속도에는 차이가 있으며, 우리나라의 고령화 진전 속도는 전례 없이 빠르게 진행되고 있다는 사실을 살펴보았다. 따라서 우리나라에서의 고령화 진전은 지속적이고 안정적인 경제성장을 추구하는 데 걸림돌이 될 수 있다. 그러므로 고령화가 진전되는 상황에서 지속적이고 안정적인 경제성장을 이룰 수 있는 방안의 조속한 마련은 현재 우리에게 주어진 어려운 과제이다.

4. 고령화 진전과 경제성장 간의 전달경로

한 국가의 고령화 진전은 총공급을 감소시키고 총수요를 제약해 직접적으로 경제성장에 음의 영향을 미칠 뿐만 아니라 저축률 · 교육투자 · 재정수지 · 금융시장 등의 다양한 전달경로를 통해 간접적으로 경제성장에 영향을 미친다. 본 절에서는 고령화 진전과 경제성장을 연결하는 다양한 전달경로를 살펴본다.

4.1 저축률

인구의 부양비율과 저축률 간의 관계는 1985년 노벨 경제학상 수상자인 모딜리아니(Franco Modigliani, 1918~2003) 교수가 제안한 '생애주기 가설'(life-cycle hypothesis: LCH)에 잘 나타나 있다. 즉 LCH에 의하면, 경제활동인구 대비 유년인구 혹은 고령인구의 비율이 증가할수록 소득의 창출 없이 소비가 증가하기 때문에 총저축은 감소하게 된다. 동일한 맥락에서 Auerbach and Kotlikoff(1992)는 한 국가의 고령화 진전은 인구의 부양비율을 증가시키기 때문에 저축률이 감소할 것으로 예상하였다. 따라서 한 국가의 부양비율 증가는 총저축 감소에 따른 가용재원을 축소시켜 투자와 경제성장을 위축시킨다.

한편 Zhang et al.(2003)은 개인이 자신의 저축으로 노후 생존에 필요한 자원을 마련하는 개인의 생애주기를 상정하였다. 이때 Zhang et al.(2003)은 기대수명이 상승할 경우에는 개인이 저축률을 증가시킬 수 있다고 주장하였다. 왜냐하면 기대수명이 상승할수록 불확실한 미래를 대비하려는 예비적 동기에 의한 저축이 증가하기 때문이다. 물론 Zhang et al.(2003)의 견해는 연금시장이나 금융시장의 불완전성을 전제한다. 그러나 보편적인 선행연구 결과에 의하면, 개인의 예비적 동기에 의한 저축의 증가분이 경제활동인구 감소로 인한 저축의 감소분보다 적기 때문에 한 국가의 고령화 진전은 민간의 총저축을 감소시킨다.

실증적 연구결과는 대체로 LCH의 유용성을 인정하는 것으로 나타났다. 예를 들어 Kelley(1988)는 80여 개 국가의 통계자료를 이용해 고령인구비율의 증가가 총저축률(즉 "GDP 대비 총저축 비율") 감소에 통계적으로 유의한 영향을 미치는 것으로 추정하였다. 또한 Horioka(1997)는 일본의 연간 시계열자료(1955~1993년)를 이용해 인구의 부양비율과 가계의 저축률 간에는 음의 관계가 성립하는 것으로 확인하였다. 우리나라의 자료를 이용한 선행연구로는 곽승영(2004), 최공필 · 남재현(2005) 등을 들 수 있으며, 이상의 연구결과들은 모두 고령화 진전과 저축률 간에는 음의 관계가 나타난다고 제시하였다.

4.2 교육투자

선행연구에서는 인구구조의 변화와 교육투자 혹은 정부의 교육비지출 간의 관계를 분석하였는데, 이를 통해 우리는 한 국가의 고령화 진전이 교육투자란 전달경로를 통해 경제성장에 미치는 영향을 파악할 수 있다. 예를 들어 Zhang et al.(2003)은 중위투표자 이론을 이용해 한 국가의 고령화 진전과 정부의 교육비지출 간의 관계를 제시하였다. Zhang et al.(2003)에 의하면, 경제발전의 초기단계에서는 기대수명의 상승이 교육비지출의 증대를 유도한다. 왜냐하면 경제발전의 초기단계에서는 중위투표자가 교육의 수혜계층이기 때문에 조세를 증가시켜 교육비지출의 증대를 희망하기 때문이다. 그러나 기대수명이 일정 수준 이상이 되면 중위투표자는 교육혜택을 받을 수 있는 나이를 넘어서기 때문에 조세를 줄여 교육비지출의 감소를 유도하려 노력한다.[13] 따라서 Zhang et al.(2003)에 의하면, 기대수명의 상승이 교육비지출에 역U자 형태의 영향을 미친다.

또한 Preston(1984)은 미시 모형을 통해 고령화된 가구 수가 증가할수록 정부지출이 교육에 비해 고령인구를 위한 복지에 더 많이 사용될 수 있다고 제시하였다. Poterba(1997)는 미국의 주(state)별 1960~1990년의 시계열자료를 이용해 고령화 진전과 12학년(초등 및 중등 교육기관)까지 정부의 교육비지출 간에는 음의 관계가 존재한다고 추정하였다. 이상의 연구결과들은 정부의 재원을 배분함에 있어 세대 간 경쟁이 생겨날 수 있음을 의미한다. 즉 고령화가 진전될수록 보다 많은 재원이 젊은 세대를 위한 교육보다 노인의 복지를 위해 사용될 가능성이 증가한다.[14]

그러나 이상의 논리와는 달리 Börsch-Supan(2001)은 인구의 고령화가 진전될수록 생산성 향상을 위한 인적자본 투자가 증가한다고 주장하였다. 즉 고령화 진전은 경제활동인구의 감소를 상쇄할 만큼 노동의 질을 개선시켜야 하므로 더 많은 교육투자를 요구한다. 황진영(2004), Richman and Stagner(1986) 등은 인구의 고령화가 진전된 국가일수록 젊은 사람들에게 교육투자를 증가시켜 더 많은 자원을 창출하려 노력할 수 있다고 제

13) 예를 들어 우리나라의 중위연령("전체인구를 연령 순서대로 세웠을 때 가장 중앙에 위치한 연령")은 1960년 19.0세, 1980년 21.8세, 2000년 31.8세, 2015년 40.8세로 증가하였다. 또한 2050년 우리나라의 중위연령은 55.9세로 크게 증가할 것으로 예상된다(통계청, http://kostat.go.kr).

14) 김의섭 · 황진영(2006), 황진영(2007d) 등은 정부지출의 구성을 결정하는 과정에서 세대 간 경쟁이 생겨날 수 있다는 가능성을 실증적으로 검토하였다.

시하였다. 또한 황진영 외 2인(2008)은 국가 간의 고령인구비율과 교육의 질을 나타내는 두 변수, 즉 '국제시험결과'와 '해당 국가에서 1년을 더 교육받을 때 미국 노동시장에서 발생하는 수입의 변화분'[15] 간에는 양의 관계가 성립할 수 있다고 관측하였다.

그러므로 한 국가의 고령화 진전이 교육투자에 미치는 영향은 상반된 형태로 나타날 수 있다. 즉 고령화 진전이 한편에서는 '정부지출의 세대 간 경쟁'으로 인해 정부의 교육비지출을 감소시킬 수 있지만, 다른 한편에서는 더 많은 자원을 창출하기 위해 공적·사적 교육투자의 양 혹은 교육의 질을 개선시킬 수도 있다. 따라서 고령화 진전이 교육의 질적 개선을 동반하지 않을 경우에는 경제성장에 부정적 영향을 미칠 수밖에 없다. 그러나 고령화 진전이 효율적인 교육시스템과 제도적 보완장치를 마련하는 계기가 되어 교육의 질을 크게 개선시킬 경우에는 경제성장에 양의 영향을 미칠 가능성도 함께 존재한다.

4.3 재정수지와 정부지출의 구성

고령화 진전은 경제활동인구의 감소로 인해 세원이 줄어들고 연금 및 건강·사회보장 등에 대한 정부지출을 증가시켜 재정수지의 부담을 가중시킨다. IMF에서 발행한 *World Economic Outlook*(2005)에서는 경제활동인구의 비율이 1% 증가하면 재정수지가 0.06%포인트 개선되는 반면, 고령인구의 비율이 1% 증가하면 재정수지가 0.46%포인트 악화되는 것으로 분석하였다. 또한 OECD(2001)에서는 우리나라의 재정적자가 노인관련 정부지출의 급증으로 인해 2050년에 GDP 대비 7.7%에 달할 것으로 예측하였다. 이와 같은 전망은 미국(1.0% 적자)·일본(5.8% 적자)·스웨덴(2.6% 적자) 등의 국가에 비해 상당히 높은 수치이다. 재정수지의 악화는 정부의 활동을 제약할 뿐만 아니라 효율적인 투자지출을 감소시킬 수 있기 때문에 경제성장에 부정적 역할을 수행한다.

15) 이상의 변수들에 대한 설명은 제6장에 나타나 있다.

또한 고령화 진전에 따른 연금제도 등의 노후소득 보장제도를 시행할 때 부담의 형평성 혹은 지급액의 적정성이 확보되지 않는다면, 후세대에게 세부담을 가중시켜 장기적인 재정불안을 초래할 우려가 있다. 비록 국가별 공적연금제도에는 차이가 있지만, OECD 국가 간의 자료에 기초할 때 고령인구비율이 연금지출에 직접적인 영향을 미치는 것으로 파악된다. 그러나 연금제도의 합리적 개선은 경제성장에 긍정적 영향을 미칠 가능성이 있다. 예를 들어 연금기금 적립에 의한 장기저축이 효과적으로 금융시장 및 실물경제에 연결될 경우에는 효율적인 다양한 투자 재원으로 활용이 용이해져 경제성장에 기여하게 된다.

한편 '정부지출의 세대 간 경쟁'을 논의한 선행연구에서와 같이 고령화 진전은 사회복지 및 건강에 대한 정부지출을 증가시키는 형태로 정부지출 구성에 영향을 미친다. 또한 이미 살펴본 Alesina and Rodrik (1994), Persson and Tabellini(1994) 등이 제시한 바와 같이 사회보장 및 건강에 대한 정부지출은 근로의욕과 투자의욕을 저해하므로 경제성장에 음의 영향을 미친다. 한편 사회복지 및 건강에 대한 정부지출은 공공재 성격의 사회적 자본을 확충하기 때문에 사회통합에 기여하고 안정적 경제성장을 보조할 수 있다는 주장도 존재한다.[16]

따라서 한 국가의 고령화 진전은 재정수지를 악화시킬 뿐만 아니라 정부지출의 구성에 영향을 미쳐 경제성장을 방해할 수 있다. 그러나 고령화 진전이 재정수지와 정부지출 구성을 통해 경제성장에 긍정적으로 기여할 가능성도 함께 존재한다. 즉 긍정적 효과를 이끌어내기 위해서는 미래의 인구구조 변화에 대한 정확한 예측을 바탕으로 연금제도를 합리적으로 개선해 재정수지의 악화를 막을 뿐만 아니라 금융시장의 발전을 통해 효율적인 투자를 유도해야 한다. 또한 정부는 정책의 신뢰도를 증대시켜 사회복지 및 건강에 대한 정부지출이 사회 안정망을 확충하는 형태로 사회통합에 기여할 수 있는 방안을 모색해야 한다.

---

16) 사회복지에 대한 정부지출이 경제성장에 양(+)의 영향을 미칠 수 있다는 주장은 제8장의 보충내용에 나타나 있다.

4.4 금융시장

앞서 언급하였듯이 한 국가의 고령화 진전은 금융시장 발전의 필요성을 증대시킨다. 왜냐하면 고령화 진전은 금융자산 중에서 주식과 채권의 보유량을 결정하는 포트폴리오 구성에 영향을 미치기 때문이다. 일반적으로 연령이 높아질수록 안전자산에 대한 선호도가 증가하기 때문에 고령화 진전에 따라 주식에서 채권으로의 대대적인 포트폴리오 재배분이 발생한다. 따라서 고령화가 진전됨에 따라 총자산 대비 비금융자산의 비율이 감소하고 금융자산의 비율은 증가하며, 총금융자산 중에서 주식 등의 위험자산에 투자하는 비율이 축소된다. 또한 만기가 길수록 위험이 크기 때문에 고령인구는 위험이 작은 단기 국공채에 대한 선호를 증대시킨다.

고령화가 진전될수록 금융시장 발전의 필요성이 증대되는 또 다른 이유로서 고령인구는 근로소득에 대한 의존도가 떨어지고 금융자산에 대한 수요가 증가한다는 사실을 들 수 있다. 즉 최공필 · 남재현(2005)은 금융시장의 발전이 지연된다면, 자산운영과 관련된 만기 불일치는 분산되기 어려운 체계적 위험을 발생시킬 소지가 있다고 지적하였다. 고령화 진전에 따라 차별화된 금융관련 서비스에 대한 수요가 증가하고 여러 종류의 공적 · 사적 저축제도의 중요성이 증대될 수밖에 없다. 따라서 효율적인 자산배분을 위해 수요자의 선호를 감안한 연금형 상품(annuity) 등의 새로운 금융상품의 개발을 통해 가계의 미래소득에 대한 불확실성을 해소할 수 있는 장치가 마련되어야 한다.

그러므로 금융시장 발전을 전제로 투자관련 체제가 구축된다면, 고령화 진전이 경제성장에 미치는 부정적 요소는 어느 정도 제거가 가능해진다. 그러나 자산 운영능력이나 여러 수단에 대한 충분한 준비 없이 고령화가 진전된다면, 고령화 진전은 경제성장에 치명적인 영향을 미칠 뿐만 아니라 우리는 세대 간 갈등에 따른 여러 문제의 후유증을 피하기 어렵게 된다.

5. 여성의 고용, 출산 및 경제성장 간의 내생성

만약 출산율 감소가 소득수준의 향상과 함께 나타나는 불가피한 현상이라면, 현재의 출산율 감소는 미래의 경제성장에 큰 영향을 미친다. 즉 소득수준이 향상됨에 따라 가계 위주의 경제에서 벗어나 직업이 전문화되고 자녀 교육의 질적인 측면이 강조되면서 출산율은 자연스럽게 감소하게 된다. 또한 현재의 출산율 감소는 총공급을 감소시키고 총수요를 제약할 뿐만 아니라 다양한 전달경로(예를 들어 저축률 · 교육투자 · 재정수지 · 금융시장 등)를 통해 미래의 경제성장에 대체로 부정적 영향을 미친다.

또한 소득수준이 높아짐에 따라 여성의 지위가 향상되고 경제활동참가(혹은 고용)는 증가한다. 여성의 고용이 증대되고 임금수준이 향상될수록 자녀 양육에 대한 기회비용이 상승하기 때문에 자연히 출산율이 감소하게 된다. 즉 출산율의 감소 현상은 여성의 고용(노동시장 참여) 증가와 결코 무관하지 않다. 물론 여성의 경제활동참가의 증가와 출산율의 감소 간에는 인과관계의 문제점이 존재한다. 예를 들어 출산율이 낮을수록 부모는 자녀의 성별에 관계없이 교육의 질을 개선하는 데 큰 관심을 가지기 때문에[17] 인적자본에 대한 투자가 증가하고, 이는 미래의 여성 경제활동참가나 임금수준에 영향을 미치게 된다. 따라서 선행연구에서는 여성의 경제활동참가(혹은 고용)의 증가와 출산율의 감소 간에는 상호 영향을 주고받는 내생성(endogeneity)이 성립한다고 판단하였다.[18] [19]

이상의 이론적 배경에 근거할 때 여성의 고용, 출산 및 성장 간에는 상호 밀접한 관련성(내생성)이 성립한다. 이상의 세 변수 간에 존재하는 동태적 상호연관성을 밝히려는 동태적 일반균형 모형은 Wang et al.(1994)

17) 이는 Becker and Lewis(1973)가 제시한 교육투자의 양과 질의 상충관계를 반영한다.

18) 이상의 내생성과 관련된 내용에 대해서는 수많은 연구결과가 존재하는데, 선행연구의 요약은 황진영(2013)을 참고할 수 있다.

19) 한편 여성의 경제활동참가의 증가는 소득수준의 향상, 민주주의 사조의 확산, 여성 교육수준의 향상 및 세계화의 진전 등과도 무관하지 않은 것으로 알려져 있다(Mammen and Paxson, 2000; McCrary and Royer, 2011).

에 의해 도입되었다. Wang et al.(1994)은 고용, 출산 및 성장의 상호간에 존재하는 내생성을 도입한 동태적 비교분석을 통해 몇 가지 이론적 결론을 유도하였으며, 미국의 인구조사(current population survey)에 기초한 자료(구체적으로 노동시간과 출산율)를 이용한 실증분석 결과를 제공하였다. 즉 Wang et al.(1994)의 실증분석 결과는 고용, 출산율 및 생산량 간의 내생적 관련성을 지지하였으며, 고용, 출산율 및 생산량 충격에 대한 각 내생변수의 동태적 변화추이를 제시하였다.

이후 대부분 선행연구에서는 벡터자기회귀(vector auto regression, VAR) 모형을 이용해 출산율과 경제성장 간의 동태적 상호연관성을 분석하였다.[20] 예를 들어 Hondroyiannis and Papapetrou(1999)는 1960~1995년의 미국 자료를 이용해 출산율의 선택, 실질임금, 장기 실질이자율 및 생산량의 성장 간에는 장기적인 관계가 존재하지 않지만, 출산율 선택의 내생성은 성립한다고 관측하였다. 즉 Hondroyiannis and Papapetrou (1999)는 VAR 모형을 이용해 추정한 충격반응함수(impulse response function)와 분산분해(variance decomposition)를 통해 실질임금, 장기 실질이자율 및 생산량 성장의 변동이 출산율 선택의 변동에 미치는 영향의 정도를 파악하였다. 또한 Lee et al.(2012)은 여성의 고용, 출산 및 성장 간에는 내생성이 성립할 뿐만 아니라 여성의 고용과 출산이 성장에 미치는 영향은 동아시아 국가에 비해 유럽국가에서 크게 나타났다고 주장하였다.

김현숙 외 2인(2006)은 실증분석을 위한 이론적 배경으로 신가계경제학의 이론적 가설을 채택하였으며, 소득, 여성임금, 학력 및 경제활동참여가 출산율에 미치는 영향을 미시적 · 거시적 방법을 사용해 분석하였다. 구체적으로 김현숙 외 2인(2006)은 여성임금의 상승이 출산율에 음의 영향을 미친다는 실증분석 결과를 제시하였다. 또한 조윤영(2006)은 생애주기가설에 기초해 출산율과 여성의 노동공급 간의 관계가 한 방향이 아닌

---

20) 벡터자기회귀(VAR) 모형은 2011년 노벨 경제학상을 수상한 심스(Christopher A. Sims, 1942~) 교수가 제안한 것으로 시계열자료를 이용한 실증분석 방법론이다. 본서에서는 VAR 모형에 관한 설명을 생략하지만, 상세한 내용은 계량경제학 서적에서 쉽게 찾을 수 있다.

동시적인 결정 과정임을 보이고, 이들 두 변수 간의 관계가 어떻게 결정되는지 설명하였다.[21]

최근 들어 황진영 · 이종하(2012)는 1998~2009년의 우리나라 16개 광역자치단체의 패널자료를 이용해 여성의 고용, 출산 및 성장 간의 내생성을 확인하고, 그 영향의 크기를 추정하였다. 황진영 · 이종하(2012)의 주요 결과를 살펴보면, 출산율 변동이 여성의 고용 결정에 미치는 음(–)의 영향에 비해 여성의 고용 변동이 출산율 결정에 미치는 음의 영향이 훨씬 크게 추정되었다. 또한 여성의 고용 변동이 성장의 결정에 양(+)의 영향을 미친 것으로 관측되었지만, 그 영향의 크기는 대단히 낮은 수준이었다.[22] 그러므로 선행의 이론적 연구결과 및 특정국가 자료를 이용한 실증분석 결과를 종합하면, 우리는 여성의 고용, 출산 및 성장이 상호 영향을 주고받는 내생적 변수들이라는 사실을 알 수 있다.

21) 이종하 · 황진영(2011a)은 9개 동아시아 국가(대한민국 · 말레이시아 · 싱가포르 · 인도네시아 · 일본 · 중국 · 태국 · 필리핀 · 홍콩)의 패널자료로 구성된 구조적 VAR(structural VAR, SVAR) 모형을 사용해 여성의 고용, 출산 및 성장 간의 내생적 관련성이 성립할 수 있다고 역설하였다.

22) 이종하 · 황진영(2012)은 우리나라의 여성취업비율과 모의 연령별 출산율 간의 내생적 관련성 및 장 · 단기 인과관계를 분석하였다. 구체적으로 여성취업비율의 변동이 출산율 결정에 미친 영향의 크기는 그 반대의 경우에 비해 크게 추정되었으며, 여성취업비율과 일부의 출산연령, 즉 25~29세와 30~34세 모의 출산율 간에는 장기적인 관계가 성립하였다.

생각해 볼 문제

01 인구와 경제성장에 관련된 다음의 물음을 답하라.

(1) 맬서스는 유명한 『인구론』(1798)에서 빈곤을 방지하기 위해 반드시 출산율을 제한해야 한다고 주장하였다. 또한 맬서스는 생산성이 향상된다고 할지라도 인구규모만 증가하고 생활수준에는 큰 변화가 생겨날 수 없다고 생각하였다. 이상의 관계를 그래프를 이용해 설명하라.

(2) 맬서스 모형과 솔로우 모형에서는 각각 인구의 어떤 측면을 강조하고 있는가? 또한 오늘날에는 인구의 어떤 측면이 사회적 문제로 대두되고 있다고 생각하는가?

(3) 경제가 발전함에 따라 출산율이 감소하는 이유를 경제적인 관점에서 제시하라.

(4) 인구학적 천이에서는 한 국가의 인구규모의 변화를 출산율 변천과 사망률 변천의 상호작용을 통해 설명한다. 이때 한 국가의 출산율과 사망률은 소득수준과 어떻게 관련될 수 있는지 설명하라.

02 합계출산율과 순재생산율의 개념을 구분해 설명하라. 또한 제1절에서 언급한 바와 같이 소득상승으로 인한 대체효과가 소득효과보다 클 경우에는 출산율이 감소하는데, 여러분은 이상의 경우(즉 대체효과 > 소득효과)가 가능하다고 생각하는가? 만약 그렇다면, 대체효과가 소득효과보다 클 수 있는 구체적인 경우(사례)를 논의해 보자. 또한 소득효과가 대체효과보다 크게 나타날 수 있는 반대의 경우(사례)를 생각해 보자.

03 제3장 [생각해 볼 문제] 2번에서와 같이 y와 k는 각각 노동자 1인당 생산량과 노동자 1인당 자본축적량이라 하고, 노동자 1인당 생산함수는 $y=3\sqrt{k}$ 와 같다고 가정하자. 또한 인구증가율이 5%, 저축률이 30%라고 가정한다면, 정상상태의 노동자 1인당 생산량, 노동자 1인당 자본축적량 및 노동자 1인당 소비량은 얼마인가? 만약 다른 모든 조건은 동일한 상태에서 인구증가율이 8%로 증가하면, 노동자 1인당 생산량은 어떻게 변동하는가?

04 다음의 물음을 간단히 답하라.

(1) 출산율 감소가 교육투자에 어떤 영향을 미치는가? 교육투자를 양과 질의 두 가지 측면으로 나누어 설명하라.

(2) 고령화 진전이 경제의 총공급과 총수요에 어떤 영향을 미치는가?

(3) 고령화 진전이 금융시장 발전의 필요성을 증대시키는데, 그 이유는 무엇인가?

05 다음은 모딜리아니(Franco Modigliani, 1918~2003) 교수의 모형을 단순화시킨 문제이다. 즉 한 경제는 동일한 경제인으로 구성되어 있으며, 개개인은 P살에 일하기 시작해 W년 동안 일한다. 또한 은퇴 후 R년을 더 살며, D살이 되면 확실성하에서 사망한다고 가정하자. 또한 소비는 소득과 무관할 뿐만 아니라 생산성 향상이나 세대 간 유산 혹은 이전지출은 없으며 이자율은 0%로 가정한다. 이상과 같은 가정하에서 한 국가의 총저축은 어떻게 표현할 수 있는지 생각해 보자.

12 CHAPTER

지리적 환경과 천연자원 부존량

한 국가의 지리적 환경은 외생적으로 주어진 국가 간의 이질성을 나타내며, 이는 다양한 경제적·사회적 변수에 영향을 미쳐 경제성장과 관련된다. 또한 한 국가의 천연자원 부존량은 국가 간의 이질성을 반영할 뿐만 아니라 천연자원을 획득해 지대를 추구하려는 사람 혹은 계층과 그렇지 못한 사람 혹은 계층 간의 갈등의 원인이 된다. 따라서 지리적 환경 혹은 천연자원 부존량과 관련된 논의는 정치경제학 및 경제성장에서 다루어야 하는 중요한 연구주제이다. 본 장에서는 지리적 특성과 경제성장, 기후와 경제성장 및 천연자원과 경제성장 간의 관계를 차례로 살펴본다. 또한 현실세계에서는 풍부한 천연자원을 보유하고도 가난한 국가가 상당수 존재하는데, 본 장에서는 이상의 현상에 대한 가능한 설명을 제시한다.

1. 지리적 특성과 경제성장

한 국가의 지리적 특성은 국가 간의 다양한 차이를 설명하는 데 유용하게 사용된다. 본 절에서는 위치와 국제무역의 발전 간의 관계를 설명함으로써 지리적 특성이 경제성장과 관련될 수 있음을 제시하고, 이웃 국가 간의 영향을 통한 지역별 경제적 수렴현상을 살펴본다.

1.1 위치와 국제무역

지구상에서 소득수준이 높은 국가는 대체로 기후가 온화하고 생산이나 생활이 편리한 지역에 위치한다. 만약 지리상의 위치가 국제무역에 영향을 미치고 국제무역이 경제성장에 크게 기여한다면, 어떤 지역의 국가는 다른 지역의 국가에 비해 경제성장에 유리한 조건을 갖게 된다. 즉 한 국가의 지리상의 위치는 외생적 변수일 뿐만 아니라 국가 간의 이질성을 나타내며, 경제성장을 추구하는 모든 국가에서 고려해야 하는 제약조건이다.

일반적으로 "시장마찰이 없다고 전제하면, 국제무역은 경제성장에 긍정적 영향을 미친다."[1] 이는 경제학자들이 가장 보편적으로 인정하는 대표적인 명제이다. 왜냐하면 국제무역이 확대될수록 비교우위를 통한 특화, 외국과의 교역을 통한 새로운 기술의 습득, 더 큰 시장을 통한 규모의 경제 시현 등이 가능하기 때문이다. 다시 말해 무역개방도가 큰 국가에서는 무역을 통한 외부효과를 많이 흡수하고, 학습효과를 통해 인적자본의 축적과 함께 높은 경제성장의 달성이 가능해진다. 따라서 지리상의 위치가 국제무역의 발전을 결정하는 가능한 요인이 될 수 있다면, 지리상의 위치로 인한 국가 간의 이질성은 각국의 경제성장에 상이한 영향을 미치게 된다. 이하에서는 지리상의 위치가 어떻게 국제무역의 발전에 영향을 미치는지 살펴본다.

스미스(Adam Smith, 1723~1790)는 그의 유명한 저서 『국부론』(*The Wealth of Nations*, 1776)에서 국제무역에 영향을 미치는 가장 큰 지리적 특성으로 '해양에 대한 접근성'을 제시하였다. 해상운송은 국제무역을 위한 가장 저렴한 운송수단이다. 즉 해양에 대한 접근성이 용이한 국가에서는 상대적으로 낮은 운송비용으로 국가 간의 교역량을 증가시킬 수 있다. 왜냐하면 운송비용은 국가 간의 교역, 특히 노동집약적인 제품의 수출입에 있어 부가가치와 이익에 큰 영향을 미치기 때문이다. 또한 외국인이 투자를 결정할 때 운송비용이 높은 국가는 상대적으로 매력이 떨어지기 때문

---

1) 무역과 경제성장 간의 양(+)의 관련성은 이미 제3장에서 살펴보았다.

에 운송비용이 높은 국가의 기업들은 세계적인 경쟁에서 뒤처질 가능성이 크다.

해양에 대한 접근성은 지역별 경제발전의 정도를 설명하는 데 상당히 유용하다. Gallup et al.(1999)이 제공한 자료에 의하면, 바다에서 100km 반경 내에 위치한 지역에 거주하는 인구비율과 1인당 GDP 간에는 양(+)의 상관관계가 나타난다. 구체적으로 해양에 대한 접근 가능한 인구비율이 높은 지역부터 나타내면, 서유럽, 동아시아, 동유럽, 라틴아메리카, 남아시아, 사하라사막 이남 아프리카의 순이다. 물론 이상의 분석에서는 다양한 이유로 말미암아 인과관계의 문제점이 생겨날 수 있다. 예를 들어 서유럽의 육지면적은 사하라사막 이남 아프리카의 1/8에 불과하며, 열대지역의 인구는 폭염을 피해 내부 고지대에 밀집될 수 있다.

여기서 한 가지 인식해야 할 사항은 해양에 대한 접근성이 국제무역을 증가시켰듯이 국내의 이동과 생산성에도 중요한 역할을 수행하였다는 사실이다. 고대부터 경제상 · 행정상의 큰 도시는 해양에 대한 접근이 용이한 지역에 위치해 왔다. 또한 역사적으로 이상의 도시들은 거대도시로 성장해 한 국가의 경제성장에 중요한 역할을 담당해오고 있다.[2] 따라서 해양이나 해양으로 운항 가능한 강이 없는 국가에서는 거대도시의 형성과 높은 경제성장을 달성하는 데 어려움이 있었다.

국제무역의 발전은 해양에 대한 접근성과 함께 세계적인 주요 경제활동 지역에 대한 접근성에 의해서도 영향을 받는다. 전 세계에서 가장 발달한 지역(예를 들어 북미나 서유럽)에 가까이 위치한 국가일수록 운송비용이 상대적으로 적게 소요되기 때문에 국제무역을 통한 교역량을 증가시킬 수 있다. 구체적으로 "수입금액 대비 운송비용의 비율"은 미국, 유럽, 동아시아, 라틴아메리카, 사하라사막 이남 아프리카의 순으로 낮게 나타난다.[3] 그러므로 운송비용의 차이는 국가 간의 교역량 및 소득수준과 매

2) 초창기의 도시화는 '집적경제'(agglomeration economies)나 도시 노동자의 학습효과 등을 통해 경제성장에 긍정적 영향을 미쳤다(황진영, 2014).

3) 이상의 내용은 Weil(2009)의 *Economic Growth*에서 제공한 자료에 기초한다.

우 밀접하게 관련된다.

구체적으로 Weil(2009)이 밝힌 자료에 의하면, “수입금액 대비 운송비용의 비율”은 미국 3.6%, 유럽 4.7%, 동아시아 9.8%, 라틴아메리카 10.6% 및 사하라사막 이남 아프리카 19.5%이다. 또한 Weil(2009)은 여러 문헌들을 인용해 한 국가가 주요 경제활동 지역과 어느 정도 가까이 위치하느냐가 운송비용의 차이를 설명하는 데 유용하게 사용될 수 있다고 제시하였다. 예를 들어 세계적으로 가장 발달한 국가(미국 · 서유럽 · 일본 등)에서 1,000km 멀리 위치할수록 “수입금액 대비 운송비용의 비율”은 약 1%포인트씩 증가한다. 또한 Weil(2009)은 교역 상대국 간의 거리가 1% 증가할 때 GDP 대비 교역량은 0.85% 감소한다고 제시하였다.

그러므로 한 국가의 지리상의 위치는 해양에 대한 접근성이나 세계적인 주요 경제활동 지역에 대한 접근성에 영향을 미친다. 또한 이상의 영향은 수출입의 비용이나 투자의 수월성 등을 통해 국제무역의 발전, 더 나아가 경제성장과도 밀접하게 관련된다.

1.2 지역별 소득수준의 수렴현상

제3장에서 제시하였듯이 경제성장의 역사적 경험을 통해 알 수 있는 한 가지 흥미로운 사실은 지역별 소득수준의 수렴현상이다. 현재 서유럽, 동아시아, 북미, 남미 및 사하라사막 이남 아프리카 지역의 국가들 간에는 소득수준이 수렴하였거나 혹은 수렴이 진행 중이다. 경제학에서는 국가 간 소득수준의 수렴 혹은 이산의 정도를 측정하기 위해 보편적으로 두 가지 개념, 즉 β-수렴(β-convergence)과 σ-수렴(σ-convergence)을 사용한다.

먼저 β-수렴은 “가난한 국가가 부유한 국가보다 빠른 속도로 성장해 가난한 국가의 1인당 소득 혹은 생산량수준이 부유한 국가의 경우를 따라잡는(catch-up) 현상”을 의미한다. 즉 β-수렴이 성립하기 위해서는 경제성장률을 결정하는 추정방정식에서 초기의 소득수준(통상적으로 ‘실질 1인당 GDP’를 사용)의 추정계수가 향후 경제성장률에 대해 통계적으로 유의한 음(−)의 영향을 미치는 것으로 추정되어야 한다.[4] 많은 실증적 선행연구에서는 1960년대 이후 아시아와 남유럽 국가를 중심으로 β−수렴이 성립하는 것으로 파악하였다.[5]

그렇다면 국가 간 β−수렴 현상이 발생하는 이유는 무엇일까? β−수렴은 특정시점의 소득수준과 그 시점 이후의 경제성장률 간에 음(−)의 관계가 존재할 때 성립한다. 예를 들어 1990년의 소득수준이 낮은 국가일수록 1990년 이후에는 상대적으로 높은 경제성장률을 달성할 때 β−수렴이 성립한다. 이와 같은 현상이 가능한 이유는 (i) 투자의 한계생산성이 체감한다는 사실과 (ii) 투자의 증가가 경제성장률을 결정하는 가장 중요한 요인이라는 사실에서 찾을 수 있다.

다시 말해 소득수준이 높은 국가일수록 경제의 발전과정에서 생성된 투자시설이나 사회하부구조가 비교적 잘 갖추어져 있다. 이상의 국가에서는 새로운 투자에 대한 한계생산성이 경제발전 초기단계(즉 소득수준이 낮고 투자의 기반시설이 부족한)의 국가에 비해 상대적으로 낮게 나타난다. 따라서 모든 국가에서 동일 수준의 투자가 이루어진다면, 소득수준이 낮은 국가일수록 투자의 한계생산성이 높게 나타나므로 높은 경제성장률로 이어지게 된다.

또한 σ−수렴은 횡단면 분산(흩어짐)과 관련된다. 즉 σ−수렴은 "국가 간 혹은 지역 간의 1인당 소득 혹은 생산량의 분산(혹은 표준편차)을 이용해 흩어짐의 정도"를 측정한다. O'Neil(1995)은 1967년과 1985년의 두 시점을 비교해 산업화된 국가 및 유럽 국가 간에는 σ−수렴이 형성된 것으로 관측하였다.[6] 그러나 O'Neil(1995)은 산업화된 국가와 개발도상국 혹은 저개발국 간의 불평등은 더욱 심화되었다고 주장하였다(이른바 '이산현상'이 발생함).[7]

---

4) 성장회귀분석과 관련된 내용은 제3장에 설명되어 있다.

5) 이와 같은 사실은 Maddison(1995)의 *Monitoring the World Economy*에 제공된 자료를 통해 쉽게 관측이 가능하다.

6) β−수렴 및 σ−수렴과 관련된 보다 많은 역사적 자료는 황진영(2008)을 참고할 수 있다.

7) 일반적으로 β−수렴이 σ−수렴을 창출하는 경향이 있지만 종종 새로운 교란(disturbance)

따라서 지구상의 많은 지역에서는 소득수준의 수렴현상이 진행되고 있다. 이와 같은 지역별 소득수준의 수렴현상은 한 국가의 지리적 위치가 경제성장과 밀접하게 관련될 수 있다는 사실을 의미한다. 또한 지역별 소득수준의 수렴현상은 '세계화'(globalization) 진전의 결과일 수 있다. 왜냐하면 세계적 규모의 경쟁심화는 한 국가의 정부지출 및 조세정책의 자율성을 제약할 수 있기 때문이다.[8] Castles(2004)는 유럽공동체(EU)와 같은 지역경제통합으로 인해 그 회원국 간의 경제사회 정책의 수렴현상이 생겨날 수 있다고 주장하였다.

그러므로 정치적 경쟁이 심화될수록 더 많은 정부가 정치적 통합이나 정책조정(policy coordination)에 관심을 갖게 되므로 국가 간의 경제사회 정책은 수렴하게 된다. 이와 같은 국가 간 정책의 수렴은 소득수준의 수렴으로 연결될 가능성을 내재하고 있다. OECD 국가 간의 경제사회 정책의 수렴여부를 실증적으로 분석한 Hwang et al.(2009)은 β-수렴과 σ-수렴의 방법론을 사용해 1970~1998년의 OECD 국가 간에는 사회보장지출이 수렴하였음을 추정하였다.

2. 기후와 경제성장

한 국가의 지리적 환경은 기후와 밀접하게 관련된다. 또한 기후는 다양한 경제적 · 사회적 · 문화적 요인에 영향을 미쳐 경제성장과 연결된다. 본 절에서는 기후가 질병, 문화 및 농업생산성에 미치는 영향을 차례로 검토한다.

에 의해 이상의 과정이 상쇄되고 오히려 흩어짐이 증가하는 경우가 나타나기도 한다(Barro and Sala-i-Martin, 2003). 그러므로 국가 간의 소득수준이나 생산량수준의 수렴 정도를 파악하려는 선행연구에서는 이상의 두 개념을 분리해 사용하였다.

8) 세계화 진전과 세계의 소득분배에 관한 논의는 황진영(2014)에 요약되어 있다.

2.1 기후와 질병

건강의 확보는 인적자본을 축적하기 위한 중요한 수단이다. 일반적으로 건강한 학생들은 건강하지 못한 학생들에 비해 학습의 효율성이 높기 때문에 인적자본 형성에 더 좋은 결과를 만들어 낼 수 있다. 또한 건강한 사람들과 건강하지 못한 사람들 간에는 생산 활동에 있어 분명한 차이를 보인다. 왜냐하면 건강한 사람들은 건강하지 못한 사람들에 비해 더 오래 일할 수 있으며, 새로운 기술의 습득이나 응용에 있어서도 유리하기 때문이다.

그렇다면 한 국가의 국민 건강에 영향을 미치는 요인은 무엇일까? 건강과 가장 밀접하게 관련되는 변수로는 아마도 '소득수준'과 '기후조건'이다. 왜냐하면 소득수준과 기후조건은 보건환경(health environment)에[9] 영향을 미치기 때문이다. 먼저 소득수준이 낮아 열악한 보건환경 시스템을 갖고 있는 국가들은 양호한 국가들에 비해 국민들이 건강하지 못하기 때문에[10] 노동 생산성이 저하되고 경제발전의 속도가 떨어진다. 이는 빈곤의 상태를 지속시켜 계속적으로 열악한 보건환경 시스템을 갖게 하는 악순환을 창출한다. 이상과는 반대로 소득수준이 높아 좋은 보건환경 시스템을 갖고 있는 국가의 국민들은 건강상태를 개선시켜 노동 생산성을 높일 수 있으며, 이는 다시 소득수준과 건강을 더욱 개선시키는 역할을 한다.

기후가 건강에 영향을 미친다는 사실은 열대지역 국가들의 사례에서 찾을 수 있다. 열대지역에는 말라리아·수면병·황열병 등 건강에 해로운 다양한 질병이 존재한다. 이상의 질병이 열대지역에 존재하는 이유는 기

9) 세계보건기구(World Health Organization)는 보건환경을 "인간의 건강에 영향을 미칠 수 있는 물리적·화학적·생물학적 요인들과 더불어 이와 관련되는 모든 요인들의 평가와 관리를 다루는 분야"로 정의하였으며, 보건에 영향을 미치는 환경 요인으로서 자연환경과 사회 환경을 제시하고 있다(http://www.who.int/en).

10) 환경오염과 건강 간의 경제적 관련성에 대해서는 다수의 선행연구가 존재한다(예를 들어 이선호·황진영, 2011; Hansen and Selte, 2000; Neidell, 2004).

온이 높아 사람의 건강에 해로운 벌레가 살아가는 데 좋은 환경이 만들어지기 때문이다. 더욱이 열대지역의 높은 기온은 질병들이 수백 년 동안 진화할 수 있게 만드는 쾌적한 환경의 역할을 수행해 왔다. 따라서 열대지역의 높은 기후는 사람들의 건강을 해치는 다양한 질병을 생성 · 진화시켰으며, 이는 열대지역 국가들의 경제성장을 방해하는 중요한 요인으로 작용하였다.

말라리아는 열대지역에서 발생하는 여러 질병 중에서 가장 심각한 질병이다. 말라리아는 약 300만 가지의 급성질병을 유발하며, 90% 이상이 사하라사막 이남 지역에서 발생한다. 사하라사막 이남 지역에서는 말라리아로 인해 1년에 약 100만 명이 생명을 잃고 있다. 말라리아와 같은 열대지역 질병이 사하라사막 이남 지역에서 가장 많이 발생되는 이유는 기후적 특성과 함께 그 지역의 낮은 소득수준으로 인해 보건환경이 열악하기 때문이다.

2.2 기후와 문화

한 국가의 문화적 요인이 경제성장과 밀접하게 관련될 수 있다는 사실은 제7장에서 살펴보았다. 또한 제7장에서는 한 국가의 문화를 결정하는 요인으로서 기후의 역할을 제시하였다. 즉 온대기후에 거주하는 사람들은 기후조건으로 인해 경제성장에 도움이 되는 저축이나 미래에 대한 계획 등의 가치 있는 행동을 한다. 왜냐하면 온대기후의 사람들은 다른 기후의 사람들에 비해 작물을 계절별로 재배해야 하고, 더위와 추위에 견디기 위해 냉난방을 준비해야 하기 때문이다.

기후는 생활양식과도 밀접하게 관련된다. 예를 들어 각국의 식생활은 국민들의 기호 · 습관 · 전통 등에 따라 다양하며, 이와 같은 문화적 요인은 기후 환경을 바탕으로 오랜 기간에 걸쳐 형성되었다. 또한 기후에 따라 사람들의 의생활 및 주거생활에도 상당한 차이가 존재한다. 즉 사람들은 외부의 기상조건에 따라 의복을 착용하거나 주거지에 냉난방을 통해 체온을 유지하려 노력해 왔다. 따라서 우리는 한 국가의 의·식·주 형태가 그 국가의 기후적 특성에 전적으로 의존해 만들어져 왔다는 사실을 알 수 있다.

이와 같은 생활양식의 차이로 인해 아프리카·동남아·중남미 일대의 열대지역에서는 현재까지 산업이 거의 발달되지 않았으며, 아직도 원시적인 생활을 영위하는 지역이 상당히 많다. 왜냐하면 이 지역은 무덥고 습한 기후와 무성한 열대 우림으로 인해 정상적인 농업이나 산업 활동이 어렵기 때문이다. 또 다른 이유로는 1년 내내 따뜻한 기후로 인해 일을 많이 하지 않고도 생계를 유지할 수 있는 자연적인 조건을 가지고 있기 때문에 이상의 지역 사람들은 의·식·주를 발전시키려는 노력이 부족하였다는 사실을 들 수 있다. 다시 말해 열대지역에 위치한 국가의 사람들이 한·냉대에 위치한 국가의 사람들에 비해 대체로 근면성이 부족한 이유는 기후적 특성에 기인한다고 생각할 수 있다.

따라서 인류는 태초부터 주어진 지리적 특성이나 기후와 같은 자연의 변화를 견뎌내면서 살아왔다. 그 과정에서 오늘날 세계의 모든 나라들이 갖고 있는 고유의 역사와 문화가 만들어졌다. 그러나 오늘날 많은 국가에서는 자국의 기후나 기후변화의 특성을 이해하고, 그것을 조절할 수 있는 가능성을 찾으려는 노력을 진행하고 있다. 즉 많은 국가에서는 기후를 적절히 이용함으로써 보다 나은 삶을 추구할 수 있는 방안을 강구하고 있다. 그러므로 미래의 경제성장을 위해서는 과거와 같이 기후가 문화를 결정한다고 받아들이기보다는 기후를 응용해 경제성장에 도움이 되는 문화를 만들어 나아가야 한다.

읽을거리

세계의 기후

독일의 기상학자 쾨펜(Wladimir P. Köppen, 1846~1940)을 비롯한 일련의 기후학자들은 세계의 기후를 열대(A기후), 건조대(B기후), 온대(C기후), 냉대(D기후), 한대(E기후) 및 고산기후(H기후)의 6대 기후구로 나누었다.

- 열대는 3기후구, 즉 (i) 열대우림이 무성하고 풍토병(말라리아 · 황열병)이 많아 인간 생활에 부적합한 '열대우림기후'(Af) 지역, (ii) 우계와 건계의 구별이 뚜렷하고 목화 · 커피 등의 플랜테이션이 발달한 '사바나기후'(Aw) 지역, (iii) 논농사 및 사탕수수 · 바나나 · 차 · 쌀 등의 플랜테이션이 활발하고 인구밀도가 매우 높은 '열대몬순기후'(Am) 지역으로 구분된다.
- 건조대는 대륙의 해안이나 내부에 폭넓게 나타나고 세계 육지의 1/4을 차지한다. 이 지역은 강수량이 적고 증발량이 많아 항상 건조하기 때문에 건조대라고 한다. 건조대는 (i) 식물이 자라지 못하는 '사막기후'(BW)와 (ii) 초원으로 덮여 있는 '스텝기후'(BS)로 나누어진다.
- 온대는 4계절의 변화가 뚜렷하다. 또한 온대는 기온의 연교차가 열대보다 크고 날씨는 쉽게 변하며 강수량은 상당히 많다. 기온과 강수량의 계절적 구분에 의해서 4기후구, 즉 (i) 여름철은 열대지역과 같이 기온이 높고 겨울철은 따뜻해 서리가 없는 '동계건조기후'(Cw) 지역, (ii) 대륙성 기후로 여름의 낮 동안은 열대에 가까운 높은 기온이지만 겨울은 추워서 눈이나 서리가 내리는 '습윤온난기후'(Cfa) 지역, (iii) 여름은 기온이 높고 건조하여 건조기후에 가깝고 겨울은 편서풍의 영향으로 온난하고 비가 내려 다소 습윤한 '지중해성기후'(Cs) 지역, (iv) 기온의 연교차가 적고 온화하며 강우는 1년을 통해 고르게 내리는 '서안해양성기후'(Cfb) 지역으로 구분된다.
- 냉대는 북반구에서만 있으며 가장 따뜻한 달의 평균기온은 10℃ 이상이고 가장 추운 달의 평균기온은 −3℃ 이하의 두 계절로 나누어진다. 냉대는 (i) 여름은 기온이 상당히 높지만 겨울에 눈이 쌓여 녹지 않는 '냉대하우기후'(Dw) 지역과 (ii) 기온의 연교차가 극히 심할 뿐만 아니라 여름은 차갑고 싸늘하며

겨울은 길고 혹한이 계속되는 '아한대기후'(D2) 지역의 2기후구로 구성된다.

- 한대는 가장 따뜻한 때에도 평균기온이 10℃ 이하로 내려가며 토양은 지표의 깊숙한 부분까지 얼어붙어 (i) 수목의 생육한계를 넘어선 '툰드라기후'(ET) 지역과 (ii) 1년 내내 빙설로 덮여 있어 펭귄은 살지만 인간은 거주하지 않는 '빙설기후'(EF) 지역의 2기후구로 나누어진다.
- 고산기후 지역은 히말라야 산록, 이란고원, 알프스 산지, 에티오피아고원, 동아프리카 대지, 로키 산지, 멕시코고원, 안데스 산지 등이다. 이 지역은 저지에서 고지로 이동함에 따라 열대에서 온대, 온대에서 한대의 순으로 식물상이 변하기 때문에 비슷한 식생의 입체적 변화를 볼 수 있다는 특징이 있다.

(자료: 네이버 백과사전, http://100.naver.com)

2.3 기후와 농업생산성

오늘날에도 농업은 세계의 많은 국가에서 가장 중요한 산업이다. 비록 농업종사자의 비율이 지속적으로 감소하고 있지만, 2000년 기준으로 전 세계 노동자의 약 44%가 농업에 종사하며 개발도상국에서는 약 55%의 노동자가 농업에 종사하고 있다. 따라서 많은 국가에서는 농업의 생산성이 그 국가의 소득수준 및 경제성장에 큰 영향을 미친다.

그렇다면 한 국가의 농업생산성 결정에 영향을 미치는 요인은 무엇일까? 기후는 건조 · 습윤 등을 결정하는 데 영향을 미치기 때문에 아마도 농업생산성을 결정하는 중요한 요인이다. 기후와 함께 농업생산성에 영향을 미치는 요인으로는 1인당 경지면적이나 인적자본 · 농기계 · 비료 등을 들 수 있다. 일반적으로 한 국가의 인적자본 · 농기계 · 비료 등은 그 국가의 소득수준과 밀접하게 관련된다. 그러나 1인당 경지면적은 지역에 따라 다소 차이는 있지만, 소득수준과는 큰 관련성이 없는 것으로 관측된다.[11]

11) 작물을 경작할 수 있는 땅을 경지라고 한다면, 전 세계 육지의 약 10%만이 경지로 적합하다. 또한 목초지는 경지의 약 25%에 불과하다. 세계 육지의 나머지 90%는 산림 혹은 농목업에 이용되지 않는 황무지이다(Weil, 2009).

예를 들어 아프리카 국가는 유럽 국가에 비해 1인당 경지면적은 크지만, 소득수준은 훨씬 낮은 상태이다.

따라서 국가 간 농업생산성의 격차는 그 국가의 위치에 따른 기후 및 소득수준의 차이로 인해 생겨난다. 즉 부유하면서 온대지역에 위치한 노동자는 가난하면서 열대지역에 위치한 노동자보다 훨씬 많은 농업생산물을 생산한다. Gallup(1998)은 인적자본 · 농기계 · 비료 등의 효과를 통제한 상황에서 열대지역의 낮은 농업생산성이 과연 기후 때문인지를 평가하였다. Gallup(1998)의 연구결과는 이상의 요인들을 고려한 상황에서도 열대지역의 농업생산성이 온대지역에 비해 낮은 것으로 추정하였다.

만약 열대지역의 풍부한 일조량과 식물성장 기간이 온대지역의 경우에 비해 우수하다고 생각한다면, Gallup(1998)이 제시한 연구결과는 상당히 흥미로울 수 있다. 그러나 열대지역은 강우량이 많아 양질의 토양을 쓸어 내려 범람하는 경우가 종종 발생할 뿐만 아니라 호우와 건기가 교차로 나타나는데, 이와 같은 기후는 농업에 부정적인 영향을 미치게 된다. 또한 밀과 옥수수 재배에는 열대지역의 긴 일조량보다 온대지역과 같이 여름에만 길고 겨울에는 짧은 일조량이 적합한 것으로 알려져 있다.

또한 열대지역에는 서리가 없는데, 이는 유해한 생물들을 효과적으로 제거할 수 없게 함으로써 농업생산성에 부정적 영향을 미친다. 왜냐하면 토양의 온도가 빙점으로 떨어져야 유해한 생물들을 제거할 수 있기 때문이다. 다시 말해 온대지역의 서리는 유해한 생물들을 효과적으로 제거해 유기물의 감소 속도를 저하시키기 때문에 토지의 비옥도를 높이는 역할을 수행한다. 그러나 열대지역에서는 유기물이 급격하게 분해되기 때문에 지속적인 비료의 공급이 이루어지지 않는 한 비옥한 토지를 유지할 수 없게 된다.

이상에서와 같이 한 국가의 기후는 농업생산성에 매우 큰 영향을 미친다. 또한 전 세계 노동자의 약 40% 이상이 농업에 종사한다는 사실을 기초할 때 많은 국가에서의 농업생산성은 그 국가의 소득수준과 경제성장을 결정하는 중요한 요인이 된다.

3. 천연자원과 경제성장

한 국가의 풍부한 천연자원은 높은 경제성장을 달성하기 위한 밑거름이 될 수 있을 뿐만 아니라 산업발전을 제약하고 집단 간의 갈등을 유도해 경제성장의 걸림돌이 될 수도 있다. 본 절에서는 지역별(혹은 국가별) 천연자원 부존량의 정도와 천연자원과 경제성장 간의 관계를 살펴본다.

3.1 지역별 천연자원 부존량

한 국가의 천연자원[12] 부존량을 정확히 측정하기란 사실상 불가능하다. 따라서 실증적 선행연구에서는 "1970년 국민총생산(GNP) 대비 천연자원의 수출 비율" 혹은 "초기 연도의 제품(merchandize) 수출 대비 원료 · 광물 · 금속의 수출 비율" 등을 한 국가의 천연자원 부존량을 나타내는 대리변수로 사용하였다. 그러나 이상의 대리변수들은 한 국가의 천연자원 부존량을 왜곡할 수 있다는 문제점이 있다. 예를 들어 천연자원이 풍부한 산업화된 국가에서는 천연자원을 가공해서 수출할 수 있기 때문에 천연자원 부존량이 과소평가될 가능성이 존재한다.

최근의 선행연구에서는 세계은행(1997)이 발간한 *Expanding the Measure of Wealth: Indicators of Environmentally Sustainable Development*에 수록된 1994년의 국가별 "1인당 천연자본(natural capital)의 가치($로 표시)" 혹은 "총부 대비 천연자본의 비율"을 사용한다. 여기서 천연자본의 가치는 "농지, 목초지, 숲과 금속, 광물, 석탄, 원유 및 천연가스를 포함한 지하매장 자원의 시장가치"를 의미한다.

한 국가의 천연자본은 물적자본 혹은 인적자본과 같이 의도적인 투자

---

12) 천연자원은 "인간의 생활이나 생산 활동에 이용할 수 있는 자연물이나 자연력 등을 말하는데, 광물자원(석탄, 석유, 철, 구리 등), 수자원(지하수나 해수 등), 산림자원(수목), 동물자원, 토양자원(작물 · 산림의 생육장), 토지자원, 관광자원(자연경관) 등을 포함"한다(네이버 백과사전, http://100.naver.com).

에 의해 생성된 것이 아니라 인간의 노력과는 별개로 외생적으로 존재하는 자본이다. 세계은행(1997)은 한 국가의 총부를 인적자원(human resources), 생산된 자산(produced assets) 및 천연자본과 같이 세 부문으로 나누고, 각 부문에 대한 1인당 가치($)와 총부 대비 비율(%)을 제공하고 있는데, 이를 12개 지역별로 나누어 살펴보면 〈표 12-1〉과 같다.

〈표 12-1〉에서 1인당 총부는 북아메리카가 $326,000로 가장 많은 반면, 서아프리카와 남아시아는 $22,000로 가장 낮은 수준이다. 지역에 관계없이 인적자원은 총부의 구성에서 가장 큰 비율을 차지하고 있는데, 중동을 제외한 다른 모든 지역에서 60% 이상을 기록한다. 특히 동아시아에서는 총부 대비 인적자원의 비율이 77%로 매우 높은 수준이다. 총부 대비 생산된 자산의 비율은 태평양 OECD에서 가장 높으며, 그 다음으로 북아프리카, 동남아프리카 순이다. 총부 대비 천연자본의 비율이 가장 낮은 지역은 2%(태평양 OECD와 서유럽)이며, 가장 높은 지역은 39%(중동)이다. 따라서 우리는 〈표 12-1〉을 통해 총부를 구성하는 세 가지 부문의

표 12-1 지역별 1인당 총부와 여러 자본의 가치와 비율

지 역	1인당 가치($)				총부 대비 비율(%)		
	총부	인적자원	생산된 자산	천연자본	인적자원	생산된 자산	천연자본
북아메리카	326,000	249,000	62,000	16,000	76	19	5
태평양 OECD	302,000	205,000	90,000	8,000	68	30	2
서 유 럽	237,000	177,000	55,000	6,000	74	23	2
중 동	150,000	65,000	27,000	58,000	43	18	39
남아메리카	95,000	70,000	16,000	9,000	74	17	9
북아프리카	55,000	38,000	14,000	3,000	69	26	5
중앙아메리카	52,000	41,000	8,000	3,000	79	15	6
카리브해	48,000	33,000	10,000	5,000	69	21	11
동아시아	47,000	36,000	7,000	4,000	77	15	8
동남아프리카	30,000	20,000	7,000	3,000	66	25	10
서아프리카	22,000	13,000	4,000	5,000	60	18	21
남아시아	22,000	14,000	4,000	4,000	65	19	16

자료: 세계은행(1997).

분포가 지역에 따라 상이하지만, 대체로 인적자원, 생산된 자산, 천연자본의 순서대로 크다는 사실을 알 수 있다.

예외적으로 중동은 천연자본의 비율(39%)이 생산된 자산의 비율(18%)을 압도하고 인적자원의 비율(43%)과 비슷한 수준이다. 이는 중동 국가들이 석유와 같은 가치가 큰 자원을 풍부하게 보유하고 있다는 사실에 근거한다. 또한 중동을 제외하고는 서아프리카에서 유일하게 천연자본의 비율(21%)이 생산된 자산의 비율(18%)을 능가한다. 그러므로 중동과 서아프리카가 다른 지역에 비해 천연자본이 풍부한 국가들로 구성되어 있으며, 태평양 OECD와 서유럽은 상대적으로 천연자본이 빈약한 국가들로 이루어져 있다.

3.2 소득수준과 천연자본

이미 살펴본 바와 같이 천연자본은 총부를 형성하는 요소이기 때문에 직접적으로 소득수준에 영향을 미치게 된다. 또한 우리는 천연자본이 풍부한 국가일수록 소득수준이 높을 것으로 예상할 수 있다. 그러나 실증적 자료를 살펴보면, 우리의 예상과는 달리 두 변수 간에는 음(-)의 관련성이 형성된다. 예를 들어 세계은행(2015)이 제공하는 1997년의 '실질 1인당 GDP'와 〈표 12-1〉의 '1인당 천연자본 비율' 간의 산포도를 그려보면, 두 변수 간에는 약 -0.4767의 상관계수를 나타낸다.[13] 또한 소득수준이 상대적으로 낮은 국가들(이를테면 1인당 GDP가 $5,000 미만의 국가)에서는 천연자본이 풍부한 국가와 그렇지 않는 국가가 상당히 다양하게 분포되어 있지만, 소득수준이 높은 국가들(이를테면 1인당 GDP가 $20,000 이상의 국가)에서는 총부 대비 천연자본 비율이 대체로 10% 미만이거나 조금 상회하는 수준이다.

이상의 관계는 〈표 12-2〉에 제시된 2010년의 GDP에 대한 천연자원의 기여도를 통해 쉽게 파악할 수 있다. 우리는 세계 전체의 GDP에 대한

13) 이는 가용한 85개 국가의 자료를 이용해 계산하였다.

총천연자원의 기여도는 4.0%이며, 그 기여도는 석유(1.8%), 석탄 · 광물(각 0.8%), 천연가스(0.4%) 및 삼림(0.2%)의 순서대로 크다는 사실을 알 수 있다. 따라서 천연자원이 GDP를 형성하는 데 기여한 바는 그다지 크지 않았지만, 그 기여도의 지역별 · 소득별 차이는 상당히 다양하게 나타났다.

먼저 지역별 분류를 살펴보면, 사하라사막 이남 아프리카, 유럽 & 중앙아시아 및 중동 & 북아프리카에서는 GDP에 대한 천연자원의 기여도가 각각 16.7%, 14.2% 및 18.7%로써 다른 지역에 비해 상대적으로 높은 수준이다. 특히 사하라사막 이남 아프리카와 중동 & 북아프리카에서는 GDP에 대한 석유의 기여도가 큰 것으로 관측되었다(각각 12.0%와 14.9%). 아시아 태평양(즉 남부아시아와 동아시아 & 태평양)에서는 석탄, 광물의 기여도가 다른 지역에 비해 상대적으로 크게 나타났다.

소득별 분류를 살펴보면, 저소득과 고소득 국가들의 평균적인 GDP에 대한 천연자원의 기여도는 상대적으로 낮은 수준에 머물러 있다. 특히 고소득 국가들의 평균적인 GDP에 대한 천연자원 기여도는 1.4%에 불과하고, 천연자원의 종류에 관계없이 그 기여도가 상당히 낮은 수준이다. 비록 저소득 국가들의 평균적인 GDP에 대한 천연자원의 기여도는 6.5%로써 다소 낮은 수준이지만, 구체적인 항목으로 삼림의 기여도는 2.3%로써 다른 소득별 분류의 국가들에 비해 상대적으로 높은 수준이다. 그러나 중하소득과 중상소득 국가의 평균적인 GDP에 대한 천연자원의 기여도는 각각 11.4%와 9.3%로써 상대적으로 크게 관측되었다.

우리는 〈표 12-1〉과 〈표 12-2〉의 자료를 통해 몇 가지 흥미로운 사실을 발견할 수 있다. 첫째, 〈표 12-1〉의 관측은 소득수준이 높은 국가들에서 총부 대비 천연자본의 비율이 상대적으로 낮다는 사실을 반영하는데, 이는 천연자본의 비율이 실질적인 천연자원 부존량을 정확히 반영하는 데에는 한계가 있음을 암시한다. 왜냐하면 소득수준이 높은 국가에서는 천연자본에 비해 인적자원이나 생산된 자산이 상대적으로 풍부하기 때문에 총부 대비 천연자본의 비율이 상대적으로 과소평가될 수 있기 때문이다.

표 12-2 GDP에 대한 천연자원의 기여도(2010년, 단위: %)

구 분		총천연자원	석유	천연가스	석탄	광물	삼림
세 계		4.0	1.8	0.4	0.8	0.8	0.2
지역별 분류	남부아시아	6.2	0.9	0.6	2.3	1.7	0.7
	동아시아 & 태평양	7.9	1.7	0.4	3.4	2.1	0.2
	라틴아메리카 & 카리브해	8.0	4.7	0.4	0.1	2.6	0.2
	사하라사막 이남 아프리카	16.7	12.0	0.5	–	2.8	1.3
	유럽 & 중앙아시아	14.2	8.9	2.5	1.3	1.2	0.3
	중동 & 북아프리카	18.7	14.9	3.2	0.0	0.6	0.1
소득별 분류	저소득	6.5	1.2	1.3	–	1.8	2.3
	중하소득	11.4	5.7	1.2	2.2	1.8	0.6
	중상소득	9.3	4.3	0.8	2.0	2.1	0.2
	고소득	1.4	0.6	0.2	0.2	0.3	0.1
최상위 3개 국가		69.3 (이라크)	69.1 (이라크)	25.8 (트리니다드토바고)	22.9 (몽고)	54.2 (모리타니)	12.5 (라이베리아)
		64.1 (콩고)	61.6 (콩고)	24.2 (투르크메니스탄)	5.2 (카자흐스탄)	32.2 (파푸아뉴기니)	12.0 (부룬디)
		54.7 (모리타니)	46.4 (가봉)	18.1 (우즈베키스탄)	5.1 (남아프리카공화국)	26.7 (잠비아)	9.5 (콩고민주공화국)

주: 지역별 · 소득별 분류는 세계은행(2012)에 기초함.
자료: Hess(2013).

둘째, 중하소득과 중상소득의 국가들의 평균적인 GDP에 대한 천연자원의 기여도가 상대적으로 크다는 사실은 천연자원을 이용해 소득을 창출하기 위해서는 어느 정도의 경제적 기반시설이 갖추어질 때 가능함을 시사한다. 물론 이상의 논의에서는 인과관계의 문제점이 생겨날 수 있다. 예를 들어 저소득 국가에서는 천연자원의 부존량이 빈약하기 때문에 소득이 낮은 상태에 머물러 있다고 판단할 수 있다. 또한 고소득 국가들의 평균적인 GDP에 대한 천연자원의 기여도가 상당히 낮게 나타났는데, 그 이유는 산업과 시장이 발달할수록 천연자원을 가공해 사용하거나 수출할 수 있기 때문에 천연자원 부존량이 과소평가될 가능성이 존재하기 때문이다.

셋째, 몇몇 국가에서는 풍부한 천연자원을 보유하고도 소득수준이 상당히 낮으며, 천연자원과 소득수준이 모두 낮은 수준에 머물러 있는 국가들도 있다. 마찬가지로 소득수준이 높은 국가들 간에도 천연자원 부존량의 분포가 다소 상이하게 나타난다. 따라서 국가별 소득수준과 천연자원 부존량 간에는 양(+)의 관계 혹은 음(−)의 관계가 모두 형성될 수 있다. 즉 어떤 국가에서는 풍부한 천연자원이 소득수준의 향상에 도움을 주지만, 어떤 국가에서는 풍부한 천연자원을 소유하고도 낮은 소득수준에 머물러 있다. 이상과 같은 현실 세계의 관측에 대한 경제적 설명은 이하에서 살펴본다.

3.3 천연자원의 축복 혹은 천연자원의 저주

풍부한 천연자원과 경제적 번영을 동시에 달성한 국가가 있는 반면, 풍부한 천연자원을 보유하고도 가난한 상태에 머물러 있는 국가도 존재한다. 예를 들어 아프리카의 앙골라와 보츠와나는 다이아몬드의 부존량이 풍부한 국가들이지만, 보츠와나의 평균소득은 앙골라에 비해 4배 이상 높은 수준이다.[14] 또한 나이지리아 · 멕시코 · 사우디아라비아 · 베네수엘라 등은 석유 수출국이지만 상대적으로 가난한 반면, 또 다른 석유 수출국인 노르웨이는 상당한 경제적 번영을 누리고 있다.

따라서 풍부한 천연자원이 어떤 국가에서는 경제적 번영의 밑거름이 되지만, 어떤 국가에서는 경제적 재앙의 원인이 되기도 한다. 경제학 문헌

14) Durlauf et al.(2005)이 제공한 자료에 의하면, 보츠와나는 1960~2000년 동안 연평균 6.07%의 경제성장률을 기록하였다. 이는 대만(6.25%)을 제외하면, 동기간 동안 세계에서 가장 높은 수준의 경제성장률이다.

에서는 전자를 '천연자원의 축복'(natural resource blessing), 그리고 후자를 '천연자원의 저주'(natural resource curse)라고 부른다. 그렇다면 국가에 따라 천연자원 부존량이 소득수준에 미치는 영향이 상이하게 나타나는 이유는 무엇일까? Torvik(2002)은 이상의 물음에 대한 부분적인 해답을 제공하였다. 즉 Torvik(2002)은 한 국가의 천연자원 부존량이 경제성장에 대해 양(+)과 음(−)의 상반된 영향을 동시에 미칠 수 있다고 제시하였다.

구체적으로 한 국가의 풍부한 천원자원은 직접적인 양의 소득창출 효과를 갖는다. 또한 한 국가의 풍부한 천연자원은 생산성이 높은 기업이 규모에 대한 보수체증이 일어나는 산업 혹은 학습효과가 큰 산업에서 지대추구가 가능한 산업으로 이동하는, 이른바 '수요의 외부성'(demand externality)으로 인해 소득수준의 향상에 도움이 되지 않는 음의 영향도 동시에 형성한다. 따라서 풍부한 천연자원으로 인한 직접적인 소득창출과 같은 양의 효과가 수요의 외부성으로 인한 음의 효과를 압도한다면, 풍부한 천연자원과 경제적 번영 간에는 양의 관계가 나타난다. 이상과는 반대로 수요의 외부성으로 인한 효과가 직접적인 소득창출 효과를 능가한다면, 풍부한 천연자원은 경제적 재앙의 원인이 된다.

따라서 Torvik(2002)은 한 국가가 풍부한 천연자원을 보유할지라도 반드시 경제적 번영으로 연결되지 않을 수 있는 가능성을 제시하였다. 또한 많은 실증적 선행연구에서는 천연자원이 빈약한 국가가 천연자원이 풍부한 국가에 비해 훨씬 빠른 경제성장을 유지해 왔다고 제시하였다.[15] 그러므로 현실 세계에서는 천연자원의 축복에 비해 천연자원의 저주가 훨씬 보편적으로 발생하였는데, 천연자원의 저주에 대한 구체적인 설명은 다음 절에서 살펴본다.

15) 예를 들어 정군오 외 2인(2004), van Wijinbergen(1984), Baland and Francois(2000), Sachs and Warner(1999) 등을 참고할 수 있다. 또한 우리나라의 많은 사람들은 지난 20세기 후반기 동안의 압축 성장을 언급할 때 빈약한 천연자원에도 불구하고 고도성장을 이루었다는 식의 문구를 종종 사용한다. 그러나 우리는 이상의 내용이 결코 종합적이고 경제적인 접근이 아니라는 사실을 알 수 있다.

4. 천연자원의 저주에 대한 설명

풍부한 천연자원이 직접적인 소득창출에 비해 수요의 외부성을 크게 유도할 때에는 천연자원의 저주가 발생한다. 본 절에서는 수요의 외부성을 크게 유도하는, 즉 천연자원의 저주에 대한 세 가지 가능한 설명을 제시한다.

4.1 네덜란드 병

네덜란드는 1960년대 막대한 양의 천연가스를 발견해 경제적 호황을 기대하였으나 오히려 경제적 고통을 겪었던 역사를 경험하였다. 네덜란드의 경제적 고통은 1970년대 2차에 걸친 오일쇼크(oil shock)에 따른 경제성장의 둔화와 제조업체들의 연쇄도산이 큰 원인이었지만, 과도한 사회보장의 부담과 임금인상 및 심각한 노사갈등 등도 주요 원인이었다. 이와 같은 네덜란드의 경제적 경험은 이른바 '네덜란드 병'(Dutch disease)으로 불린다. 네덜란드의 경기침체는 1970년대 후반까지 지속되었지만, 1982년 '바세나 협약'(Wassenarr accord)이라는 노조와 경영자단체 간의 대타협을 계기로 네덜란드는 경제개혁에 성공해 장기 침체로부터 벗어날 수 있었다.

바세나 협약은 노사 모두 한발씩 양보해 대국적인 '상생의 미학'을 실현한 것으로 경제적 위기를 극복한 대전환점이었다. 구체적으로 노조는 경영자단체에게 임금인상과 불필요한 분규의 억제를 약속하였으며, 특히 임금의 물가연동제를 2년간 유보함으로써 실질임금이 9%나 줄어드는 것을 감수하였다. 더욱이 노동자들은 고용주가 사실상 전담해 왔던 사회보장세를 분담하는 부담도 받아들였다. 경영자단체는 노조가 요구한 5% 노동시간 단축과 노동기회 재분배를 통한 고용창출(job-sharing)을 수용하였다. 이상과 같은 노사 간의 양보를 통해 네덜란드는 임금인상률의 둔화 속에 기업경쟁력을 빠르게 회복하면서 오늘날의 강소국으로 발전할 수 있었다.

따라서 네덜란드 병은 한 국가의 구성원이 풍부한 천연자원을 어떻게 활용하느냐에 따라 풍부한 천연자원이 경제성장에 긍정적 혹은 부정적 역할도 가능할 수 있다는 시사점을 우리에게 던져준다. 천연자원의 저주가 가능한 이유를 네덜란드 병을 이용해 설명하려는 일련의 문헌에서는 풍부한 천연자원으로 말미암아 생산성이 높은 기업이 규모에 대한 보수체증이 일어나는 산업 혹은 학습효과가 큰 산업에서 지대추구가 가능한 산업으로 이동하는, 즉 수요의 외부성이 크게 나타난다고 가정한다.

다시 말해 네덜란드 병과 관련된 문헌에서는[16)] 천연자원으로 인한 수요의 외부성이 소득창출 효과를 능가한다고 가정하기 때문에 풍부한 천연자원을 보유한 국가일지라도 소득수준이 낮을 수 있다고 역설하였다. 그러므로 풍부한 천연자원이 방만한 정부지출로 인한 재정적자, 근로의식 약화, 노사 갈등, 부패, 인권무시, 후진적 정치 및 경제 시스템 등과 연계될 경우에는 경제성장에 부정적 영향을 미칠 수 있다.

4.2 지대추구

일련의 경제학자들은 지대추구를 이용해 천연자원의 저주를 설명한다. 즉 지대추구를 이용한 문헌에서는 일부의 강력한 이해집단 혹은 계층이 천연자원을 획득하기 위해 지대추구행위를 할 수 있다는 사실에 기초한다. 예를 들어 Tornell and Lane(1999)은 강력한 이해집단들이 그들의 수익을 높이기 위해 보다 많은 정부정책의 혜택 혹은 이전지출을 추구하려는 지대추구가 천연자원이 풍부한 국가에서 더 강하게 나타날 수 있다고 생각하였다.

강력한 이해집단들의 지대추구는 경제성장에 음(-)의 영향을 미친다. 왜냐하면 이해집단들의 요구를 수용하기 위해서는 조세의 증가를 통한 소

16) 예를 들어 Matsuyama(1992), Sachs and Warner(1995; 1999), Torvik(2002) 등을 참고할 수 있다.

득재분배 정책을 실시해야 하며, 소득재분배 정책의 증가는 경제성장을 방해할 수 있기 때문이다. 일반적으로 소득재분배 정책의 증가는 새로운 투자계획을 억제시키고 정치적 과정에서 낭비를 가속화시키기 때문에 경제성장에 음의 영향을 미치는 것으로 알려져 있다.[17] 따라서 풍부한 천연자원이 한편으로는 생산성 향상에 직접적으로 기여할 가능성을 가지고 있지만, 또 다른 한편으로는 지대추구를 증폭시켜 경제성장에 부정적 역할을 수행할 가능성을 내재하고 있다. 만약 후자의 효과가 전자의 효과를 압도한다면, 풍부한 천연자원은 경제성장에 음의 영향을 미친다.

Bardhan(1997)은 천연자원이 풍부한 국가의 생산자들은 지대추구에만 집착하는 경향이 있다고 역설하였다. 이와 같은 지대추구로 말미암아 정부는 자국 생산자들을 보호하기 위해 관세에 특권을 부여하는 것과 같이 정책결정을 왜곡하려는 유혹에 빠질 수 있다. 따라서 지대추구와 관련된 문헌에서는 풍부한 천연자원이 지대추구 더 나아가 부패를 잉태하고, 이는 경제적 효율성 및 사회적 형평성을 악화시킨다고 주장한다.

한편 Robinson et al.(2006)은 정치인이 천연자원을 자신의 목적 달성을 위해 이용할 수 있는지(즉 정치인의 지대추구)에 대한 제도적 장치에 따라 천연자원이 경제성장에 미치는 영향이 상이할 수 있다고 제시하였다. 즉 Robinson et al.(2003)은 정치인이 풍부한 천연자원을 자신의 목적 달성을 위해 이용할 수 있는지 여부는 제도적 장치에 의존하며, 이와 같은 제도적 장치에 따라 천연자원의 축복 혹은 천연자원의 저주에 대한 설명이 가능하다고 주장하였다.[18] 구체적으로 현직의 정치인이 미래의 선거 결과에 영향을 미치기 위해 천연자원을 이용하려 한다고 가정하자. 이와 같은 정치인의 행위는 제도적 장치에 따라 가능할 수 있지만, 반대로 제한될 수도 있다. 즉 제도적 장치가 훌륭하게 갖추어진 국가에서는 정치인이 천연자원을 개인의 이익을 위해 사용하지 못하도록 제한하기 때문에 풍부한

17) 예를 들어 Alesina and Rodrik(1994), Person and Tabellini(1994) 등을 참고할 수 있다.
18) 즉 한 국가의 천연자원 부존량이 경제성장에 미치는 영향은 그 국가의 정부의 질(거버넌스)에 의해 좌우될 수 있다(황진영 · 강동관, 2008).

천연자원은 축복이 될 수 있지만, 제도적 장치가 빈약한 국가에서는 반대의 현상이 나타나기 때문에 풍부한 천연자원은 종종 재앙이 된다.[19)]

4.3 정부의 비효율성

현실적으로 정부가 천연자원이나 그 개발회사들을 대부분 소유하기 때문에 외생적으로 주어진 천연자원은 정부정책에 따라 경제성장에 상이한 영향을 미칠 수 있다. Weil(2009)의 *Economic Growth*에서는 천연자원이 다음의 두 가지 전달경로를 통해 정부정책에 부정적인 영향을 미칠 수 있다고 제시하였다. 첫째, 천연자원은 경제 전체에서 차지하는 정부의 비율을 과도하게 증대시키는 경향이 있으며, 이는 정부의 활동을 비효율적으로 만든다. 둘째, 정부는 천연자원이 풍부할수록 우호 그룹에 배분할 수 있는 자원의 규모를 확대시킬 수 있는 여력을 가진다. 이는 정부권력을 획득하거나 유지하려는 사람들의 욕구와 노력을 증대시키기 때문에 정부의 비효율성을 창출하거나 증폭시킬 수 있다. 따라서 이상의 두 가지 전달경로를 통해 풍부한 천연자원은 정부의 효율성을 저하시켜 천연자원의 저주로 연결될 수 있다.

구체적인 실증분석 결과로서 황진영 · 강동관(2008)은 "1970년 GNP 대비 천연자원의 수출 비율"로 측정한 한 국가의 천연자원 부존량과 제9장에서 살펴본 참여권과 책임, 정치안정과 폭력부재, 정부의 효율성, 규제(조정)의 질, 법률의 통치 및 부패의 통제로 나타낸 여섯 가지 차원의 거버넌스(governance 혹은 정부의 질) 간에는 음의 관계가 형성되는 것으로 파악하였다. 또한 Hodler(2006)는 참정권의 보장, 정치적 안정성, 엄격한 법률체계, 민주적인 제도적 인프라 등이 부족한 국가, 즉 거버넌스가 비효율적인 국가에서는 이해관계가 상충되는 그룹 간의 충돌이 생겨나기 때

---

19) Andersen and Aslaksen(2008)은 천연자원 부존량이 권력구조(즉 의원내각제 혹은 대통령제)와 선거제도(즉 비례대표제 혹은 다수대표제)에 따라 경제성장에 상이한 영향을 미칠 수 있다는 가능성을 제시하였다.

문에 풍부한 천연자원이 소득수준을 감소시킬 수 있다고 주장하였다. 따라서 풍부한 천연자원은 다양한 형태의 거버넌스(정부의 질) 혹은 정부의 효율성을 통해 경제성장에 음의 영향을 미치게 된다.

그러나 이미 언급한 바와 같이 정부가 풍부한 천연자원을 효율적으로 사용한다면, 천연자원은 축복이 될 수 있다. 예를 들어 천연자원의 개발이 전후방효과를 통해 여타 산업을 발전시킬 수 있도록 정부정책을 실행하면, 풍부한 천연자원은 경제성장에 크게 기여한다. 또한 정부는 천연자원의 수출에 대해 세금을 부과하고, 이를 활용하여 사회기반시설이나 교육 등의 공공재를 적절히 공급함으로써 경제성장에 도움을 줄 수 있다. 현실적으로 중동의 석유 수출국들은 석유 수출을 통한 엄청난 부를 소수의 특권층이 축적하고 대다수의 국민들은 빈곤에 허덕이고 있다. 그러나 또 다른 석유 수출국인 노르웨이는 대규모 석유기금을 만들었고, 이를 교육과 연구개발, 보건위생, 사회간접자본 등의 생산적 부문에 지출함으로써 높은 수준의 경제성장을 이룰 수 있었다.

이상의 상반된 논의에도 불구하고 풍부한 천연자원을 보유한 국가는 현실적으로 효율적인 정부정책을 시행하지 못하고 비효율적인 정부의 활동과 더 밀접하게 관련되는 경향이 있다. 즉 지금까지의 선행연구에서는 풍부한 천연자원의 존재로 인해(혹은 천연자원이 없었을 경우에 비해) 정부의 활동이 더 비효율적으로 나타난다고 지적하였다. 현실적으로 풍부한 천연자원을 보유한 많은 국가에서는 정부지출을 과도하게 증가시키는 '정부지출의 크기'는 물론 지대추구(즉 생산량수준과 관계없는 낭비)가 용이한 부문에 정부지출을 증가시키는 '정부지출의 구성'을 종종 왜곡시킨다. 그러므로 한 국가의 풍부한 천연자원 부존량은 정부의 비효율성이라는 전달경로를 통해 경제성장을 방해하는 천연자원의 저주를 발생시킨다.

예를 들어 황진영 · 임응순(2009)은 85개 국가 간의 통계자료를 이용해 한 국가의 천연자본(〈표 12-1〉의 국가 간 자료)의 정도가 정부지출의 크기("GDP 대비 총정부지출 비율") 및 교육 · 건강 · 국방 · 정부소비에 대한 정부지출("GDP 대비 각 분야별 정부지출 비율")에 미치는 영향을 실증적으로 분석하였다. 구체적으로 황진영 · 임응순(2009)은 천연자본은 정부지출의 크기에 통계적으로 유의한 영향을 미치지 않는 것으로 추정하였으며, 국방 및 정부소비에 대한 정부지출과도 크게 관련성이 없는 것으로 관측하였다. 그러나 한 국가의 천연자본은 정부의 질과 밀접하게 관련되는 교육 및 건강에 대한 정부지출과 통계적으로 유의한 음의 관계를 형성하였다. 이상의 결과는 한 국가의 천연자본이 정부지출의 구성, 특히 교육 · 건강에 대한 정부지출에 음의 영향을 미친다면, 풍부한 천연자본이 인적자본 축적을 방해하는 요인이 될 수 있음을 암시한다. 이는 천연자본이 정부의 질을 통해 미래의 소득 창출 및 분포에 영향을 미칠 수 있다는 측면에서 중요한 시사점을 갖는다.[20)]

20) 왜냐하면 교육과 건강은 인적자본을 축적하는 중요한 전달경로이며, 한 국가의 인적자본 축적은 장기적인 경제성장은 물론 소득불평등에도 큰 영향을 미치기 때문이다.

〉〉〉 석유수출국기구, OPEC

보 충 내 용

석유수출국기구(Organization of the Petroleum Exporting Countries, OPEC)는 석유수출국으로 조직된 국제기구이며, 오스트리아 비엔나(Vienna)에 본부를 두고 있다. OPEC은 국제 석유가격이 일련의 다국적기업(multinational companies), 일명 세븐 시스터스(Seven Sisters, 20세기 후반까지 세계 석유산업을 지배해 온 7대 석유자본)에 의해 주로 결정될 무렵인 1960년 9월 이란의 바그다드에서 창설되었다(당시 회원국은 이라크, 이란, 쿠웨이트, 사우디아라비아 및 베네수엘라).

OPEC의 창설은 석유수출국의 자주권을 집단적인 행동으로 표현한 것이며, 천연자원에 대한 국가통제의 전환점을 형성하였다. 1960년대 OPEC은 석유회사가 석유가격을 일방적으로 하락시키지 못하도록 만드는 장치를 보장하였다. OPEC 회원국들의 권한은 석유관련 정책을 조정하고 통일하는 데 있다. 구체적으로 OPEC의 목적은 "소비자들에게 석유를 안정적으로 공급하고, 석유 생산자들에게 일정한 소득을 창출시키며, 석유산업에 투자하는 자본에 대해 확실한 수익이 창출될 수 있도록 석유시장의 안정을 보장"하는 데 있다.

2014년 현재 OPEC은 12개 회원국(중동 6개국, 아프리카 4개국 및 남미 2개국), 즉 알제리(Algeria), 앙골라(Angola), 에콰도르(Ecuador), 이란(Iran), 이라크(Iraq), 쿠웨이트(Kuwait), 리비아(Libya), 나이지리아(Nigeria), 카타르(Qatar), 사우디아라비아(Saudi Arabia), 아랍에미리트공화국(United Arab Emirates) 및 베네수엘라(Venezuela)로 구성되어 있다. 많은 전문기관의 분석에 의하면, OPEC 회원국의 석유생산에 대한 결정은 국제유가에 큰 영향을 미치는 것으로 나타났다.

최고 의사결정기구인 OPEC 총회(OPEC Conference)는 회원국의 석유 관련 장관들로 구성된다. OPEC 총회는 1년에 2번, 즉 3월과 9월에 정기적으로 개최되며, 필요에 따라 임시총회가 진행된다. 또한 OPEC 총회에서는 1국이 1표를 행사하지만, 만장일치의 원리로 작동한다. 한편 OPEC은 1976년에 설립된 석유수출국기구국제발전기금(OFID, OPEC Fund for International Development)을 통해 비석유수출국기구(non-OPEC) 개발도상국 혹은 최빈국 등을 지원하고 있다.

(자료: Wikipedia, https://en.wikipedia.org/wiki/OPEC)

생각해 볼 문제

01 한 국가의 지리적 특성, 기후 및 천연자원 부존량이 기술진보와 더불어 어떻게 경제성장에 기여하였는지 설명하라. 또한 한 국가의 지리적 특성, 기후 및 천연자원 부존량이 어떤 전달경로를 통해 기술진보에 영향을 미칠 수 있는지 생각해 보자.

02 열대지역이 온대지역에 비해 풍부한 일조량은 물론 식물을 재배할 수 있는 기간이 길기 때문에 농업생산성이 높을 수 있다. 그러나 실증적 자료는 온대지역의 농업생산성이 열대지역의 경우에 비해 높게 나타나는 것으로 제시하는데, 그 이유는 무엇인가?

03 다음의 물음을 간단히 답하라.

(1) 한 국가의 기후와 천연자원 부존량이 그 국가의 독특한 문화를 형성하는 데 어떤 영향을 미쳤는가?

(2) 지리적 특성과 경제성장 간을 연결하는 전달경로로서 위치에 따른 국제무역의 발전이 종종 언급되는데, 이들 변수 간의 관계를 설명하라.

(3) 지역별 소득수준의 수렴현상이 발생할 수 있는 근거는 무엇인가?

(4) 한 국가의 기후는 어떻게 경제성장과 관련될 수 있는지 설명하라.

(5) 한 국가의 천연자원 부존량은 어떤 방식을 사용해 측정할 수 있을까?

04 '천연자원의 저주'와 '천연자원의 축복'의 의미는 무엇이며, 이상의 현상이 생겨나는 이유는 무엇인가? 이때 수요의 외부성, 네덜란드 병, 지대추구 및 정부의 비효율성 등을 언급하면서 설명하라. 또한 '천연자원의 저주' 혹은 '천연자원의 축복'과 관련된 특정 국가의 사례를 제시하라.

05 한 국가의 천연자원 부존량이 제9장에서 논의한 공공부문의 효율성과 어떻게 관련될 수 있는지 생각해 보자. 구체적으로 한 국가의 천연자원 부존량이 공공지출의 크기, 공공지출의 구성, 공공지출의 효율성 및 공공지출의 변동성과 어떻게 관련되는지 제시하라.

>>> Reference

참고문헌

Ⅰ. 국내문헌

강인수 외 7인, 『국제경제학원론』, 박영사, 2004.

곽승영, "한국의 고령화와 가계저축률," 『한국 인구고령화의 경제적 효과 세미나』, 한국경제연구원, 2004.

김낙년, "한국의 소득분배," Working Paper 2013-06, 낙성대경제연구소, 2013.

김상균 외 7인, 『사회복지개론』, 나남출판, 2009.

김승욱 · 이정희 · 허식 · 백훈, 『알짬 시장경제』, 박영사, 2002.

김신행, 『경제성장론』, 경문사, 1999.

김의섭 · 황진영, "인구구조와 재분배적 재정지출," 『경제학연구』, 제54집 제1호, 2006, pp. 33~61.

김현숙 · 류덕현 · 민희철, 『장기적 인적자본 형성을 위한 조세 재정정책: 출산율 결정요인에 대한 경제학적 분석』, 한국조세연구원 연구보고서, 2006.

김홍균 · 문용호, "부모 및 부인의 교육수준과 교육투자수익률," 『재정논집』, 제21집 제1호, 2006, pp. 1~22.

남상호, "우리나라 가계 소득 및 자산 분포의 특징," 보건 복지 Issue & Focus, 제277호, 한국보건사회연구원, 2015.

박형수 · 송호신, 『정치적 경기/예산순환 발생사례 분석』, 한국조세연구원, 2011.

방인성 · 이종하 · 황진영, "국가별 교육효율성 지수의 측정 및 활용," 『비교경제연구』, 제17권 제2호, 2010, pp. 39~66.

백훈, 『글로벌경제』, 연암프레스, 2000.

송하율, 『부패의 경제학』, 산업연구원, 1999.

위영, "기록으로 읽는 '인구정책' 어제와 오늘," 기록의 발견, 국가기록원, 2011.

유경준 · 김대일, 『소득분배 국제비교와 빈곤연구』, 한국개발연구원, 2003.

이명재 · 남상호, 『현대 경제변동론』, 박영사, 2003.

이선호 · 강동관 · 황진영, "고급인력 국제이동의 결정요인 분석," 『국제지역연구』, 제24권 제2호, 2014, pp. 1~32.

이선호 · 황진영, "한국에서 환경오염이 보건비 지출에 영향을 미쳤는가?: 광역자치단체의 패널자료를 이용한 실증분석," 『보건사회연구』, 제31권 제4호, 2011, pp. 382~404.

이종하 · 황진영, "동아시아 국가에서 여성의 고용, 출산 및 성장 간의 상호관련성: 패널 SVAR 모형을 이용한 실증분석," 『보건사회연구』, 제31권 제1호, 2011a, pp. 3~26.

이종하 · 황진영, "여성취업비율과 모의 연령별 출산율 간의 내생성 분석," 『여성경제연구』, 제9집 제2호, 2012, pp. 25~47.

이종하 · 황진영, "한국 · 중국 · 일본에서 생산량 변동성과 성장," 『대외경제연구』, 제15권 제1호, 2011b, pp. 87~111.

이주호 · 우천식, "한국 교육의 실패와 개혁," 『KDI 정책연구』, 제20권 제1 · 2호, 1998.

이주호 · 홍성장, "학교 대 과외: 한국 교육의 선택과 형평," 『경제학연구』, 제49집 제1호, 2001, pp. 37~56.

이준구, 『재정학』, 제4판, 다산출판사, 2011.

재정경제부, 『인구고령화가 경제에 미치는 영향』, 2005.

정군오 · 변병훈 · 황진영, "천연자원, 부패 및 경제성장," 『산업경제연구』, 제17권 제6호, 2004, pp. 2113~2130.

조성원, "외환위기 이후 소득 5분위배율의 구조적 변화," 『재정논집』, 제20집 제1호, 2005, pp. 93~109.

조윤영, 『기혼여성의 출산과 노동공급: 생애주기모형』, 한국개발연구원 연구보고서, 2006.

조하현 · 황선웅, 『한국의 경기변동』, 박영사, 2013.

최공필 · 남재현, 『인구고령화의 경제적 영향 및 시사점』, 한국금융연구원, 2005.

통계청, 『세계와 한국의 인구현황 및 전망』, 2015.

통계청, 『장기인구추계: 2010년~2060년』, 2011.

한국교육학술정보원, 『사회자본의 개념과 교육적 시사점』, 2006 KERIS 이슈리포터, 2006.

황규선, "재정지출과 경제성장의 관계: 와그너 법칙의 검정," 『재정정책논집』, 제6집 제1호, 2004, pp. 163~181.

황진영, "노령화 현상과 교육투자," 『경제연구』, 제22권 제4호, 2004, pp. 147~172.

황진영, "민족적 종교적 이질성과 소득불평등," 『재정논집』, 제22집 제1호, 2007a, pp. 89-108.

황진영, "복지재정정책의 국제 비교," 『미래 한국의 조세재정정책』, 경제 인문사회연구회 협동연구총서 06-06-04, 한국노동연구원, 2007b, pp. 55~101.

황진영, "사회보장지출의 변화 및 수렴에 대한 세계화의 영향: OECD 국가 간 실증분석," 『대외경제연구』, 제11권 제2호, 2007c, pp. 285~308.

황진영, "사회보호 지출에 대한 경제사회적 정치적 영향: OECD 국가 간 실증분석," 『보건사회연구』, 제29권 제1호, 2009, pp. 32~51.

황진영, "여성의 경제활동참가가 출산의 시기 및 수준에 영향을 미쳤는가?: 국가 간 실증분석," 『보건사회연구』, 제33권 제3호, 2013, pp. 361~384.

황진영, "왜 부패한 국가는 작은 정부를 지향하는가?" 『재정정책논집』, 제8집 제1호, 2006, pp. 129~148.

황진영, "표본선택에 따른 재정지출 구성의 세대 간 경쟁," 『경제연구』, 제25권 제1호, 2007d, pp. 55~75.

황진영, 『경제발전과 소득분배』, 학림, 2014.

황진영, 『불평등과 경제활동』, 산문출판, 2008.

황진영 · 강동관, "국가 간 천연자원 부존량, 거버넌스 및 부패의 상호연관성," 『재정정책논집』, 제10집 제2호, 2008, pp. 99~120.

황진영 · 이선호, "경제의 성장과 변동성에 대한 정부지출의 유용성 분석," 『경제연구』, 제33권 제2호, 2015, pp. 85~105.

황진영 · 이종하, "한국에서 여성의 고용, 출산 및 성장 간의 상호관련성: 16개 시도의 패널자료를 이용한 실증분석," 『경제연구』, 제30권 제3호, 2012, pp. 19~43.

황진영 · 임응순, "재정지출의 크기 및 구성에 대한 천연자본의 영향," 『재정정책논집』, 제11집 제2호, 2009, pp. 69~92.

황진영 · 정군오, "부패의 치유는 진행되고 있는가?" 『산업경제연구』, 제20권 제2호, 2007, pp. 509~527.

황진영 · 정군오, "사회적 관계와 대도시 인구집중," 『지역연구』, 제18권 제2호, 2002, pp. 55~70.

황진영 · 정군오 · 임응순, "인구구조와 교육의 질," 『산업경제연구』, 제21권 제5호, 2008, pp. 1925~1946.

황진영 · 정군오 · 허식, "동아시아 국가들의 고학력 노동자 이주에 따른 후생손실," 『국제지역연구』, 제11권 제3호, 2007, pp. 595~614.

황진영 · 정상은, “거대도시와 경제성장: 국가 간 자료를 이용한 역U자 가설 검정,” 『세계지역연구논총』, 제27집 제1호, 2009a, pp. 389~408.

황진영 · 정상은, “고등교육에서 지대추구는 존재했는가?” 『POSRI 경영경제연구』, 제11권 제1호, 2011, pp. 342~365.

황진영 · 정상은, “출산율 감소와 고령화 진전 속도에 대한 사회문화적 영향,” 『국제지역연구』, 제13권 제3호, 2009b, pp. 469~490.

황진영 · 조주현, “금융마크업률과 경제성장,” 『경제연구』, 제22권 제1호, 2004, pp. 111~135.

황진영 · 허식 · 이성원, “부패의 통제와 재정지출의 효율성에 관한 국가 간 실증분석,” 『규제연구』, 제17권 제2호, 2008, pp. 171~194.

Ⅱ. 외국문헌

Abel, A. B. and B. S. Bernanke, *Macroeconomics*, 4th ed., Addison Wesley Longman, 2001.

Ades, A. F. and E. L. Glaeser, “Trade and Circuses: Explaining Urban Giants,” *Quarterly Journal of Economics*, Vol. 110, 1995, pp. 195~227.

Ades, A. F. and R. Di Tella, “Rents, Competition, and Corruption,” *American Economic Review*, Vol. 89, 1999, pp. 982~993.

Afonso, A. and D. Furceri, “Government Size, Composition, Volatility and Economic Growth,” Working Paper Series No. 849, European Central Bank, 2008.

Afonso, A., L. Schuknecht and V. Tanzi, “Public Sector Efficiency: An International Comparison,” *Public Choice*, Vol. 123, 2005, pp. 321~347.

Aghion, P. and P. Bolton, “A Theory of Trickle-Down Growth and Development,” *Review of Economic Studies*, Vol. 64, 1997, pp. 151~172.

Aghion, P. and P. Howitt, “A Model of Growth Through Creative Destruction,” *Econometrica*, Vol. 60, 1992, pp. 323~351.

Aidt, T., J. Dutta and V. Sena, “Governance Regimes, Corruption and Growth: Theory and Evidence,” *Journal of Comparative Economics*, Vol. 36, 2008, pp. 195~220.

Aizenman, J. and N. Marion, “Volatility and Investment: Interpreting Evidence from Developing Countries,” *Economica*, Vol. 66, 1999, pp. 157~179.

Akdede, S. H. and J. Hwang, “Empirical Investigation of Disintegrations and

Nationalism," *Applied Economics Letters*, Vol. 15, 2008, pp. 1065~1071.

Alesina, A. and D. Rodrik, "Distributive Politics and Economic Growth," *Quarterly Journal of Economics*, Vol. 109, 1994, pp. 465~490.

Alesina, A. and E. L. Glaeser, *Fighting Poverty in US and Europe*, Oxford University Press, 2004.

Alesina, A. and E. Spolaore, "On the Numbers and Size of Nations," *Quarterly Journal of Economics*, Vol. 112, 1997, pp. 1027~1056.

Alesina, A. and G.-M. Angeletos, "Corruption, Inequality, and Fairness," *Journal of Monetary Economics*, Vol. 52, 2005, pp. 1227~1244.

Alesina, A. and R. Perotti, "Income Distribution, Political Instability and Investment," *European Economic Review*, Vol. 40, 1996, pp. 1203~1228.

Alesina, A. and T. Bayoumi, "The Costs and Benefits of Fiscal Rules: Evidence U.S. States," NBER Working Paper No. 5614, 1996.

Alesina, A., A. Devleeschauwer, W. Easterly and S. Wacziarg, "Fractionalization," *Journal of Economic Growth*, Vol. 8, 2003, pp. 155~194.

Alesina, A., S. Ozler, N. Roubini and P. Swagel, "Political Instability and Economic Growth," *Journal of Economic Growth*, Vol. 1, 1996, pp. 189~213.

Andersen, J. J. and S. Aslaksen, "Constitutions and Resource Curse," *Journal of Development Economics*, Vol. 87, 2008, pp. 227~246.

Angelopoulos, K., A. Philippopoulos and E. Tsionas, "Does Public Sector Efficiency Matter? Revisiting the Relation between Fiscal Size and Economic Growth in a World Sample," *Public Choice*, Vol, 137, 2008, pp. 245~278.

Atkinson, A. B., "On the Measurement of Inequality," *Journal of Economic Theory*, Vol. 2, 1970, pp. 244~263.

Auerbach, A. J. and L. J. Kotlikoff, "The Impact of the Demographic Transition on Capital Formation," *Scandinavian Journal of Economics*, Vol. 94, 1992, pp. 281~295.

Baland, J.-M. and P. Francois, "Rent-Seeking and Resource Booms," *Journal of Development Economics*, Vol. 61, 2000, pp. 527~542.

Banerjee, A. V. and A. F. Newman, "Occupational Choice and the Process of Development," *Journal of Political Economy*, Vol. 101, 1993, pp. 274~298.

Bardhan, P., "Corruption and Development: A Review of the Issues," *Journal of*

Economic Literature, Vol. 35, 1997, pp. 1320～1346.

Barro, R. and J.-W. Lee, "International Data on Educational Attainment: Updates and Implications," *Oxford Economic Papers*, Vol. 53, 2001, pp. 541～563.

Barro, R. and R. M. McCleary, "Religion and Economic Growth across Countries," *American Sociological Review*, Vol. 68, 2003, pp. 760～781.

Barro, R. and X. Sala-i-Martin, *Economic Growth*, 2nd ed., The MIT Press, 2003.

Barro, R., "Government Spending in a Simple Model of Endogenous Growth," *Journal of Political Economy*, Vol. 98, 1990, pp. S103～S125.

Barro, R., "Inequality and Growth in a Panel of Countries," *Journal of Economic Growth*, Vol. 5, 2000, pp. 5～32.

Barro, R., *Determinants of Economic Growth*, The MIT Press, 1997.

Baumol, W., "Macroeconomics of Unbalanced Growth: The Anatomy of Urban Crisis," *American Economic Review*, Vol. 57, 1967, pp. 415～426.

Beaumont, P. M., S. C. Norrbin and F. P. Yigit, "Time Series Evidence on the Linkage between the Volatility and Growth of Output," *Applied Economics Letters*, Vol. 15, 2008, pp. 45～48.

Beck, P. J. and M. W. Maher, "A Comparison of Bribery and Bidding in Thin Markets," *Economics Letters*, Vol. 20, 1986, pp. 1～5.

Becker, G. S. and H. G. Lewis, "On the Interaction between the Quantity and Quality of Children," *Journal of Political Economy*, Vol. 81, 1973, pp. 279～288.

Bergh, A. and M. Henrekson, "Government Size and Growth: A Survey and Interpretation of the Evidence," IFN Working Paper No. 858, Research Institute of Industrial Economics, 2011.

Birdsall, N., "Public Spending on Higher Education in Developing Countries: Too Much or Too Little," *Economics of Education Review*, Vol. 14, 1997, pp. 407～419.

Black, F., *Business Cycles and Equilibrium*, Basil Blackwell Inc, 1987.

Blackburn, K. and A. Pelloni, "Growth, Cycles and Stabilization Policy," *Oxford Economic Papers*, Vol. 57, 2005, pp. 262-282.

Blackburn, K. and A. Pelloni, "On the Relationship between Growth and Volatility," *Economics Letters*, Vol. 83, 2004, pp. 123～127.

Blackburn, K. and R. Galindev, "Growth, Volatility and Learning," *Economics Letters*, Vol. 79, 2003, pp. 417～421.

Blackburn, K., "Can Stabilization Policy Reduce Long-Run Growth?" *Economic Journal*, Vol. 109, 1999, pp. 67～77.

Bolton, P. and G. Roland, "The Breakup of Nations: A Political Economy Analysis," *Quarterly Journal of Economics*, Vol. 112, 1997, pp. 1057～1090.

Börsch-Supan, A., "Labor Market Effects of Population Aging," NBER Working Paper No. 8553, Cambridge MA, 2001.

Bosworth, B. P. and S. M. Collins, "The Empirics of Growth: An Update," *Brookings Papers on Economic Activity*, Vol. 34, 2003, pp. 113～206.

Bratsberg, B. and D. Terrell, "School Quality and Returns to Education of US Immigrants," *Economic Inquiry*, Vol. 40, 2002, pp. 177～198.

Brown, C. and P. Jackson, *Public Sector Economics*, 4th ed., Blackwell, 1990.

Brülhart, M. and F. Sbergami, "Agglomeration and Growth: Cross-Country Evidence," *Journal of Urban Economics*, Vol. 65, 2009, pp. 48～63.

Caporale, T. and B. McKiernan, "The Fischer Black Hypothesis: Some Time-Series Evidence," *Southern Economic Journal*, Vol. 64, 1998, pp. 765～771.

Castles, F. G., *The Future of the Welfare State*, Oxford University Press, 2004.

Chen, B.-L., Y.-Y. Chiang and P. Wang, "Credit Market Imperfections and Long-Run Macroeconomic Consequences," *Annals of Economics and Finance*, Vol. 9, 2008, pp. 121～145.

Chew, M. S.-Y., "Communication and Coordination in Social Networks," *Review of Economic Studies*, Vol. 67, 2000, pp. 1～16.

Chiang, A. C. and K. Wainwright, *Fundamental Methods of Mathematical Economics*, 4th ed., McGraw Hill, 2004.

Chong, A. and M. Gradstein, "Volatility and Growth," *Journal of Economic Growth*, Vol. 14, 2009, pp. 1～25.

Clarke, G. R. G. and L. C. Xu, "Ownership, Competition, and Corruption: Bribe Takers Versus Bribe Payers," Policy Research Working Paper No. 2783, World Bank, 2002.

Cohn, H. and T. G. Geske, *The Economics of Education*, 3rd ed., Pergamon Press, 2006.

Collier, P. and A. Hoeffler, "Greed and Grievances in Civil War," *Oxford Economic Papers*, Vol. 56. 2004, pp. 563～595.

Cook, C., "Saving Rates and Income Distribution: Further Evidence from LDCs," *Applied*

Economics, Vol. 27, 1995, pp. 71～82.

Cornes, R. and T. Sandler, *The Theory of Externalities, Public Goods and Club Goods*, 2nd ed., Cambridge University Press, 1996.

Cousin, M. "Political Budget Cycles and Social Security Budget Increases in the Republic of Ireland, 1923～2005," MPRA Paper No. 5359, 2007.

Dabla-Norris, E. and M. Gradstein, "The Distributional Bias of Public Education: Causes and Consequences," IMF Working Paper, WP/04/214, 2004.

Dar, A. A. and S. AmirKhalkhali, "Government Size, Factor Accumulation, and Economic Growth: Evidence from OECD Countries," *Journal of Policy Modeling*, Vol. 24, 2002, pp. 679～692.

de la Croix, D. and M. Doepke, "Public versus Private Education Where Differential Fertility Matters," *Journal of Development Economics*, Vol. 73, 2004, pp. 607～629.

Deininger, K. and L. Squire, "New Data Set Measuring Income Inequality," *World Bank Economic Review*, Vol. 10, 1996, pp. 565～591.

Deininger, K. and L. Squire, "New Ways of Looking at Old Issues: Inequality and Growth," *Journal of Development Economics*, Vol. 57, 1998, pp. 259～287.

Desbordes, R. and V. Verardi, "Refitting the Kuznets Curve," *Economics Letters*, Vol. 116, 2012, pp. 258～261.

Dincer, N. N. and B. Eichengreen, "Central Bank Transparency and Independence: Updates and New Measures," *International Journal of Central Banking*, Vol. 10, 2014, pp. 189～253.

Dincer, O. C. and P. J. Lambert, "Taking Care of Your Own: Ethnic and Religious Heterogeneity and Income Inequality," *Journal of Economic Studies*, Vol. 39, 2012, pp. 290～313.

Docquier, F. and A. Marfouk, "International Migration by Educational Attainment (1990-2000) - Release 1.1," World Bank, 2005.

Drazen, A., *Political Economy in Macroeconomics*, Princeton University Press, 2000.

Durlauf, S. N., P. A. Johnson and J. R. W. Temple, "Growth Econometrics," *Handbook of Economic Growth*, 2005, pp. 555～677.

Easterly, W. and R. Levine, "Africa's Growth Tragedy: Policies and Ethnic Divisions," *Quarterly Journal of Economics*, Vol. 112, 1997, pp. 1203～1250.

Easterly, W. and S. Rebelo, "Fiscal Policy and Economic Growth: An Empirical Investigation," *Journal of Monetary Economics*, Vol. 32, 1993, pp. 417～455.

Edlund, L., "Son Preference, Sex Ratios, and Marriage Patterns," *Journal of Political Economy*, Vol. 107, 1999, pp. 1275～1304.

Edwards, S., "Why Are Latin America's Saving Rates So Low? An International Comparative Analysis," *Journal of Development Economics*, Vol. 51, 1996, pp. 5～44.

Esteban, J. and D. Ray, "On the Measurement of Polarization," *Econometrica*, Vol. 64, 1994, pp. 819～851.

Evrensel, A. Y., "Corruption, Growth and Growth Volatility," *International Review of Economics and Finance*, Vol. 19, 2010, pp. 510～514.

Facchini, F. and M. Melki, "Optimal Government Size and Economic Growth in France (1871～2008): An Explanation by the State and Market Failures," CES Working Papers, 2011.

Fearon, J. D., "Ethnic and Cultural Diversity by Country," *Journal of Economic Growth*, Vol. 8, 2003, pp. 195～222.

Feldstein, M., "Imperfect Annuity Markets, Unintended Bequests, and the Optimal Age Structure of Social Security Benefits," *Journal of Public Economics*, Vol. 41, 1990, pp. 31～43.

Fershtman, C., K. M. Murphy and Y. Weiss, "Social Status, Education, and Growth," *Journal of Political Economy*, Vol. 104, 1996, pp. 108～132.

Fisman, R. and J. Svensson, "Are Corruption and Taxation Really Harmful to Growth? Firm Level Evidence," *Journal of Development Economics*, Vol. 83, 2007, pp. 63～75.

Forbes, K. J., "A Reassessment of the Relationship between Inequality and Growth," *American Economic Review*, Vol. 90, 2000, pp. 869～887.

Fountas, S. and M. Karanasos, "The Relationship between Economic Growth and Real Uncertainty in the G3," *Economic Modelling*, Vol. 23, 2006, pp. 638～647.

Fountas, S., M. Karanasos and A. Mendoza, "Output Variability and Economic Growth: the Japanese Case," *Bulletin of Economic Research*, Vol. 56, 2004, pp. 353～363.

Frankel, J. A. and D. Romer, "Does Trade Cause Growth?" *American Economic Review*, Vol. 89, 1999, pp. 379～399.

Freidman, M., "Nobel Lecture: Inflation and Unemployment," *Journal of Political*

Economy, Vol. 85, 1977, pp. 451～472.

Furceri, D., "Is Government Expenditure Volatility Harmful for Growth? A Cross-Country Analysis," *Fiscal Studies*, Vol. 28, 2007, pp. 103～120.

Gallup, J. L., "Agricultural Productivity and Geography," Harvard Institute of International Development, 1998.

Gallup, J. L., J. D. Sachs and A. D. Mellinger, "Geography and Economic Development," *International Regional Science Review*, Vol. 22, 1999, pp, 179～232.

Galor, O. and J. Zeira, "Income Distribution and Macroeconomics," *Review of Economic Studies*, Vol. 60, 1993, pp. 35～52.

Galor, O., "Income Distribution and the Process of Development," *European Economic Review*, Vol. 44, 2000, pp. 706～712.

Glaeser, E. L., "Inequality," HIER Discussion Paper 2078, 2005.

Glomm, G. and B. Ravikumar, "Public versus Private Investment in Human Capital: Endogenous Growth and Income Inequality," *Journal of Political Economy*, Vol. 100, 1992, pp. 818～834.

Gradstein, M., "The Political Economy of Public Spending on Education, Inequality, and Growth," Policy Research Working Paper No. 3162, World Bank, 2003.

Grossman, G. M. and E. Helpman, "Protection for Sale," *American Economic Review*, Vol. 84, 1994, pp. 832～850.

Grossman, G. M. and E. Helpman, *Innovation and Growth in the Global Economy*, The MIT Press, 1991.

Hansen, A. C. and H. J. Selte, "Air Pollution and Sick-Leaves: A Case Study Using Air Pollution Data from Oslo," *Environmental and Resource Economics*, Vol. 16, 2000, pp. 31～50.

Harms, P. and S. Zink, "Limits to Redistribution in a Democracy: A Survey," *European Journal of Political Economy*, Vol. 19, 2003, pp. 651～668.

Henry, O. T. and N. Olekalns, "The Effect of Recessions on the Relationship between Output Variability and Growth," *Southern Economic Journal*, Vol. 68, 2002, pp. 683～692.

Hess, P. N., *Economic Growth and Sustainable Development*, Routledge, 2013.

Hidalgo-Hidalgo, M. and I. Iturbe-Ormaetxe, "Should We Transfer Resources from College to Basic Education?" *Journal of Economics*, Vol. 105, 2012, pp. 1～27.

Hindriks, J., M. Keen and A. Muthoo, "Corruption, Extortion and Evasion," *Journal of Public Economics*, Vol. 74, 1999, pp. 395～430.

Hnatkovska, V. and N. Loayza, "Volatility and Growth," WPS3184, World Bank, 2003.

Hodler, R., "The Curse of Natural Resources in Fractionalized Countries," *European Economic Review*, Vol. 50, 2006, pp. 1367～1386.

Hondroyiannis, G. and E. Papapetrou, "Fertility Choice and Economic Growth: Empirical Evidence from the U.S.," *International Advances in Economic Research*, Vol. 5, 1999, pp. 108～120.

Horioka, C. J., "A Cointegration Analysis of the Impact of the Age Structure of the Population on the Household Saving Rate in Japan," *Review of Economics and Statistics*, Vol. 79, 1997, pp. 511～516.

Huang, H.-C., S.-C. Lin, Y.-B. Suen and C.-C. Yeh, "A Quantile Inference of the Kuznets Hypothesis," *Economic Modelling*, Vol. 24, 2007, pp. 559～570.

Huntington, S., *Political Order in Changing Societies*, Yale University Press, 1968.

Huther, J. and A. Shah, "Anti-Corruption Policies and Programs: A Framework for Evaluation," Policy Research Working Paper No. 2501, World Bank, 2000.

Hwang, J., K.-O. Jung and E.-S. Lim, "Corruption and Growth in Ethnically Fragmented World," *Journal of Developing Areas*, Vol. 44, 2011, pp. 265～277.

Hwang, J. and K.-O. Jung, "A Cross-Country Study on Income Distribution and School Enrolment," *Applied Economics Letters*, Vol. 13, 2006, pp. 723～726.

Hwang, J. and K.-O. Jung, "Initial Asset Inequality and Tariff Formation: A Cross-Country Analysis," *Economics Letters*, Vol. 76, 2002, pp. 405～410.

Hwang, J. and S. Akdede, "The Influence of Governance on Public Sector Efficiency: A Cross-Country Analysis," *Social Science Journal*, Vol. 48, 2011, pp. 735～738.

Hwang, J., "A Note on the Relationship between Corruption and Government Revenue," *Journal of Economic Development*, Vol. 27, 2002, pp. 161～177.

Hwang, J., "Asset Distribution and Tertiary Education Expenditure in Developing Countries," *Economics of Education Review*, Vol. 24, 2005, pp. 171～178.

Hwang, J., K.-O. Jung and D. K. Kang, "A Simple Test on the Convergence of Social Security Transfer in OECD Countries," *Social Science Journal*, Vol. 46, 2009, pp. 800～805.

Hwang, J., N. Jiang and P. Wang, "Collusion and Overlending," *Economic Inquiry*, Vol.

45, 2007, pp. 691~707.

Hwang, J., *Three Essays on Financial Activity, Growth and Inequality*, Ph. D. Dissertation, Vanderbilt University, 2001.

Imbs, J., "Growth and Variability," *Journal of Monetary Economics*, Vol. 54, 2007, pp. 1848~1862.

IMF, *Government Finance Statistics*, Washington DC, 2013.

IMF, *World Economic Outlook*, Washington DC, 2005.

Jackson, M. O. and A. Watts, "The Evolution of Social and Economic Networks," *Journal of Economic Theory*, Vol. 106, 2002, pp. 265~295.

Jackson, M. O. and A. Wolinsky, "A Strategic Model of Social and Economic Networks," *Journal of Economic Theory*, Vol. 71, 1996, pp. 44~74.

Jappelli, T. and M. Pagano, "Saving, Growth, and Liquidity Constraints," *Quarterly Journal of Economics*, Vol. 109, 1994, pp. 83~109.

Jung, K.-O. and J. Hwang, "The Determinants of Corruption: A Macroeconomic Aspect," *Journal of Economic Studies*, Vol. 21, 2003, pp. 1~29.

Kaldor, N., "A Model of Economic Growth," *Economic Journal*, Vol. 67, 1957, pp. 591~624.

Kaufmann, D., A. Kraay and M. Mastruzzi, "Governance Matters Ⅶ: Governance Indicators for 1996~2007," Policy Research Working Paper No. 4654, World Bank, 2008.

Kaufmann, D., A. Kraay and M. Mastruzzi, "The Worldwide Governance Indicators: Methodology and Analytical Issues," Policy Research Working Paper No. 5430, World Bank, 2010.

Kelley, A. C., "Population Pressures, Saving, and Investment in the Third World: Some Puzzles," *Economic Development and Cultural Change*, Vol. 36, 1988, pp. 449~464.

Kim, J.-I. and L. J. Lau, "The Sources of Asian Pacific Economic Growth," *Canadian Journal of Economics*, Vol. 29, 1996, pp. S448~S454.

King, R. G. and R. Levine, "Finance and Growth: Schumpeter Might Be Right," *Quarterly Journal of Economics*, Vol. 108, 1993, pp. 717~737.

Kotlikoff, L. J. and L. H. Summers, "The Role of Intergenerational Transfers in Aggregate Capital Accumulation," *Journal of Political Economy*, Vol. 90, 1981, pp. 706~

732.

Kremer, M., "How Much Does Sorting Increase Inequality?" *Quarterly Journal of Economics*, Vol. 112, 1997, pp. 115∼140.

Kremer, M., "Population Growth and Technological Progress: One million B.C. to 1990," *Quarterly Journal of Economics*, Vol. 108, 1993, pp. 681∼716.

La Porta, R., F. L. de Silanes, A. Shelifer and R. W. Vishny, "Quality of Government," *Journal of Law, Economics and Organization*, Vol. 15, 1999, pp. 222∼279.

Lane, P., "The Cyclical Behavior of Fiscal Policy: Evidence from the OECD," *Journal of Public Economics*, Vol. 87, 2003, pp. 2261∼2275.

Lee, J. H., E.-S. Lim and J. Hwang, "Panel SVAR Model of Woman's Employment, Fertility, and Economic Growth: A Comparative Study of East Asian and EU Countries," *Social Science Journal*, Vol. 49, 2012, pp. 386∼389.

Lee, J., "Education Policy in the Republic of Korea: Building Block or Stumbling Block?" WBI Working Papers No. 37164, 2001.

Lee, J., "The Link between Output Growth and Volatility: Evidence from a GARCH Model with Panel Data," *Economics Letters*, Vol. 106, 2010, pp. 143∼145.

Lee, W. and J. E. Roemer, "Income Distribution, Redistributive Politics and Economic Growth," *Journal of Economic Growth*, Vol. 3, 1998, pp. 217∼240.

Leland, J., D. Houser and J. Shachat, "Measuring Trust and Trustworthiness," Working Paper, EconWPA, 2004.

Levine, R. and D. Renelt, "A Sensitivity Analysis of Cross-Country Growth Regression," *American Economic Review*, Vol. 84, 1992, pp. 942∼963.

Lewis, W. A., "Economic Development with Unlimited Supplies of Labor," *The Manchester School*, Vol. 22, 1954, pp. 139∼191.

Lien, D.-H. D., "A Note on Competitive Bribery Games," *Economics Letters*, Vol. 22, 1986, pp. 337∼341.

Lind, J. T., "Fractionalization and the Size of Government," *Journal of Public Economics*, Vol. 91, 2007, pp. 51∼76.

Lipset, S. M., "Some Social Requisites of Democracy: Economic Development and Political Legitimacy," *American Political Science Review*, Vol. 59, 1959, pp. 69∼105.

Liu, L.-Y. and W. T. Woo, "Saving Behavior under Imperfect Financial Markets and Current Account Consequences," *Economic Journal*, Vol. 104, 1994, pp. 512∼

527.

Lucas, R. E. Jr., "On the Mechanics of Economic Development," *Journal of Monetary Economics*, Vol. 22, 1988, pp. 3~42.

Lui, F. T., "An Equilibrium Queuing Model of Bribery," *Journal of Political Economy*, Vol. 93, 1985, pp. 760~781.

Luttmer, E. F. P., "Group Loyalty and the Taste for Redistribution," *Journal of Political Economy*, Vol. 109, 2001, pp. 500~528.

Maddison, A., *Monitoring the World Economy*, OECD Development Centre, 1995.

Maddison, A., *Phases of Capitalist Development*, Oxford University Press, 1982.

Maddison, A., *The World Economy: A Millennial Perspectively*, OECD Development Centre, 2001.

Mammen, K. and C. Paxson, "Women's Work and Economic Development," *Journal of Economic Perspectives*, Vol. 14, 2000, pp. 141~164.

Mani, A. and J. Hwang, "Income Distribution, Learning-by-Doing, and Comparative Advantage," *Review of Development Economics*, Vol. 8, 2004, pp. 452~473.

Mankiw, N. G., *Principles of Economics*, 6th edition, South-Western Cengage Learning, 2012.

Martin, P. and C. A. Rogers, "Long-Term Growth and Short-Term Economic Stability," *European Economic Review*, Vol. 44, 2000, pp. 359~381.

Matsuyama, K., "Agricultural Productivity, Comparative Advantage and Economic Growth," *Journal of Economic Theory*, Vol. 58, 1992, pp. 317~334.

Mauro, P., "Corruption and Growth," *Quarterly Journal of Economics*, Vol. 110, 1995, pp. 681~712.

Mauro, P., "Corruption and the Composition of Government Expenditure," *Journal of Public Economics*, Vol. 69, 1998, pp. 263~279.

Mayer, W., "Endogenous Tariff Formation," *American Economic Review*, Vol. 74, 1984, pp. 970~985.

McCrary, J. and H. Royer, "The Effect of Female Education on Fertility and Infant Health: Evidence from School Entry Policies Using Exact Date of Birth," *American Economic Review*, Vol. 101, 2011, pp. 158~195.

Meltzer, A. H. and S. F. Richard, "A Rational Theory of the Size of Government," *Journal of Political Economy*, Vol. 89, 1981, pp. 914~927.

Montalvo, J. G. and M. Reynal-Querol, "Ethnic Diversity and Economic Development," *Journal of Development Economics*, Vol. 75, 2005, pp. 293~323.

Montgomery, J. D., "Social Networks and Labor Market Outcomes: Toward an Economic Analysis," *American Economic Review*, Vol. 81, 1991, pp. 1408~1418.

Mueller, D. C., *Public Choice Ⅲ*, Cambridge University Press, 2003.

Murphy, K. M., A. Shleifer and R. W. Vishny, "The Allocation of Talent: Implications for Growth," *Quarterly Journal of Economics*, Vol. 106, 1991, pp. 503~530.

Neidell, M. J., "Air Pollution, Health and Socio-Economic Status: The Effect of Outdoor Air Quality on Childhood Asthma," *Journal of Health Economics*, Vol. 23, 2004, pp. 1209~1236.

OECD, *Economic Outlook*, 2001.

OECD, *Growing Unequal?: Income Distribution and Poverty in OECD Countries*, 2008.

Okten, C. and U. O. Osili, "Contributions in Heterogeneous Communities: Evidence from Indonesia," *Journal of Population Economics*, Vol. 17, 2004, pp. 603~626.

O'Neil, D., "Education and Income Inequality: Implications for Cross-Country Inequality," *Journal of Political Economy*, Vol. 103, 1995, pp. 1289~1301.

Peacock, A. T. and J. Wiseman, *The Growth of Public Expenditure in the United Kingdom*, 2nd ed., Allen and Unwin, 1967.

Perotti, R., "Growth, Income Distribution, and Democracy: What the Data Say?" *Journal of Economic Growth*, Vol. 1, 1996, pp. 149~187.

Persson, T. and G. Tabellini, "Is Inequality Harmful for Growth?" *American Economic Review*, Vol. 84, 1994, pp. 600~621.

Poterba, J. M., "Demographic Structure and the Political Economy of Public Education," *Journal of Policy Analysis and Management*, Vol. 16, 1997, pp. 48~66.

Potrafke, N., "Political Effects on the Allocation of Public Expenditures: Empirical Evidence from OECD Countries," Discussion Papers 653, DIW Berlin, 2006.

Preston, S., "Children and the Elderly in the United States," *Demography*, Vol. 21, 1984, pp. 435~457.

Psacharopoulos, G., "The Contribution of Education to Economic Growth: International Comparison" in Kendrick's *International Comparisons of Productivity and Causes of the Slowdown*, Ballinger, 1984.

Rajan, R. G. and L. Zingales, "Finance Dependence and Growth," *American Economic*

Review, Vol. 88, 1998, pp. 559~586.

Rajkumar, A. S. and V. Swaroop, "Public Spending and Outcomes: Does Governance Matter?" *Journal of Development Economics*, Vol. 86, 2008, pp. 96~111.

Ram, R., "Government Size and Economic Growth: A New Framework and Some Evidence from Cross-Section and Time-Series Data," *American Economic Review*, Vol. 76, 1986, pp. 191~203.

Ramey, G. and V. A. Ramey, "Cross-Country Evidence on the Link between Volatility and Growth," *American Economic Review*, Vol. 85, 1995, pp. 1138~1151.

Richman, H. A. and M. W. Stagner, "Children: Treasured Resource or Forgotten Minority?" edited by Pifer, A. and L. Bronte, *Our Aging Society: Paradox and Promise*, W. W. Norton, 1986.

Robinson, J. A., R. Torvik and T. Verdier, "Political Foundations of the Resource Curse," *Journal of Development Economics*, Vol. 79, 2006, pp. 447~468

Rodriguez, F. C., "Does Information Technology Raise Inequality?" Working Paper, University of Maryland, 1999.

Rodriguez, F. C., "Inequality, Redistribution and Rent-Seeking," *Economics and Politics*, Vol. 16, 2004, pp. 287~320.

Rodrik, D., "Democracies Pay Higher Wages," *Quarterly Journal of Economics*, Vol. 114, 1999a, pp. 707~738.

Rodrik, D., "Growth Strategies," *Handbook of Economic Growth*, 2005, pp. 967~1014.

Rodrik, D., "Why Do More Open Economies Have Bigger Governments?" *Journal of Political Economics*, Vol. 106, 1999b, pp. 997~1032.

Rogoff, K., and A. Sibert, "Elections and Macroeconomic Policy Cycles," *Review of Economic Studies*, Vol. 55, 1988, pp. 1~16.

Romer, D., *Advanced Macroeconomics*, 2nd ed., McGraw-Hill/Irwin, 2005.

Sachs, J. D. and A. M. Warner, "Natural Resources Abundance and Economic Growth," NBER Working Paper No. 5398, Cambridge MA, 1995.

Sachs, J. D. and A. M. Warner, "The Big Push, Natural Resource Booms and Growth," *Journal of Development Economics*, Vol. 59, 1999, pp. 43~76.

Saint-Paul, G. and T. Verdier, "Education, Democracy, and Growth," *Journal of Development Economics*, Vol. 42, 1993, pp. 399~407.

Sala-i-Martin, X., "The World Distribution of Income: Falling Poverty and ...

Convergence, Period," *Quarterly Journal of Economics*, Vol. 121, 2006, pp. 351~397.

Schmidt-Hebbel, K. and L. Servén, "Does Income Inequality Raise Aggregate Saving?" *Journal of Development Economics*, Vol. 61, 2000, pp. 417~446.

Schneider, F., A. Buehn and C. E. Montenegro, "Shadow Economies All over the World," Policy Research Working Paper No. 5356, World Bank, 2010.

Schumpeter, J. A, *Business Cycles*, McGraw-Hill, 1939.

Sen, A., "Democracy As a Universal Value," *Journal of Democracy*, Vol. 10, 1999, pp. 3~17.

Shah, A., "Corruption and Decentralized Public Governance," Policy Research Working Paper No. 3821, World Bank, 2006.

Shleifer, A. and R. W. Vishny, "Corruption," *Quarterly Journal of Economics*, Vol. 108, 1993, pp. 599~617.

Siegler, M. V., "International Growth and Volatility in Historical Perspective," *Applied Economics Letters*, Vol. 12, 2005, pp. 67~71.

Smith, D., "International Evidence on How Income Inequality and Credit Market Imperfections Affect Private Saving Rates," *Journal of Development Economics*, Vol. 64, 2001, pp. 103~127.

Solow, R. M., "A Contribution to the Theory of Economic Growth," *Quarterly Journal of Economics*, Vol. 70, 1956, pp. 65~94.

Stokey, N., "The Volume and Composition of Trade Between Rich and Poor Countries," *Review of Economic Studies*, Vol. 58, 1991, pp. 63~90.

Stolper, W. and P. A. Samuelson, "Protection and Real Wages," *Review of Economic Studies*, Vol. 9, 1941, pp. 58~73.

Summers, L., "Let Them Eat Pollution," *The Economist*, February 8, 1992, p. 66.

Sylwester, K., "Can Education Expenditures Reduce Income Inequality?" *Economics of Education Review*, Vol. 21, 2002, pp. 43~52.

Sylwester, K., "Income Inequality, Education Expenditure, and Growth," *Journal of Development Economics*, Vol. 63, 2000, pp. 379~398.

Tanzi, V. and H. Davoodi, "Corruption, Public Investment, and Growth," *Governance, Corruption, and Economic Performance*, edited by Abed, G. T. and S. Gupta, IMF, 2002, pp. 280~299.

Tanzi, V., "Corruption Around the World: Causes, Consequences, and Cures," *Governance, Corruption, and Economic Performance*, edited by Abed, G. T. and S. Gupta, IMF, 2002, pp. 19~58.

Tavares, J. and R. Wacziarg, "How Democracy Affects Growth?" *European Economic Review*, Vol. 45, 2001, pp. 1341~1378.

Tavares, J., "Does Right or Left Matter? Cabinets, Credibility and Fiscal Adjustments," *Journal of Public Economics*, Vol. 88, 2004, pp. 2447~2468.

Taylor, C. L. and M. C. Hudson, *World Handbook of Political and Social Indicators*, 2nd ed., Yale University Press, 1972.

Tornell, A. and P. R. Lane, "The Voracity Effect," *American Economic Review*, Vol. 89, 1999, pp. 22~46.

Torvik, R., "Natural Resources, Reek Seeking and Welfare," *Journal of Development Economics*, Vol. 67, 2002, pp. 455~470.

Treisman, D., "The Causes of Corruption: A Cross-National Study," *Journal of Public Economics*, Vol. 76, 2000, pp. 399~457.

Tsiddon, D., "A Moral Hazard Trap to Growth," *International Economic Review*, Vol. 33, 1992, pp. 299~321.

van Rijckeghem, C. and B. Weder, "Bureaucratic Corruption and the Rate of Temptation: Do Wages in the Civil Service Affect Corruption, and by How Much?" *Journal of Development Economics*, Vol. 62, 2001, pp. 307~331.

van Wijinbergen, S., "The 'Dutch Disease': a Disease After All?" *Economic Journal*, Vol. 94, 1984, pp. 41~55.

Vedder, R. K. and L. E. Gallaway, *Government Size and Economic Growth*, Paper Prepared for the Joint Economic Committee of the US Congress, 1998, pp. 1~15.

Wagner, A., "Finanzwissenschaft,"(Leipzig, Part 1, 3rd ed.), 1883, in Musgrave, R. A. and A. T. Peacock, *Classics in the Theory of Public Finance*, St. Martins Press, 1958.

Waldkirch, A., S. Ng and D. Cox, "Intergenerational Linkages in Consumption Behavior," *Journal Human Resources*, Vol. 39, 2004, pp. 355~381.

Wang, P., C. K. Yip and C. A. Scotese, "Fertility Choice and Economic Growth: Theory and Evidence," *Review of Economics and Statistics*, Vol. 46, 1994, pp. 255~266.

Wei, S.-J. "Why Is Corruption So Much More Taxing Than Tax? Arbitrariness Kills," NBER Working Paper No. 6255, Cambridge MA, 1997.

Weil, D. N., *Economic Growth*, 2nd ed., Addison-Wesley, 2009.

Williamson, J. G., "Regional Inequality and the Process of National Development," *Economic Development and Cultural Change*, Vol. 13, 1965, pp. 3～45.

World Bank, *Expanding the Measure of Wealth: Indicators of Environmentally Sustainable Development*, Environmentally Sustainable Development Studies and Monographs Series No. 17, 1997.

Young, A., "The Tyranny of Numbers: Confronting the Statistical Realities of the East Asian Growth Experience," *Quarterly Journal of Economics*, Vol. 110, 1995, pp. 641～680.

Zak, P. J. and S. Knack, "Trust and Growth," *Economic Journal*, Vol. 111, 2001, pp. 295～321.

Zhang J., J. Zhang and R. Lee, "Rising Longevity, Education, Saving, and Growth," *Journal of Development Economics*, Vol. 70, 2003, pp. 83～101.

Zhang, J., "Optimal Public Investments in Education and Endogenous Growth," *Scandinavian Journal of Economics*, Vol. 98, 1996, pp. 387～404.

Ⅲ. 웹사이트

교육부 보도자료(2014년 2월 28일, http://www.moe.go.kr)

교육연구정보서비스(http://eris.knue.ac.kr)

국민권익위원회(http://www.acrc.go.kr)

국제연합 식량농업기구(FAO, http://www.fao.org)

국제투명성기구(Transparency International, http://www.transparency.org)

네이버 백과사전(http://100.naver.com)

룩셈부르크 소득 연구(Luxembourg Income Study, http://www.lisproject.org)

세계가치관조사(World Value Survey, http://www.worldvaluessurvey.org)

세계거버넌스지표(Worldwide Governance Indicators, http://info.worldbank.org/governance/wgi/index.aspx#home)

세계보건기구(World Health Organization, http://www.who.int/en)

세계은행(World Bank, http://www.worldbank.org)

유네스코(UNESCO, http://www.unesco.org)

통계청 국가통계포털(http://kosis.kr)

프리덤 하우스(Freedom House, http://www.freedomhouse.org)

한국교육개발원(http://www.kedi.re.kr)

한국은행(http://ecos.bok.or.kr)

Barro-Lee 교육성취 데이터세트(Education Attainment Dataset, http://www.barrolee.com)

e-나라지표(http://index.go.kr)

Wikipedia(https://wikipedia.org)

>>> *Index*

색 인

저자약력

- 중앙대학교 경제학과(경제학사)
- 중앙대학교 대학원 경제학과(경제학석사)
- Pennsylvania State University 대학원 경제학과(경제학박사 수료)
- Vanderbilt University 대학원 경제학과(경제학박사)
- 현재 한남대학교 경제학과 교수

- 논문:

Applied Economics Letters, Applied Financial Economics, Defense and Peace Economics, Economic Inquiry, Economics Letters, Economics of Education Review, Empirical Economics, International Journal of Social Economics, Journal of Developing Areas, Review of Development Economics, Social Science Journal, 『경제발전연구』, 『경제연구』, 『경제학연구』, 『규제연구』, 『대외경제연구』, 『보건사회연구』, 『비교경제연구』, 『재정논집』, 『재정정책논집』, 『한국경제연구』 등 국내외 학술지에 90여 편의 논문발표

- 저서와 역서:

『경제학등대지기』(6인 공저), 제3판, 도서출판 학림, 2016.
『경제발전과 소득분배』, 도서출판 학림, 2014.
『거시경제학』(4인 공역, A. Abel, B. Bernanke and D. Croushore 저, Macroeconomics, 7th edition), 피어슨코리아, 2012.
『불평등과 경제활동』, 산문출판, 2008.
『한국의 경제개혁정책: 성공인가, 실패인가?』(8인 공저), 서울사회경제연구소 연구총서 18호, 한울, 2007.

제3판
경제성장의 정치경제학

2005년 2월 2일 초판발행
2010년 7월 20일 제2판 발행
2016년 2월 1일 제3판 인쇄
2016년 2월 10일 제3판 발행

저 자 황진영
발행인 이원일
발행처 學林

136-101 서울시 성북구 정릉 1동 16-69
등 록 2009년 8월 17일 / 제25100-2009-000026호
전 화 02)941-7898 FAX 02)931-7868

ISBN 979-11-86422-05-2

정가 24,000원